Dedico este livro a todas as pessoas que estiveram na Terra e que deixaram sua marca:

Minha tia, Maria Marta, *por ter sido uma mulher batalhadora, que só ensinou coisas boas e que foi muito amada;*

Minha avó, Carmem Batista, *por ter sido minha ouvinte por tantos anos;*

Meu amigo Sebastião Eduardo, *obrigado por ter sido tão especial;*

Meu mentor espiritual, *que vem me intuindo histórias tão belas como esta;*

Aos amigos, *conhecidos ou não, que fizeram sua parte quando encarnados. Que sejam todos iluminados pela luz de Jesus.*

Sei que um dia estaremos todos, novamente, juntos na eternidade.

Coordenadora editorial: Tânia Lins
Assistente editorial: Mayara Silvestre Richard
Coordenadora de arte: Priscila Noberto
Capa e projeto gráfico: Jaqueline Kir e Regiane Guzzon
Diagramadora: Letícia Nascimento
Preparadora: Mônica Rodrigues
Revisora: Janaína Calaça

1ª edição — 1ª impressão
3.000 exemplares — janeiro 2015
Tiragem total: 3.000 exemplares

Dados Internacionais de Catalogação na Publicação (CIP)
(Câmara Brasileira do Livro, SP, Brasil)

Ribeiro, Amadeu
Juntos na eternidade / Amadeu Ribeiro. — São Paulo:
Centro de Estudos Vida & Consciência Editora, 2015.

ISBN 978-85-7722-296-4

1. Espiritismo 2. Romance espírita I. Título.

14-02427 CDD-133.39

Índices para catálogo sistemático:
1. Romance espírita : Espiritismo

Este livro adota as regras do novo acordo ortográfico (2009).

Editora Vida & Consciência
Rua Agostinho Gomes, 2.312 — São Paulo — SP — Brasil
CEP 04206-001
editora@vidaeconsciencia.com.br
www.vidaeconsciencia.com.br

Juntos
na eternidade
AMADEU RIBEIRO

A felicidade

é a conquista que compete a cada um;
os desafios, quando enfrentados, acabam por
demonstrar o quanto somos fortes e capazes.

Zibia Gasparetto

Capítulo 1

Ao abrir os olhos naquela bela manhã de domingo, Fabrício jamais imaginaria que iria conhecer a mulher de sua vida dentro de poucos minutos e que ela mudaria seu modo de viver para sempre.

Fabrício era um rapaz comum e, aos vinte e cinco anos, estava encaminhado na vida. No final do ano passado, formara-se em Psicologia e, junto com seu colega e sócio Adriano, criou um consultório, que nos últimos meses conquistara vários novos clientes. Todos os pacientes gostavam da maneira com que Fabrício os tratava. Sentiam-se bem com ele. Alguns diziam que o rapaz parecia transmitir confiança e eram raras as pessoas que hesitavam em abrir o coração para o psicólogo.

Ele era alto e bem encorpado. Tinha a pele clara e cabelos negros como piche. Durante a adolescência, tivera grandes problemas com espinhas, que pontilhavam seu rosto como uma constelação de estrelas. Nesta época, Fabrício tinha um corpo gordinho e flácido e, talvez devido a isso, namorara apenas duas meninas. Foi quando ele achou que deveria mudar sua aparência radicalmente se quisesse ser notado pelas moças. Ingressou em uma academia e malhou como um sádico. Juntou dinheiro para fazer um tratamento facial. Mudou o corte dos cabelos, antes lisos e cortados em cuia, para um visual mais moderno, espetados e endurecidos por um poderoso gel fixador.

Sempre gostara de lidar com o lado emocional das pessoas. Na universidade, o curso de Psicologia caiu-lhe como uma luva. Seus pais não foram contra. Tudo o que queriam era ver o único filho formado na área que escolhesse e que pudesse construir uma carreira que o sustentasse no futuro.

Foi na universidade que Fabrício conheceu Adriano, dois anos mais velho do que ele. Formou-se um elo de amizade entre eles tão forte que não se largavam mais. Adriano gostava mais de Fabrício do que da companhia do próprio irmão. Iam às mesmas baladas, gostavam das mesmas comidas e de surfar juntos, nas ondas agitadas de Maresias.

Quando Adriano conheceu Andressa, Fabrício chegou a pensar que a amizade entre eles não se manteria tão sólida. E essa ideia ganhou forma na medida em que o namoro entre Adriano e Andressa foi ficando mais sério. Mesmo sem ter namorada, Fabrício não sentia inveja do amigo, mas certo temor diante da possibilidade de que a amizade ficasse desestruturada. E, secretamente, ele sentia uma pequena pontada de ciúmes, embora já tivesse aprendido a lidar com esse tipo de sentimento em sua área de Psicologia.

Porém, com o passar do tempo, ele notou que estava enganado. Andressa era uma jovem muito simpática e gentil, consciente da amizade entre os dois rapazes. Ela mesma chegou a comentar, certa vez, que não queria atrapalhar a amizade entre o namorado e o colega. Não se cansava de repetir que apenas desejava se integrar à vida social de Adriano.

Quando eles anunciaram o casamento, Fabrício mal acreditou. Estavam no penúltimo semestre do curso e faltava bem pouco agora para que se formassem. A sensação de perder o amigo voltou com força, embora Fabrício julgasse sua atitude egoísta e infantil. Se realmente gostava de Adriano, o mínimo que poderia fazer era desejar a felicidade do outro. E, a essa altura, ele tinha a certeza de que o amigo e futuro colega de profissão seria feliz ao lado de Andressa.

O casamento foi um evento bonito e pomposo. Fabrício se perguntava se faria uma festa como aquela em seu próprio casamento.

"Como posso pensar na festa do meu casamento se nem namorada eu tenho?", ele refletia, triste e desanimado. "Será que algum dia eu vou namorar alguém? Antes eu era gordo e cheio de espinhas. Agora, mesmo com melhor aparência e quase formado, continuo tão solteiro quanto um monge. Não consigo compreender".

Fabrício dialogava consigo mesmo tentando se compreender, em busca de respostas. Não que ele estivesse desesperado por uma garota. Simplesmente gostaria de ter a mesma sorte de Adriano: casar-se com uma moça honesta e bonita, além de inteligente e divertida. Para Fabrício, essas eram as características obrigatórias em uma possível candidata.

O restante do ano passou rapidamente, e Fabrício mal pôde acreditar quando finalmente se formou. Tremia de emoção quando segurou seu diploma de psicólogo pela primeira vez. A longa jornada de cinco anos chegava ao fim. Agora ele poderia seguir em sua área, como sempre sonhou.

Como Fabrício não tinha irmãos, seu pai, Josias, achou merecido que o filho ganhasse um presente especial devido ao seu sucesso acadêmico. Como ele já tinha um carro, Josias o presenteou com um apartamento no bairro de Higienópolis. Fabrício, que morava com seus pais, custou a acreditar que seria realmente independente dali para frente.

Orgulhoso por ter um filho psicólogo, Josias contribuiu financeiramente para que Fabrício montasse um consultório para seus futuros atendimentos. Naturalmente, Fabrício convidou o amigo Adriano para ser seu sócio, que não hesitou em aceitar o convite. Andressa também ficou muito satisfeita. Todos acreditavam que logo teriam muitos clientes frequentando o consultório dos jovens recém-formados.

Em dois meses ficou tudo pronto. Eles alugaram um consultório pequeno, porém aconchegante, e o decoraram com sutileza e bom gosto. Andressa contribuía com sua opinião feminina, e o resultado final agradou a todos. O novo consultório tornou-se um local relaxante e convidativo.

— Agora só falta aparecer os clientes — comentou Fabrício com Adriano no dia em que concluíram as mudanças e reformas no consultório.

— Eles vão aparecer, Fabrício. Pode esperar que vai dar tudo certo — confortou Adriano com otimismo.

— E se eles não quiserem vir porque acabamos de nos formar?

— Isso não nos torna incompetentes, não é verdade? Temos menos experiência do que outros psicólogos que já trabalham há mais tempo do que nós, mas acredito que esta será nossa chance de mostrar tudo o que aprendemos. Todos têm que começar do zero.

Adriano parecia ter o poder de acalmar as preocupações de Fabrício. Sempre fora assim: Fabrício com suas atitudes pessimistas e Adriano com palavras animadoras e reconfortantes.

Tanto Adriano quanto Fabrício nunca se esqueceriam da primeira cliente. Era uma senhora, que fora indicada por uma amiga de Andressa. Vinha em busca de ajuda profissional, pois desejava ouvir conselhos para não matar o quinto marido. Dissera que fora casada quatro vezes, traída quatro vezes e viúva quatro vezes. Agora se casara pela quinta vez e fora traída novamente. Como forma de punição, ela desejava assassinar o marido atual. Contou que os quatro anteriores morreram de mal súbito, mas que este morreria pelas mãos dela.

Fabrício se encarregou do atendimento da mulher. Ela parecia satisfeita com os conselhos que ouvia enquanto permanecia deitada no divã macio e inclinado. Fabrício, no final da última consulta, comentou com Adriano que achara ter feito um bom trabalho. A senhora parecia estar mais calma e já não falava mais em matar o quinto marido e sim em perdoá-lo.

— Sou realmente um bom psicólogo, Adriano — comentou Fabrício sorrindo. — Evitei uma morte.

Foi Andressa quem veio dar a notícia três dias depois. A senhora matara o quinto marido e se suicidara em seguida.

***

Enquanto se barbeava, naquela manhã de domingo, Fabrício se recordava deste caso, ocorrido há quase um ano. Ele ficara tão chocado com a notícia que teria abandonado sua carreira, não fosse, mais uma vez, a intervenção precisa de Adriano. O rapaz afirmou que este fora apenas um obstáculo inicial e que não poderia levá-los a desistir do sonho de atuar na área da Psicologia.

Fabrício retomou sua carreira e de lá para cá surgiram novos clientes, com seus casos particulares. Adriano e Fabrício mantinham suas carteiras próprias de pacientes. A cada dia que passava surgiam novas pessoas, fosse pelos anúncios nos jornais, fosse pelo boca a boca. Ainda não tinha completado um ano que estavam no consultório e já tinham quase vinte pacientes em atendimento. Para eles, isso era um sucesso.

O apartamento que Josias dera de presente para Fabrício não era grande, mas estava situado em um condomínio de classe média alta, num bairro igualmente nobre. Ele gostava de viver ali. Tinha tudo o que precisava e o consultório não ficava muito distante.

Depois de se barbear e de ter tomado seu café da manhã, Fabrício colocou uma roupa esporte, pois pretendia correr no Parque do Ibirapuera mais tarde. Às vezes, Adriano e Andressa lhe faziam companhia, mas Fabrício estava acostumado a correr sozinho.

Assim que terminou de calçar os tênis, ele notou que um quadro na parede estava torto. Não era perfeccionista, porém gostava de organização e limpeza. Caminhou até o quadro para ajeitá-lo, mas, assim que o tocou, o prego se desprendeu e o quadro foi ao chão.

— Estes pregos não aguentam peso algum — resmungou Fabrício consigo mesmo. — Preciso comprar pregos de aço.

Como estava sem pressa, pois ainda era cedo, ele apanhou sua caixa de ferramentas e pegou o martelo. Recolocou o prego na parede, um pouco mais acima do buraco em que ele estava. Mirou o martelo na cabeça do prego e começou a bater. Assim que sentiu o prego bem firme, Fabrício ajeitou o quadro no lugar, tomando o cuidado de posicioná-lo em linha reta.

Minutos depois soou a campainha.

Ele seguiu até a porta. Só poderiam ser Adriano e Andressa para acompanhá-lo, embora geralmente eles o aguardassem na portaria. Ou talvez fossem os pais de Fabrício. Não era incomum eles o visitarem durante as manhãs dos domingos. Entretanto, ele se deparou com uma estranha ao abrir a porta. Uma estranha belíssima por sinal.

Ela estava com a testa franzida e não parecia bem-humorada.

— Bom dia, moça. Posso lhe ajudar? — perguntou Fabrício, educadamente.

— Seria realmente um excelente dia se você não tivesse me acordado com essas pancadas na parede — ela retrucou com voz macia e irritada ao mesmo tempo.

— Bem, peço desculpas, mas já passa das nove. É permitido pela lei deste condomínio que martelemos uma parede após esse horário.

— Não conheço a lei do condomínio, mas conheço a lei da educação — a moça disparava as palavras muito zangada. — Não me vá dizer que é sempre assim!

Fabrício a contemplava em silêncio, aparvalhado com a beleza da visitante. Ela era tão morena quanto ele, de pele igualmente clara. Os cabelos castanhos estavam amarrados em um rabo de cavalo meio frouxo. Não usava maquiagem ou adornos e Fabrício julgou que ela acabara de acordar.

— Além de barulhento você é surdo?

— Desculpe, mas quem é você?

Ela bufou e deixou as mãos caírem ao longo do corpo. Era alguns centímetros mais baixa do que Fabrício, e, quando ele desceu o olhar, notou que ela estava descalça.

— Sou sua vizinha aqui do 502 — ela apontou a porta ao lado.

— Desde quando? Esse apartamento estava vazio.

— Estava vazio até ontem. Eu o comprei e o ocupei. Achava que seria um local tranquilo para se viver, mas não imaginei que fosse me deparar com um vizinho que me acordaria ao som de marteladas.

Fabrício continuou sério por alguns instantes e então soltou uma gargalhada. A risada lhe valeu um olhar fulminante da nova vizinha.

— Qual é a graça? Estou lhe contando alguma piada, por acaso?

— Desculpe — ele repetiu, contendo o riso. — Como você se chama?

— O quê? Esta não é uma visita social. Não pretendo manter nenhuma amizade com você, então meu nome não lhe interessa.

— O condomínio daqui é caro, sabia? — tornou Fabrício, sempre com um sorriso mal disfarçado nos lábios.

— E quem perguntou?

— Acho que você não terá dinheiro para pagá-lo.

A mulher fechou as mãos em punho, e Fabrício achou que ela fosse atacá-lo. Em vez disso, ela cruzou os braços e seu lindo rosto contraiu-se numa expressão de fúria.

— Como você se atreve a dizer isso? Como pode dizer que eu não tenho condições de pagar o condomínio sendo que nem me conhece? Você não sabe do meu bolso, então não tem o direito de...

— Você não tem nem chinelos... como vai ter dinheiro para pagar o condomínio?

Ela olhou para os próprios pés e corou levemente. Ao ver o risinho debochado e irônico de Fabrício, a moça pensou seriamente se deveria usar as mãos nele ou não.

— Você acaba de ganhar uma inimiga.

— Não por isso. Eu posso lhe comprar um par de chinelos novos.

Ela tornou a olhar para os pés e em seguida para o rosto sorridente de Fabrício. Sentindo-se ridícula, parada ali, descalça, a jovem não conseguiu evitar um sorriso.

— Ouça, você é muito engraçadinho, mas não me deixou mais calma.

— Eu estava indo ao Parque do Ibirapuera. Não gostaria de me acompanhar? — na verdade, ele deu um tiro no escuro. Não sabia nada sobre a vida dela. Talvez ela fosse casada ou namorasse. Mas Fabrício sentiu-se atraído pela moça de tal forma que se descobriu rezando para que ela topasse ir com ele.

— Além de engraçadinho, você é abusado. Nem sequer sabe meu nome e já está me convidando. Aposto que você é um pegador, desses que vive na cola das mulheres.

Fabrício não podia dizer que ultimamente não pegava nem gripe. Ao longo de toda a sua vida ele fora tímido, mas sempre desejara secretamente arrumar uma namorada para se casar, assim como Adriano e Andressa.

— Não sou tão pegador assim, mas não custa nos conhecermos melhor, já que seremos vizinhos daqui pra frente.

— Não sei não... De qualquer forma, vou me apresentar. O meu nome é Simone — ela não descruzou os braços para cumprimentá-lo.

— E o meu é Fabrício — para mostrar que era um homem educado, ele estendeu a mão para frente.

Simone tocou na mão de Fabrício, e ambos estremeceram com o toque, como duas crianças tímidas. Ficaram se olhando por alguns instantes, até que ela perguntou:

— Por que está segurando a minha mão? Vai ler a minha sorte?

Fabrício a soltou e riu outra vez. Ele percebeu que gostava de observar o modo como ela ficava nervosa. E quando finalmente Simone se acalmou, ele notou que ela ficava ainda mais bonita quando estava serena.

— Você ainda não me disse se vai me acompanhar até o parque.

Simone pareceu considerar a proposta de Fabrício por alguns segundos até responder.

— Já que eu não vou poder voltar a dormir, não me custa ir com você.

Sem dizer mais nada, Simone entrou na porta ao lado da de Fabrício, deixando-o exultante de felicidade.

Quando ela reapareceu, dez minutos depois, vestia uma miniblusa colada ao corpo e um short, bastante justo também. Os cabelos continuavam amarrados. Trazia uma pequena pochete fixada à cintura. Calçava meias e tênis brancos.

— Vamos? — ela convidou, parecendo empolgada.

Para Fabrício, aquele foi um dos melhores domingos de sua vida, o dia em que conheceu a mulher por quem iria se apaixonar perdidamente.

Capítulo 2

Fabrício descobriu que Simone tinha vinte e três anos e era uma mulher fantástica, original, inteligente e nada recatada. Soube que ela era jornalista, formada recentemente em São José dos Campos. Era lá onde Simone morava em companhia do pai, até que ele viera a falecer, devido a um aneurisma cerebral.

Como não tinha irmãos nem parentes, Simone chegara à conclusão de que não valia a pena continuar morando naquela cidade. Era tempo de conhecer novos lugares, novas pessoas e respirar novos ares. Conseguiu emprego como colunista em um jornal na cidade de São Paulo. Decidiu vender sua casa em São José e, assim que a negociata chegou ao fim, Simone usou o dinheiro para dar como entrada em seu novo apartamento. Ainda restariam algumas prestações a serem pagas, mas já havia quitado mais de 70% do valor total do imóvel.

Fabrício soube também, para sua felicidade, que a moça era solteira. Contou que havia namorado um rapaz até pouco antes de o pai falecer. Depois da morte dele, Simone terminou o relacionamento, visto que desejava sair da cidade.

— Vamos descansar ali? — ela perguntou ofegante, apontando para um banco e passando as costas da mão pela testa suada. Ela era bastante resistente e correra lado a lado com Fabrício por um bom tempo.

Eles se sentaram no banco e esvaziaram as garrafas de água que haviam levado. Quando Simone se recompôs, virou-se para Fabrício e comentou:

— Enquanto corríamos, eu contei quase toda a minha vida para você, não sei nem por quê. Agora é sua vez de contar um pouco sobre a sua.

— Ah, eu não tenho nada de muito interessante para contar. Sou dois anos mais velho do que você, também sou filho único e me formei em Psicologia no ano passado. Trabalho em um consultório com um colega meu.

— E também mora sozinho?

— Sim. Hoje em dia a independência vem em primeiro lugar — Fabrício não lhe contou que, se não fosse o apartamento dado de presente pelo pai, até hoje estaria morando com ele. — E você também vai morar sozinha, pelo jeito.

— Vou. Embora eu amasse meu pai, pois sinto falta dele em todos os momentos, estou descobrindo que a independência é mesmo muito interessante. Faz com que nos sintamos livres como aventureiros.

Uma loira, linda e bronzeada, trazendo um pequeno cachorro no colo, aproximou-se deles. Usava uma roupa tão apertada que chamaria menos atenção se estivesse nua. Ela se dirigiu diretamente a Fabrício e perguntou, com voz provocante:

— Amigo, você poderia me informar as horas?

Fabrício, boquiaberto com a beleza da loira, levantou-se de um salto. Sorriu, olhou para o relógio de pulso, ampliando ainda mais o sorriso:

— Meio-dia e dez.

— Obrigada, garotão — agradeceu a loira, soando o mais sensual possível. Sabendo que estava sendo observada por Fabrício e por outros homens, ela intensificou seu rebolado enquanto caminhava.

— Essa nem quer chamar a atenção — comentou Fabrício com Simone, ainda sem deixar de olhar para o traseiro firme da loira.

Como não obteve resposta, ele virou-se para o lado e ficou chocado. Simone não estava mais ali.

Ele teve de retornar sozinho para seu apartamento, já que não a localizou em parte alguma. E tamanha foi a sua surpresa quando, assim que saiu do elevador, viu a moça regando uma planta que pusera ao lado de sua porta. Ela já tinha inclusive mudado de roupa.

— Simone, o que você está fazendo aqui? Como voltou sozinha?

— Você está vendo isso aqui? — ela tocou nas pernas, sem olhar para Fabrício. — Chamam-se pernas. Elas servem para nos locomover de um lugar a outro. Com elas eu pude pegar um táxi e voltar para cá.

— E por que voltou sozinha, sem me avisar? O que deu em você?

Ela olhou na direção de Fabrício, mas sem fixar seus olhos nos dele. Olhou ao redor e perguntou:

— Ela não veio com você?

— Quem? Do que você está falando?

— Da loira de canelinhas finas que lhe perguntou as horas.

Por um breve instante, Fabrício não entendeu. Então finalmente chegou a uma conclusão: Simone ficou enciumada e o deixara sozinho no parque. Sim, só poderia ser aquilo. Mas se ela havia sentido ciúmes dele, isso queria dizer alguma coisa? Fabrício resolveu arriscar:

— Você ficou com ciúmes de mim, Simone?

— Como? Você é muito convencido. Não sinto ciúmes de nada nem de ninguém. Por mim, você pode fazer o que quiser com aquela loira de cabelos tingidos — respondeu Simone, agitando o regador.

— Vejam só, a jornalista Simone está com ciúmes do novo vizinho — debochou Fabrício, rindo para provocá-la.

Ele conseguiu seu objetivo. Simone se ergueu e num gesto rápido, inclinou o regador, abrindo a tampinha pelo local por onde se colocava a água e direcionou todo o líquido ao rosto de Fabrício. Embora estivesse irritada, ela não conseguiu deixar de rir quando viu a água escorrer pelo rosto do rapaz.

— Você está parecendo um cachorrinho molhado, sabia? — ela riu.

— Ah, é? — ele se inclinou e apanhou um punhado de terra do vaso dela. Em seguida, movimentou o braço rapidamente e esfregou a terra na camiseta branca que Simone estava usando. — Agora você está parecendo uma mendiga, sabia?

— Você sujou minha camiseta nova, seu imbecil.

— Foi você quem começou.

Simone se abaixou, pronta para encher as mãos de terra, quando a porta do elevador se abriu e por ela saiu um casal de senhores muito elegantes. Havia três apartamentos por andar naquele edifício e este casal era vizinho de Simone e de Fabrício. A mulher lançou um olhar duro e frio na direção dos dois, perguntando:

— De onde veio toda essa terra? E por que o piso está molhado? O que vocês dois estão fazendo? Olha que sujeira!

Fabrício e Simone se entreolharam, ele com a cabeça molhada e ela com a roupa manchada de terra. Sentiram-se como duas crianças pegas no flagrante enquanto faziam alguma arte.

— Nada, dona Vera... Eu estava ajudando nossa nova vizinha a colocar sua plantinha nesse vaso.

— Aqui, no corredor? — Vera estava horrorizada. — Sabe que neste condomínio não pode haver plantas no corredor e muito menos fazer serviços de jardinagem aqui. Vou reclamar para o conselho.

— Isso sem contar que as pessoas podem tropeçar neste vaso — ajuntou o marido de Vera.

— Os senhores estão certos — concordou Fabrício. — Simone, que comprou esse apartamento e se mudou para cá ontem, vai tirar esse vaso daí imediatamente. Podem ficar tranquilos.

Simone não soube o que a deixou mais irritada: o fato de Fabrício ter ficado a favor do casal ou eles permanecerem parados ali, esperando que ela retirasse o vaso. Simone olhou fixamente para Vera e respondeu:

— Meu vaso não sairá daí. Quero ver quem vai tirá-lo do lugar onde eu o pus.

— Que mocinha boca-dura! — criticou o senhor. — Se você não tirar esse vaso do corredor, vou conversar com o síndico e você será multada por infringir as regras do condomínio.

— Se o senhor fizer isso, amanhã mesmo publico na coluna do jornal em que trabalho, que tenho um vizinho que não gosta de plantas, ou seja, que não aprecia o Meio Ambiente. Temos muitos leitores que pertencem às organizações que trabalham pela ecologia. Imagine só o que eles dirão quando souberem disso.

Simone mentia de forma tão convincente, que fez o homem piscar, espantado. Ele trocou um olhar com a esposa e retrucou:

— Não sou eu quem está dizendo isso, mocinha, e sim as leis do condomínio.

— Não sou eu quem está dizendo, senhor, e sim as leis sobre o Meio Ambiente. Acho que empatamos, não é verdade?

Fabrício levou a mão à boca para abafar o riso. Simone era demais, em todos os sentidos.

O casal ficou ali parado por mais alguns segundos até que a mulher se virou, e eles caminharam em direção ao próprio apartamento. Entraram e fecharam a porta silenciosamente.

Fabrício passou as mãos pelos cabelos molhados e assoviou:

— Bravo! Ponto para Simone. Enfrentou a fúria do casal Roxette. Eles são um dos moradores mais encrenqueiros do prédio.

— Agora não são mais. E eu aposto que depois dessa, eles ficaram "roxettes" de raiva.

Eles riram, e Fabrício perguntou:

— Depois dessa, o que você acha de jantar comigo?

— Acha mesmo que, depois de você ter sujado minha roupa de terra, eu ainda vou para algum lugar com você? Mas nem até a portaria.

— Na verdade hoje teremos um evento especial aqui mesmo, no condomínio. Todos os moradores contribuem semanalmente com uma determinada quantia para a realização de um jantar coletivo, que costuma acontecer no último domingo de cada mês. O que você acha? Além de você poder fazer as pazes comigo, poderá conhecer um pouco mais os outros vizinhos, apresentando-se a eles. Que tal?

Simone pensou e respondeu que iria, rindo de novo dos cabelos molhados de Fabrício. Ele também riu e quis saber:

— Aquelas ameaças que você fez ao senhor Roxette eram puro blefe, não é mesmo? Você não faria aquilo. Por isso, para evitar rixas com a vizinhança, já que você é nova por aqui, o que acha de colocar esse vaso para dentro?

— Está certo, farei o que me pede.

— Bem, vou entrar agora porque preciso analisar algumas gravações das consultas dos meus pacientes. Se precisar de mim, pode me chamar.

— Na verdade vou ficar bastante ocupada. Meus móveis estão todos bagunçados. Sabe como é mudança, né? Não tem quem não fique perdido.

— Está certo. O jantar começa às vinte horas. Não deixe de ir. Fica lá embaixo, no salão social, ao lado da portaria.

— Combinado. Pode deixar que não vou faltar.

Fabrício sorriu, entrou e fechou sua porta. Simone ajeitou a terra do vaso, cobrindo o buraco de onde Fabrício tirara uma porção. Depois de terminar, observou o resultado e achou que estava muito bom. E, antes de entrar em seu apartamento, ela olhou para a porta do casal Roxette e mostrou a língua.

— Plantinha, você vai ficar bem aí onde a deixei — falou, em voz alta. — E quem não estiver gostando, que venha falar comigo.

***

Fabrício já estava no salão social do condomínio, conversando com alguns vizinhos, quando avistou Simone, o que fez seu coração disparar como se tivesse uma arritmia cardíaca.

Ela estava espetacular. Usava um vestido longo de seda, azul-claro, e sapatos de salto da mesma cor. Pela primeira vez, Fabrício a via com os cabelos soltos, caindo pelos ombros delicados. Ela usava apenas um colar com pedra da lua e brincos combinando Uma leve camada de batom coloria seus lábios.

Simone sorriu quando viu Fabrício parado ali. Ele também estava muito elegante, vestido em uma roupa social cinza, com os cabelos pretos penteados e arrepiados.

Quando se aproximou dela, Simone notou que ele usava uma suave colônia masculina.

— Fico feliz que tenha vindo — confessou ele, beijando-a no rosto.

— Não vim por você e sim pelo meu estômago, apesar de me perguntar se realmente teria direito de participar deste jantar. Afinal, eu me mudei ontem para cá e nunca colaborei com nada. Será que ninguém vai achar ruim?

— Você é minha convidada. Qual o problema nisso?

Simone deu de ombros. Tomou o braço de Fabrício e caminhou com ele ao longo do salão. O bufê com a comida estava sendo preparado pelos garçons. Grande parte dos moradores estava sentada às mesas, aguardando o momento de se servirem. Os garçons lhe ofereciam bebidas alcoólicas e não alcoólicas.

Uma mulher gorda, usando um vestido números menores do que o seu, que a apertava quase a ponto de lhe asfixiar, sorriu para Fabrício e veio correndo em sua direção, equilibrando as perninhas rechonchudas nos saltos dos sapatos. Fabrício apertou a mão de Simone e cochichou em seu ouvido:

— Esta é Dóris. Trata-se da mulher mais fofoqueira desse prédio. É capaz de ficar doente se não souber de pelo menos uma fofoquinha por dia.

Dóris se aproximou e beijou as bochechas de Fabrício. Virou-se toda sorridente para Simone e perguntou:

— Não vai me apresentar sua amiga, Fabrício querido?

— Bem, Dóris, o nome dela é Simone e ela é nossa nova vizinha. Comprou o apartamento 502, ao lado do meu.

— Nossa, e como que eu nem fiquei sabendo disso? — Dóris pareceu revoltada com a falta de informações.

— Está sabendo agora — interrompeu Simone, devolvendo o sorriso.

— Hum, pelo jeito vocês dois estão se dando bem. Fabrício é solteiro, menina, além de ser um gatão, não acha?

Fabrício corou, mas Simone riu.

— É... ele não é de se jogar fora — admitiu Simone.

— E vejo que você é bastante rápida. Já está de braços dados com ele.

— E pretendo levá-lo para a cama ainda hoje — disparou Simone.

Dóris arreganhou a boca e os olhos, pasma com a fofoca. Apanhou uma taça de champanhe da bandeja, que um garçom carregava, e bebeu um grande gole de uma só vez. Piscou um olho para Simone e sussurrou:

— Depois me diga se ele é bom.

— Eu ouvi isso, Dóris — reagiu Fabrício, sorrindo.

Dóris se afastou, tiritando de felicidade diante da novidade. Fabrício se sentou com Simone em uma mesa e pediu:

— Você poderia repetir aquela parte sobre me levar para a cama ainda hoje?

— Engraçadinho. Sabe muito bem que eu disse aquilo só para espantar aquela gorda fofoqueira.

— E eu já pensando em usar os meus lençóis novos...

Simone ia retrucar, mas acabou sorrindo. Com Fabrício era assim: por mais zangada que ela estivesse, ele tinha o dom de diverti-la.

O jantar estava espetacular. Simone viu Dóris cochichando com outras duas mulheres, que lançavam olhares curiosos na direção em que eles estavam. Quando terminaram a sobremesa, Simone comentou com Fabrício:

— Tudo estava muito bom. Também quero colaborar com essa contribuição semanal para poder participar desse jantar no final do próximo mês — ela soltou um suspiro e prosseguiu: — Bem, Fabrício, eu vou subir agora. Amanhã cedo preciso estar no jornal, por isso quero estar bem descansada. Sabe como é, segunda-feira é dia de ânimo.

— Vou subir com você.

Quando chegaram em frente aos seus apartamentos, Fabrício revelou:

— Eu também levanto cedo amanhã. Até isso nós temos em comum, não é verdade?

— Pode ser. Obrigada por tudo. Durma bem e boa noite.

Simone hesitou por alguns instantes, então se aproximou de Fabrício e o beijou rapidamente no rosto. Sorriu em seguida e entrou em seu apartamento. Fabrício não conteve um suspiro profundo e entrou em casa também.

Capítulo 3

A partir daquele dia, Fabrício e Simone começaram a sair para jantar fora juntos, à exceção de quando um deles se atrasava no trabalho. Simone confessara ser péssima cozinheira, e Fabrício admitira que não lhe ficava muito atrás, mas que conseguia se virar diante de um fogão. Então, para evitar transtornos e constrangimentos, eles iam jantar em um restaurante bem conceituado, no próprio bairro, cuja comida agradava a todos os clientes.

Para um desses jantares, Fabrício convidou também Adriano e Andressa. Eles simpatizaram com Simone imediatamente.

— Desde quando vocês estão namorando? — Andressa perguntou ingenuamente.

Fabrício corou e se engasgou com o vinho que tomava. Simone também enrubesceu, mas conseguiu responder:

— Na verdade nós não somos namorados. Somos vizinhos e amigos, apenas.

— Ah, qual é, Fabrício? — provocou Adriano. — O que está esperando para pedir Simone em namoro?

Adriano e Andressa riam, deixando o rapaz ainda mais constrangido. Simone, esforçando-se para segurar o riso, observava a reação de Fabrício.

— É que... na verdade... bem... — gaguejou Fabrício. Tomou mais um pouco de vinho, virou-se para Simone e mal conseguiu controlar as palavras: — Você aceita namorar comigo?

— Ai, que bonitinho! — riu Andressa. — Parece um menininho de dez anos!

— Fica quieta, Andressa! — recriminou Fabrício, ficando mais e mais vermelho. — Aliás, por que vocês dois não vão mais para lá? Por que não se sentam em outra mesa?

— Porque você nos convidou! Portanto, não vamos arredar pé daqui — alegou Adriano, divertindo-se com a situação.

— Por mim, posso dar a minha resposta na frente de qualquer pessoa — Simone deu de ombros. — E a resposta à sua pergunta é *não*.

Adriano e Andressa olharam para Simone atônitos, parecendo não acreditar na resposta dela. A vermelhidão no rosto de Fabrício cedeu lugar à palidez em questão de segundos. Então ele enfiou a mão no bolso da calça, sacou a carteira e dela tirou algumas cédulas, que atirou sobre a mesa furiosamente. Ficou em pé e rosnou entre dentes:

— Esta é a minha parte e a de Simone. Que todos tenham uma ótima noite.

Sem dizer mais nada, ele saiu marchando do restaurante. Então finalmente Simone riu e olhando para Adriano e Andressa, perguntou:

— Vocês também acreditaram?

— Em quê? — a expressão de Adriano era de total confusão. — Não entendi muito bem o que aconteceu aqui.

— Não vou poder explicar agora — disse Simone levantando-se. — Vou conversar com ele lá fora. Foi um prazer conhecer vocês.

Simone beijou Adriano e Andressa no rosto e saiu rapidamente do restaurante. Adriano olhou para a esposa e perguntou:

— Que bicho mordeu esses dois?

— Só pode ter sido o bicho do amor. Até um cego pode ver que eles estão apaixonados um pelo outro. Mas Simone parece bem resistente e não quis dar o braço a torcer. Pelo menos, não na nossa frente.

— Então você acha que ela só quis fazer uma cena?

— Eles vão conversar de novo, amor. Darão um jeito de se entender. Farão isso em particular, mas tenho certeza de que tudo vai dar certo.

***

Fabrício entrou em seu apartamento disposto a esmurrar o que encontrasse em sua frente. Estava tão aborrecido com Simone, que seria capaz de martelar pregos na parede durante a noite inteira apenas para irritá-la. Nunca ninguém o fizera passar um vexame tão grande como aquele. Ele já era tímido por natureza e Simone tripudiara sobre ele ao lhe dar um fora na frente de seus amigos. Com que cara ele olharia para Adriano no consultório?

Quando a campainha soou, retiniu na cabeça de Fabrício. Como se não bastasse tudo o que passou, ainda estava com dor de cabeça. E tudo por culpa de Simone.

Ele seguiu furioso em direção à porta e abriu-a com violência. Quando se deparou com o rosto sorridente de Simone à sua frente, ficou tentado a lhe bater a porta na cara.

— O que faz aqui? — perguntou Fabrício mal-humorado.

— Ora, eu moro aqui, quer dizer, moro ao seu lado. Como somos bons vizinhos, vim lhe fazer uma visitinha. Posso entrar? Ainda não conheci o seu apartamento.

— Fisicamente é igual ao seu. Neste bloco, os apartamentos são todos do mesmo tamanho — resmungou Fabrício, ainda parado na porta.

— Mas eu queria ver o seu por dentro. Quem sabe eu tenha alguma ideia para decorar melhor o meu.

Contrariado, mas convencido, Fabrício se afastou para que Simone entrasse. Ela seguiu devagar até a cozinha e apanhou uma maçã de um cesto que estava sobre a mesa.

— Gostei da sua cozinha, sabia?

— Simone, por que você fez aquilo comigo no restaurante?

— Fiz o quê? — com ar distraído, ela mordeu a maçã.

— Nunca ninguém me deu um fora, sabia?

— Tudo tem a primeira vez, sabia? — ela riu, matreira.

— Você é muito linda, de verdade. É uma gata, mas não passa de uma egoísta. Eu nem deveria mais falar com você.

— Miau! — provocou Simone, dando outra mordida na fruta.

— Olha, quer saber? É melhor você ir para o seu apartamento, pois eu tenho muito que fazer.

— Eu quero ficar e ver o que você tem para fazer.

— Ora, Simone, acha que estou brincando?

— A resposta é *sim* — ela murmurou, mastigando a maçã.

— Que resposta? Não sabe que é feio falar com a boca cheia?

— Agora vai me dar lições de moral? — A resposta é sim — repetiu Simone.

— Do que você está falando? Vamos, acabe de comer essa maçã de uma vez. Nem parece que voltou de um restaurante!

— Vai regular uma fruta agora? — ela piscou um olho.

Fabrício não respondeu e pôs-se a observá-la em silêncio. Assim que ela acabou de comer a maçã, ele se sentiu tentado a avançar sobre e a e a beijá-la nos lábios. Embora estivesse com raiva de Simone, ela nunca lhe parecera tão linda como naquele momento.

— Pronto? Já terminou? — vendo-a assentir, ele prosseguiu: — O que você estava dizendo mesmo?

Ela se aproximou de Fabrício, tocou-lhe os ombros e sorriu:

— Você não queria me pedir em namoro na frente dos seus amigos, mas o fez quase por obrigação. Então eu disse *não*, porque nenhum de nós dois se sentiria à vontade ali, embora eu tenha percebido que Adriano e Andressa sejam pessoas de extrema confiança. Agora que estamos aqui, somente os dois, confesso que eu também gosto de você e aceito namorá-lo.

Toda a raiva que Fabrício estava sentindo de Simone desapareceu como fumaça. Sem perder tempo, ele a tomou nos braços e a beijou com força, com uma profunda paixão. Os dois permitiram-se ficar ali, esquecidos do restante do mundo, entregues ao amor que descobriam sentir um pelo outro. Trocaram outros beijos e longas carícias. Quando finalmente conseguiu recobrar a fala, contendo a emoção, Fabrício confessou:

— Eu nem acredito nisso, Simone. Este é o momento mais feliz da minha vida, não por você ter aceitado namorar comigo, mas por eu saber aqui — ele tocou o coração — que você é a mulher dos meus sonhos. Eu esperei por você durante todos esses anos e agora o destino nos uniu. É com você que eu quero estar pelo resto dos meus dias. Quero envolver você em meus braços, sentir a suavidade dos seus cabelos, a maciez de sua pele, o contato delicado dos seus lábios. Quero fitar seus olhos profundos e brilhantes, e poder ver refletido neles todo o amor que eu sinto por você.

Notando que ela o fitava com atenção, Fabrício concluiu:

— Quando a vi pela primeira vez, soube que você seria minha para sempre. Eu a amo, Simone. Sempre fui tímido e nunca tive coragem de dizer isso a ninguém. Só estou abrindo o meu coração para você porque ele será seu de hoje em diante.

Ela continuou a observá-lo, mesmo depois de Fabrício ter terminado de falar. Então quis saber:

— Confesse... você decorou essa fala?

Fabrício riu e a beijou novamente. Naquela mesma noite, eles se entregaram à irresistível paixão que os unia. E assim foi durante as semanas seguintes. Momentos a dois, regados com amor, paixão, ternura e sexo.

Adriano e Andressa logo tomaram conhecimento da novidade e ficaram satisfeitos e felizes por Fabrício. Gostavam dele e lhe desejavam toda a felicidade do mundo. Compreenderam que, no restaurante, Simone quisera adiar o assunto, evitando tratá-lo na frente deles. O importante era que eles estavam bem e felizes juntos.

Os pais de Fabrício também ficaram sabendo da novidade. A princípio Eloá, mãe de Fabrício, não gostou de saber que seu filho estava namorando. Mas mudou de opinião ao conhecer Simone, pois adorou a personalidade forte e marcante da jovem. Percebeu que Simone tinha firmeza em suas palavras, além de ser uma pessoa verdadeira e de atitude. Josias também aprovou Simone e só lamentou a moça não ter pais vivos para que todos se conhecessem.

Sendo vizinhos, ora Fabrício dormia com Simone no apartamento dela, ora ela dormia no apartamento dele. A rotatividade entre os apartamentos era tanta, que acabou atraindo a atenção da vizinhança, principalmente de Dóris e do casal Roxette.

Certa manhã, Fabrício comunicou a Simone que tinha um cliente agendado às sete horas da manhã. Uma hora depois de ele ter saído, Simone saiu também, rumo ao jornal. A diretoria do matutino desejava que ela elaborasse em sua coluna uma posição crítica sobre as próximas eleições, e Simone já estava com o material pronto, aguardando apenas a aprovação do seu editor para a publicação da matéria.

Foi no elevador que ela se encontrou com Dóris. A mulher usava um conjunto social azul-marinho. Trazia um broche gigantesco do lado esquerdo do peito, por baixo do qual batia um coração suplicante por fofocas.

— Bom dia — cumprimentou Simone polidamente.

— Bom dia, como tem passado? — devolveu Dóris, abrindo um largo sorriso. — E seu namorado, como está?

— Bem... — murmurou Simone sem dar muita atenção à vizinha fofoqueira.

— Eu já percebi que vocês estão namorando. Ninguém me disse nada, mas dá para notar. Eu observo as pessoas, sabe?

— Sei. De onde eu venho, isso se chama falta do que fazer — alfinetou Simone, olhando para o mostrador luminoso do elevador, que indicava o andar pelo qual estavam passando.

— Você está indo trabalhar? — interessou-se Dóris, ignorando o comentário de Simone.

— Alguém tem que trabalhar, não é mesmo? Se eu ficar em casa, à toa, desempregada, vou me tornar uma fofoqueira e passar a cuidar da vida dos outros.

Um leve rubor tomou conta das bochechas gorduchas de Dóris.

— Você é sempre amável assim? — perguntou Dóris contrariada.

— Só quando estou de bom humor.

O elevador finalmente chegou ao térreo, e Simone abriu a porta para sair. Dóris seguiu logo atrás e provocou:

— Seu namorado é muito bonito, por isso você deve ficar esperta. Se bobear, vai ficar para titia.

Simone, que já estava a alguns passos de distância de Dóris, achou desaforo ir trabalhar com aquelas palavras da vizinha. Virou-se e sorriu. Retrucou suavemente:

— Você diz isso por experiência própria? Pode ficar despreocupada. Se eu ficar para titia, vou me mudar daqui, porque acabaria me tornando uma faladeira também e não pretendo, de forma alguma, fazer concorrência a você.

O porteiro soltou uma risadinha discreta ao ouvir a resposta de Simone. Dóris ficou imóvel até que conseguiu se recuperar do choque. Sempre achara Simone exibida, mas tinha que admitir que a moça tinha uma personalidade forte e marcante, além de ser extremamente sincera.

***

Fabrício conheceu Simone num domingo. Por isso, resolveu fazer o pedido também num domingo. Achou que à noite seria o momento ideal para o que desejava falar. Assim que Simone entrou no banheiro para tomar uma ducha, ele abriu o guarda-roupa e tirou de lá de dentro um pequeno objeto. Bateu na porta do banheiro, entrou em meio ao vapor que dominava o ambiente e sentou-se sobre a tampa do vaso sanitário, à espera dela.

Assim que desligou o chuveiro, Simone se enrolou na toalha e sorriu ao vê-lo sentado ali.

— O que foi? Ficou com dor de barriga? — questionou rindo como uma menina.

— Não... eu... vim aqui para lhe fazer um pedido — anunciou Fabrício, meio sem jeito.

— E eu tenho cara de fonte dos desejos?

— Não, mas você tem cara de ser uma ótima esposa...

Rapidamente Fabrício abriu o pequeno estojo que trazia no bolso e exibiu o par de alianças douradas, dizendo:

— Gostaria de oficializar nosso noivado, porque quero pedi-la em casamento. Seja minha esposa, Simone. Nada me deixará mais feliz.

Simone sorriu, um pouco atordoada com o pedido inesperado. Essa foi uma das poucas vezes em que Fabrício a viu atônita e confusa. Ela estendeu a mão direita, e ele colocou a aliança em seu dedo. Simone pegou a outra aliança e a pôs no dedo de Fabrício também.

— Isso é um *sim*, Simone?

— É... você merece uma chance.

Fabrício se levantou e beijou-a repetidamente nos lábios. Quando recobraram o fôlego, ele confessou:

— Simone, me perdoe se eu estiver sendo repetitivo, mas quero que saiba que a amo muito. Você é linda, é perfeita, é inteligente. Não preciso de mais nada, apenas de você junto de mim. Eu a amo e, neste momento, gritaria isso para toda a cidade ouvir.

Vendo-a quieta, ele tornou:

— E você, Simone? Não vai dizer que me ama também?

— Você sabe a resposta, bobinho. E devo confessar uma coisa, Fabrício. Nunca esperei ser pedida em casamento enrolada numa toalha, por um homem sentado em uma privada!

Fabrício soltou uma gargalhada, e eles tornaram a se beijar. Quando a toalha de Simone caiu no chão, eles se esqueceram de todo o resto.

Capítulo 4

O casamento de Fabrício e Simone aconteceu seis meses depois. Foi um evento magnífico e pomposo. Os pais do rapaz investiram bastante e se empenharam para que a festa fosse digna de uma reportagem em revista de celebridades. Estiveram presentes convidados importantes, como um casal de médicos conceituados, uma escritora de livros políticos, um deputado e uma ex-atriz de novelas. Havia mais de trezentas pessoas na festa, que aconteceu logo após o casamento na igreja, e algumas delas não eram conhecidas nem de Fabrício nem de Simone. Adriano e Andressa também compareceram para prestigiar e congratular o casal de amigos.

Fabrício e Simone concordaram em permanecer um mês fora de São Paulo, em uma lua de mel prolongada. Conheceram quase todo o nordeste brasileiro. Simone gostava de calor e Fabrício, de praias. Juntando o útil ao agradável, visitaram as principais praias das capitais nordestinas.

Por fim, eles se hospedaram em Natal. Tiraram incontáveis fotografias, em posições sérias e discretas, mas também em ângulos engraçados e infantis. Os dois pareciam crianças felizes, brincando e pulando nas águas de coloração verde azulada, jogando água um no outro, experimentando ostras deliciosas e se esbaldando nos sorvetes.

— Simone, quando você cruzou meu caminho, meu coração gritou que você era a mulher da minha vida — admitiu Fabrício, enquanto conversavam aninhados um ao outro na frente da piscina do hotel em que estavam hospedados. — E eu amo você com a mesma intensidade desse grito.

— Acho que é por isso que eu sinto que estou ficando surda — brincou Simone.

— Eu a amo, Simone, quero que se lembre disso sempre. E quero ouvir de você, ao menos uma vez na vida, que me ama também.

— Para quê, se você já sabe a resposta? — ela riu.

Era verdade. Embora Simone nunca admitisse claramente a Fabrício que o amava, a verdade estava estampada nos olhos dela quando o fitava. Seu amor não precisava ser expresso por meio de palavras. Bastava um simples olhar.

Voltaram para casa felizes e renovados. Fabrício conversou com o conselho de condôminos do edifício, que aprovou o que ele desejava fazer. Sendo ele e Simone proprietários de apartamentos vizinhos, haviam decidido derrubar a parede que separava os dois imóveis para torná-los um só. E assim foi feito. Os dois apartamentos fundiram-se em um, tornando-se um ambiente espaçoso, acolhedor e confortável. De um lado havia os materiais de trabalho de Simone e do outro, os de Fabrício. Viviam bem e felizes, desfrutando o amor que reinava entre os dois.

No aniversário de Simone, Fabrício ficou indeciso sobre o que comprar para ela. A moça tinha uma grande variedade de roupas, sapatos, bolsas e perfumes. Sem saber com o que presenteá-la, Fabrício optou por algo não tão comum. Durante o jantar que organizou para ela no apartamento, ele estendeu o cesto com o presente.

— Oh, Fabrício, ele é lindo! — exclamou Simone, empolgada, fitando os olhos atentos do filhote de labrador. O cachorro tinha pelos de cor bege e a cauda enroladinha. — Eu sempre quis ter um desses, sabia? Como vamos chamá-lo?

— Você escolhe o nome, meu amor. Ele é seu.

— Posso chamá-lo de Dimas?

Vendo o olhar curioso de Fabrício, Simone explicou:

— É que eu tive um professor muito malvado na faculdade, que se chamava Dimas. Adorava me deixar com nota vermelha nas provas, por mais que eu me esforçasse e estudasse. Parecia ser uma rixa pessoal comigo. Por isso, agora quero promover uma vingança à distância e dizer: "Dimas, seu cachorro, venha já aqui!"

Fabrício soltou uma gostosa gargalhada e perguntou:

— Como você consegue ser tão criativa, meu bem?

Assim eles foram vivendo, felizes, compartilhando alegrias e responsabilidades. Eram vistos no condomínio como o casal-modelo e, quando compareciam ao jantar mensal, todos olhavam para eles com admiração e inveja, principalmente Dóris.

Quando Simone anunciou que estava grávida, Fabrício mal acreditou. Conforme a barriga dela foi se desenvolvendo, ele nem sequer articulava os pensamentos com clareza. Chegou a ponto de trocar nomes de pacientes e de tentar abrir a porta de um apartamento de outro andar pensando que fosse o seu. Ao colocar Simone a par dessa situação, ela brincou:

— Se você me chamar pelo nome de outra mulher, peço o divórcio no mesmo minuto.

— O que disse, Débora? — provocou Fabrício, risonho e feliz.

— Você não vai ser um pai coruja, mas sim um pai gavião.

— Vou ser um pa babão, pode ter certeza disso.

No decorrer dos meses seguintes, ele provou que não estava mentindo. Cuidava de Simone muito mais do que de si mesmo. Rodeava a esposa com tantos cuidados que muitas vezes era necessário que ela o rechaçasse para que Fabrício desgrudasse um pouco dela.

— Além desta barriga pesada que eu venho carregando, tenho que aturar você grudado em mim feito um apêndice? — resmungava Simone.

— Será por pouco tempo, só até essa criança linda nascer — explicava Fabrício.

Eles descobriram que o bebê era um menino e discutiram as possibilidades de nomes. Por causa disso eles brigaram, reclamaram, tiveram discussões acaloradas, mas chegaram a um consenso: o bebê se chamaria Bruno.

Os pais de Fabrício mandavam tantos presentes para a criança, entre fraldas, roupinhas e mamadeiras, que Simone chegou a comentar: — Podemos começar um negócio vendendo as roupas do Bruno quando ele ficar um pouco maior. Ficaremos ricos em pouco tempo!

Foi numa noite de quarta-feira que Simone sentiu as primeiras contrações Acordou suada e com dores, chamando o marido:

— Fabrício, acorde. Estou sentindo muita dor. Acooooorde! Acho que ele está vindo.

— O quê? — sussurrou Fabrício, sonolento, pondo-se de pé no instante seguinte. — Meu Deus, meu filho vai nascer?

— Por que você não pergunta pra ele? Ai, aaaaaiiiii...

Fabrício ajudou Simone a se trocar, em meio aos gemidos dela, e levou-a até o carro. A bolsa estourou no percurso, e ele, de tão apavorado e efusivo que estava, quase bateu contra uma árvore.

— Isso. Bata esse carro e acabe com meu sofrimento — gritava Simone.

Na maternidade, o atendimento foi rápido e preciso. Simone foi levada à sala de parto com agilidade pelas enfermeiras e médicos de plantão. Duas horas depois, Fabrício foi informado de que tanto Simone quanto o bebê estavam bem e que logo ele poderia vê-los.

Depois de se certificar de que Simone estava mesmo bem, Fabrício não conteve as lágrimas quando viu seu filho pela primeira vez. O menino tinha as feições do pai e a cabeleira escura da mãe.

Todos fizeram a maior festa quando Simone voltou para casa com Bruno nos braços. Os pais de Fabrício não se cansavam de beijar o neto. Adriano e Andressa, que ainda não tinham filhos, se emocionaram ao pegar o pequeno Bruno no colo. Até mesmo Dimas, o labrador de Simone, abanava o rabo freneticamente, tamanha a curiosidade que sentia pelo novo morador da casa.

A chegada da criança só contribuiu para aumentar a felicidade que reinava entre aquelas pessoas.

***

Bruno foi crescendo e se desenvolvendo rapidamente. Era o orgulho do pai e muito amado por Simone. Era uma criança muito inteligente e criativa. Aos nove meses de idade começou a falar e com dois anos articulava frases completas, chegando mesmo a dialogar com as pessoas.

— Também nem poderia ser diferente, tendo o pai que ele tem! — dizia Fabrício.

Simone e Fabrício nem puderam acreditar quando comemoraram as bodas de estanho, completando dez anos de casados. Ele estava com trinta e cinco anos e ela com trinta e três. Fisicamente sofreram bem poucas alterações. Fabrício estava alguns quilos mais gordo, mas nada que chamasse muita atenção e que uma dieta não resolvesse. Simone tinha deixado os cabelos crescerem e agora eles quase lhe tocavam a cintura. Ela, diferentemente do marido, mantivera-se em forma, tão linda quanto no dia em que Fabrício a conhecera.

Eles continuavam morando no mesmo apartamento conjugado. Dimas estava grande e pesado. Ainda era bastante ágil, apesar de seus quase dez anos de idade. Ele e Bruno, que tinha quase nove anos, eram amigos inseparáveis. Gostavam um do outro como dois irmãos.

— Quantas bodas nós ainda vamos comemorar, meu amor? — perguntou Fabrício naquela noite.

— Quem sabe ainda possamos comemorar nossas bodas de vinho, ou seja, setenta anos de casados? — riu Simone. — Aí eu estaria com noventa e três anos e você com noventa e cinco.

— Dois jovenzinhos ainda — brincou Fabrício, beijando Simone nos lábios. — E Bruno teria quase setenta anos. Nessa época nós vamos estar com dezenas de netos e bisnetos.

— E caducos também — Simone olhou com amor para Fabrício. Embora o amasse, ela nunca tinha se declarado para ele, e sempre que Fabrício pedia que ela dissesse que o amava, Simone o provocava dizendo: "Você sabe a resposta".

Fabrício decidiu que comemorariam o aniversário de nove anos de Bruno na praia. Simone conseguiu uma semana de folga no jornal para que pudessem ficar no litoral. Ele alugou uma casa em Maresias, que pertencia a um primo de Adriano. Bruno não gostou muito da ideia, pois pretendia passar o aniversário em São Paulo junto com os amigos de escola, mas Fabrício estava decidido a promover algo diferente. Como Simone não se opôs, eles viajaram mesmo sob os protestos de Bruno. As praias da cidade, como sempre, estavam lindas. O menino acabou se esquecendo dos amigos e se divertiu a valer junto dos pais.

Na penúltima noite que passaram no litoral, Simone brincou ao dizer:

— Preciso descansar alguns dias, sabe? Acho que estou ficando velha.

— Por que está dizendo isso, meu amor? — perguntou Fabrício, preocupado.

— Embora eu ame o mar, desta vez fiquei cansada. Eu não tenho mais o mesmo pique de antes.

— Do jeito que fala, parece até que tem cem anos.

Ela riu e afirmou:

— Estou me sentindo com quase isso. Mas não fique com essa cara de preocupação. Amanhã estarei melhor, você vai ver.

De fato, na manhã seguinte Simone sentia-se melhor e mais bem-disposta, tranquilizando o marido. Mas, no último dia da viagem, ela estava novamente exausta. Não se levantou pela manhã. Tomou o café e almoçou na cama.

— Se continuar assim, vou levá-la ao médico — prometeu Fabrício, visivelmente preocupado com Simone. Bruno também notou que a mãe não estava bem.

— Nada de médico, Fabrício. A única vez que tive que ficar sob cuidados médicos foi quando Bruno nasceu. Tenho uma saúde de ferro e vou me recuperar desse cansaço repentino — prometeu Simone.

Mas ela não melhorou. Quando retornaram à capital, Simone se queixou de dores nas costas. Tomou um analgésico e as dores passaram, porém reapareceram no dia seguinte.

— Simone, você não está bem — Fabrício expôs o que para ele era óbvio. — Hoje mesmo vamos a um médico para descobrir o que você tem.

— Só um pouco de dor nas costas. Eu acho que dei um mau jeito quando estávamos na praia. Aos pouquinhos os ossos vão se endireitando.

— Nada disso. Vamos ao médico e não tem discussão.

Simone brigou e discutiu, pois não gostava de hospitais, mas Fabrício foi implacável e não lhe deu ouvidos. Contrariada, ela concordou em conversar com o médico.

Encaminhada a um ortopedista, Simone se submeteu a uma série de exames, que ficariam prontos em três dias. O médico lhe recomendou repouso e pediu que ela tentasse dormir em uma posição confortável.

— Viu só? Por sua culpa nem posso mais dormir na posição de que gosto — protestou Simone, indignada com o marido por tê-la obrigado a ir ao médico.

Enquanto esperavam os resultados dos exames, as dores de Simone intensificavam-se. Havia momentos em que vinham tão fortes que ela se esforçava para evitar uma careta de dor. Bruno questionou o pai sobre o que realmente estava acontecendo com sua mãe, mas Fabrício lhe garantiu que o médico diria, com os exames em mãos, que Simone estava bem, necessitando apenas tomar os remédios certos para que as dores passassem.

Porém, quando voltaram a falar com o especialista, este pediu uma nova bateria de exames, incluindo radiografia e tomografia.

— Por que o senhor está pedindo esses exames, doutor? — questionou Fabrício, enquanto Simone era levada para a sala de exames. — Minha mulher tem alguma coisa grave?

— Na verdade, ainda não temos certeza. Não quero assustá-lo, mas desconfio de que sua esposa esteja com um tumor na medula espinhal.

— Meu Deus! — exclamou Fabrício, subitamente pálido e assustado. — O senhor tem certeza disso? Não pode ser...

— Como eu disse, ainda preciso de confirmações. Não fique preocupado, nem formule hipóteses com antecedência. Garanto ao senhor que tudo vai dar certo.

Mas não deu certo. Os resultados dos exames confirmaram que Simone realmente tinha um tumor e que já havia ocorrido metástase, atingindo estruturas adjacentes da coluna. Após a realização de uma biópsia, Fabrício ouviu do médico o que mais temia: Simone estava com câncer.

Capítulo 5

A notícia caiu como um raio em Fabrício. Jamais poderia aceitar aquilo, muito menos envolvendo sua esposa. Ele pôs-se a chorar diante do médico:

— Doutor, eu não sei o que fazer. O que pode ser feito para ajudar minha mulher? De onde surgiu esse câncer maldito?

— Simone tem um tumor maligno que, embora seja mais raro que o benigno, pode surgir sem aviso também. Os tumores malignos podem comprimir tecidos ósseos saudáveis e absorvê-los ou substituí-los por tecidos anormais. O câncer pode atingir os ossos quando vem de outras partes do corpo, o que nós chamamos de câncer secundário. No entanto, Simone tem câncer primário, que, embora seja bastante raro e atinja principalmente crianças, pode trazer riscos ao paciente. Há quanto tempo ela vinha se sentindo mal?

— Foi tudo muito repentino. Num dia ela estava bem, no outro reclamou de cansaço e então as dores surgiram.

— Isso aconteceu porque o câncer se alastrou bastante.

Fabrício levou as mãos à boca, soluçando e chorando muito.

— E qual é o tratamento para isso? Quimioterapia?

— Sim, alguns cânceres podem responder a quimioterapia, radioterapia e cirurgias. Faremos tudo o que for necessário para que sua esposa fique bem.

Mas, diferentemente do que o médico garantiu, Simone piorava a olhos vistos. Cada dia que passava, Fabrício tinha a impressão de que Simone ficava dez anos mais velha. Bruno só fazia chorar, e Fabrício pediu que ele dormisse na casa dos avós até que tudo desse certo com sua mãe. Bruno obedeceu ao pedido do pai sem discutir, mas o fez prometer que a mãe ficaria bem.

— Sim, meu querido, eu prometo que tudo vai ficar bem. A mamãe vai voltar para casa e nós ainda vamos rir de tudo isso — garantiu Fabrício, pouco convicto das próprias palavras. O futuro de Simone era totalmente incerto.

Ela comparecia a todas as sessões de quimioterapia e tomava sucessivas injeções de outros medicamentos para amenizar as dores, que a cada dia se tornavam piores, parecendo atingir todo o seu corpo. Perdia peso com uma velocidade assustadora e, apesar de todo o sofrimento pelo qual ela passava, Fabrício a via sempre com o rosto sereno, como se estivesse resignada com sua sina.

— Não entendo como você pode estar tão tranquila — ele reclamou, logo após terem terminado o jantar. Na verdade Simone mal tocara a comida, e Fabrício fingiu não perceber.

— E o que quer que eu faça, Fabrício? Com quem eu devo brigar? — Simone falava devagar, como se o simples esforço de soltar a voz lhe causasse dores terríveis. — Ficar nervoso não vai ajudar em nada. Tudo o que nos resta é esperar que o câncer regrida.

Porém, quando pegaram os resultados dos novos exames, duas semanas depois, a constatação foi ainda mais dolorosa. A doença fatal atingira o fígado e os rins e se alastrava rapidamente. Isso explicava por que Simone continuava sentindo dores cada vez mais fortes e nenhuma medicação amenizava seu problema.

Aquele Natal foi triste e silencioso. Simone era a única que tinha algum ânimo para enfeitar o apartamento, pois não queria que o marido sofresse junto com ela. Secretamente, ela pensava que, se estava com câncer, teria de arcar com a situação sozinha. Não era justo que Fabrício e Bruno ficassem mal com a doença dela. O menino ainda continuava na casa de Eloá e Josias, os pais de Fabrício.

Simone montou a árvore natalina e pendurou os novos enfeites que havia comprado. Disse a Fabrício que aquele Natal deveria ser comemorado como os anteriores e que todos deveriam fingir que nada estava acontecendo. Mas Fabrício sabia que não tinha como fingir. Seria tentar tampar o sol com a peneira. Como fazer vista grossa diante da esposa, que estava morrendo aos poucos, lenta e dolorosamente?

A animação de Simone acabou no dia 20 de dezembro. Foi quando ela viu-se obrigada a raspar seus belos cabelos por não suportar vê-los cair em grandes tufos. Voltou para casa e, pela primeira vez, não conseguiu segurar as lágrimas diante de Fabrício. Ele a abraçou com carinho e com cuidado, desejando poder dividir a dor da esposa amada com ele. Daria tudo o que tinha para diminuir o sofrimento de Simone.

Até mesmo Dimas parecia sentir que sua dona estava morrendo aos poucos. Sempre que Fabrício permitia, ele punha-se ao lado da cama de Simone, colocando as patas dianteiras sobre o colchão para olhá-la melhor. E quando a via dormindo, imóvel, ele gania baixinho.

Na manhã seguinte, Fabrício se levantou e preparou o café da manhã para Simone. Era sempre assim: ele despertava primeiro e levava as refeições para a esposa na cama, pois ela se movimentava apenas o necessário.

Há dias ele não ia trabalhar, e Adriano vinha dando conta do recado no consultório.

Mas quando chegou ao quarto e chamou por ela, Simone não acordou. Fabrício entrou em pânico e quase soltou a bandeja com os alimentos no chão. Colocou a bandeja sobre a cômoda e correu para sacudi-la. Então ela finalmente abriu os olhos cansados e tentou sorrir:

— Bom dia. Você estava me chamando?

— Bom dia. Deus do céu, Simone, eu a chamei e você não acordou. Achei que... — não era necessário terminar a frase e ambos sabiam disso.

— Cada dia que passa eu tenho mais sono, mas estou bem... — ela virou a cabeça para olhar a bandeja. — O que tem de bom ali?

Simone comeu pouco, mas era melhor do que não se alimentar. Ela ouviu o telefone tocar e Fabrício trocar umas rápidas palavras com o filho. Quando ele desligou, avisou que Bruno pedira aos avós que o levassem para casa, pois desejava visitar a mãe. Bruno ainda não a tinha visto com a cabeça raspada.

— Você tem certeza de que quer vê-lo, Simone?

— Por que não? Qual o problema em Bruno me ver careca?

Quando o menino chegou com Josias e Eloá, não conteve o espanto ao ver a mãe. O rosto dela estava pálido e quase dava para enxergar os ossos sob a pele, tal era sua magreza. Simone tinha amarrado um lenço vermelho na cabeça para não deixar Bruno ainda mais chocado, embora ele já tivesse deduzido que a mãe houvesse perdido os cabelos.

Enquanto Bruno conversava com Simone, deitado no quarto dela, os pais de Fabrício o chamaram discretamente à sala. Sussurrando, Josias perguntou:

— Como está o quadro clínico dela?

— Ela só está piorando — Fabrício não conseguiu dizer mais nenhuma palavra e caiu num pranto profundo. Eloá o abraçou, sentindo a tensão que pesava sobre os ombros do filho.

— A quimioterapia não está apresentando resultados? — ela quis saber.

— Não... Simone vai a todas as sessões, mas parece que não está resolvendo. Eles me pediram que lhe ministre uns medicamentos duas vezes ao dia, ou quando ela sentir muitas dores. Um deles é por via intravenosa. Imaginem como eu me sinto tendo que espetar a minha esposa com aquelas agulhas... Que castigo é esse, pai? O que Simone fez para merecer isso?

— Tente se acalmar, filho — pediu Josias. — Simone não vai querer ouvi-lo chorando por causa dela. Sei que é fácil falar e difícil fazer, mas você precisa parar de sofrer tanto ou mais do que ela. Isso também a prejudica.

— Daqui a três dias é véspera de Natal — ajuntou Eloá. — Vamos tentar esquecer essa doença e seguir normalmente, como se nada estivesse acontecendo.

— Por que todo mundo fala isso? É muito fácil me mandar fingir ou esquecer quando se está de fora. Mas experimente acordar com os gemidos de Simone durante a noite ou correr de médico em médico com ela, ouvindo sempre a mesma coisa: que o câncer se alastrou para quase todos os órgãos. Tente fingir uma coisa quando só se pode observar a esposa morrendo aos poucos, sem que nada possa ser feito para ajudá-la.

Josias e Eloá não discutiram porque sabiam que Fabrício estava sob muita pressão. E ele não estava errado. Quem reagiria de maneira diferente?

Os pais de Fabrício retornaram com Bruno para a ceia de Natal. Adriano também foi com Andressa. Eloá preparou um belo peru recheado, além de deliciosas sobremesas. Simone tinha dito a Fabrício que ficaria dormindo, mas que ele poderia chamá-la antes de meia-noite. Quando ele a acordou, ela estava sonolenta e disse que não iria, pois se sentia muito cansada para se levantar. Antes de voltar a dormir, Simone pediu que ele desejasse um feliz Natal em seu nome a todos que estavam lá.

No Ano-Novo a situação se repetiu. Simone não conseguiu se levantar. Na segunda semana de janeiro, ela mal conseguia respirar, pois as dores cortavam sua respiração.

— Vou levá-la ao médico novamente — disse Fabrício, em pé ao lado da cama de Simone, com os olhos vermelhos e inchados de tanto chorar. Ele poderia apostar que Simone, com o rosto encovado, não estava pesando nem quarenta quilos.

— Não é preciso. Essas dores vêm e vão. Já estou acostumada — garantiu Simone com um sorriso. Mas assim que Fabrício saiu do quarto, ela se entregou a uma careta de dor. Evitava extravasar o que sentia na frente de Fabrício, pois lhe doía tanto quanto a doença vê-lo impotente e indefeso diante do câncer que a corroía.

Embora não admitisse para ninguém, as dores eram muito piores do que Fabrício ou qualquer pessoa poderia imaginar. Havia vezes em que Simone tinha a impressão de que todos os seus órgãos iam explodir. Outras vezes sentia as costas alquebradas, como se tivesse sido atropelada. A cabeça lhe doía e sentia fortes tonturas, ainda que estivesse deitada.

Na última semana de janeiro a situação ficou insustentável. Simone não comia e raramente conversava. Fabrício fez a única coisa que lhe passou pela mente: levou-a para o hospital. Quando ele a tirou adormecida da cama, pode notar o quanto ela estava magra e amarelada. Enquanto a carregava no colo, podia sentir as costelas salientes e a leveza de sua massa corpórea. Simone parecia uma boneca de pano e, quando ele a colocou na cadeira de rodas recém-adquirida para levá-la até o carro, ela não acordou, embora respirasse lentamente.

Na garagem no edifício, Fabrício encontrou Dóris. A vizinha fofoqueira engordara bastante e sua língua ficara ainda mais afiada ao longo dos anos. Porém, ao se deparar com Fabrício empurrando a cadeira de rodas com a esposa adormecida, ambos pálidos e sem vida, Dóris sentiu vontade de chorar. Nunca se dera muito bem com Simone, pois a moça sempre lhe impedia de saber de certas coisas, mas nunca lhe desejara mal algum. E vê-la ali, imóvel e frágil, sendo empurrada pelo marido, que estava tão acabado e abatido quanto Simone, cortou o coração da mulher.

Ela viu Fabrício colocar Simone deitada no assento traseiro do automóvel. Então ele dobrou a cadeira e colocou-a no porta-malas. Antes que ele entrasse no carro, Dóris o abordou. Fabrício se virou, e Dóris pode ver como suas olheiras estavam fundas.

— Ela vai ficar bem, Fabrício. Deus vai ajudá-la, esteja certo — desejou Dóris do fundo do seu coração.

Sem forças para responder, Fabrício apenas esboçou um sorriso de agradecimento e acenou com a cabeça. Entrou no carro e deu partida. Enquanto ele partia, Dóris fechou os olhos e orou por Simone, sem saber que seria a última vez que a via.

***

Simone ficou internada por três dias. Agora permanecia acordada apenas poucos minutos e o médico explicou que os remédios a mantinham adormecida para que ela não sentisse dores. Era permitido que Fabrício passasse as noites com ela. Ele ficava acomodado em uma poltrona de couro ao lado da cabeceira da cama de Simone. Apenas cochilava e, quando a ouvia se mexer, abria os olhos rapidamente.

Numa noite de terça-feira, Fabrício ouviu um cochicho e abriu os olhos. Simone o olhava e mantinha um fraco sorriso nos lábios.

— Eu acordei você? — ela perguntou. — Quando nós nos conhecemos, você me acordou com aquelas marteladas. Posso considerar este momento uma vingança.

Usando todas as suas forças para não chorar, Fabrício respondeu:

— Eu não estava dormindo. Às vezes eu fecho um pouco os olhos, só isso.

— Mentiroso... — ela riu. Simone estava falando baixinho, e Fabrício precisou se aproximar para ouvi-la melhor. — Bruno está com seus pais?

— Está... Você quer vê-lo?

— Não... Mas eu quero um favor seu — vendo o marido assentir com a cabeça, Simone riu novamente e esticou sua mão para segurar a de Fabrício. Naquele momento, junto dele, ela nem parecia sentir dores. — Quero que me prometa duas coisas.

— Que história é essa, Simone? Não estou gostando disso — as lágrimas foram mais fortes e venceram a vontade de Fabrício, deslizando por seu rosto livremente.

— Quero que você me prometa que vai sempre cuidar do nosso filho, garantir que ele estude e aprenda coisas boas. Quero que meu filho se torne um homem de bem.

— Não... Simone... — os soluços interromperam a fala de Fabrício. — Nós vamos cuidar dele juntos.

— Talvez... mas quero que você prometa que nunca vai deixar que ele seja infeliz. Você promete?

— Sim... eu prometo — respondeu Fabrício, incapaz de conter o pranto.

— E a segunda promessa é que, quando você voltar a se casar...

— Simone, pelo amor de Deus! Pare de falar como se você fosse morrer.

— Fabrício, eu sei o que vai acontecer. Não adianta negar isso.

— Nada vai acontecer. Nada, você está entendendo?

Nervoso, Fabrício queria gritar com ela. Queria gritar para que ela parasse de dizer aquelas coisas. Queria gritar contra o mundo, que nada podia fazer para ajudá-los. Queria gritar para que aquela maldita doença, que estava tirando Simone dele, desaparecesse.

— E eu nunca me casaria de novo porque você é a mulher que eu amo. Sempre disse que você era a mulher da minha vida e nenhuma outra vai preencher o seu lugar.

— Diz isso agora, mas você não vai ficar sozinho. Você não merece ficar sozinho. Você é muito bom para ficar sem ninguém.

— Pare, Simone. Eu imploro que você pare de dizer isso — ele apertou a mão gelada dela entre as suas. — Veja só como você está conversando comigo agora. Há dias você nem conseguia mais falar. O câncer está regredindo. Este é só o começo...

Mas era o começo de outra coisa que Fabrício, embora soubesse, se recusava a admitir e a aceitar.

— Você promete que vai tentar ser feliz, meu amor?

Ele apenas assentiu com a cabeça, as lágrimas pingando sobre o peito da esposa. Simone sorriu, e Fabrício teve a impressão de que ela estava mais corada. Tinha que ser verdade. A doença estava indo embora. Simone ficaria curada e eles voltariam a ser felizes como sempre foram.

— Eu te amo, Simone. Você sabe disso, não é?

— Você sempre soube a minha resposta — eles sorriram e ela fez um sinal com a outra mão para que Fabrício se aproximasse. — Eu te amo — confessou ela. Nunca dissera isso a Fabrício, por mais que ele tivesse implorado. Agora sentia que era o momento ideal para dizer que o amava. — Dê um beijo enorme no Bruno em meu nome.

Fabrício a beijou nos lábios, e ela retribuiu levemente. Fechou os olhos, tornou a abri-los em seguida e fitou o rosto choroso do marido. Apertou a mão de Fabrício firmemente. Quando ele sentiu a mão de Simone afrouxar, soube que ela se fora. Sua amiga, sua companheira, a mãe de seu filho, sua esposa amada. Simone partira para algum lugar distante e o deixara ali, sozinho e indefeso.

Fabrício abriu a janela do quarto como se precisasse de ar. Chorou até sentir os olhos arderem. Tornou a se virar e olhou para Simone, que parecia estar dormindo, como vinha fazendo ultimamente. A diferença era que dessa vez ela nunca mais acordaria.

Quando a enfermeira entrou no quarto, encontrou Fabrício sentado na poltrona de couro, segurando a mão de Simone, o rosto pálido, os olhos inexpressivos. A moça confirmou que Simone estava morta e pediu que Fabrício se retirasse. Outras duas enfermeiras o acompanharam até o corredor. Ele se sentou e, quando finalmente conseguiu reagir, telefonou para seus pais. Eloá atendeu e demorou alguns segundos para que Fabrício conseguisse dizer:

— Ela... se foi, mãe.

Foi tudo o que conseguiu falar e Eloá compreendeu. Quando Fabrício desligou o telefone, recostou a cabeça na parede e respirou fundo, evitando pensar na realidade.

E chorou.

Capítulo 6

Fernanda mal conseguia se mover. Era com uma terrível dificuldade que ela respirava, como se o simples fato de levar ar aos pulmões lhe custasse muito esforço. Os olhos, que muito já haviam chorado, estavam estranhamente secos agora. De que adiantaria continuar chorando? Aumentaria ou diminuiria sua tristeza? O que importava? Nada mais tinha sentido.

As pessoas à sua volta, quase todas vestidas de preto, lançavam-lhe olhares de compaixão e compreensão, mas Fernanda não queria e não precisava de nada disso. O que ela queria de volta, aquilo que lhe fora tirado bruscamente, ninguém poderia dar.

Quando o cortejo fúnebre chegou em frente à cova onde o enterrariam, Fernanda achou que fosse morrer. E desejou com todas as suas forças estar morta naquele momento. Faria tudo o que pudesse para seguir com ele. Mas nem mesmo isso era possível. Alguém lhe falara sobre livre-arbítrio. Ela queria usar o seu agora. Queria estar em outro caixão, sendo enterrada ao lado de quem ela mais amara.

A senhora Haruo tocou gentilmente os ombros rígidos de Fernanda, porém ela não sentiu seu toque. Já não sentia mais nada. Parecia totalmente anestesiada, como se estivesse em transe, alheia ao que acontecia ao seu redor. Era como estar em um sonho, em que as pessoas falavam e suas vozes vinham de muito longe. Todavia, o subconsciente de Fernanda sabia muito bem que aquela era sua triste realidade.

Quando o caixão baixou lentamente para dentro da cova, Fernanda precisou se apoiar nos braços de Artur, como se ele fosse seu porto seguro. E talvez fosse, dali para a frente. Tudo era incerto para ela. Ninguém sabia do futuro e Fernanda não estava interessada no seu. O que mais lhe importava era o passado, eram as lembranças, os momentos ao lado dele. Se Fernanda pudesse fechar os olhos, recordaria os detalhes de como tudo começou.

***

Fernanda nasceu em berço de ouro. Seu avô fora dono de uma das maiores indústrias do setor agropecuário do Brasil. Quando morreu, deixou sua poderosa herança para seu filho. Horácio conseguiu expandir ainda mais sua empresa e só ficou tranquilo quanto a seus deveres profissionais quando, em uma de suas viagens pelas capitais do país, conheceu Jurema, uma bela jovem negra, proveniente de uma das mais abastadas famílias de Rio Branco, no Acre.

Elenice, mãe de Horácio, a princípio fora contra o relacionamento, pois, sendo uma mulher muito preconceituosa, não se contentou em saber que seu filho estava namorando uma mulher de pele negra. Porém, quando conheceu a família de Jurema e soube que a moça era muito rica também, Elenice se tranquilizou e não teve outra opção a não ser dar seu consentimento para a namorada do único filho.

Logo depois de ter se casado com Horácio, Jurema engravidou. Foi uma gestação muito complicada, que chegou ao final após três meses, quando Jurema abortou o feto espontaneamente. Horácio consolou a esposa desolada, e Jurema só voltou a sorrir quando constatou que estava novamente grávida.

Ao contrário da tumultuada gravidez anterior, dessa vez tudo seguiu normalmente e sem grandes dificuldades, mas a criança nasceu de oito meses. Jurema e Horácio olhavam para a bebê perfeita, admirados com sua beleza. A menina era linda e gorducha, de pele tão negra quanto a da mãe.

Elenice disfarçou a contrariedade quando pegou a neta no colo pela primeira vez e viu a cor de sua pele. Mas quando a pequena lhe sorriu, olhando-a com seus belos olhos castanhos, o coração mal-humorado de Elenice se compadeceu e, à sua maneira, amou a netinha. Quando a menina completou cinco aninhos, Elenice desencarnou por causa de uma súbita parada cardíaca.

A criança recebeu o nome de Fernanda. Era uma menina muito esperta e carismática, que conquistava todos a seu redor. Sempre foi muito sincera, dizia tudo o que pensava sem esconder seus sentimentos. Quando ficou maior, conseguiu algumas inimizades na escola por conta de sua sinceridade excessiva. Por outro lado, muitas pessoas gostavam desse jeito de Fernanda. Era preferível que ela fosse verdadeira a ser uma garota falsa, que ocultava o que realmente ia em seu coração.

Fernanda se tornou uma linda moça. Sempre dissera que seu maior sonho era ser designer de interiores. Não que precisasse trabalhar pelo dinheiro, pois desfrutava da mais alta posição social. No entanto, Fernanda secretamente achava que sua vida era monótona demais, frívola demais. Não gostava das amizades dos pais, pois a maioria dos "amigos" apenas se aproximava para se beneficiar de alguma forma. Aqueles que conheciam Fernanda evitavam-na, porque a jovem não costumava segurar a língua nem medir palavras quando não gostava de uma pessoa.

Fernanda não era perfeccionista, mas achava que tudo o que as pessoas faziam tinha que ser bem-feito, ou era melhor não fazer. A partir desse ponto de vista, Fernanda matriculou-se nos melhores cursos, estudou, aprendeu e sempre se esforçou para ser a melhor. Aos vinte e cinco anos de idade, tornou-se uma das mais requisitadas designers de interiores da cidade de São Paulo.

Seus pais nunca tentaram se opor à sua decisão. Sabiam que ela faria o que desejava, independentemente da aprovação deles. Embora Fernanda tivesse crescido tendo tudo o que precisasse ao alcance da mão, Horácio e Jurema sabiam que ela buscava a liberdade e a independência. Durante vinte e cinco anos ela morou sob o mesmo teto que seus pais, mas agora era evidente que Fernanda desejava voar com suas próprias asas.

Isso ficou comprovado quando Fernanda conheceu Artur. Tudo foi muito rápido. Conheceram-se numa noite, namoraram por três meses, ficaram noivos logo em seguida e finalmente se casaram no final do ano.

Artur queria decorar seu novo apartamento quando contratou Fernanda. A atração que um sentiu pelo outro foi inegável e logo se descobriram apaixonados. Fernanda gostava do jeito calmo, meigo e divertido de Artur e ele apreciava o sorriso espontâneo, o olhar misterioso e a sinceridade de Fernanda.

Fernanda era uma moça belíssima. Usava os cabelos negros em cachos que lhe tocavam os ombros. Seus dentes, branquíssimos e perfeitos, contrastavam com sua pele negra e brilhante. Os olhos castanhos enormes transmitiam ternura, e quem a observasse por algum tempo se sentiria tocado por sua energia positiva. Era alta, magra e esbanjava sensualidade, um dos motivos que levou Artur a se sentir atraído por Fernanda, mesmo ela sendo alguns anos mais nova que ele.

Artur também era bastante moreno. Alguns diziam que ele era um adorável mulato de olhos verdes. Estava com trinta e seis anos, mas os onze anos de diferença entre ele e Fernanda não impediram que ele a levasse ao altar. Artur também pertencia a uma família renomada da sociedade paulista, portanto, assim como acontecera com os pais de Fernanda, o relacionamento se manteve dentro de seu círculo social.

Logo depois de terem se casado, Artur e Fernanda foram morar juntos. Artur havia vendido seu recém-adquirido apartamento e comprado uma magnífica residência no Morumbi, com tantos quartos que Fernanda mal dava conta de decorá-los.

— Essa casa tem mais quartos que um hotel! — brincou ela no dia em que viu a bela e majestosa mansão pela primeira vez.

— Não exagere. Tem apenas oito. Um para cada filho que teremos — respondeu Artur, mantendo o semblante sério. Ao ver o olhar assustado de Fernanda, ele riu às gargalhadas.

Ambos desfrutavam de doces momentos em seu novo mundo. Fernanda estava mais que satisfeita, pois, embora amasse os pais e apreciasse a companhia deles, havia anos ansiava por sua liberdade.

Cinco meses depois do casamento, Fernanda engravidou. Jurema lhe contara algumas vezes que havia perdido um bebê antes de Fernanda nascer e agora ela se perguntava se aconteceria a mesma coisa com seu filho. Porém, para seu alívio e de Artur, a gravidez transcorreu sem problemas. Com seis meses de gestação ela descobriu que esperava um menino. Houve muitas discussões entre Fernanda e Artur para a escolha do nome. Chegaram à conclusão, após uma briga, de que o melhor nome seria

Hector. Achavam que era um nome bonito, que combinaria perfeitamente com o filho que nasceria.

O parto foi tranquilo e Fernanda deu à luz um belo menino, que chorou bastante. O médico que realizou o parto olhou para o bebê em seus braços e brincou:

— Cadê o sorrisinho do palmeirense?

O bebê lhe lançou um olhar tão furioso que o médico quase se perguntou se estava segurando o bebê de Rosemary, o famoso personagem do clássico filme de terror.

— Talvez ele seja são-paulino ou corintiano — zombou o médico, entregando rapidamente a criança para a auxiliar, que se inclinou para que Fernanda pudesse contemplar o rostinho do seu menino.

Embora estivesse exausta devido ao parto, ela virou a cabeça para o lado quando o bebê foi-lhe colocado à altura dos seus olhos, que se encheram de lágrimas quando viram seu filho pela primeira vez. Como se fosse um pequeno milagre, o mal-humorado bebê, quando fitou os olhos da mãe, esboçou uma caretinha que o médico e as enfermeiras garantiram ser um sorriso de alegria.

Para Fernanda, parecia ser um sorriso de reconhecimento, como se o filho estivesse dizendo: "Olá, mamãe, voltamos a nos encontrar".

Tão logo o menino foi afastado de Fernanda, abriu a boca para chorar a plenos pulmões. O médico, bem-humorado, soltou:

— Acredito que eu tenha errado. Ele deve ser santista... — finalizou, rindo sozinho.

Artur chorou incontrolavelmente ao ver o filho. Ao voltar à sala de espera, outro pai ali presente acreditou piamente que o filho de Artur tivesse morrido, dada sua aparente tristeza.

Fernanda finalmente recebeu alta e voltou para casa com o filho nos braços. Artur dirigia olhando pelo espelho retrovisor para ver sua esposa e seu filho no banco de trás do veículo. Seu olhar de pai apaixonado era inegável.

Quando chegaram em casa, Fernanda pôde finalmente olhar com atenção para seu filho enquanto ele mamava tranquilamente. Após deixar o bebê no quarto, decorado por ela mesma, virou-se para Artur e sorriu ao dizer:

— Nosso filho não tem cara de Hector. Ele vai se chamar Douglas — este fora um dos muitos nomes que Fernanda sugerira e que Artur rejeitara. — E não adianta dizer que não concorda. Ele será Douglas, quer você goste ou não.

— Nem precisa dizer mais nada, Fernanda — Artur fitou o rostinho do filho adormecido. — Qualquer nome combinará perfeitamente com nosso adorável menino. E se essa é a sua vontade, ele se chamará Douglas.

A criança foi registrada com o nome Douglas. Logo nos primeiros meses, o menino demonstrava perfeitamente sua preferência pela mãe, e Fernanda mal cabia em si de tanta felicidade. Se Artur sentia ciúmes disso, não demonstrava. Gostava de ver Fernanda embalando o bebê, que se sentia seguro e feliz ali. Quando Artur o pegava, ele fazia beicinho e abria o maior berreiro.

— Será que ele não gosta de mim? — perguntou certa vez Artur, divertido e ao mesmo tempo preocupado.

— Gosta sim, mas nada como a mãe dele, não é? — respondeu Fernanda, disposta a provocar o marido.

— Ele que não venha me pedir mesada depois — riu Artur.

— Claro que vai pedir. E a mesada dele será bem alta.

A dedicação ao filho afastou Fernanda de seu trabalho. Quando terminou o prazo da licença-maternidade, que ela mesma se concedeu, Fernanda continuou em casa, acompanhando todos os movimentos de Douglas. Clientes e empresas convidavam-na a voltar à ativa, mas sua atenção estava focada unicamente no filho.

Artur achou que aquilo não era um bom sinal, mas quando sugeriu uma babá pela primeira vez, quase teve uma orelha decepada. Fernanda ficou uma fera e afirmou convictamente que seu filho não seria agradado e amado por outra mulher que não fosse ela. A única exceção que Fernanda abria era para sua mãe, Jurema, e para uma tia de Artur que os visitava mensalmente.

Mas Artur não desistiu. Aos poucos foi mostrando a Fernanda que ela não iria por um bom caminho se continuasse a paparicar o filho excessivamente. O garoto poderia se tornar uma criança muito mimada, e Fernanda se prejudicaria em sua carreira.

— Amor nunca é demais — resmungou Fernanda, indignada com a insistência do marido.

— Mas apego demais faz mal, sim senhora — retrucou Artur.

Esse assunto foi discutido por meses, sem nenhum vencedor. Mas quando Douglas completou nove meses, Fernanda finalmente reconheceu que era preciso voltar a suas atividades rotineiras. Mas o faria, a princípio, em meio período. Como era autônoma, sem patrão nem horários previamente determinados, ela era livre para agir como achasse melhor.

Nem foi preciso procurar muito por uma babá. Foi o próprio Artur quem deu uma sugestão que levou Fernanda às gargalhadas.

— Posso saber do que está rindo? — perguntou Artur, contrariado.

— Você disse que conhece uma japonesa e que ela deseja ser a nossa babá? Ora, francamente...

— Há algum problema por ela ser japonesa? Desde quando você se tornou preconceituosa?

— Não é preconceito. Apenas achei engraçado imaginar uma japonesa trabalhando para uma família de negros. Não se vê casos assim todos os dias, não é mesmo?

Artur foi obrigado a concordar, mas argumentou:

— Na verdade, pelo que me disseram, ela é naturalizada brasileira, embora tenha nascido no Japão. Como não tem família, irá morar aqui conosco. O que acha?

Fernanda ergueu uma sobrancelha, e Artur compreendeu que aquele gesto significava que ela não estava muito feliz com a sugestão. Mas ela deu de ombros, após refletir um pouco, e respondeu:

— Está certo! Traga a candidata para falar comigo amanhã. Quem a indicou, falando nisso?

— A esposa do Lucas — respondeu Artur explicando em seguida que Lucas era sócio de uma de suas empresas. — Ela me garantiu que essa mulher entende bem de crianças.

— Vamos ver. Basta eu olhar para o rosto dessa moça para saber se ela é de confiança ou não.

Fernanda descobriu que a "moça" não era tão jovem assim. Embora fosse linda, com um rosto bem cuidado, ela aparentava entre trinta e cinco e quarenta anos. Seus cabelos negros e lisos emolduravam seu rosto cheio e uma franja reta destacava seus olhos castanhos escuros e levemente puxados. Era magra e um pouco mais alta que Fernanda.

— Seja bem-vinda. Sabe do que se trata a vaga? — vendo a mulher assentir com a cabeça, Fernanda perguntou: — Como é seu nome?

Embora Fernanda a tivesse convidado para se sentar, ela permanecia em pé, rígida como um soldado.

— Eu me chamo Nadir Uriko Haruo. Mas gosto de ser chamada de senhora Haruo.

Fernanda ergueu uma sobrancelha ao ouvir a última frase da visitante. Pelo visto, de modesta ela não tinha nada.

— Creio que meu marido já tenha lhe dito, a senhora ficará responsável por cuidar do meu filho em minha ausência. Ele é bem novinho, tem apenas nove meses, e por isso exige bastante cuidado, atenção e responsabilidade. Acredita que possa dar conta do recado?

— Está me chamando de incompetente? — redarguiu a senhora Haruo, com evidente irritação. — Já trabalhei como *baby-sitter* antes e trago referências comigo.

— Desculpe se a ofendi. Na realidade, eu preciso apenas de uma pessoa que goste de crianças e que cuide do meu Douglas com muito amor e carinho.

— Isso eu garanto à senhora que farei.

Fernanda consentiu, e a senhora Haruo foi contratada. Mais tarde, ela explicou a Fernanda que nascera no Japão e que fora sequestrada, roubada de seus pais por um casal de brasileiros. Eles a trouxeram para o Brasil, porém, sem que houvesse uma explicação coerente, ela fora abandonada em um orfanato. A explicação mais óbvia fora a de que a polícia japonesa localizara o casal no Brasil e eles, para se verem livres do bebê e da acusação, resolveram se livrar do fardo o mais depressa possível.

No orfanato, registraram-na com sobrenome japonês, embora ninguém fizesse a menor ideia de como localizar os pais da criança. A direção do orfanato tentou, inclusive, um contato com o consulado do Brasil no Japão, mas não obteve sucesso. Nadir permaneceu no orfanato e nunca foi adotada. Quando completou dezoito anos, resolveu tentar a sorte e caminhar com as próprias pernas.

Com o passar do tempo na casa de Fernanda, a senhora Haruo foi demonstrando que era amável. Douglas gostava de brincar com ela quando Fernanda não estava, porém, sempre que via a mãe, ele esticava os bracinhos e engatinhava velozmente em busca de colo.

Fernanda mal acreditou quando Douglas pronunciou sua primeira palavra. Aquele foi um dia que ela jamais se esqueceria. Era um domingo e Fernanda estava em seu escritório, contíguo ao seu quarto, quando a senhora Haruo chamou-a às pressas. Assustada, Fernanda foi encontrá-la, mas ficou aliviada quando soube que a babá apenas desejava mostrar à patroa que seu filho dissera uma palavra.

— Vamos, Douglas, repita o que você acabou de me dizer.

Ele sorriu, exibindo seus dois únicos dentes. Esticou um dedo para Fernanda e disse:

— Nanda! Nanda!

— Viu? Ele aprendeu a falar o seu nome — acrescentou a senhora Haruo.

Os olhos castanhos de Fernanda marejaram, e ela pegou o filho no colo, enchendo-o de beijos e afagos. Sempre imaginou que Douglas, quando começasse a falar, diria algo como "mamã", "papá" ou "qué", mas nunca imaginaria que ele fosse tentar dizer seu nome. Quando Artur chegou e Fernanda o pôs a par da novidade, ele tentou fazer com que o filho também dissesse seu nome, mas Douglas, como que para contrariá-lo, meneou a cabeça negativamente e repetiu:

— Nanda! Nanda!

Capítulo 7

Quando completou seu primeiro aniversário, Douglas já dizia diversas palavras. O pai era chamado de Tur e a babá de Nonoca. Fernanda ria, tentando imaginar o que Nonoca teria a ver com senhora Haruo.

Embora Fernanda pretendesse alugar um salão para realizar a primeira festa de aniversário do filho, Artur foi contra e determinou que uma festa na própria casa seria muito mais acolhedora e familiar. Fernanda concordou e a festa foi um sucesso.

Douglas ria sem parar e era passado de colo em colo. Os convidados, que em sua maioria levaram filhos e sobrinhos, fotografavam o pequeno aniversariante, beijando-o e felicitando-o.

A senhora Haruo comandava a organização da festa com destreza e agilidade. Uma equipe de garçons fora contratada e ela controlava-os com rédeas curtas. Fernanda também contratara uma banda infantil e alguns palhaços para alegrarem as crianças, distribuindo balas, pirulitos e chocolates.

Porém, para espanto de todos, e principalmente de Fernanda, Douglas fez um tremendo escândalo quando viu os palhaços entrarem. Fernanda o pegou no colo, tentando fazer com que ele se acalmasse, mas o menino chorava ainda mais alto. Uma jovem bonita, fantasiada de palhaça, estendeu para Douglas uma bala mastigável, mas ele chutou a mão da moça e a bala caiu no chão.

— Olha, me perdoe, não sei o que deu nele — desculpou-se Fernanda, extremamente constrangida pela reação violenta de Douglas.

A senhora Haruo se aproximou, rápida como uma flecha, e tocou Douglas no braço, alertando:

— É melhor parar de fazer birra. Quer que as outras crianças fiquem tristes?

Douglas olhou para ela de cara feia e mostrou a língua.

— Você está ficando muito malcriado. Pode parar de chorar agora mesmo — repreendeu a babá, mal controlando a raiva.

— Não acha que está sendo severa com ele? — perguntou Fernanda, meio impressionada com a forma como a senhora Haruo se expressava.

— Se não agirmos com severidade às vezes, as crianças se tornam respondonas e birrentas.

Fernanda não discutiu. Mas conforme os dias foram passando, ela passou a notar que a senhora Haruo repreendia Douglas por qualquer motivo, muitas vezes fazendo o menino chorar. Certa vez, ele vinha correndo pela sala e tropeçou na beirada do tapete, caindo no chão. A senhora Haruo o ergueu com rispidez, puxando-o pelo braço.

— Não corra pela casa dessa forma, menino — ela recriminou.

A cena não passou despercebida a Fernanda, que correu para acudir o filho. Assustado, ele chorava a plenos pulmões.

— Se a senhora o ficar mimando dessa maneira, ele vai continuar malcriado — reclamou a senhora Haruo, olhando para mãe e filho friamente.

— E se você continuar a brigar com meu filho por qualquer motivo, ele pode ficar traumatizado — defendeu-o Fernanda, acalentando Douglas no colo.

Fernanda não estava gostando da intromissão excessiva da senhora Haruo nos cuidados com seu filho e, naquela mesma noite, colocou o marido a par dos acontecimentos:

— Ela não pode continuar interferindo dessa forma, Artur. Não quero que Douglas fique assustado.

— Fique tranquila. A senhora Haruo tem muita experiência no trato com crianças pequenas. Tenho certeza de que tudo o que ela faz é para o bem de Douglas — afirmou Artur com segurança.

Mas Fernanda não ficou sossegada. Passou a vigiar a senhora Haruo atentamente. Era notável que Douglas evitava a babá de todas as maneiras. Olhava para ela com olhos assustados e temerosos. Fernanda não estava contente com os serviços da senhora Haruo. Pensou até em demiti-la, porém, mais uma vez Artur foi contra:

— E onde arrumaremos outra pessoa de confiança se você a demitir? Já disse que não deve esquentar a cabeça, Fernanda. Com o tempo você verá que Douglas vai acabar se acostumando.

De certa forma, Artur estava correto. Conforme os anos foram passando, Douglas passou a temer menos a figura imponente da senhora Haruo. Ela o ensinava a se portar à mesa, a conversar como um adulto e a tratar bem as pessoas a seu redor. Fernanda o levava de manhã à escola e a senhora Haruo o buscava à tarde. Certa vez, quando Douglas estava com quatro anos, ele confidenciou a Fernanda:

— A Nonoca me assusta, mas eu gosto dela.

O apelido da senhora Haruo continuava sendo Nonoca e ela pareceu nunca se importar com isso nem tentar corrigir Douglas para que a chamasse pelo nome.

Um dos dias mais emocionantes na vida de Fernanda foi a formatura de Douglas na escola, após o término do ensino fundamental. O garoto já completara treze anos e sempre fora motivo de orgulho para seus pais. Tornara-se um belo jovem. Os dentes muito brancos e corretamente enfileirados contrastavam com sua pele negra e viçosa. Era bastante alto para sua idade e bem magro, vários quilos abaixo da média para a sua altura. Aos doze anos alcançara a estatura da mãe e agora já a ultrapassara. Fernanda brincava dizendo que, em breve, Douglas ficaria mais alto do que Artur também.

Embora já fizesse alguns anos que os serviços da senhora Haruo poderiam ter sido dispensados, ela ainda permanecia com a família. Artur elogiava os serviços da babá, que, unindo sua tática de ensino aos métodos de Fernanda, conseguiu educar Douglas de maneira muito satisfatória. Não havia quem não gostasse de conversar com ele. O rapaz era muito inteligente e parecia saber um pouco sobre cada assunto. Conversava com as pessoas debatendo temas variados. Sua forma de enxergar o mundo era bastante respeitada por muitos amigos e conhecidos de Fernanda e Artur.

Fernanda estava belíssima na formatura de Douglas. Estava com trinta e nove anos, mas aparentava muito menos. Havia pessoas que arriscavam dizer que Fernanda era a irmã mais velha de Douglas. Quando os dois saíam juntos, todos juravam que Douglas estava em companhia de alguma irmã ou amiga. Ambos eram bonitos e juntos chamavam bastante atenção.

Enquanto a turma da sala de Douglas subia para o palco para a entrega dos diplomas, Fernanda, sentada em uma das primeiras fileiras, olhava-o com admiração, carinho e orgulho. E, mais do que tudo, ela olhava-o com amor. Em sua opinião (e talvez até na de outras mães), Douglas era o rapaz mais bonito no palco. Vestido com a beca, o capelo adornando sua cabeça, ele parecia um homem feito, a experiência e a sabedoria transbordando de seus olhos.

Às vezes ele sorria na direção dos pais, mas Fernanda, intimamente, sabia que o sorriso do filho era dirigido apenas a ela. Afinal, não fora sempre assim? Embora Douglas amasse o pai, a mãe sempre fora sua preferida. Os dois mantinham um belíssimo elo de amor. Fernanda muitas vezes se perguntava se fora por isso que ela não tivera outros filhos. Será que ela não teria amor suficiente para compartilhar com outra criança? Tudo o que sabia era que estava satisfeita com o menino. Se existisse alma gêmea, inegavelmente Douglas era a sua.

No momento em que ele recebeu seu diploma, virou-se para Fernanda e soprou-lhe um beijo. Ela o recebeu como uma bênção, sentindo o beijo do seu amado filho penetrando em seu coração e se escondendo em algum lugar de sua alma. Ela o amava tanto que, se pudesse, iria até o palco e gritaria isso para que todos pudessem ouvir. Porém, se limitou a fechar os olhos e a permitir que duas lágrimas de emoção descessem por seu rosto.

Se a união fraternal e amorosa entre Fernanda e Douglas se fortalecia a cada dia, o relacionamento entre ela e Artur começava a esfriar. No início, o que passou pela mente de Fernanda, quando Artur começou a evitá-la, foi que havia outra mulher na vida dele. Mas com o tempo, Fernanda percebeu que o marido não tinha uma amante. Sua diversão era a bebida.

Artur nunca fora dado a bebidas, mas sem que Fernanda conseguisse entender, ele de repente passou a beber. Até a senhora Haruo reparava que o patrão chegava em casa sempre alterado. Às vezes ele exagerava quase a ponto de cambalear. Fernanda ficava preocupada quando isso acontecia, pois temia que o marido se acidentasse enquanto dirigia a caminho de casa.

— Artur, o que está acontecendo com você? Por que anda bebendo tanto? — ela perguntou numa noite em que o marido chegou tão embriagado, que o segurança da casa precisou levá-lo para dentro. — O que você não quer me contar e que talvez o esteja angustiando? Você está recorrendo às bebidas apenas por prazer ou para esconder alguma coisa?

— Vo-você nem sabe... — murmurou Artur em resposta, enquanto Fernanda o amparava até o quarto. Ele não disse mais nada e, assim que se deitou, apagou completamente.

Fernanda olhou para o marido com pena e pesar. O hálito de álcool que saía pela boca de Artur a deixava nauseada e ela teve de sair do quarto. Se ele continuasse daquele jeito, ela iria dormir em outro aposento.

Encontrou com Douglas no corredor. O filho lançou um olhar de compaixão para ela. Fernanda entendeu que ele sentia mais pena dela do que do pai.

— Até quando ele vai continuar assim? — Douglas perguntou.

— Não sei... Na verdade não sei por que ele passou a beber desse jeito. Amanhã vou telefonar para a empresa do seu pai e tentar saber se alguém conhece o motivo desse vício repentino.

Mas ninguém sabia de nada. Na empresa, informaram a Fernanda que Artur quase não ficava mais lá. Às vezes chegava pela manhã e saía antes do almoço. Muitos funcionários disseram ter visto o patrão bebendo num bar próximo à empresa. Sempre era visto sozinho ou na companhia de outros beberrões.

— Quer dizer que meu pai virou um pinguço? — indagou Douglas quase divertido, embora a situação fosse deplorável. — Nunca imaginei que meu pai fosse trocá-la por uma garrafa de uísque, mãe.

— Nem eu, Douglas, nem eu.

A preocupação de Fernanda com Artur foi substituída pela vergonha e pela raiva quando, numa noite de sexta-feira, o segurança surgiu na casa para avisar que Artur estava na calçada, totalmente alcoolizado, e que ninguém conseguia fazê-lo entrar. Fernanda e Douglas correram para ver o que estava acontecendo e o filho mal conteve o riso quando viu o pai abraçado a um poste de luz. Fernanda enrubesceu de vergonha.

— Veja aquilo — Douglas riu, apontando com o dedo. — Ele quer escalar o poste?

— Não é engraçado ver seu pai assim.

— É engraçado, sim. E ele ainda está cantando.

De fato, Artur entoava uma espécie de melodia com sua voz pastosa. Fernanda se aproximou e o sacudiu pelo braço. Artur virou-se, olhou para a esposa e revirou os olhos. O terno estava todo amarrotado, a gravata desatada e os cabelos revoltos. Os olhos verdes estavam injetados de sangue.

— Quero cantar a sétima sinfonia de Beethoven. Ou era a quinta? — ele falava engrolado.

— Que pouca-vergonha, Artur! — repreendeu Fernanda. — Dando vexame na rua, diante de todo mundo. O que seu filho vai pensar de ter um pai assim?

— Vai ter um pai cantor — respondeu Artur, ainda segurando o poste.

— Vamos entrar. No que você se transformou? Em um bêbado de rua? É um homem conceituado, tem um nome na sociedade.

— Ou um nome no boteco — debochou Douglas.

Diferentemente da mãe, ele estava achando engraçado ver o pai tão embriagado. Sempre fora da opinião de que uma pessoa bebia por vontade própria, já que ninguém o obrigava a fazê-lo. Portanto, se o pai estava alcoolizado, era porque procurara por aquilo. A única coisa que Douglas não gostava era de ver sua mãe preocupada com a situação de Artur. Fernanda não merecia sofrer pelo pai, por isso Douglas brincava para amenizar os ânimos da mãe.

Artur continuava irredutível, e Fernanda não sabia como ele conseguia dirigir de volta para casa naquelas condições. Talvez alguém o trouxesse, embora ele nunca tivesse comentado nada a respeito. O que importava era que, se Artur continuasse a beber sem controle, poderia acabar cometendo alguma tolice e indo parar na cadeia.

— Vou mandar os seguranças tirarem você daí — avisou Fernanda.

— Pai — Douglas se adiantou —, vai continuar abraçado a esse poste como um escravo no tronco? Já perdeu a graça, sabia?

Como Artur não se movia, Fernanda ordenou que os seguranças levassem o marido à força para dentro de casa, e Artur seguiu esperneando. Ela imaginou que logo eles teriam de se mudar do bairro, devido às imprudências do marido.

Como uma tortura, Fernanda achava que aquilo nunca fosse terminar. Mas, inexplicavelmente, sem qualquer lógica ou motivo, Artur deixou de beber. Ela, por sua vez, nunca soube o que tinha acontecido. Da mesma forma que havia começado, tudo terminou. Quando interrogado por Fernanda, Artur apenas dizia que bebera sem limites porque gostava de sentir o álcool percorrer sua corrente sanguínea, mas que não queria que ela ou o filho o odiassem por causa daquilo. Chegou até a chorar, implorando perdão aos dois, que, sem opção, abraçaram Artur com amor e carinho e o fizeram prometer que nunca mais voltaria a se embriagar.

Artur cumpriu a promessa. Raramente era visto bebendo e, quando o fazia em festas e eventos sociais, jamais passava de um copo ou de uma taça. Aos poucos, todos foram se esquecendo de que Artur, por pouco, não se tornara um alcoólico inveterado. Era tempo de continuar com a vida e esquecer os problemas.

Embora Artur tivesse deixado de beber, seu relacionamento com Fernanda não melhorou. Não era raro passar uma semana inteira sem que fizessem amor. Ele estava com cinquenta anos e se conservava em ótima forma física. Mas Fernanda não estava realmente se importando. Se perdesse Artur, ela ainda teria Douglas. E o filho lhe importava muito mais que o marido.

Aos quinze anos, Douglas inscreveu-se em um curso de inglês e aos dezesseis já falava o idioma fluentemente. Tinha decidido que faria faculdade de medicina e que futuramente trabalharia no exterior, por isso ele aperfeiçoava cada vez mais o idioma estrangeiro. Fernanda aprovou a escolha de Douglas. Sempre achou a medicina uma das mais belas profissões. Ajudar o próximo era uma tarefa muito bonita, que resultava em méritos e recompensas a cada vida salva.

Aos dezessete anos, Douglas conheceu Franciele na festa de aniversário de um colega do jovem do curso de inglês. Até então Douglas nunca namorara ninguém, mas Franciele mudou tudo.

Ele estava sentado no sofá, conversando com um colega e mordiscando um salgado, quando a loira magra, alta e elegante se aproximou. Ela encarou-o diretamente por alguns momentos e, quando a companhia de Douglas se levantou do sofá, ela se sentou e sorriu para ele.

— Está gostando da festa? — ela perguntou.

— Ah, sim. Está tudo muito bonito. E você? Está gostando?

— Mais ou menos. A festa em si está muito boa, mas ainda não encontrei nenhuma pessoa agradável por aqui — Franciele passou a língua pelos lábios num gesto provocante, que não passou despercebido por Douglas. — O Fúlvio disse que daqui a pouco vai colocar música. Claro que você vai dançar comigo, não é mesmo?

— É... pode ser — riu Douglas em resposta.

Ele continuou conversando com Franciele. Ela contou que tinha dezesseis anos e que já namorara diversos rapazes, mas que ainda não encontrara ninguém que realmente lhe interessasse. Seu pai era um renomado professor da Universidade de São Paulo e sua mãe, uma das melhores cardiologistas da cidade. Franciele contou ainda que era filha única, mas que sentia falta de ter irmãos. Ou talvez ela apenas sentisse falta de uma companhia masculina.

Quando Fúlvio, o anfitrião da festa, pôs a música para tocar e iluminou a pista de dança, Douglas estendeu a mão para Franciele e convidou:

— Dá-me o prazer dessa dança?

— Nossa, ainda existe cavalheirismo?

Eles começaram dançando lentamente, ao ritmo da música. Os corpos estavam um pouco afastados, mas foram se unindo lentamente e, antes que a música terminasse, eles estavam se beijando. Por uma questão de masculinidade, Douglas não contara que era a primeira vez que beijava uma menina. E preferiria morrer a admitir que ainda era virgem. Franciele parecia ter muita experiência com o sexo oposto, enquanto ele... O melhor era ficar calado.

Douglas gostou do beijo de Franciele e, quando a festa terminou, ela lhe entregou o número do seu celular. O rapaz prometeu que ligaria para ela no dia seguinte, um sábado, para convidá-la a sair. Franciele afirmou que iria a qualquer lugar a que Douglas quisesse levá-la, inclusive a um motel, o que o fez corar.

Ele não comentou nada com Fernanda a respeito de Franciele. Nem ele mesmo saberia dizer se estava namorando ou apenas flertando com a moça. O dia seguinte seria decisivo.

Capítulo 8

Quando viu Douglas surgir na sua frente, vestido elegantemente e todo perfumado, Fernanda soube que ele ia sair.

— Outro aniversário hoje?

— Não. Estou indo encontrar... uns amigos... — era a primeira vez que ele mentia para Fernanda e admitia que o fazia muito mal.

— Amigos? Eu os conheço?

— Sim... não... quer dizer... eles são do curso de inglês — gaguejou Douglas.

— E por que você está tão nervoso? Tem alguma coisa que não quer me contar? — Fernanda sentia que o filho não estava dizendo a verdade.

— Não... ora, mãe, você está fantasiando — Douglas estava quase tremendo e se perguntou se aquilo seria medo. Se fosse, seria medo do quê? De a mãe proibi-lo de namorar? Ora, aquilo não tinha cabimento.

— Bom, eu não vou insistir. Só quero que me diga a que horas pretende voltar.

"Depende do que rolar", Douglas pensou. Porém, em voz alta, ele respondeu:

— Volto antes das onze, mãe. Agora quero um beijo.

Fernanda beijou-o no rosto e pouco depois o filho partiu. Ela sabia que ele tinha mentido. Douglas sempre lhe falara a verdade até então, por isso desejou saber quem ou o que estava virando a cabeça do seu filho.

Douglas levou Franciele a diversos lugares. Almoçaram em um badalado restaurante de Moema e depois foram ao parque do Ibirapuera, onde passaram a tarde. Beijavam-se a acariciavam-se a todo instante. Às vezes Franciele intensificava as carícias, e Douglas se esforçava para não enrubescer de vergonha.

Quando finalmente chegou o momento de partirem, Franciele, segurando as sacolas com as compras, sugeriu:

— Douglas, por que não vamos a um motel?

— O quê? — perguntou Douglas, subitamente assustado.

— Vai dizer que nunca levou uma garota a um motel?

— Não é isso... é que já está um pouco tarde, não acha?

— Ainda são seis horas e nem começou a anoitecer. Isso é tarde pra você?

— Teríamos problemas para entrar em um motel. Nós dois somos menores de idade e eu acho que irão pedir nossos documentos de identidade, não acha?

Franciele riu e o beijou na boca.

— Como você é bobinho. Parece até que nunca entrou num motel antes. Muitos deles só estão interessados em receber o seu dinheiro e nem se preocupam em pedir documentos. Eu conheço um, não muito longe daqui, em que poderemos entrar sem problemas. Quer ir?

Por um brevíssimo instante, o rosto tenso de Fernanda apareceu na mente de Douglas e ele quase desistiu de acompanhar Franciele. Contudo, a imagem sumiu rapidamente, e Douglas, embora estivesse nervoso e trêmulo, concordou em ir. Dali eles pegaram um táxi que os deixou na porta do motel que Franciele conhecia.

Parados na recepção, Franciele perguntou:

— Você trouxe preservativos?

— O quê?

— Camisinhas, ora. Você usa no...

— Eu sei o que são camisinhas. Só que não trouxe nenhuma comigo. Não imaginei que fôssemos a um motel.

— Douglas, acorde, meu amor. De que mundo você veio? Nenhum cara sai com uma garota sem colocar na carteira um pequeno estoque de camisinhas. São as regras... Mas não se preocupe. Eles vendem preservativos aqui.

Douglas olhou para o relógio de parede que marcava dez para as sete. Realmente ainda era cedo e ele dissera a Fernanda que voltaria antes das onze. Portanto, teria tempo para se divertir com Franciele.

Como Franciele havia dito, ninguém pediu documentos de identidade na portaria. Assim que Douglas pagou, o recepcionista lhe entregou as chaves. Franciele aproveitou para comprar alguns preservativos.

— Sabia que é a primeira vez que vou transar com um negro? — sussurrou Franciele já dentro do elevador.

— Ah, é? — Douglas suava em bicas e seu reflexo no espelho mostrava o quanto ele estava pálido. Por alguns instantes desejou apertar o botão do andar térreo e voltar correndo para casa. O que mais o preocupava era que enganara a mãe pela primeira vez. Fernanda não merecia aquilo.

Franciele percebeu que Douglas estava muito nervoso, porém não deu importância. Já estivera com outros rapazes tímidos ali mesmo, naquele motel. Ela sabia que, uma vez na cama, qualquer timidez desaparecia como num passe de mágica.

Assim que trancou a porta do quarto por dentro, Franciele começou a se despir. Cada peça de roupa que caía no chão fazia Douglas estremecer. Em poucos minutos, ele perderia a virgindade com Franciele. A maioria dos seus amigos já tinha se adiantado quando o assunto era sexo. Só ele dormira no ponto até ali.

Douglas nem se mexeu quando Franciele o despiu. Durante um breve momento ficaram se contemplando nus, um diante do outro. E descobrir que estava ficando excitado foi motivo suficiente para fazer Douglas desejar cobrir-se.

Franciele se aproximou sorridente e começou a acariciá-lo. Nesse momento o celular de Douglas tocou.

— Não acredito — bufou Franciele. — Regra muito importante: dentro de um quarto de motel o celular deve *sempre* estar desligado para não atrapalhar o clima. Eu poderia ter perdido toda a vontade agora, sabia?

Douglas não respondeu e correu para atender a ligação. No visor do aparelho, reconheceu o número de casa.

— É a minha mãe. Espere um minuto.

— Você vai atender? Está brincando!...

Douglas colocou o dedo indicador sobre os lábios pedindo que ela silenciasse. Atendeu e ouviu a voz de Fernanda:

— Doug? Você está bem?

— Estou, mãe. Aconteceu alguma coisa? — ele subitamente ficou em alerta.

— Não, não aconteceu nada. Na verdade é bobagem minha. Liguei só para saber se estava tudo bem — Fernanda quase desligou o aparelho, sentindo-se uma completa idiota. Não poderia ficar rastreando o filho sempre que ele saísse com os amigos, afinal Douglas já tinha dezessete anos. Logo ele seria maior de idade e faria tudo o que bem desejasse.

— Está tudo bem sim, mãe.

— Onde você está?

— Eu estou... no shopping com um amigo meu e a mãe dele.

Ele mentira de novo para Fernanda e sentia-se mal com aquilo. Por que estava fazendo aquilo? Por que estava escondendo Franciele de sua mãe? Mais cedo ou mais tarde Fernanda descobriria. Ela não iria impedi-lo de namorar a moça. Então por que ele tinha que continuar a mentir?

— Está certo. Desculpe atrapalhar. Bobagem de mãe. Não chegue muito tarde, hein? Te amo!

— Pode deixar... Eu amo você também.

Douglas desligou o celular e, quando se voltou, deparou com o olhar irônico e aborrecido de Franciele.

— A mamãezinha está procurando pelo filhinho? — ela perguntou.

O tom jocoso e irônico de Franciele deixou Douglas irritado e ele quase se vestiu para ir embora. Entretanto, decidiu ficar e respondeu:

— É muito bom ter uma mãe por perto, que nos ama e nos protege.

Franciele suspirou e deu de ombros. Tentou recomeçar de onde tinha parado. Douglas a beijava com volúpia enquanto ela o tocava em suas partes íntimas, levando-o à loucura.

Fizeram amor repetidas vezes, e Douglas gostou do resultado. Franciele tinha um corpo firme e bonito e sabia fazer coisas que o deixavam louco. Quando finalmente permitiram se largar na cama, um ao lado do outro, Franciele perguntou:

— Você gostou?

— Muito — ele se inclinou para beijá-la. — Você sabe fazer sexo muito bem.

— Obrigada... Amanhã é domingo. Podemos voltar se você quiser.

— Franciele... tenho uma ideia melhor. Que tal você ir almoçar em minha casa amanhã? Assim poderei apresentá-la à minha mãe como minha namorada.

— E nós somos namorados?

— Ué, isso que fizemos não é coisa de namorados?

Franciele revirou os olhos. Às vezes Douglas parecia tão infantil e ingênuo que ela quase dava risada dele.

— Está certo... vamos dizer que somos namorados. O que vem depois? Você me leva para conhecer sua mãe e eu o levo para conhecer meus pais?

— Pode ser.

— E depois nos casamos e vivemos felizes para sempre num castelo azul e branco?

— Não precisa ser sarcástica.

Ela riu e o beijou. Até que a deia de casamento não seria tão má. Ela ainda era bastante jovem, tinha somente dezesseis anos. Era uma moça de classe alta e seus pais ganhavam uma pequena fortuna em seus cargos. Mesmo assim, Franciele sabia que Douglas era ainda mais rico que ela. Talvez fosse por isso que a mãe dele ficava em sua cola. Estava com medo de que o filho se apaixonasse por alguma pobretona, interessada somente no dinheiro. Ela não precisava de grana. Os pais lhe davam tudo o que desejava. De qualquer forma, ela não descartou a possibilidade de casamento. A união de fortunas sempre fora um ótimo negócio.

— Está certo. Vamos marcar para amanhã. Agora fiquei curiosa para conhecer sua mãe.

— Não vai se arrepender. Todos gostam dela.

Mas Franciele não gostou. E descobriu que também não fora aprovada por Fernanda. Assim que a senhora Haruo a conduziu até a sala de visitas, Franciele e Fernanda trocaram um olhar intenso.

Fernanda compreendeu por que Douglas havia mentido. Ela não acreditara naquela história de ele estar no shopping com um amigo e a mãe dele. Certamente estivera com aquela jovem e, pela intimidade com que eles se olhavam, Fernanda soube que o caso estava bastante adiantado. Uma pequena pontada de ciúmes apertou seu coração.

— Mãe, esta é Franciele. Ela é uma... é minha... namorada — Douglas anunciou como se pronunciasse uma sentença de morte.

Se Fernanda tivesse reclamado, brigado ou feito cena, ele teria ficado mais tranquilo. Porém, o silêncio da mãe foi muito pior que qualquer resposta. Mil pensamentos poderiam estar passando pela mente de Fernanda e ele desejou poder saber apenas um deles.

— Você não me disse que tinha uma namorada — reagiu Fernanda após o longo silêncio.

— Eu... estou dizendo agora — balbuciou Douglas, subitamente sentindo-se pequenino diante do olhar de Fernanda.

— Na verdade nós nos conhecemos na sexta-feira, na festa de aniversário do Fúlvio — explicou Franciele. — Mas pode-se dizer que foi amor à primeira vista. Estamos apaixonados um pelo outro.

Fernanda encarou Franciele fixamente e seu olhar duro fez a moça desviar os olhos para outra direção.

A senhora Haruo se aproximou para anunciar que o almoço seria servido. Franciele sorriu para a governanta e, assim que ela se afastou, comentou:

— Sabia que eu nunca tinha visto uma japonesa trabalhando para uma família de negros?

Douglas e Fernanda trocaram um rápido olhar. Fernanda perguntou:

— Creio que você não tenha preconceito com pessoas de pele negra, não é?

— Claro que não. Do contrário eu não estaria namorando seu filho.

Enquanto comiam, Fernanda fez perguntas sobre a família de Franciele e esta, após responder tudo o que Fernanda queria saber, indagou:

— A senhora está achando que sou uma caçadora de fortunas? Fique tranquila. Não estou atrás do seu dinheiro porque minha família tem ótimas condições financeiras.

— Não estou achando nada. Foi apenas por curiosidade que perguntei sobre sua família.

Franciele não simpatizou com Fernanda, mas tinha certeza de que, após alguns meses de namoro, daria um jeito para que Douglas desgrudasse um pouco de sua mãe. Achava que ele já era homem suficiente para se tornar independente.

Fernanda também não tinha gostado de Franciele e achava que Douglas não fizera uma boa escolha. A moça lhe parecia muito fútil e ousada, e tinha certeza de que não se dariam bem.

Capítulo 9

Quando Douglas completou dezoito anos, Franciele sugeriu que eles se mudassem para um apartamento e vivessem juntos até que se casassem. Já estavam namorando havia seis meses. Fernanda nunca tentou convencer Douglas a terminar seu namoro, mas vigiava o casal com olhos de águia. Artur aprovara Franciele e comentara que eles formavam um belo casal. Fernanda não pensava isso, mas guardava sua opinião para si mesma.

Na realidade, o que Fernanda sentia era medo. Não exatamente medo de que Douglas fosse infeliz com Franciele. O rapaz parecia gostar sinceramente da garota e ela, a seu modo, também gostava dele. O que Fernanda temia — e que jamais confessaria — era perder seu filho.

Quando Douglas se casasse, ainda que não fosse com Franciele, ele sairia de casa para viver sua própria vida. Fernanda estava consciente de que Douglas já era um homem. Ele iniciaria o curso de medicina numa renomada universidade no semestre seguinte. Para Fernanda, porém, Douglas seria sempre seu garotinho, aquela criança cujas primeiras palavras foram "Nanda, Nanda".

Ela não queria se tornar uma mãe possessiva. Tinha que libertar Douglas para que ele vivesse sua própria vida do modo que quisesse, com a pessoa que amasse. Por outro lado, ele também poderia viver sozinho. Ela própria gostaria de ter saído de casa e ter sido independente. O filho poderia querer o mesmo. Os pais de Fernanda não a impediram de sair de casa. E ela? Teria coragem de liberar Douglas para que ele caminhasse com as próprias pernas?

Cada dia que passava, o jovem parecia estar mais apaixonado por Franciele. Contudo, isso era o que Fernanda pensava. Na verdade, o namoro entre eles esfriara tanto quanto o casamento entre ela e Artur. Franciele se tornara uma pessoa chata, cansativa, sem assunto e que brigava com Douglas por qualquer motivo. Para piorar, o ofendia constantemente, dizendo que ele não tinha peito para sair de casa e se livrar do jugo da mãe.

— Até quando você vai ficar sob as saias da mãezinha? — perguntou Franciele numa tarde chuvosa de domingo. Eles tinham ido assistir a um filme no cinema do shopping e agora faziam um lanche na praça de alimentação.

— Minha mãe não gosta de usar saias — ironizou Douglas, só para irritá-la. Ele detestava quando Franciele se posicionava contra Fernanda e tentava dar um jeito para que ele fizesse o mesmo.

— Estou falando sério. Você está com dezoito anos, mas a cabeça é de um menino de oito. É tempo de você tomar uma decisão.

— Que decisão? — ele perguntou e mordeu um pedaço do hambúrguer.

— Eu não posso continuar a namorar alguém sem iniciativa. Preciso de um homem que mande em seu próprio nariz.

— O que você quer dizer com isso, afinal?

— Quero o que sempre quis. Que compremos um apartamento para vivermos juntos, como marido e mulher. O casamento pode vir depois, isso não tem pressa.

Só não quero que sua mãe continue andando atrás de você, como uma carroça atada a um burro.

— Obrigado pelo elogio. Minha mãe vai adorar saber que foi comparada a uma carroça.

— Está vendo? Tudo o que acontece você tem que compartilhar com ela. Eu não faço isso. Além disso, se você saísse de casa, sua mãe teria a companhia do seu pai e da governanta japonesa — furiosa enquanto falava, Franciele bebeu rapidamente alguns goles do guaraná.

— Por que você insiste tanto no mesmo assunto?

— Já basta! Chega de enrolação, chega de pretextos e de desculpas esfarrapadas. Quero saber sua resposta agora e não vou te dar tempo para pensar no assunto. Você vai sair de casa para morarmos juntos ou não?

— Seus pais aprovariam isso?

— Já falei que eu vivo minha vida, independente deles. E não desvie a conversa. Vai sair ou não?

Franciele estava colocando-o contra a parede e Douglas não gostava de ser pressionado. Porém, de qualquer maneira, ele já tinha tomado sua decisão havia alguns dias. Esperara pelo momento oportuno, que finalmente chegara:

— Franciele, eu gosto muito de você, mas descobri duas coisas.

— Quais são? — ela passou o guardanapo pelos lábios enquanto fitava atentamente o namorado, à espera de sua resposta.

— A primeira é que não a amo.

A mão de Franciele que segurava o guardanapo estacou na frente dos lábios.

— Na verdade, eu gosto de você. E gosto bastante — continuou Douglas. — Mas percebi que você é ótima companhia apenas para lazer. Eu não saberia viver ao seu lado como marido. Tenho certeza de que não daria certo.

O rosto de Franciele ficou tão branco quanto o guardanapo que ela segurava. Não conseguiu reagir para responder.

— Casamento envolve amor, companheirismo, união e respeito. Creio que nos falta um pouco de cada coisa. Por isso estou dizendo que não poderíamos viver juntos.

— E qual é a segunda coisa que você descobriu? — Franciele se surpreendeu ao perceber que sua voz soou rouca e dolorosa.

— Descobri que quero viver mais um tempo ao lado da minha mãe. Pode me chamar de imaturo, infantil, ingênuo... O fato é que amo minha Nanda e não quero sair de casa. Não até terminar a universidade. Não até eu chegar à conclusão de que estou pronto para sair do ovo.

— Isso foi o que sua mamãezinha mandou você me falar?

— Não, ela nem sabe que estou lhe dizendo essas coisas. Falo por mim mesmo. Nosso namoro só pode continuar se tudo ficar como está. Do contrário, teremos que terminar esse relacionamento.

Duas lágrimas desceram pelo rosto pálido de Franciele e pingaram sobre o que ainda restava do seu hambúrguer. Tinha que admitir que aquilo era um fora bem dado e não estava preparada para ouvi-lo. Ela quis pressioná-lo, mas não esperava que ele fosse terminar com ela de forma tão rápida.

— Então esse é o fim da linha para nós dois, Douglas?

— Se você não aceitar minhas condições, será o fim de tudo, sim.

Franciele quase usou o guardanapo para secar suas lágrimas. No fim das contas, Fernanda vencera. Desde o começo, Franciele tinha percebido que não fora aprovada por aquela que imaginara que seria sua sogra. Douglas optara por ficar ao lado de sua mãe, e ela sobrara.

Uma raiva súbita se apoderou de Franciele e ela pensou em diversos desaforos para ofender Douglas. Olhou para ele com raiva e disparou:

— Acho que mais cedo ou mais tarde nós terminaríamos mesmo esse namoro. Eu não saberia ficar ao lado de uma pessoa tão fraca e sem palavra. Você é um inútil, sem voz ativa. E, se quer saber, fique com sua mamãe. Eu vou encontrar um homem de verdade que me ame, não uma amostra do sexo masculino.

Franciele falava alto, pois seu objetivo era chamar a atenção das pessoas em volta. Ao perceber que eles estavam sendo observados, a moça se levantou e quase gritou:

— Eu não quero continuar ao lado de um coitado como você. Sinto pena de sua criancice. Quero um homem com H maiúsculo, pois você é tão imprestável que nem sexo bom sabe fazer.

Sem dizer mais nada, Franciele se afastou dali, olhando as pessoas à sua volta. Todos assistiam à cena e, embora estivesse enfurecida, ela quase sorriu. Falara alto o suficiente para que todos pensassem que era ela quem estava dando um fora no namorado. Largou Douglas sentado com cara de paspalho e notou os olhares de compaixão que as pessoas direcionaram para ele. Bem feito! Ela era linda e inteligente. Conquistaria rapidamente outro homem muito melhor que ele. A primeira coisa que ela faria seria descobrir se seu novo pretendente não tinha também uma mãe-adesivo.

Fernanda mal conteve a satisfação quando soube que Douglas e Franciele tinham terminado o namoro. Intimamente ela sabia que aquilo nunca daria certo. A garota exigia demais, e Douglas não gostava de pressão. Sabia que aquele romance não faria nenhum dos dois feliz.

***

No início do semestre, Douglas prestou vestibular e passou entre os trinta primeiros colocados. Mal se conteve de tanta alegria. Fernanda abraçou-o, orgulhosa do filho que tinha. Douglas era um rapaz muito bom, o filho que outras mães invejariam. Nunca tinha dado trabalho para Fernanda, mesmo tendo namorado Franciele. Nunca fumara, nunca andara com más companhias e sempre fora um excelente aluno na escola. Era inteligente, educado, caseiro e bonito. O que mais Fernanda poderia pedir?

Embora ainda estivesse no início de um curso que duraria seis anos, Douglas já pensava no baile de formatura. Ele costumava brincar com Fernanda dizendo que estaria todo vestido de branco e que, em dado momento da festa, ele se aproximaria dela, estenderia sua mão e a convidaria para dançar. Fernanda ria imaginando a cena. Douglas era sonhador, mas sempre conseguia aquilo que desejava.

Nas primeiras férias do curso de Douglas, Fernanda o convidou para fazer uma viagem. Artur também foi chamado, mas recusou o convite. Disse que estava muito atarefado no trabalho e que não poderia se ausentar naquele momento. Fernanda compreendeu e não insistiu. Havia meses Artur não colocava uma única gota de álcool na boca e sua fase de bebedeira nunca mais retornara.

O destino escolhido por Douglas foi Madri, na Espanha. Ele sempre gostou dos costumes dos espanhóis, e Fernanda não discutiu. Ela estava concedendo a viagem ao filho como um presente, como uma forma de expressar sua gratidão por tê-lo ao lado dela.

— Façam boa viagem — desejou a senhora Haruo, logo depois que Fernanda fechou o zíper da última mala. Eles pretendiam ficar fora durante vinte dias, mas Fernanda poderia prorrogar o passeio para um mês.

— Obrigado, Nonoca — agradeceu Douglas. O apelido dos tempos de infância ainda vigorava e a senhora Haruo havia muito estava acostumada com ele.

Artur levou-os ao Aeroporto Internacional de Guarulhos e beijou Fernanda e Douglas com emoção. Nunca ficara separado deles por tanto tempo. Claro que Artur sentiria falta dos dois.

— Lamento mesmo não poder acompanhá-los — desculpou-se Artur.

— Haverá outras oportunidades, pai — garantiu Douglas, abraçando-o mais uma vez.

Artur consentiu e pouco depois eles se despediram. Fernanda e Douglas seguiram para o portão de embarque com os passaportes e os bilhetes da viagem nas mãos.

O voo foi tranquilo e Fernanda dormiu quase a viagem toda. Quando o avião tocou a pista do Aeroporto Internacional de Barajas, ela sentiu grande emoção. Já estivera na Europa outras vezes, mas nunca conhecera a capital da Espanha.

Fazia bastante frio em Madri, mas nem por isso a cidade estava menos agitada e glamorosa. Tão logo se hospedaram em um dos mais elegantes hotéis da cidade e almoçaram em seu belíssimo restaurante, Fernanda e Douglas saíram para passear. A cidade era divertida e não faltavam atrações para todos os gostos.

Fernanda, que era designer de interiores, apreciava artes, e os primeiros locais que ela desejou visitar foram os diversos museus de Madri. Passaram pelo Museu Nacional Centro del Arte Reina Sofia, pelo Museu Thyssen-Bornemisza, e fecharam sua visita no Museu do Prado, onde apreciaram as obras de Goya, Velázquez e El Greco.

Douglas insistiu em conhecer a Plaza Mayor, considerada uma das maiores praças da Espanha e uma das mais espetaculares de toda a Europa. Visitaram também a Catedral de Almudena, com seu lindo estilo neogótico, e fotografaram a Plaza de Toros de Las Ventas, a famosa praça dos touros.

— Esta cidade é linda! — comentou Fernanda, maravilhada com os belíssimos monumentos que via a seu redor, principalmente na Plaza de La Villa, que reúne os principais edifícios históricos de Madri, como a prefeitura e a Torre de los Lujanes.

Embora o hotel servisse uma deliciosa refeição, Fernanda e Douglas jantavam quase todas as noites no restaurante Casa Patas, um dos mais conceituados da Espanha. Eles não deixaram de conhecer também o El Rastro, o mercado de pulgas mais famoso da cidade, nem de comprar iguarias típicas espanholas no Museo del Jamón.

Como Fernanda já previa, a estadia de vinte dias foi ampliada para cinco semanas. Havia tantas coisas para serem vistas e apreciadas em Madri, que eles tinham a impressão de que não daria tempo de conhecer tudo.

— Esta cidade não nos deixa com saudades de casa nem por um minuto, mãe — comentou Douglas, parado diante do Puerta del Sol, o marco zero de Madri.

— Eu concordo. Ah, por que não nasci espanhola? — brincou Fernanda.

Quando voltaram para o hotel no fim da tarde, o recepcionista avisou Fernanda e Douglas:

— *La señora recibió una llamada internacional.*

Fernanda entendia espanhol o suficiente para que pudesse compreender que recebera uma ligação internacional enquanto estivera fora.

— *¿Cuando me llamaram?*

— *Hace una hora.*

Fernanda trocou um olhar com Douglas, tentando imaginar quem havia ligado. Teria sido algum problema com Artur?

Ela telefonou de volta e a senhora Haruo atendeu. Parecia nervosa e foi direto ao assunto. Disse que Franciele estivera na casa à procura de Douglas e que armara um escândalo. A senhora Haruo contou ainda que a jovem parecia estar com os ânimos alterados, como se estivesse bêbada.

— E isso era motivo para a Nonoca nos ligar aqui na Espanha? — perguntou Douglas.

— Ela deve ter ficado preocupada. Já tem um tempinho que você e essa garota terminaram o namoro. O que será que ela quer agora?

— Não sei, mãe. Não vamos deixar que ela estrague nosso passeio. Vamos voltar para casa no prazo certo.

Na volta, mal entraram no avião e já estavam com saudades da Espanha. Tinham se divertido muito juntos, mas já era tempo de voltar para casa. As aulas de Douglas recomeçariam na semana seguinte, e Fernanda pretendia retomar seu trabalho.

Artur buscou-os no aeroporto e se mostrou saudosíssimo. Parecia infinitamente satisfeito por ver a esposa e o filho novamente. No caminho de casa, Fernanda e Douglas foram lhe contando todas as novidades.

Assim que chegaram, distribuíram os presentes que haviam comprado na viagem. A senhora Haruo ficou emocionada com os que recebeu. Havia anos fora aceita como membro da família e agora Fernanda não se via sem a governanta por perto.

No dia seguinte, Douglas telefonou para Franciele em busca de satisfações, mas ela, chorosa ao telefone, disse ter bebido além da conta e ter feito muitas besteiras. Pediu mil desculpas, garantiu tê-lo esquecido e que nunca mais voltaria a importuná-lo em sua casa.

A cada semestre, Douglas apreciava ainda mais o curso que estava fazendo. Medicina era sua cara e ele comunicara à mãe que gostaria de se especializar em pediatria. Gostava de lidar com crianças e uniria a profissão ao prazer.

Os anos passaram rapidamente. Douglas nunca mais teve notícias de Franciele. Ela cumpriu sua promessa: não voltou a fazer escândalos nem insinuou que desejava reatar o namoro. Franciele era uma página virada na vida do rapaz.

Ele completara vinte e três anos e faltavam somente três meses para que se formasse. Ganhara bastante massa muscular nos últimos anos e seu rosto de adolescente cedera espaço a um rosto mais maduro, de homem feito. Fernanda continuava linda, ainda que estivesse beirando os cinquenta anos. Artur, com sessenta, ainda mantinha seu porte atlético e saudável.

— Está chegando a hora, dona Nanda — brincou Douglas, assim que voltou da universidade naquela quarta-feira. Era sempre assim: tão logo chegava em casa, procurava a mãe para contar as novidades do dia. Os dois eram confidentes um do outro e já não se imaginavam agindo de modo diferente.

— Chegando a hora do quê? — perguntou Fernanda, analisando as fotos de um apartamento que começaria a decorar na semana seguinte.

— Da colação de grau, do baile de formatura... Lembre-se da minha velha promessa. Vou estar vestido de branco, como um galante cavalheiro, para convidá-la a dançar.

— Diz isso agora. Com certeza você vai chamar uma jovem linda para dançar e dexará sua mãe gagá de lado — riu Fernanda, tirando os óculos de leitura.

— Eu nem tenho namorada! Acho que fiquei traumatizado depois de Franciele — brincou Douglas. Na realidade ele pensava que um namoro naquele momento poderia atrapalhar seus estudos. Pretendia encontrar uma namorada só depois de concluir o período de residência.

Eles ainda conversaram mais um pouco. Douglas beijou a mãe no rosto e avisou que ia tomar um banho. Fernanda permaneceu sentada, olhando para uma fotografia na estante em que ela e o filho estavam abraçados, diante de um monumento histórico em Madri. Aquela fora uma viagem inesquecível para ambos.

Às vezes Fernanda se perguntava o porquê de Douglas nunca ter mantido um vínculo tão forte com Artur. Pai e filho se amavam, isso ninguém podia negar, mas era de uma maneira diferente de Fernanda. Ela e Douglas eram muito mais unidos e sempre fora assim, desde que ele nascera. Amavam-se de um modo lindo e fraternal, e Fernanda esperava que fosse assim para sempre.

Capítulo 10

Naquele fim de semana, Douglas avisou que iria a uma festa de colegas de classe. Fernanda ficou despreocupada, pois o círculo de amizades do filho era agora formado por pessoas adultas e conscientes, futuros médicos.

Pouco antes de partir naquela noite de sábado, Douglas se aproximou e beijou Fernanda no alto da cabeça:

— Prometo não voltar tarde — ele ainda lhe dava satisfação de seus horários.

— Isso mesmo. Obedeça a sua mãe — ela se levantou e apertou a bochecha dele.

— Mãe, não me constranja.

— Constranger diante de quem? Só estamos nós dois em casa.

Douglas riu e foi até a porta. Então, subitamente se virou e, praticamente correndo, voltou para abraçar Fernanda. Foi um abraço tão forte, tão sentimental, que ela até se espantou.

— O que vai querer em troca deste abraço? — ela perguntou sorridente, mas seu sorriso se desfez quando viu que Douglas estava chorando. — O que houve, Doug? Por que está chorando?

Ele demorou alguns segundos para responder:

— Estou chorando de emoção por ter esta belíssima mãe. Alguma vez eu já disse que você é a melhor mãe do mundo?

— Só umas trezentas mil vezes — respondeu Fernanda esboçando um sorriso.

— Estou falando sério. Eu amo você pela pessoa que é e não somente por ser minha mãe. Você sempre foi muito boa para mim, fez todos os meus gostos e vontades, e tudo o que pedia em troca era o meu amor por você. E isso você terá de sobra, dona Nanda, sempre. Nunca se esqueça do tamanho do amor que sinto por você. Promete?

— Gente, mas o que é isso? Será que você está indo para a guerra e eu não estou sabendo?

— Mãe, apenas diga que promete nunca se esquecer de mim.

Fernanda riu, mas estava ficando preocupada. Que papo era aquele? Fernanda estava estranhando, já que Douglas nunca tinha tido aqueles rompantes de sentimentalismo antes.

— Lógico que eu prometo nunca me esquecer de você. Por que está dizendo essas coisas?

Ele não sabia a resposta. Tudo o que sabia era que subitamente desejara abraçar a mãe e que precisava dizer aquelas palavras. Talvez ele estivesse muito emotivo devido ao término do seu curso. Ou talvez apenas quisesse relembrar a mãe de como a amava e de que a queria muito bem.

— Não sei por que eu disse essas coisas. Agora já está feito — ele sorriu e enxugou as lágrimas. — Bom, mãe, eu vou agora. Antes da meia-noite estarei de volta — ele assoprou um beijo, abriu a porta e bateu-a atrás de si.

Foi então que uma sensação estranha invadiu o corpo de Fernanda. Era uma pressão no peito, como se fosse infartar. Chegou até a sentir falta de ar, e tudo o que ela sabia era que queria chamar Douglas de volta, impedi-lo de ir à tal festa. Abriu a porta e correu para a área externa, mas pôde ver apenas as luzes do carro de Douglas desaparecendo depois do portão principal.

Voltou correndo para a sala e apanhou o telefone. Discou o número, porém o celular de Douglas estava desligado. E ela nem perguntara onde seria a festa.

Sentindo uma imensa vontade de chorar, Fernanda foi até a cozinha e preparou um chá para si. A senhora Haruo apareceu e, ao ver a patroa tão abalada, perguntou:

— Está se sentindo bem, dona Fernanda?

Ela meneou a cabeça negativamente.

— Então vou chamar um médico e pedir ao seu Artur que volte para casa.

— Você não vai fazer nem uma coisa nem outra. Estou apenas sentindo um mal-estar passageiro. Vou tomar esse chá e me deitar um pouco. Quando acordar, estarei melhor.

A senhora Haruo não contestou as ordens de Fernanda. Ela terminou de preparar o chá e o bebeu rapidamente. Subiu quase às pressas a seu quarto e ali tentou falar com Douglas mais uma vez, mas não conseguiu. Sem alternativa, Fernanda se estendeu sobre a cama macia e fechou os olhos, fazendo uma oração para que Deus protegesse seu filho de qualquer perigo e a sensação opressiva que estava sentindo fosse somente um mal-estar.

***

A festa estava bastante animada. Um DJ fora contratado e tocava músicas interessantes. A comida era boa e a diversão parecia correr sem limites. Douglas, entretanto, não se sentia muito animado. Embora tivesse brincado com os colegas e dançado com algumas garotas, ele não estava com vontade de se soltar e entrar na animação.

Algumas pessoas haviam se excedido na bebida, o que o fez refletir sobre o tipo de médicos que seriam quando estivessem atuando na área.

Um dos rapazes que mais havia extrapolado no álcool era Charles. Tinha vinte e oito anos e estava bêbado como um gambá. Já fizera algumas brincadeiras de mau gosto e por pouco não fora esmurrado pelo namorado de uma menina que ele provocara.

Marcelo, um rapaz forte e de boa aparência, dois anos mais velho que Douglas, sentou-se ao lado dele:

— Você não está gostando da nossa festa, Doug? Está com uma cara...

— Estou sim.

— Sempre que olho para você, vejo-o sentado aí, quieto e sozinho. Chame uma gata para dançar!

— Já dancei com algumas. Estou bem. Quero curtir a festa sentado aqui — Douglas se virou para encarar Marcelo. O colega, embora estivesse mais sóbrio do que os outros, também estava meio embriagado.

— Então vou apresentar a minha namorada para você. Já a conheceu?

— Ainda não.

— Então vou mostrá-la. Franciele, venha aqui, por favor.

Ao ouvir o nome, Douglas levantou vivamente a cabeça. Mal conteve uma exclamação quando viu sua ex-namorada se aproximar. Franciele continuava linda, embora tivesse cortado os cabelos um pouco abaixo das orelhas e os tingido de castanho claro.

Ela não pareceu ter ficado surpresa ao ver Douglas ali. Parecia até mesmo que ela já esperava encontrá-lo na festa. Sorriu e estendeu a mão bem cuidada.

— Como está, Douglas?

— Eu vou bem. E você?

— Vocês já se conheciam? — Marcelo parecia aturdido. O efeito do álcool o deixava ainda mais confuso.

— Sim... nós... fomos bastante amigos no passado — a explicação foi dada por Franciele, que olhava para Douglas como a dizer que estava muito bem sem ele.

Marcelo nem procurou saber mais detalhes. Convidou Franciele para dançar e se afastaram dali. Douglas abaixou a cabeça e fitou o chão. O mundo era mesmo pequeno. A última pessoa que esperava encontrar em sua festa de universitários era ela.

Douglas decidiu que não ficaria até o fim da festa. Eram dez horas ainda, mas resolveu ir embora. Nem perdeu tempo se despedindo das pessoas. Caminhou até onde tinha deixado seu carro, sentou-se ao volante, girou a chave na ignição, engatou a marcha e acelerou. Porém, o carro deu um tranco e se inclinou para o lado direito.

— Droga — resmungou Douglas, saindo do veículo e olhando para os pneus. Os dois do lado direito estavam murchos, pois haviam sido furados.

Segurando-se para não dizer alguns palavrões, Douglas contornou o veículo à procura de outros danos, mas não encontrou mais nada. Estacionara o carro ali em perfeitas condições e algum engraçadinho furara seus pneus. Ele chegou a pensar em Franciele, mas ponderou que a moça não faria aquele tipo de brincadeira. Reparou num pedaço de papel colado no vidro traseiro. Tirou o bilhete e leu:

> *Você terá que ficar até o fim da festa. Não pode ir embora agora.*
>
> *Ass: A turma*

Douglas olhou ao redor e notou que outros carros continham bilhetes semelhantes nos vidros traseiros. Desejou esganar a pessoa que fizera aquilo. Era uma brincadeira de muito mau gosto. Aquele tipo de coisa não se fazia entre futuros colegas de profissão.

Resolveu retornar para casa de táxi. Deixaria para contatar a seguradora do automóvel no dia seguinte. Foi quando ouviu seu nome ser chamado.

Marcelo e Franciele vinham um pouco mais atrás. Marcelo parecia estar ainda mais embriagado do que antes e vinha amparado pela jovem. Perguntou com voz arrastada:

— Desistiu de ir embora, Douglão?

— Furaram os pneus do meu carro, Marcelão — replicou ironicamente.

Marcelo, andando o mais rápido que podia, foi até seu próprio carro e mal conteve o alívio quando viu que os pneus estavam intactos.

— Pelo jeito você foi o premiado — provocou Marcelo, abrindo a porta do seu carro.

— Não. Vi outros carros que foram danificados. Ainda tiveram a ousadia de deixar um recadinho.

— Não tem problema. Eu dou carona para você até em casa.

— Não precisa. Obrigado, mas vou de táxi — Douglas não pretendia entrar num carro dirigido por um bêbado.

— Vai fazer desfeita agora? Vai desprezar seu amigo Marcelo?

— Não... É que não quero dar trabalho para vocês.

— É um convite educado, Douglas. Não fica bem recusar — alegou Franciele.

— Está bem, mas eu dirijo — determinou Douglas. — Vou pegar meus documentos no meu carro.

— Não precisa ter medo, Douglão. Eu dirijo bem devagar — prometeu Marcelo.

Embora não estivesse com vontade de ir, Douglas chegou à conclusão de que não haveria problema nenhum se ele seguisse com Marcelo, desde que ele dirigisse devagar.

— Quer ir na frente ou atrás? — perguntou Franciele, aproveitando para reparar que Douglas estava bem mais bonito.

— Tanto faz para mim.

— Então vá na frente com Marcelo que eu sigo atrás. Não gosto mesmo de ir na frente.

Douglas deu de ombros, acomodou-se no banco do passageiro e olhou para Marcelo de esguelha. Ele estava com as mãos firmes e os olhos atentos. Sua casa não era muito distante dali, portanto nada de errado aconteceria com eles.

Marcelo cumpriu sua promessa de dirigir devagar... até a metade do caminho. Subitamente, no entanto, acelerou o veículo, pisando com toda a força no acelerador.

— Marcelo, pare de correr — ordenou Douglas, assustando-se. — Quer ser multado?

— A essa hora da noite ninguém multa ninguém — garantiu ele, fazendo o carro correr mais ainda.

— Douglas está certo. Diminua a velocidade agora — pediu Franciele, nervosa.

— Vocês dois são muito medrosos — Marcelo fez uma curva repentina e os pneus cantaram. — Não tenham medo. Não vou bater o carro.

— Você está a cento e vinte quilômetros por hora em um bairro residencial — avisou Douglas, olhando para o mostrador. — Pare o carro agora que eu quero descer.

— Eu também — ajuntou, angustiada, Franciele. — Vou voltar a pé para minha casa.

— Relaxem — Marcelo pisou ainda mais forte no acelerador e o velocímetro indicou cento e cinquenta quilômetros por hora. — Finjam que estamos participando de um racha na Radial Leste.

O coração de Douglas batia descompassadamente. Ele pensou em tirar o volante das mãos de Marcelo à força, mas isso poderia ser pior. Então se lembrou do freio de mão ao seu lado. Rapidamente baixou a mão, mas no instante em que iria tocá-lo, ouviu-se uma freada brusca e Franciele gritou. Douglas ainda teve tempo de ver o ônibus avançando como uma locomotiva desgovernada sobre o carro de Marcelo. Ouviu um breve estilhaçar de vidros se quebrando e de ferros se retorcendo. No minuto seguinte, Douglas não ouvia mais nada.

***

Fernanda acordou subitamente. Todo o seu corpo estava molhado de suor e seu coração batia em ritmo vertiginoso. Parecia que ela estava despertando de um terrível pesadelo. Ou entrando em um.

Sentou-se na cama e consultou o relógio. Eram quase onze horas. Artur já estava deitado ao seu lado e ela nem vira quando o marido chegara.

Levantou-se rapidamente e foi direto ao quarto do filho. Viu que a cama dele continuava arrumada e não havia ninguém no banheiro. Douglas ainda não tinha voltado para casa, e Fernanda estava preocupada e tensa. O mal-estar que sentira antes de se deitar estava mais forte agora. Como se não bastasse, sua cabeça estava doendo e seu estômago estava enjoado.

Tentou falar com Douglas, mas não conseguiu. Suas mãos estavam trêmulas e sua boca, seca. Mas ela não queria tomar água nem calmantes. Tudo o que queria era que Douglas passasse por aquela porta são e salvo e que ela apenas estivesse tendo um pressentimento tolo.

Por volta de meia-noite e meia, Fernanda já acordara todo mundo. A senhora Haruo estava pálida e Artur, bastante preocupado, conseguira se informar com um colega de Douglas, que já estava em casa, sobre o local onde havia sido a festa. Contudo, o rapaz avisou a Artur que Douglas saíra da festa muito antes dele.

Fernanda, ao ouvir essa informação, não conteve o pranto, e a senhora Haruo abraçou-a, tentando consolá-la.

— Fique calma, dona Fernanda. Daqui a pouco ele vai chegar.

— Ele nunca chegou tão tarde em casa. Oh, meu Deus, aconteceu alguma coisa, eu tenho certeza. Artur, vamos telefonar para a polícia?

Entretanto, não foi preciso telefonar, porque a polícia já estava na porta da casa de Fernanda. Os dois policiais estavam pálidos e pareciam exaustos e abatidos.

Embora estivesse tão preocupado quanto Fernanda, Artur ainda tentou consolá-la, cochichando-lhe ao ouvido:

— Aposto que Douglas se meteu em alguma confusão e acabou detido por isso. Quem sabe não tenha algo a ver com aquela ex-namorada dele, que é meio biruta.

Fernanda não se convenceu com a sugestão de Artur. A senhora Haruo cedeu espaço para que os policiais entrassem.

Um deles lançou um olhar de compaixão a Fernanda, desejoso de poder evitar dar a notícia. Eles haviam descoberto o endereço da residência de Douglas, porque encontraram a carteira do rapaz caída do lado de fora do carro, longe do seu corpo destruído.

— O que aconteceu? — perguntou Fernanda, apertando fortemente o punho de Artur.

— Os senhores são os pais de Douglas Medeiros?

— Sim... — a voz de Artur saiu num sussurro.

— Infelizmente temos uma má notícia — o policial olhou para os três rostos ansiosos e aterrorizados que o fitavam e sentiu pena mais uma vez. — Houve um acidente. O filho dos senhores estava em um automóvel que se chocou contra um ônibus. O motorista do ônibus morreu na hora. No veículo em que seu filho estava, infelizmente, também houve uma morte.

— Pelo amor de Deus, seu guarda, fale o que aconteceu — pediu a senhora Haruo, assustada com as informações.

— Lamento dizer, mas Douglas Medeiros não resistiu. Ele morreu no local do acidente. Com ele estava um casal. O motorista, que foi identificado como Marcelo de Arruda, sobreviveu. Ele saiu quase ileso e passa bem. A garota, Franciele Albuquerque, também está viva, mas gravemente ferida — o policial não quis contar que Franciele tivera uma das pernas arrancadas e repetiu: — Douglas Medeiros morreu, infelizmente.

O mundo parou para Fernanda. O policial continuou falando, porém ela já não o ouvia. Artur também dizia algumas coisas, mas Fernanda não escutava mais nada. Soltou o braço de Artur e cambaleou para trás, como se fosse cair. Seu coração, que antes batia rapidamente, pareceu parar junto com o mundo.

Seu filho estava morto. Não era possível. Tinha que haver algum engano. Douglas saíra dirigindo seu próprio carro. O policial dissera que outra pessoa estava ao volante. O que teria acontecido? Onde estava Douglas?

Fernanda nem sentiu quando foi conduzida ao sofá e um copo com água foi-lhe estendido. Ela não bebeu, seus membros estavam endurecidos, como se ela estivesse paralisada. As palavras retiniam em sua mente: "Douglas Medeiros não resistiu. Douglas Medeiros está morto. Está morto. Morto. Morto".

Finalmente os policiais se foram, após informarem a Artur que o corpo de Douglas estava sendo transferido para o Instituto Médico Legal. Artur tentou tocar em Fernanda, mas ela o empurrou para o lado com violência e respondeu aos gritos:

— Não acreditem nessa mentira. Douglas está vivo e bem. Ele voltará daqui a pouco e nos contará o que achou da festa. Esses policiais não sabem de nada — as lágrimas desciam dos seus olhos. — Douglas só está um pouco atrasado. Já já ele vai chegar.

Artur e a senhora Haruo trocaram um olhar de preocupação e foi preciso dar a Fernanda um calmante para que ela dormisse. Só então Artur abraçou a governanta e se permitiu chorar livremente.

***

Fernanda mal conseguia se mover. Era com uma terrível dificuldade que ela respirava, como se o simples fato de levar ar aos pulmões lhe custasse muito esforço.

Era o enterro de Douglas. Seu filho amado estava sendo enterrado. Seu maior companheiro, seu amigo e seu confidente tinha partido.

Quando o caixão baixou lentamente para dentro da cova, Fernanda precisou se apoiar nos braços de Artur, como se ele fosse seu porto seguro. E talvez o fosse dali para a frente. Tudo era incerto para ela. Ninguém sabia do futuro e Fernanda não estava interessada no seu. O que mais lhe importava era o passado, eram as lembranças, eram os momentos ao lado do filho.

Fernanda sabia também que sua vida estava acabada. Douglas se fora e partira sem ela. Não haveria futuro para ele. Não haveria uma brilhante carreira na medicina, não haveria formatura, não haveria baile e ninguém, vestido de branco, iria convidá-la para dançar.

Não parecia justo, mas o filho estava morto. Ela ficara e Douglas partira. E Fernanda se perguntou por que deveria continuar a viver dali para a frente, sem o filho a seu lado.

Capítulo 11

Desde muito pequeno Jamilton sabia o que queria. Nunca pensou duas vezes para compartilhar seu maior sonho com outras pessoas, principalmente com sua irmã Lucinéia, dois anos mais nova que ele. Nunca escondeu de seus pais que, assim que crescesse e tivesse idade suficiente, sairia do município em que moravam e se mudaria para uma cidade grande.

Eles viviam na pequena e semiárida cidade de Icó, no Ceará, a mais de trezentos quilômetros de Fortaleza. O clima era seco, quente e rude, e os habitantes de Icó só se sentiam aliviados no período das chuvas, que costumava acontecer entre os meses de janeiro e abril.

Ava e Inocêncio, onze meses depois se terem se casado e terminado a construção da pequena casinha de madeira, em Icó, tiveram seu primeiro filho. Ficaram muito felizes com o nascimento da criança. O bebê, porém, nasceu com graves problemas de saúde e, devido às péssimas condições de atendimento no hospital da cidade vizinha, não resistiu e faleceu quinze dias após seu nascimento.

O jovem casal não desistiu, e Ava engravidou novamente alguns meses depois. Dessa vez perdeu o bebê no momento do parto.

A terceira gestação de Ava também não foi bem--sucedida. Após doze semanas de gravidez, ela sofreu um aborto espontâneo.

— Isso é maldição? — perguntava ela ao marido, chocada com os acontecimentos, tentando entender por que Deus não permitia que ela tivesse um filho que nascesse saudável.

— Oxente, Ava! — exclamou Inocêncio. — Deus vai mandar um fio pra nós, tu vai ver só.

Depois disso, Ava ainda sofreu mais dois abortos e quase desistiu de ser mãe. Pensava que Deus devia odiá-la, pois não deixava que ela tivesse sua criança.

Quando Ava teve novos enjoos, tonturas e náuseas, Inocêncio acreditou que a esposa estivesse adoecendo, já que ela não tivera nenhum desses sintomas nas gestações anteriores. A mulher sempre fora forte e saudável e agora passava mal quase todos os dias. Então um pensamento passou pela mente de Inocêncio e ele falou com a mulher:

— Ava, tu tais arriando demais. Será que tu embuchou, foi?

— Sei não, homem de Deus. E se eu tiver embuchada, a criança vai bater a caçuleta de novo — respondeu Ava, certa de que o filho morreria como os outros.

Contudo, desta vez Ava estava enganada. O menino nasceu bem e saudável. Ela temeu que ele morresse como o primeiro filho, porém o bebê parecia ser bem forte, desejoso de estar no mundo. Inocêncio era só orgulho, e Jamilton passou a ser paparicado e mimado pelos pais.

Ele já tinha completado dois anos de vida quando Ava engravidou novamente. Dessa vez nasceu uma linda menina, a quem deram o nome Lucinéia. Inocêncio não cabia em si de tanta alegria e comentava com a esposa:

— Viu só, Ava? Deus é bom demais. Mandou logo dois fio pra nós. Eita!

Ava ainda teve mais uma gravidez, mas outra vez perdeu a criança. Como já estavam satisfeitos com os dois filhos que tinham, o casal decidiu que o melhor seria parar por aí.

Jamilton era muito mais ativo e elétrico que a irmã. Vivia fazendo peraltices e artes. Atirava pedras em passarinhos, amarrava garrafas de vidro nos rabos dos cachorros e dos gatos, chutava formigueiros e tocava fogo em casas de marimbondos. Não era incomum vê-lo arranhado, machucado, inchado e esfolado. Lucinéia apenas ria quando via o irmão chegar ferido.

Os pais de Jamilton não se importavam com suas traquinagens e travessuras, e Ava sempre cuidava de seus ferimentos quando ele voltava para casa:

— Tu malina demais, Jamilton. É por isso que vive perebento. Agora me deixa botar um emprasto nesse joelho.

Mas conforme ele foi ficando mais velho, as peraltices foram diminuindo. Já não via mais graça em assustar pessoas mais velhas ou dar nós nas crinas dos cavalos. Seus pensamentos e atitudes amadureciam aos poucos e, quando completou quinze anos, sua infantilidade tinha sido totalmente extinta.

Desde cedo Jamilton brincava dizendo que, quando ficasse grande, iria embora dali para tentar ganhar bastante dinheiro em uma cidade grande. Quando estivesse rico, voltaria para ajudar os pais e a irmã. No início, Ava e Inocêncio riam dos comentários de Jamilton. Entretanto, conforme ele envelhecia, suas ideias ganhavam consistência, e seus pais refletiam sobre a possibilidade de o filho não estar brincando.

— Tu vai continuar com essa conversa de ir embora até quando? — perguntava Inocêncio, entre curioso e preocupado. Jamilton já estava com dezessete anos e logo seria dono do próprio nariz.

— Até quando eu ficar rico. Vou tirar todo mundo dessa pobreza lazarenta.

— Jamilton, tá chamando a gente de mundice? — quis confirmar Ava, pois achava que o filho os comparava a pessoas rudes e muito pobres.

— Não é isso não, mainha. Eu só quero ganhar dinheiro pra melhorar nossa vida. Todo mundo que vai pra cidade grande volta rico.

— Quem voltou rico? — perguntou Lucinéia, com seu modo tímido. — A tia Zefinha e o tio Lilico foram pra São Paulo e nunca mais voltaram. Isso já tem mais de dez anos.

— E se eles bateram a caçuleta? A gente não sabe de nada, meu fio — lembrou Inocêncio, cada vez mais assustado com a insistência de Jamilton em sair de casa.

De fato, Zefinha, a irmã de Ava, partira para São Paulo com o marido e nunca mais dera sinal de vida. Ou teriam enriquecido e se esquecido dos parentes pobres, ou teriam morrido de fome.

— Um dia eu ainda vou pra outro lugar — garantiu Jamilton, com os olhos sonhadores fixos num ponto vazio. — E depois de ficar rico, volto pra Icó pra buscar meu povo.

O sistema educacional de Icó era fraquíssimo, as condições de aprendizagem eram tão deprimentes quanto as de saúde. Mesmo assim Jamilton frequentara a escola desde criança e aprendera a ler e a escrever. Lucinéia também tentara aprender as letras na escola, mas Inocêncio não permitira. Ela tentou de novo, quando adolescente, e o pai a proibiu outra vez. Ele tinha a opinião de que mulher não precisava estudar, pois teria como destino apenas se casar, constituir família e cuidar do marido, dos filhos e dos serviços domésticos.

Lucinéia se entristecera infinitamente com a recusa do pai em permitir seu acesso à escola. Jamilton ainda tentara lhe ensinar o pouco que conseguira aprender, mas Lucinéia recusou. Ela desejava se alfabetizar com um professor formado, e agradecia as tentativas do irmão em lhe ajudar.

Assim, Jamilton se tornou a única pessoa letrada da família. Inocêncio e Ava, que não sabiam ler ou escrever, haviam condenado a filha caçula ao mesmo destino.

Foi então que Lucinéia teve um pensamento secreto, que não compartilhou nem mesmo com Jamilton. Ela decidiu que, se um dia o irmão realmente partisse para São Paulo, ou para qualquer outra cidade grande, ela iria acompanhá-lo. Se os pais não pensavam no bem da própria filha, então por que ela deveria pensar neles?

A vida que eles levavam era difícil. Exigia esforço e dedicação de todos os membros da família. Inocêncio tratava de meia dúzia de cavalos magros, que pertenciam ao homem mais rico da cidade. Ava costurava para fora, mas o que ganhava era tão pouco que não garantia o almoço e o jantar de um único dia.

O clima seco favorecia o sofrimento. Não era raro encontrar pessoas jovens aparentando ser vinte ou trinta anos mais velhas. A aridez do solo, a falta de água, o sol causticante, a falta de recursos médicos e os poucos cuidados com a higiene contribuíam para que as pessoas envelhecessem antes do tempo.

Jamilton estava se cansando daquela situação. Na realidade, havia anos estava farto de viver daquela forma. Para ele, a situação de Icó nunca iria melhorar. A cidade não progrediria e a vida de sua família seria sempre um vale de pobreza e desolação. Era preciso tentar algo diferente. Sempre gostara de desafios. Apenas esperava pelo momento certo para partir.

Dois anos mais tarde, Ava e Inocêncio receberam uma correspondência. Era raro eles receberem cartas ou telegramas e, quando recebiam, quase sempre era alguma comunicação da prefeitura. Como Jamilton era o único que sabia ler, foi ele quem avisou aos pais que a carta era de São Paulo. Embora Inocêncio e Ava não soubessem, a carta representava, de maneira indireta, o passaporte para a fuga de Jamilton.

— A carta é de tia Zefinha e veio de São Paulo. O que será que diz? — perguntou Jamilton, mais para si mesmo do que para os pais e a irmã. Os três encaravam o rapaz com olhar ansioso e curioso. Fazia anos que Zefinha e seu marido Lilico haviam partido para a capital paulista, e Inocêncio e Ava se perguntavam se eles ainda estariam vivos.

— Lê, Jamilton, diz logo o que fala aí — pediu Ava em expectativa.

Zefinha, na carta, contava que seu marido Lilico morrera no começo do ano e que, desde então, ela se sentia muito solitária. Eles não tinham filhos e a casa que ela conseguira comprar em São Paulo, de repente, parecia muito grande e vazia.

— E por que ela não volta pra Icó? — perguntou Ava. — Agora fiquei confusa.

— E quem é o abilolado que quer trocar São Paulo por Icó? — tornou Jamilton. Para ele, era como trocar a carruagem pela abóbora.

— Responda para a Zefinha contando sobre a gente — ordenou Inocêncio, passando a carta para que Lucinéia pudesse olhar.

Embora ninguém lhe estivesse prestando atenção, pois estavam entretidos na conversa, Lucinéia sentiu os olhos marejarem assim que fitou a carta. Não que estivesse emocionada com os dizeres escritos ali, pois ela era totalmente analfabeta, mas justamente por isso, por não saber o que aquelas letrinhas significavam. Seu maior sonho era poder ler e escrever como seu irmão, mas se continuasse morando com os pais, seu sonho nunca seria realizado. Era por isso que ela também almejava deixar sua cidade natal e seguir com o irmão para bem longe dali.

Foi a carta de Zefinha que ajudou Jamilton a decidir que era tempo de partir. Seus pensamentos tomavam forma em sua mente com uma rapidez impressionante e ele já sabia como fazer. Assim que chegasse a São Paulo, procuraria sua tia Zefinha. Pediria para morar com ela até que conseguisse um bom trabalho e pudesse se virar sozinho. Se fosse necessário, ele pagaria à tia para dividir o teto com ela. Só precisaria morar na casa dela até que conhecesse bem a cidade e estivesse em condições de caminhar com suas próprias pernas por lá.

Jamilton guardou o endereço da tia junto com seus poucos objetos pessoais. Ele estava com vinte e dois anos e era um rapaz bonito e forte. Embora fosse bastante jovem, devido ao seu temperamento forte e à sua personalidade marcante, muitas pessoas o temiam. Ele não tinha inimigos, pois era uma pessoa boa e prestativa, mas sabia arranjar encrencas quando necessário. Desde pequeno fora assim e agora, jovem, não ficara muito diferente.

Não havia muitas formas de se conseguir dinheiro em Icó e, quando se conseguia, era tão pouco que quase não tinha utilidade. Jamilton, entretanto, não desistia. Fazia bicos em casas de famílias igualmente pobres, mas juntava todos os trocados que ganhava. Ele estava ciente de que precisaria de muito dinheiro para comprar sua passagem e embarcar para São Paulo, por isso teria que juntar e gastar o mínimo necessário.

Trabalhava de sol a sol, carregava, para quem lhe pagasse, imensos e pesados baldes de água na cabeça, extraídos de poços naturais, cuidava de animais e galinhas, e trabalhou, inclusive, cuidando de um bebê recém-nascido. Alguns meses depois, ele conseguiu um emprego provisório na prefeitura e seu rendimento aumentou um pouco. Jamilton dava duro em seu trabalho. Acordava antes das galinhas e só retornava para casa depois que as estrelas já brilhavam no céu.

Ele fazia tudo isso impulsionado por seu único sonho: conquistar melhores condições de vida em uma cidade grande. Era somente este o objetivo de sua vida. Era só nisso que pensava. Era por isso que se esforçava em seu trabalho. Embora não tivesse ideia de quanto dinheiro precisaria juntar, fez um balanço financeiro no final do ano e achou que o que tinha era suficiente para uma passagem, mas teria que buscar informações na rodoviária. Se o dinheiro que juntara fosse suficiente, ele partiria nas próximas semanas.

Jamilton não imaginava que Lucinéia tinha as mesmas intenções que ele. Ela também tinha decidido se mudar dali. Já havia reparado que o irmão estava trabalhando mais nos últimos tempos e deduziu que ele estava juntando dinheiro para sua viagem. Ela sabia que Jamilton juntaria apenas o suficiente para pagar sua própria passagem, já que ele nem cogitava a possibilidade de que ela também quisesse partir. Então Lucinéia compreendeu que precisaria ter uma pequena reserva em dinheiro também. Se fosse embora, não poderia fazê-lo sozinha, sem o irmão. Era iletrada e sabia que não chegaria longe.

Eles viviam na pobreza do sertão do Ceará, mas nem por isso Lucinéia deixava sua vaidade feminina abandonada. Ela tinha um pequeno espelho de mão, sujo, encardido e riscado, mas através dele conseguia apreciar sua beleza diariamente.

Embora tivesse a pele ressecada pelo sol, Lucinéia era muito bonita. Nascera com a pele clara, porém o sol abrasador de Icó a amorenara. Seus cabelos castanhos eram muito cacheados e volumosos, e por isso ela os usava presos. Seus olhos eram vivos e expressivos, de um maravilhoso tom ocre, como os de Jamilton. Era muito parecida fisicamente com o irmão. Certamente, ele era mais alto e forte que ela, mas os cabelos também eram enrolados e castanhos. Jamilton também era bastante moreno, queimado de sol, e seus olhos tinham um tom ainda mais claro que os da irmã.

Lucinéia tinha vários amigos e conhecidos em sua cidade, a grande maioria nas mesmas condições financeiras que ela, ou até piores. Ainda assim, ela foi pedindo dinheiro emprestado para essas pessoas, alegando que precisava comprar remédios para Ava, que, embora parecesse bem fisicamente, estava bastante adoentada.

— Só não diga nada para a mainha — pedia Lucinéia, tentando esconder sua mentira. — Não quero que ela fique sabendo disso.

Os amigos e vizinhos que emprestavam o dinheiro sempre o faziam confiando nas palavras de Lucinéia. Não passava pela cabeça de ninguém que a moça estivesse mentindo, que seu desejo fosse deixar Icó.

O dinheiro obtido por meio dos empréstimos sempre era muito pouco, mas pouco era melhor que nada. Lucinéia prometia que lhes devolveria assim que o irmão trabalhasse mais e tivesse mais dinheiro. Ela pedia às pessoas que não comentassem com ninguém, nem mesmo com Jamilton, o que vinha fazendo. Explicava que era segredo e que só o revelaria no momento certo.

Capítulo 12

Ao final de sete meses, Jamilton concluiu que o dinheiro que tinha juntado daria para comprar sua passagem. Porém, tamanha foi sua surpresa — e sua frustração — quando descobriu que a passagem custaria muito mais do que ele juntara. Seria preciso comprar uma passagem de ônibus até Fortaleza e, chegando lá, comprar outra para São Paulo. Jamilton quase chorou de decepção e tristeza. Tanto esforço não resultara em nada. Para obter o valor total das passagens, seria preciso trabalhar pelo menos por mais um ano.

Um homem gordo e muito moreno estava parado atrás de Jamilton e notou quando o rapaz se entristeceu ao receber a informação da atendente no guichê da rodoviária. Certamente, ele não dispunha de dinheiro suficiente para embarcar para São Paulo. Todos queriam partir de lá para uma cidade grande, mas quase sempre não tinham condições financeiras para isso.

O homem aproximou-se de Jamilton e tocou levemente em seu ombro. Ele virou a cabeça e encarou o desconhecido. O homem sorriu, revelando alguns dentes escuros e apodrecidos, e lhe perguntou:

— Tu quer ir para São Paulo, é?

Jamilton assentiu com a cabeça, e o homem continuou:

— Eu posso te ajudar nisso. Tu quer ir embora quando?

— Eu ia agora, se pudesse.

— Então tu tais falando com o homem certo. Meu nome é Valente. E acho que sei por que tu tais tão atarantado. O dinheiro que tem não vai dar para ir.

— Eu não pensei que custasse tanto. Que passagem cara da bexiga!

— Eu tenho como te levar para São Paulo, se quiser — afirmou Valente, analisando fixamente a expressão de Jamilton.

Os olhos dele brilharam ao ouvir aquelas palavras.

— Mas como tu vai me levar para São Paulo?

— Primeiro tu vai até Fortaleza e de lá pega um ônibus pra São Paulo. Só que meu ônibus não sai da rodoviária, mas de bem perto dali.

Valente jamais diria a Jamilton que possuía um ônibus clandestino, que fazia o percurso de Fortaleza para São Paulo. Naturalmente, o valor da passagem seria bem mais barato, comparado a empresas comuns de transporte. Mas o risco à segurança dos passageiros era imenso, embora Valente não dissesse isso a Jamilton e às outras pessoas com as quais ele já conseguira combinar o embarque. Em seu ônibus havia mais quatro assentos vazios e Valente só gostava de partir quando todos os lugares estavam ocupados.

Ele passou a Jamilton o valor total da viagem. Um caminhão pau de arara percorreria os mais de trezentos quilômetros entre Icó e Fortaleza. Uma vez na capital cearense, eles embarcariam no ônibus clandestino.

O dinheiro que Jamilton tinha seria mais do que suficiente para pagar a viagem a Valente e ainda sobraria um pouco para que ele gastasse em São Paulo. Ele mal podia acreditar em tanta sorte.

— Eu aceito, Valente. Eu tenho esse dinheiro. Quando tenho que pagar?

— Pode pagar uma parte pro motorista do caminhão que vai te levar até a capital. A outra parte, tu paga ao motorista do ônibus, em Fortaleza.

Contente demais para duvidar de Valente, Jamilton combinou com ele todos os detalhes para o dia da viagem. Estava programada para dali a cinco dias, tempo suficiente para que pudesse se preparar e se organizar, arrumando todas as bagagens que levaria, que não eram muitas.

Quando voltou para casa, à noite, Jamilton reuniu toda a família e disse que tinha algo a lhes contar. Inocêncio e Ava, só de ver a expressão de felicidade do filho mais velho, puderam pressentir o que ele desejava dizer. Lucinéia mantinha-se calada num canto, apenas esperando o irmão falar.

— Hoje tu tais avexado, homem — resmungou Inocêncio ao filho. — O que quer?

— Eu nunca fiz segredo de meu maior sonho. Eu sempre quis ir-me embora para uma cidade grande, e, depois da chegada da carta de tia Zefinha, resolvi que tinha mesmo que me mudar. Vou morar na casa dela até conseguir um bom trabalho e ganhar muito dinheiro. Quando ficar bem rico, volto pra Icó e busco todo mundo.

Diante daquela revelação, Ava começou a chorar e correu para abraçar o filho, como se pudesse, com seu abraço maternal, demovê-lo da ideia de ir embora. Inocêncio também sentiu que os olhos marejavam, mas não quis dar o braço a torcer. Era cabra-macho e nunca fraquejaria, principalmente diante dos filhos. Na verdade, ele temia que Jamilton nunca mais fosse voltar, assim como Zefinha, Lilico e muitos outros que haviam partido para jamais retornar a Icó. Inocêncio sabia que perderia seu filho para o mundo, assim que ele passasse pela porta, após as despedidas.

Ava pediu, chorou e fingiu passar mal, mas nada convenceu Jamilton de desistir de seus objetivos. Lucinéia continuava calada, apenas observando os acontecimentos. Via o irmão discutindo com os pais e parecia que aquilo nunca teria fim. Inocêncio, vendo que Jamilton estava irredutível, partiu para as ofensas:

— Tu és mesmo um filho do cancro, mal-agradecido. Quer deixar tua casa para trás e ir buscar dinheiro. Tu és ganancioso como a peste.

— Não adianta brigar, painho, eu vou embora de qualquer jeito. Eu sempre falei que um dia me mudaria daqui e o dia chegou. Preciso ir. Juro que um dia volto para casa.

— Mentira! Tu nunca vai voltar. Nunca! — gritava Inocêncio, esforçando-se para não esmorecer.

Inocêncio amava os filhos a seu modo. De certa forma, sabia que Jamilton estava buscando melhores condições de vida, o que poderia fazê-lo feliz, mas Inocêncio não queria se separar dele. Achava que o filho, aos vinte e dois anos, era ainda tão criança quanto na época em que aprontava suas traquinagens.

— Jamilton, tu devia fazer como Lucinéia. Veja se tua irmã tem essas ideias de sair daqui — tornou Ava, olhando para a filha caçula em busca de reforço.

— Eu vou mais ele — justificou Lucinéia, quebrando seu silêncio, mas sua voz mal passou de um sussurro.

Por alguns segundos, que pareceram uma eternidade, ninguém disse nada. Inocêncio e Ava apenas olharam para Lucinéia como se estivessem diante de uma estranha. Até mesmo Jamilton encarou a irmã sem compreender muito bem o que ela tinha dito.

— Tu vai mais Jamilton pra onde, Lucinéia? — perguntou Inocêncio, quando finalmente reagiu do seu torpor. — Até a rodoviária?

Ela sacudiu a cabeça negativamente, temerosa de que o pai fosse agredi-la. Às vezes, quando Inocêncio se enfurecia com ela, dava-lhe umas lambadas. Mas Lucinéia pensava que era preciso fazer aquilo. Se o sonho do irmão era enriquecer em São Paulo, o dela era melhorar de vida e aprender a ler e a escrever. E em Icó ela não faria nem uma coisa nem outra. Jamais teria oportunidade de progresso.

— Não, painho, eu quero ir pra São Paulo mais Jamilton. Também quero ir embora daqui — disparou Lucinéia, sem saber onde estava encontrando tanta coragem para desafiar a fúria do pai e dizer o que queria.

— Ficou louca, foi? — indagou Ava, apavorada diante da declaração da filha. Se a possibilidade de perder um filho já era penosa e sofrida, o que ela faria se perdesse seus dois filhos de uma só vez? Lucinéia só poderia estar brincando.

— Não... Eu não quero mais ficar aqui. Vou mais Jamilton de qualquer jeito.

— Lucinéia — Jamilton aproximou-se dela —, o dinheiro que eu guardei mal dá para pagar minha passagem, e isso porque eu consegui uma mais barata. Não tenho como pagar tua passagem também.

Lucinéia enfiou a mão no bolso de seu vestido desbotado, apanhou um pacote pequeno de papel e o sacudiu diante do irmão.

— Eu também tenho dinheiro. Quanto é a passagem?

— Onde tu conseguiu esse dinheiro, Lucinéia? — rugiu Inocêncio. — Roubou de quem, filha da peste?

— Eu consegui... por aí — respondeu Lucinéia vagamente.

Àquela altura, ela já nem se importaria se fosse chamada de ladra. Mentira para os amigos para conseguir o dinheiro. Mesmo assim jurara a si mesma que um dia ainda voltaria para pagar suas dívidas.

— Quanto é essa passagem, Jamilton? — Lucinéia tornou a perguntar.

Jamilton informou o valor, e ela garantiu que o que tinha ali daria para pagar a passagem dela. Por mais que Ava e Inocêncio, e até mesmo Jamilton, insistissem em saber como ela conseguira guardar tanto dinheiro, Lucinéia não respondia. Apenas repetia que tinha juntado e pronto.

— Valente, que é o vendedor das passagens, me deu o endereço do irmão dele, que mora aqui em Icó. Amanhã vou falar com ele e dizer que tu vai também — prometeu Jamilton, recebendo em troca um olhar de admiração da irmã. Se ele desejava sair dali, era injusto privar Lucinéia do mesmo sonho.

Inocêncio brigou, reclamou, gritou e xingou os dois filhos, mas eles estavam convencidos a partir. Quando exigiu saber de Lucinéia o motivo de ela querer partir, a moça confessou:

— Painho, o senhor nunca me deixou estudar e aprender as letras na escola. Quero ir-me embora para saber escrever e ler também. Ninguém vai me fazer ficar — Lucinéia mostrava-se decidida a respeito do que queria fazer.

No dia seguinte, Jamilton foi procurar o irmão de Valente, que prometeu dar o recado a ele e pedir que guardasse mais um lugar no ônibus.

O dia de partir chegou. Como sempre, fazia um sol muito quente e o ar parecia pesado, embora fosse muito puro. Jamilton e Lucinéia se levantaram cedo e terminaram de arrumar as malas. Na verdade, eram algumas trouxas e sacolas de pano com suas poucas roupas e sapatos. Jamilton não conseguia esconder a excitação do momento e Lucinéia também se mostrava bastante animada. A única coisa que a entristecia era saber que os pais estavam muito magoados com ela e com o irmão.

Ava estava ao lado da porta, chorando em silêncio. Sabia que os filhos já haviam tomado um rápido café da manhã e que estavam partindo. Acompanhava a movimentação dos dois em silêncio. Inocêncio não quis se levantar da cama para se despedir dos filhos. Tanto Lucinéia quanto Jamilton sabiam que o pai estava acordado, prestando atenção a todos os ruídos na sala.

Quando finalmente tudo ficou pronto, Jamilton e Lucinéia, segurando as bagagens, aproximaram-se da mãe. Jamilton foi o primeiro a abraçá-la e, dessa vez, ambos choraram. Ava apertou o filho entre os braços como se fosse vê-lo pela última vez, como se não desejasse afastá-lo de perto de si. Jamilton também chorava por se desligar de sua casa e da presença dos pais. Se por um lado iria se aventurar em uma nova vida, por outro teria que deixar para trás seus pais, a quem muito amava.

— Painho não vai se despedir? — perguntou Jamilton a sua mãe.

— Ele está aporrinhado com vocês. Inocêncio acha que são dois ingratos — respondeu Ava, entre lágrimas, enquanto abraçava Lucinéia da mesma forma que abraçou Jamilton.

Os três derramaram lágrimas tristes e incontroláveis, pois o momento da despedida finalmente chegou. Jamilton abriu a porta e tanto ele quanto Lucinéia beijaram a mãe mais uma vez. No momento em que iam sair, ouviram a voz de Inocêncio dizer:

— Se eu perdi dois filhos hoje, é para sempre. Vão, mas nunca mais voltem.

— Oxente, Inocêncio, o que está dizendo, homem? — perguntou Ava, intrigada com o que ouvira do marido.

— Os dois estão saindo para nunca mais voltar. Não são mais meus filhos — e sem dizer mais nada, Inocêncio virou as costas e voltou para o quarto.

— Mainha, não ligue para o que painho tá falando. Eu e Lucinéia vamos voltar com bastante dinheiro. Painho vai nos perdoar até lá — garantiu Jamilton.

Beijaram a mãe pela última vez e então partiram. Iriam a pé até o ponto de onde sairia o caminhão que os levaria a Fortaleza. Valente dissera que os esperaria lá. Jamilton e Lucinéia se viraram para olhar sua casinha, o lar em que haviam nascido e crescido. Sentiram um aperto no coração ao verem a imagem da mãe acenando ao longe. Quando finalmente a casa era somente um pontinho distante, tiveram a impressão de ter visto mais alguém ao lado da mãe. Souberam que, de algum modo, Inocêncio estava se despedindo deles também.

***

Valente cumpriu o que dissera e o caminhão pau de arara estava estacionado no local combinado. Tratava-se de um caminhão coberto com lona, tendo as laterais abertas para ventilação. As pessoas que estavam paradas ali seriam transportadas nos bancos de madeira compridos que ficavam na carroceria.

— Oxente, Jamilton, esse povo vai tudinho? — espantou-se Lucinéia, achando que não haveria lugar para tanta gente naquele caminhão.

— Vai. E tem que caber de algum jeito aí — respondeu Jamilton.

Ele e Lucinéia pagaram ao motorista, como combinado anteriormente com Valente. Jamilton subiu na carroceria do caminhão e estendeu a mão para ajudar a irmã a subir. Quando finalmente se acomodaram nos bancos duros e incômodos, ele se virou para a irmã e comentou:

— Ainda não me disse onde conseguiu o dinheiro das tuas passagens, Lucinéia.

— Emprestado com as pessoas.

— Oxente, tanto assim?

— Fazia tempo que eu vinha pedindo. E fui juntando. Quando eu voltar pra Icó, pago minhas dívidas tudinho, tu vai ver só. Não vou dever nada.

Jamilton sorriu e abraçou a irmã. Pensava que não somente ele mas todos os outros passageiros eram pessoas muito corajosas, que fariam uma viagem longa e exaustiva, a maioria deles, se não todos, para São Paulo, pela primeira vez.

Entre os passageiros, havia várias crianças e um bebê recém-nascido. Havia também um casal de idosos, que teve grande dificuldade para subir no caminhão. Ao todo, Jamilton contou quarenta e cinco pessoas e se perguntou se haveria tantos lugares no ônibus para acomodar os passageiros.

Segundo o motorista, a viagem até Fortaleza levaria cerca de oito horas, porque iriam devagar e a estrada era muito ruim. Chegariam à capital ao cair da noite. Todos concordaram felizes. Estavam bastante animados e muitos deles, em Fortaleza, veriam o mar pela primeira vez, ainda que rapidamente.

Valente subiu na cabine junto com o motorista e pouco depois deram partida. Algumas pessoas não subiram no pau de arara. Eram parentes, amigos e familiares que tinham ido se despedir daqueles que estavam indo embora. Quando o caminhão se afastou, viam-se acenos, lágrimas e era possível ouvir gritos e cachorros latindo. Toda despedida simbolizava tristeza e vazio, tanto para os que ficavam quanto para aqueles que estavam partindo.

Depois de duas horas de viagem, os passageiros estavam exaustos e sonolentos. O sol fortíssimo esquentava a lona bege que cobria o caminhão, tornando seu interior quente como um forno, embora as laterais fossem abertas. Jamilton pedira a Lucinéia que tentasse economizar a água que levavam, mas ela não aguentou e esvaziou as duas moringas que tinham antes de completarem três horas de viagem.

O bebê recém-nascido chorava quase o tempo todo, e sua mãe não sabia como acalmá-lo. Ela dissera que não tinha leite nos peitos e a criança não queria tomar o conteúdo da mamadeira. Por mais que ela embalasse o bebê, ele não parava de chorar.

A senhora idosa começou a reclamar de tontura e perdeu os sentidos duas vezes. Quando isso acontecia, o marido derramava um pouco de água em sua testa e ela recobrava a consciência.

No grupo havia uma jovem grávida que começou a se queixar de enjoos e do calor, que estava lhe deixando mole e com ânsia de vômito. O rapaz, que a acompanhava e que provavelmente era o pai da criança, bateu na cabine e pediu ao motorista que parasse o caminhão, pois sua namorada precisava descer para vomitar.

Valente lhe disse que não poderiam parar no caminho e que sua única parada seria em Fortaleza. Portanto, a jovem deveria se esforçar para aguentar até lá. Mas ela não aguentou nem mais vinte minutos e vomitou no piso do caminhão. Logo um cheiro azedo se espalhou, levando as pessoas a se sentirem ainda pior. Eram poucos os passageiros que estavam passando bem àquela altura, e entre eles estava Jamilton. O rapaz se mantinha em ótimo estado, mas Lucinéia também já reclamava de sede e de dor de cabeça.

A cada minuto, a situação a bordo do pau de arara ia ficando mais complicada. A estrada de terra era toda esburacada e a poeira subia como fumaça, invadindo as narinas das pessoas, fazendo os olhos se irritarem e lacrimejarem. Por volta de quatro horas da tarde, o sol pareceu intensificar seu calor, a senhora idosa tornou a desmaiar e a mulher grávida, a vomitar. Sugeriram a

Valente que retirasse a lona da carroceria, a fim de aliviar o calor, mas ele ignorou o pedido.

Uma menina de uns três anos de idade foi picada no braço por um marimbondo, que invadiu o interior do caminhão, e gritava a plenos pulmões, fazendo coro com o recém-nascido, que ainda continuava chorando. Como se não bastasse tanta algazarra, dois homens começaram a discutir, pois um afirmava que o outro havia piscado para sua mulher.

Jamilton fechou os olhos, embora não estivesse com sono. Jamais conseguiria dormir ali dentro. Tudo o que fazia era mentalizar a imagem de um lugar enorme, que deveria ser São Paulo. Lá ele encontraria um emprego e trabalharia dia e noite. Ganharia um bom salário e, quando finalmente tivesse muito dinheiro, retornaria para Icó para reencontrar seus pais. Talvez demorasse um, cinco ou dez anos, mas chegaria o dia em que ele e Lucinéia voltariam para casa. O pai ficara aporrinhado com eles, mas um dia os perdoaria. Os anos fariam Inocêncio deixar a mágoa de lado e permitir que o amor pelos filhos falasse mais alto.

Estrelas brilhantes começaram a surgir no céu e todos ficaram atentos, esperando avistar a cidade de Fortaleza. No entanto, tudo o que viam era mato e poeira. Pernilongos infestaram a carroceria do pau de arara e começaram a picar as pessoas. A menina que fora atacada pelo marimbondo entrou em pânico e pôs-se a gritar.

— Alguém tem que parar esse caminhão porque eu quero fazer xixi — reclamou uma mulher, indignada com o tratamento que estava recebendo de Valente e de seu motorista. — Não pagamos por essa porcaria.

— Já disse que não tem parada no caminho — respondeu Valente de dentro da cabine. — E também disse que é preciso segurar as vontades. Em Fortaleza tem banheiro.

— Tu não falaste isso quando te dei o dinheiro — protestou um homem.

— Não podem reclamar — tornou Valente, e desta vez ele pareceu irritado. — Da próxima vez tomem o ônibus na rodoviária. Dentro dele tem banheiro.

Lucinéia, embora estivesse muito cansada, também não conseguia dormir e mantinha a cabeça recostada no ombro do irmão. Jamilton parecia ser o único ali dentro a se manter firme e não reclamar de nada. Sua disposição e coragem eram invejáveis.

Quando Valente gritou que finalmente estavam chegando a Fortaleza, todos comemoraram de alegria e contentamento. Finalmente aquele sofrimento chegava ao fim.

Capítulo 13

Os passageiros do pau de arara ficaram boquiabertos quando viram os imensos prédios na orla da praia em Fortaleza, pois a maioria deles nunca estivera antes na cidade. Finalmente o caminhão estacionou à margem da cidade, próximo à praia. Valente e o motorista foram os primeiros a saltarem, autorizando as pessoas a descerem pouco depois. Os passageiros sentiram-se aliviados assim que tocaram o chão e respiraram fundo para sentir o delicioso cheiro que vinha do mar.

— Quando nós vamos embarcar no ônibus? — perguntou um passageiro, e os outros o olharam como se ele tivesse dito uma grande bobagem. Enquanto todo mundo estava pensando num bom descanso, o sujeito parecia estar com todo o pique para chegar a São Paulo, assim como Jamilton.

— Amanhã cedo. Assim vai dar para vocês conhecerem o mar com o dia claro — explicou Valente. — Hoje todo mundo dorme aqui mesmo no caminhão.

Algumas pessoas gostaram da sugestão, outras não. Enquanto havia aqueles que desejavam chegar logo a seu destino, outros estavam cansados demais para pensar em seguir viagem. A ideia de conhecer o mar parecia bastante animadora e algumas pessoas disseram que iriam à praia durante a noite.

— Nosso caminhão vai ficar parado aqui e amanhã nosso ônibus chega pela manhã. Podem andar pela cidade, mas não vão muito longe — pediu Valente.

Alguns passageiros saíram caminhando até a praia, que não estava muito distante dali. Valente garantira que eles poderiam deixar as bagagens no caminhão, pois ele mesmo tomaria conta delas. Jamilton convidou Lucinéia a conhecerem o mar. Ele não sabia se havia praia em São Paulo, então era melhor aproveitarem.

Os dois deixaram as bagagens no caminhão após se certificarem de que o restante do dinheiro que tinham estava bem guardado. Como duas crianças felizes, eles partiram correndo, de mãos dadas, até a praia. Assim que chegaram à areia, tiraram os sapatos e continuaram a correr.

O mar parecia um manto negro à frente deles. Agitava-se lentamente e suas ondas faziam um suave e reconfortante ruído. Jamilton finalmente se desprendeu da mão da irmã e se atirou no mar com roupa e tudo. Lucinéia riu, e ele, de dentro d'água, convidou-a para entrar também.

— Tu ficou abirobado, foi? — indagou Lucinéia, querendo saber se o irmão estava maluco.

— Fiquei sim. E tudo porque vamos conseguir ficar ricos logo logo — riu Jamilton, jogando água na irmã.

Ele acreditava piamente que um emprego em São Paulo lhes traria uma enorme melhora financeira, a ponto de deixá-los praticamente ricos.

***

No dia seguinte, pela manhã, todos estavam mais relaxados e descansados. O ônibus já havia chegado. Jamilton e Lucinéia resolveram se despedir do mar.

Retornaram à praia e sentaram-se na areia. Ele segurou firmemente as mãos da irmã, enquanto ambos fitavam o belo nascer do sol de Fortaleza.

— Juntos, tu e eu ficaremos ricos, Lu. Essa será nossa grande promessa.

Ela apertou a mão de Jamilton sobre a areia.

— Sim, e voltaremos pra buscar mainha e painho — prometeu Lucinéia, mais para si mesma do que para o irmão.

Eles ainda ficaram sentados ali por mais alguns minutos com as mãos dadas sobre a areia fina. Infelizmente não dispunham de tempo para um banho de mar, mas Jamilton jurou para a irmã que, tão logo pudessem, procurariam uma praia em São Paulo.

Finalmente eles entraram no ônibus, após terem pago o valor restante da passagem ao motorista, que não era o mesmo do pau de arara. Sentaram-se quase no final do ônibus e respiraram aliviados quando viram que havia um banheiro na parte de trás do veículo. Eles perceberam também que nem todas as pessoas que tinham ido no pau de arara estavam ali. Jamilton soube depois que muitos ficaram em Fortaleza, entre eles o casal de idosos e a mãe com o bebê chorão. Pelo menos parecia que a viagem seria mais tranquila.

Valente entrou no ônibus e avisou que não iria com eles para São Paulo. Desejou a todos uma boa viagem e pediu desculpas por ter sido rude e ríspido com os passageiros em alguns momentos.

— Não sei por que cada um tá indo pra São Paulo, mas desejo sorte pra todo mundo. Que Deus vá com vocês!

Fizeram uma prece coletiva pedindo proteção durante a longa viagem de três dias a bordo do ônibus, que, embora fosse clandestino, não estava numa situação muito ruim. Claro que os pneus estavam carecas e as poltronas, sujas e rasgadas. Não havia ar-condicionado e o banheiro estava em péssimas condições de higiene. Porém, como a passagem de uma empresa registrada custava quase o triplo do que eles haviam pagado a Valente, não poderiam reclamar de nada. Além disso, o ônibus era muito mais confortável do que viajar no caminhão pau de arara.

Logo após Valente descer do ônibus, o motorista deu partida. Lentamente a beleza da cidade de Fortaleza foi ficando para trás.

Jamilton estava contente, pois juntara o dinheiro que lhe sobrara com o dinheiro da irmã. Contaram sessenta reais e acharam que era o suficiente para se manterem até chegarem a São Paulo. Lá, tia Zefinha os ajudaria no que fosse preciso e, assim que pudessem, eles lhe pagariam pela hospedagem. Em Fortaleza, eles haviam comprado alimentos para consumirem durante a viagem, bem como sucos e água. O que haviam comprado seria a conta certa para a duração da viagem.

O motorista dissera que fariam nove paradas no percurso. Em dado momento da viagem, outro motorista, também empregado de Valente, o substituiria e outros três complementariam a viagem até São Paulo. Era uma sexta-feira e a previsão, se tudo corresse bem, era de que chegassem à capital paulista no domingo, por volta do horário do almoço.

Jamilton remexeu no bolso da calça e sacou um papel com o endereço da tia. Como ela não sabia da ida dos sobrinhos para sua casa, Jamilton precisaria pedir informações assim que descessem do ônibus. Ele mal podia esperar para respirar o ar da cidade grande.

— Ainda bem que tu sabe ler — sorriu Lucinéia, embora se entristecesse ao pensar que ela era analfabeta. Sabia que muitos outros passageiros não sabiam ler também e ela invejava as pessoas que conheciam as letras do alfabeto, como seu irmão.

— Não se avexe, Lu. Eu cuido de nós dois em São Paulo — prometeu Jamilton, abraçando a irmã com carinho.

Depois de horas de viagem, Jamilton ouviu quando alguém comentou que estavam atravessando o estado da Bahia. Estava escuro lá fora, mas mesmo assim ele olhou pela janela. Não se via nada, apenas as sombras dos matagais. Já estavam com o terceiro motorista e o quarto deveria pegar no volante em breve.

Lucinéia dormia tranquilamente, com a cabeça recostada na janela. Jamilton sorriu olhando para a irmã, admirando sua beleza. Aos vinte anos, ela era muito bonita e bastante corajosa também. Pedira dinheiro emprestado aos amigos e vizinhos, tão pobres quanto eles, e fizera tudo em segredo. Surpreendera a ele e aos pais ao confessar que tinha dinheiro guardado também. Embora sua quantia fosse menor que a que Jamilton guardara, era o suficiente para quitar sua passagem e ainda sobrar um pouco.

Ela se remexeu no assento e, como se tivesse sentido que estava sendo observada, abriu os olhos e fitou o irmão. Ele lhe sorriu e ela retribuiu o sorriso. Não tinha a menor ideia do que o futuro reservava para ela e para o irmão, mas não estava muito preocupada com isso. Tudo o que importava era que eles e muitos dos passageiros estavam partindo em busca de um sonho. Cada um ali tinha um desejo secreto, fosse rever parentes, fosse simplesmente conhecer São Paulo, fosse morar lá na tentativa de melhores condições de vida. Arriscar uma vida nova, num lugar desconhecido, exigia coragem, perseverança, atitude e fé. E Jamilton e Lucinéia tinham tudo isso. A realização do sonho estava muito perto de acontecer.

Subitamente o ônibus deu um tranco, freando bruscamente. Os passageiros que estavam cochilando acordaram sobressaltados e alguns se levantaram tentando entender por que o ônibus parara de repente. Jamilton e Lucinéia tentavam olhar pela janela, mas não dava para ver nada. A madrugada ia alta e se ouvia somente o som dos grilos ocultos entre a vegetação.

— O que foi que houve, motorista? — quis saber um homem na poltrona da frente da de Jamilton e Lucinéia. — Por que paramos?

O motorista não respondeu e os passageiros puderam ouvir o som da porta se abrindo. Jamilton se levantou e, olhando por cima das cabeças das demais pessoas, enxergou o brilho de dois faróis iluminando a estrada. Parecia ser um carro e, da forma como estava posicionado, parecia que ele seguia na direção oposta à do ônibus. Não houve batida, pois ninguém tinha escutado qualquer barulho além do cantar dos pneus durante a freada brusca.

Foi então que se ouviu um estampido, forte e seco, como um tiro. Duas mulheres não conseguiram evitar o grito. Alguém lá na frente começou a gritar:

— Mataram o motorista! Mataram o motorista!

Seguiu-se um rebuliço e o pânico tomou conta das pessoas. Antes que tivessem tempo de reagir, dois homens subiram rapidamente pelas escadas e entraram no ônibus. As mulheres tornaram a gritar, e um dos homens mostrou-lhes a arma que trazia na mão.

Nenhum dos dois invasores estava encapuzado. Eram jovens, um era branco e o outro, negro. Foi o negro, que aparentava ser mais sisudo, que falou, num forte sotaque baiano:

— Estamos assaltando vocês. O motorista tentou ser espertinho e mandamos bala em seu peito. Queremos todas as bagagens e o dinheiro de vocês, senão vamos atirar.

Paralisados pelo medo, os viajantes nem souberam o que fazer. Jamilton entendeu o que tinha acontecido. Os dois ladrões estavam de carro e haviam bloqueado a passagem do ônibus, que freara para evitar uma batida. Então os dois, provavelmente trazendo as armas nas mãos, deveriam ter descido e mandado o motorista abrir a porta. Ele obedeceu, mas, talvez por medo de reação ou simplesmente por maldade, um dos homens havia atirado nele. Jamilton não fazia ideia da gravidade do ferimento do motorista.

As pessoas começaram a estender suas malas e sacolas para o homem branco, enquanto o negro mantinha os passageiros sob a mira de seu revólver. Quando ficou sobrecarregado, o ladrão de pele clara saiu do ônibus e levou as coisas para o carro. Voltou, abasteceu-se com mais coisas e tornou a descer. Da próxima vez, ele chegaria às poltronas de Lucinéia e Jamilton.

Todavia, Jamilton não estava disposto a permitir que isso acontecesse. Nenhum ladrão infeliz estragaria seu sonho de infância. Ninguém tocaria em suas coisas ou levaria seu dinheiro. Ele defenderia sua irmã, que confiara em viajar com ele. Ele era um cabra-macho e os ladrões não sabiam com quem tinham se metido.

Ele nem pôs Lucinéia a par do que desejava fazer para que o negro não o ouvisse. Algumas pessoas choravam baixinho, e o homem ordenava que elas se calassem. A situação estava deixando Jamilton furioso e sua única oportunidade de reação seria quando houvesse apenas um dos homens dentro do ônibus.

O branco descera com as coisas e o negro estava a poucos passos dele, vigilante. Nesse momento, a menina que fora picada pelo marimbondo, sentada com a mãe mais à frente, tossiu e começou a chorar. O negro se virou para mandá-la ficar quieta.

Jamilton, rápido como a bala que acertara o motorista, levantou-se de sua poltrona e avançou contra o homem. Lucinéia nem teve tempo de pensar no que o irmão tinha feito. Apenas viu tudo acontecer como num filme, a que ela simplesmente assistia sem poder interferir.

Jamilton se chocou contra o negro e ambos foram ao chão. Ele agarrou o punho do adversário com firmeza, tentando lhe abater a arma.

— Você vai morrer, seu cretino! — rugiu o bandido.

— Antes eu acabo com tu, filho do cabrunco — devolveu Jamilton, usando toda a sua força para torcer o braço do inimigo.

— Tá com a moléstia, Jamilton? — finalmente Lucinéia conseguiu reagir e se levantou da poltrona. Outros dois passageiros se levantaram também na tentativa de ajudar Jamilton. — Largue dele e volte pra cá.

Mas Jamilton não largava. O revólver escorregou das mãos do ladrão e deslizou para perto dos pés de uma passageira. Os dois homens chegaram correndo e ajudaram Jamilton a imobilizar o negro. Lucinéia vinha logo atrás.

Vendo que o trabalho estava feito, Jamilton se levantou e sorriu para a irmã. Os homens já estavam amordaçando o assaltante com as correias de suas malas e o negro parecia inofensivo naquele momento.

— Estava com medo do quê, Lucinéia? — perguntou Jamilton sorridente.

Talvez devido à tensão do momento ou pela ânsia em defender sua irmã e seu sonho, Jamilton momentaneamente se esqueceu do segundo bandido que estava lá fora. O homem, ao notar a estranha movimentação dentro do ônibus, percebeu que seu companheiro tinha entrado numa enrascada. Por isso, retornou de modo rápido e silencioso. Veio por trás das costas de Jamilton. Lucinéia foi a primeira a vê-lo e ainda conseguiu gritar. Não houve tempo para mais nada.

O homem disparou três vezes seguidas e todos os tiros acertaram Jamilton. O primeiro atingiu sua nuca, o outro perfurou seu pescoço e o terceiro, embora ele já estivesse morto, atingiu seu pulmão esquerdo. O homem mirou em Lucinéia e disparou novamente, mas a bala passou de raspão pela orelha dela.

O bandido, na tentativa de salvar seu amigo, mirou num dos homens que ajudara Jamilton a imobilizar o negro, mas se ouviu apenas um clique de sua pistola. Ao notar que as balas tinham acabado, ele deu meia--volta e tentou correr, mas um passageiro sacou uma pequena faca da cintura e saiu em seu encalço.

Lucinéia já não estava preocupada em saber o que aconteceria com eles. Tudo o que lhe importava era seu irmão, caído no chão do ônibus em meio ao sangue que não parava de esguichar de sua nuca. Chorando muito, Lucinéia se abaixou e tocou-o, embora soubesse que Jamilton já estava sem vida.

— Jamilton... fale comigo, Jamilton — ela gritava e chorava, sacudindo o irmão pelo braço.

Embora não quisesse aceitar, Lucinéia já tinha compreendido a terrível realidade.

Capítulo 14

Lucinéia não conseguia falar e tudo o que fazia era chorar e tremer. Alguém a levou até sua poltrona, mas ela nem sabia quem a estava conduzindo. Havia poucos minutos Jamilton estava diante dela, vivo e feliz, e agora estava morto. Nem tivera tempo de se despedir, nem tivera tempo de realizar seu sonho de chegar a São Paulo. Como era possível? Por que Jamilton tinha que ter reagido ao assalto? Por que ele morrera e a abandonara? O que seria dela sem ele dali em diante? Para onde iria, se nem sabia ler seu próprio nome?

De alguma forma, que Lucinéia jamais saberia explicar, a polícia fora acionada. Os policiais entraram e pediram que todos os passageiros descessem. Pouco depois, surgiu na estrada uma ambulância que atendeu aos passageiros e principalmente ao motorista, que, embora gravemente ferido, ainda estava vivo, ao contrário de Jamilton.

Como se estivesse num sonho, ou num pesadelo, Lucinéia viu quando dois policiais entraram no ônibus e tiraram de lá o corpo do irmão embrulhado em um saco plástico escuro. Ela tornou a gritar e tentou se aproximar, mas mãos fortes, que ela nem sabia de quem eram, a seguraram pelos braços. Tudo o que queria e precisava era ter o irmão vivo ao seu lado, sem que nada daquilo realmente estivesse acontecendo.

Uma súbita tontura tomou conta de Lucinéia, mas ela resistiu àquela sensação com muita força de vontade. Tudo rodava, como se ela estivesse em um brinquedo de um parque de diversões. Sentiu enjoo e ânsia de vômito, mas resistiu a isso também. Ela não podia desmaiar ou se sentir mal. Era preciso ajudar Jamilton de alguma maneira. Pensou que, se os policiais conseguissem retirar as balas do corpo dele, Jamilton talvez pudesse despertar e voltar para seguir viagem até São Paulo. A mente de Lucinéia não estava funcionando com coerência e ela oscilava entre o real e o fantasioso.

A jovem viu quando colocaram o corpo do irmão estendido no chão, ao lado do ônibus que os levava. De repente os policiais trouxeram outro corpo ensacado e puseram-no com cuidado ao lado do de Jamilton.

Num momento de repentina lucidez, Lucinéia achou que o motorista do ônibus também estivesse morto. Porém, mais tarde, ela seria informada de que o corpo pertencia ao homem que assassinara Jamilton e que fora morto pelo passageiro que saíra em seu encalço com uma pequena faca. O bandido negro fora detido e já se encontrava no interior da viatura.

Tantas pessoas falando tantas coisas ao mesmo tempo só contribuíram para que a cabeça de Lucinéia voltasse a girar. Dessa vez a tontura veio mais forte, mais violenta. Ela inclinou o corpo para a frente e vomitou, enquanto tentava se desvencilhar das mãos que a seguravam com força. Alguém apontou em sua direção, comunicando aos policiais que ela estava acompanhando a vítima, e um policial fardado se aproximou lentamente. Quando ele estava a cinco passos de Lucinéia, ela sentiu tudo ficar escuro. Por um momento, a moça se perguntou quem teria apagado as luzes do mundo. Antes de desmaiar, pensou que as luzes haviam sido apagadas apenas para Jamilton.

***

Ao despertar, Lucinéia pensou que alguém colocara um peso sobre seus ombros. Quando recobrou a lucidez, compreendeu que era a tensão que pressionava seus músculos. Ela estava deitada em uma cama dura e estreita, e um lençol fino a cobria até a cintura. Tentou se erguer, mas a dor nos ombros fê-la manter-se deitada. Pouco depois, ela tentou novamente e dessa vez conseguiu se recostar e olhar ao redor.

Estava num quarto pequeno, com dois armários de ferro em uma das paredes. A porta do quarto estava aberta e Lucinéia viu várias pessoas passando pelo corredor, quase todas fardadas. Na porta do quarto em que ela estava deitada havia alguma coisa escrita com letras escuras e ela desejou poder saber o que dizia ali.

Uma policial espiou pela porta e, ao ver Lucinéia sentada na cama, entrou e forçou um sorriso, no qual não havia vestígios de humor.

— Como está se sentindo? — interessou-se a policial de forma simpática.

— Onde tá meu irmão? — retrucou Lucinéia, sem responder à pergunta.

— Seu irmão foi levado para o Instituto Médico Legal da cidade... — vendo que Lucinéia a olhava com estranheza, a policial continuou: — Trata-se de um lugar em que seu irmão ficará até ser... — ela evitou dizer a palavra "enterrado" — até ser encaminhado para o lugar certo.

— Meu irmão... machucaram ele? — Lucinéia lembrava-se perfeitamente do que tinha acontecido com Jamilton, mas se recusava a aceitar.

— Seu irmão está morto, sinto muito — a moça afirmou com olhar de pesar.

Lucinéia sacudiu a cabeça negativamente e tentou se levantar, porém a policial a forçou a continuar sentada no catre.

— Ele não morreu não... tu tá mentindo pra mim — ela começou a chorar, e a policial desejou poder abraçá-la.

— Seu irmão foi baleado. Levou três tiros e faleceu imediatamente. Volto a dizer que sinto muito por você.

— Que lugar é esse? — quis saber Lucinéia, tentando se fazer de surda ao que a policial havia lhe dito.

— Você está na enfermaria da delegacia e nós estamos no estado da Bahia. Você e muitos outros passageiros estavam viajando em um ônibus clandestino, sem licença. O ônibus foi abordado por dois bandidos, que pretendiam assaltá-lo. A operação foi frustrada. Um dos bandidos foi preso e o outro está morto.

A policial sabia que não havia como dar aquelas informações de forma mais amena por isso continuou:

— Infelizmente, seu irmão foi assassinado porque, segundo as testemunhas, ele reagiu ao assalto. O ônibus em que vocês viajavam também foi apreendido, por não atender às normas e exigências de segurança, além de não terem sido encontrados documentos em seu interior. O motorista permanece em coma e não pôde responder às nossas perguntas.

Apesar de Lucinéia não ter entendido quase nada do que a policial falou, ela sabia que, além de perder o irmão, havia perdido também seu meio de chegar a São Paulo. Apavorou-se com a ideia. Agora ficara na metade do caminho. O que faria? Seria preciso chegar a São Paulo ou retornar a Icó. O que não podia era ficar perdida num lugar desconhecido.

— Posso ver meu irmão? — Lucinéia queria se despedir dele. Não houvera tempo suficiente para isso.

— Vou falar com as pessoas responsáveis e ver o que pode ser feito.

Permitiram que ela o visse. Foi avisada de que teria que responder às perguntas da polícia quando resolvesse todos os trâmites legais para o enterro de Jamilton. Mas tudo o que lhe importava no momento era rever seu irmão e lhe dizer o quanto o amava.

O corpo dele estava no necrotério, que ficava próximo à prefeitura da cidade em que estavam. Amanhecera belo e ensolarado, e isso fez Lucinéia se sentir ainda pior. Um homem de jaleco branco e crachá no peito a conduziu até a pedra sobre a qual Jamilton jazia estendido. Todos os procedimentos no IML já haviam sido efetuados e o tinham liberado para que fosse enterrado.

Vários papéis tinham sido entregues à Lucinéia, inclusive o atestado de óbito de Jamilton, para que ela os lesse e assinasse. Ela simplesmente corria os olhos pelos documentos, que para ela não tinham significado nenhum. Naquele momento amaldiçoou o pai por não tê-la deixado estudar e aprender como Jamilton. Por fim, lhe cobriram o dedo polegar com tinta negra e ela o pressionou sobre os papéis, como lhe mandaram fazer.

Lucinéia, depois de ter resolvido a parte burocrática, foi levada até o corpo de Jamilton. O homem de jaleco e crachá puxou o lençol que o cobria e o rosto de Jamilton apareceu, rígido e pálido. Lucinéia recomeçou a chorar e cobriu o próprio rosto com as mãos.

— Reconhece este homem como sendo seu irmão? — o funcionário perguntou.

Ela só balançou a cabeça, demonstrando que o reconhecia. O homem tentou conduzi-la para fora da sala, mas Lucinéia se voltou e encarou o rosto de Jamilton mais uma vez. Perguntou se podia tocá-lo, e o homem deu de ombros. Ela estendeu a mão, tocou na bochecha de

Jamilton e quase gritou ao sentir que a pele dele estava fria e estranha, como borracha. Ela afastou a mão e disse:

— Por que tu me deixaste? Como vou fazer tudo agora? Eu fiquei só, sabia?

E sem dizer mais nenhuma palavra, Lucinéia deu meia-volta e saiu dali.

Foi-lhe perguntado onde ela desejaria sepultar o corpo de Jamilton. Dadas as condições, permitiram que ela optasse entre o cemitério local e o cemitério de sua cidade natal, mas Lucinéia não hesitou em perguntar:

— Meu irmão pode ser enterrado em São Paulo?

Ela queria que, de alguma forma, Jamilton chegasse à capital paulista, mas isso também lhe foi negado. Sem alternativa, Lucinéia pediu que o enterrassem no cemitério da cidade.

Finalmente lhe perguntaram o que ela faria dali em diante, e Lucinéia disse que chegaria a São Paulo, pois tinha uma tia morando lá. Então acomodaram-na em um veículo da prefeitura, onde também estavam outras pessoas que iam para a capital paulista. Entre essas pessoas, ela reconheceu alguns passageiros do ônibus em que estava, mas evitou conversar com eles. Não soube o que tinha sido feito dos outros passageiros, mas desejou que eles também conseguissem chegar a São Paulo.

A viagem durou dois dias e foi cansativa, mas finalmente alguém anunciou que eles tinham chegado. Lucinéia estava sentada no banco do corredor e não quis olhar pela janela. Seu sonho de conhecer São Paulo tinha morrido. Na realidade, este fora o maior sonho do seu irmão e ela se entristecia e chorava ao se lembrar de que Jamilton nunca mais iria realizá-lo. As bagagens dele foram entregues a ela, assim como seu dinheiro. Tudo estava em ordem, mas sem Jamilton nada tinha importância para ela.

Assim que descesse, Lucinéia deveria passar pelo juizado da rodoviária e imprimir suas digitais em mais alguns documentos. Ela nem sabia em quais documentos já pusera e em quais ainda teria que pôr suas digitais. Também, o que importava aquilo? Jamilton fora uma vítima e ela era outra. Estava sozinha num lugar estranho e desconhecido. Seria preciso ter um pouco da coragem que o irmão possuía para que ela se mantivesse firme e não esmorecesse.

Ao descer do ônibus, Lucinéia viu que estava em uma rodoviária imensa e quase teve vontade de retornar ao veículo e pedir que a levassem de volta para Icó. Entretanto, sabia que se Jamilton estivesse ali, ficaria furioso com ela por ter tido aquela ideia. Lucinéia quase sorriu ao pensar nisso. Jamilton fora um grande homem. Ele se fora, mas ela ficara.

Subitamente invadida por uma grande coragem, Lucinéia decidiu que teria que continuar em frente. Se não fizesse por ela, faria por Jamilton. Realizaria o sonho dele e, quem sabe, o dela também. Deus a ajudaria a encontrar o caminho certo e não haveria por que temer.

— Eu cheguei, Jamilton — pronunciou ela em voz muito baixa, como se o irmão pudesse ouvi-la. — Estou em São Paulo e vou fazer o nosso sonho virar realidade.

Capítulo 15

Fabrício deslizou do quarto para o banheiro. Tinha acabado de se levantar, mas não se deu ao trabalho de se barbear ou de escovar os dentes. Não tinha mais ânimo para nada e sua aparência pouco lhe importava.

O espelho do banheiro refletia a imagem de um homem barbudo, com olheiras profundas e olhos vermelhos e inchados. Os cabelos estavam despenteados e a pele do rosto pálida, quase amarela. Ele piscou, tornou a se encarar e não deu atenção ao que viu. Se cada dia ele estava se tornando mais feio ou malcuidado, não era o que importava, porque naquele dia fazia duas semanas que Simone morrera e, com ela, também toda a vida de Fabrício.

Ele ainda não tinha conseguido se conformar com a maneira como tudo acontecera tão repentinamente. Simone, nos dez anos em que estivera casada com Fabrício, jamais adoecera, e a única vez em que estivera internada fora quando Bruno nasceu. De repente, em questão de meses, ela fora derrotada por um maldito câncer, que lhe dilacerara as entranhas.

Para Fabrício, era como se Simone ainda estivesse viva. Ele a via em suas roupas, em seus perfumes e pertences. Olhava suas fotografias, principalmente as que eles haviam tirado juntos no Nordeste, e se recordava do seu riso cristalino, nos tempos em que foram felizes, antes que a doença fatal surgisse.

Desde que Simone se fora, Fabrício vivia em total estado de alienação, como se estivesse isolado do mundo. Josias e Eloá, seus pais, tentavam de todas as maneiras distraí-lo e lhe sugeriam que tirasse férias, descansasse ou simplesmente se dedicasse ao filho. Mas para Fabrício tudo tinha morrido junto com Simone. Ele não se importava mais com seu trabalho no consultório, não se dava conta da presença de Bruno e jamais atendia aos telefonemas de Adriano e de Andressa. Quando eles tentavam visitá-lo, Fabrício não permitia a entrada do casal no apartamento. Ele queria morrer para o mundo. Se Simone não estava mais com ele, então não haveria por que continuar com sua vida.

Alguém lhe dissera: "A vida continua, tanto para você como para Simone". Fabrício lembrava-se de ter ficado furioso com isso e de ter dito que ela não estava viva, pois se estivesse voltaria para ele. Fabrício nunca acreditara em vida após a morte. Achava que esse assunto só servia de consolo para pessoas ignorantes. Ele não precisava ser consolado. Precisava apenas que Simone retornasse para ele e que tudo voltasse ao normal.

Simone tinha sido enterrada no dia seguinte à sua morte. Estava tão magra que pesava muito menos que o caixão no qual fora colocada. Ela fora vestida com uma camiseta branca e calça da mesma cor. A pedido dos pais de Fabrício, ela também usava um lenço branco na cabeça. Seu rosto estava ossudo e afundado, como se a carne tivesse sido sugada para dentro. Seus lábios eram apenas duas linhas finas e muito brancas. Enquanto Eloá ajeitava as flores vermelhas no caixão, notou como os braços de Simone haviam sido picados pelas injeções de medicamentos para aliviar as dores.

Fabrício chorou o tempo todo. Amigos e colegas de trabalho de Simone chegavam para dar os pêsames ao viúvo, mas ele não os cumprimentava e eles compreendiam sua situação.

Todas as pessoas que conheceram Simone gostavam dela. Ela fora uma mulher forte, vigorosa, inteligente, divertida, criativa e turrona, boa mãe e boa esposa. Não acumulara inimigos e os amigos lhe queriam bem. Os amigos de Fabrício se compadeciam de sua dor e sabiam que nada poderia ser feito para aliviar seu sofrimento.

Adriano e Andressa, durante o velório e o enterro, permaneceram ao lado de Fabrício, oferecendo seus ombros para que ele chorasse, tentando consolá-lo, embora ele não quisesse ouvi-los. Bruno também chorava muito e era visto constantemente abraçado aos avós. Amava a mãe e, assim como seu pai, não se conformava com a morte dela.

Depois que o caixão foi lacrado e o cortejo fúnebre seguiu em direção à cova em que Simone seria enterrada, Josias e Eloá acharam que o filho fosse desmaiar. Como que mantido por uma força invisível, Fabrício se fez forte e resistiu até o momento em que o caixão baixou à sepultura. Fazia um dia bastante ensolarado, mas para ele tudo era negro e cinza em seu entorno.

Algumas pessoas presentes no enterro também choravam, tanto por Fabrício quanto por Simone. Parecia inaceitável que uma mulher bonita e inteligente, que levava uma vida feliz ao lado do marido e do filho, sucumbisse ao câncer aos trinta e três anos de vida. Naturalmente devia haver uma resposta convincente para aquilo tudo. Não havia uma explicação para quase tudo?

Quando os coveiros se afastaram após terem terminado sua tarefa, Fabrício ainda permaneceu parado no mesmo local, olhando para a sepultura. Lembrou-se então do dia em que conhecera Simone, dez anos antes, quando ele a acordara ao som de marteladas. Eles haviam sido tão felizes e ingênuos naquela época, como se não tivessem mais nenhuma preocupação no vida. E continuaram sendo felizes depois. Fabrício amava Simone e não havia um único dia em que não confessasse isso a ela. Embora ela nunca tivesse dito com palavras que também o amava, à exceção do momento em que morrera, ele nunca tivera nenhuma dúvida de que era correspondido pela esposa.

— Simone está em um bom lugar agora — garantiu um homem, aparentando uns cinquenta anos. Fabrício não se lembrava de tê-lo visto antes, mas o homem era um dos redatores do jornal em que Simone trabalhava.

— Está em um bom lugar? — repetiu Fabrício, encarando o desconhecido com frieza e sofrimento. — Acha que ficar debaixo da terra é um bom lugar?

— A vida não cessa após a morte do corpo — respondeu o senhor.

— Diz isso para me acalmar ou para me fazer de idiota? Simone está morta, e eu tenho apenas que aceitar isso, compreender que ela não estará mais comigo. Não venha me falar em vida após a morte, porque isso não existe. É coisa de pessoas fracas e ingênuas, e eu não pertenço a esse grupo — devolveu Fabrício, muito bravo com o que ouvira.

Ele pediu aos pais que deixassem Bruno na casa deles por uns dias, pois desejava ficar sozinho, com seus pensamentos e com as lembranças de Simone. Eloá e Josias a princípio foram contra aquela ideia, mas Fabrício insistiu que queria apenas ficar com sua solidão. Sem alternativas, eles levaram Bruno para a casa deles, embora o menino teimasse e insistisse que queria ficar com o pai.

— Você vai ficar bem? — a mãe perguntou a Fabrício e queria que ele prometesse que ficaria.

— Vou tentar, mãe. Juro que vou tentar.

Fabrício destrancou a porta de seu apartamento conjugado e a fechou atrás de si. Fora sozinho e desejava ficar sozinho. Contudo, sabia que não ficaria. Amigos e colegas iriam lhe telefonar, apesar de ele não desejar ouvir ou falar com ninguém. Queria apenas respeitar a memória de Simone, isolando-se em um silêncio íntimo, fechando-se num casulo.

E assim os dias foram passando. Adriano e Andressa tentavam de todas as formas se comunicar com Fabrício, mas ele não os atendia. Visitaram-no em seu apartamento, e não foram recebidos. Ele raramente atendia às ligações dos pais e, quando o fazia, pedia que eles não fossem visitá-lo.

Fabrício emagreceu naqueles quinze dias que sucederam ao enterro da esposa. Ele se perguntava se ficaria tão magro quanto Simone ficara antes de morrer. Quem sabe ele, se continuasse a emagrecer, enfraquecesse e morresse como ela. Aí poderia confirmar por si mesmo se realmente havia vida após a morte.

Agora, diante do espelho, Fabrício olhava para a própria imagem. Estava barbudo, e os olhos avermelhados e inchados indicavam que ele estivera chorando. Chorar lavava sua alma, fazia-o se sentir mais leve. E mais fraco. Nada disso importava mais. Era disso que ele precisava, de morrer de fraqueza, de desespero, em seu próprio inferno interior.

Fabrício não conseguira unir forças suficientes para voltar a trabalhar e nem achava que conseguiria voltar algum dia. Sua experiência como psicólogo servia apenas para ajudar os pacientes, mas parecia não ter valor algum para si mesmo. Funcionava com os outros, não com ele. E não estava interessado em tentar.

Ele ainda não tinha se permitido tocar nas roupas de Simone. Tudo tinha que ficar como ela deixara. Quando abria os armários, podia sentir seu perfume e isso o levava para mais perto dela. Quando segurava uma fotografia em que os dois estavam juntos, Fabrício se transportava no tempo até alcançar o dia em que tinham tirado a foto. Ele podia ouvir sua voz, escutar seu riso e quase sentir seu toque.

— Simone — ele chamou e sua voz ecoou pela casa. — Por que você não fala comigo? Dê um sinal de que realmente está viva.

Sua única resposta foi o silêncio frio e profundo. Pela primeira vez em quinze dias, Fabrício aceitou, nos recônditos de sua mente, que Simone estava morta e que jamais voltaria. Ou assim pensava ele.

***

A senhora Haruo se aproximou lentamente de Fernanda e estendeu a bandeja para que ela pegasse a xícara de chá fumegante. Ao olhar para sua patroa, meneou a cabeça negativamente.

— É melhor tomar, dona Fernanda. Não vai ajudar se continuar assim. Quase não a vejo comendo e isso, por si só, já está lhe fazendo muito mal. Vamos, tome ao menos a metade deste chá de camomila. Está uma delícia, experimente!

— Não quero... — gemeu Fernanda e sua voz se transformou em um soluço.

— Só um pouquinho — insistiu a senhora Haruo. — Coloquei menos açúcar para ficar do jeito que a senhora gosta. Vamos lá.

Para satisfazer a vontade da governanta, Fernanda esticou a mão trêmula, apanhou a xícara florida e levou-a aos lábios. De fato o chá estava gostoso, mas ela nem sequer sentiu seu gosto. Sua vida se tornara sem sabor e insípida desde o acidente em que Douglas morrera. Um mês já havia se passado, mas para Fernanda tudo tinha acontecido no dia anterior.

— Quer que eu traga alguns biscoitos para acompanhar seu chá? — perguntou a senhora Haruo, mas Fernanda negou com a cabeça.

— Não tenho fome, mas obrigada por tudo. Agora você pode me deixar sozinha, por favor? — pediu Fernanda com a voz fraca. Diante do pedido da patroa, a senhora Haruo deixou o aposento silenciosamente.

Embora quisesse e precisasse desesperadamente chorar, Fernanda se controlou. Chorara todo o seu estoque de lágrimas nos últimos trinta dias. E nada melhorara com aquilo. Por outro lado, o que e por que precisaria melhorar, se Douglas nunca mais voltaria? De que adiantava as pessoas pedirem que ela ficasse bem, se, sem ter seu único filho a seu lado, Fernanda jamais voltaria a ficar bem?

Artur, três dias depois do enterro de Douglas, sugerira à esposa que doasse todas as roupas e objetos pessoais do filho. Ela rugira como uma leoa ferida e quase o agredira, mas Artur foi persistente.

— Apegar-se às coisas dele a deixará mais consolada?

— Eu não vou tirar nada daqui. São as coisas do meu filho e elas vão ficar onde estão — Fernanda começou a chorar, mas Artur não se deu por vencido.

— É preciso se desapegar disso tudo, Fernanda. As roupas de Douglas só terão utilidade se forem doadas às pessoas mais necessitadas.

— Ninguém mexe em nada dele, Artur. Quero o quarto de Douglas trancado. E a única a entrar lá serei eu.

— Por que isso? Não acha que está sendo egoísta? Você o amava, eu sei disso, mas acha que eu o amava menos?

Fernanda quase respondeu que sim. Ela não sabia o quanto Artur amara o filho, mas estava ciente do seu próprio amor por ele. Artur não entendia ou não queria enxergar, mas havia uma espécie de linha invisível de amor que a ligara a

Douglas. Eles foram muito mais apegados um ao outro do que Douglas e Artur ou a própria Fernanda e Artur.

Na concepção de Fernanda, Artur vinha em terceiro plano e não era justo que ele lhe dissesse o que fazer com os objetos de Douglas. Ela queria que as coisas do filho permanecessem em seus lugares, intocadas e imaculadas. Seu quarto seria uma espécie de santuário.

Artur não pensava dessa forma e achava que o excesso de lembranças do filho só faria mal a todos. Sem que Fernanda soubesse, pois passava a maior parte do dia dormindo, Artur e a senhora Haruo esvaziaram os armários de Douglas. Artur havia chamado uma instituição que cuidava de pessoas carentes, e eles foram com um caminhão buscar as doações.

Quando Fernanda foi ao quarto de Douglas e viu o que tinha sido feito, pulou sobre o marido tentando unhá-lo e feri-lo. Artur tentou de todas as formas lhe mostrar que o que havia feito era o melhor, mas Fernanda, irredutível, não queria saber nem aceitar aquela atitude. Artur estava tentando afastar Douglas de perto dela, e ela não compreendia por que ele estava fazendo aquilo.

— Eu odeio você, Artur. Por que não morreu no lugar de Douglas? — ela gritou furiosa, antes de se trancar no quarto do filho.

Quase tudo fora levado, mas, sobre uma cômoda, Fernanda avistou uma fotografia. Ali, ela e Douglas estavam abraçados e sorridentes, parados em frente ao Museu do Prado. Tudo o que lhe restava, e que Artur não lhe tirara, eram suas fotos com Douglas, seu sorriso congelado no tempo.

No guarda-roupa de Douglas ficaram algumas poucas peças, entre elas um conjunto social branco. Lágrimas brotaram nos olhos de Fernanda quando se lembrou das palavras do filho: "Lembre-se da minha velha promessa. Vou estar vestido de branco, como um galante cavalheiro, para convidá-la a dançar no dia de minha formatura".

Era triste pensar que aquilo nunca aconteceria, que jamais haveria uma formatura. Todos os sonhos de Fernanda tinham sido enterrados no mesmo caixão em que enterrara Douglas. Ele fora seu combustível, fora a vida que a animava todos os dias. Desde a sua morte, ela não conseguia pensar em nada que não fosse nele.

E agora, enquanto terminava de tomar o chá de camomila que a senhora Haruo lhe oferecera, Fernanda pensava no sentido da vida. Sempre ouvira falar em Deus. Seus pais eram católicos, mas nunca iam a missas. Por isso, Fernanda cresceu longe de templos religiosos, embora tivesse sua própria fé. Ou pelo menos achava que tinha, pois qualquer crença em Deus que ela tivesse internalizado até então desaparecera após a morte do filho.

Se Douglas estivesse ali, naquele momento, não iria gostar de vê-la chorando. Iria sentar-se ao seu lado, depois a abraçaria e começaria a contar coisas engraçadas para distraí-la. Quando Fernanda estivesse ficando sonolenta, ele a beijaria no rosto, sairia de sua cama e, antes de ir para o próprio quarto, diria:

— Boa noite, dona Nanda.

Só que ele não estava mais ali. Fernanda sentia uma dor quase física quando pensava nisso. Como ele tinha morrido tão cedo? Por que tinha que estar em outro carro se ele havia ido para a festa com o seu? Das três pessoas que estavam no veículo, Douglas fora o único que falecera. Fernanda tinha sido informada pelo policial, que viera dar a notícia, que o motorista estava alcoolizado, mas que saíra quase ileso do acidente.

Disseram que Franciele, ex-namorada de Douglas, sofrera uma gravíssima lesão na coluna, o que a fez perder os movimentos das pernas. Mas, de acordo com o que Artur descobrira, a jovem perdera uma das pernas no acidente e agora estava em uma cadeira de rodas, evitando falar com as pessoas.

Fernanda colocou a xícara vazia em sua mesinha de cabeceira e começou a se sentir sonolenta. Desde que Artur doara os pertences de Douglas, ela não dormia mais no quarto com ele. E ocupar o quarto que fora do filho seria uma invasão. Por isso, ela estava dormindo em um dos três quartos de hóspedes que havia em sua imensa casa.

Pouco antes de ceder ao sono repentino, que ela atribuiu à exaustão e a seu estado deprimido, Fernanda refletiu se não teria sido melhor se os papéis tivessem se invertido: se Franciele tivesse morrido e Douglas tivesse sobrevivido, embora ficasse deficiente. Isso seria melhor? Como ela se sentiria ao ver o filho amado sentado em uma cadeira de rodas apenas com uma perna? Claro que ela não gostaria. Douglas estaria condenado eternamente a uma cadeira de rodas, ainda que passasse por vários tratamentos com fisioterapeutas renomados.

Era injusto desejar a morte de Franciele, embora ela nunca tivesse simpatizado com a moça. E seria egoísta de sua parte desejar que as coisas tivessem sido diferentes. Ela não suportaria ver Douglas sofrendo como cadeirante.

Fernanda se ajeitou na cama, sentindo que os olhos estavam ficando pesados. Nem se deu conta de que estava dormindo com uma foto dela e de Douglas pousada sobre seu peito, como se o retrato, dessa forma, o mantivesse bem próximo dela.

Capítulo 16

Lucinéia estava em São Paulo. Olhava para cima, para os imensos arranha-céus da cidade, com respeito e admiração. Se não estivesse com a cabeça tão cheia de preocupações, teria parado para se perguntar como era possível que o homem construísse algo tão perfeito quanto aqueles imensos edifícios. Mas, naquele momento, o único objetivo da jovem era localizar a casa de sua tia Zefinha.

Na rodoviária, tinha deixado sua impressão digital em mais alguns documentos. Ela mostrou o endereço da tia ao atendente do juizado, e ele explicou detalhadamente como Lucinéia chegaria lá. Porém, assim que saiu da sala, ela já tinha se esquecido de tudo. Meio sem rumo, Lucinéia seguiu para qualquer direção, a esmo. Foi quando avistou os primeiros prédios, próximos da rodoviária.

Ela carregava três sacolas. Ali estava o dinheiro que trazia, suas roupas e as coisas de Jamilton. Sabia que, se estivesse ali com ela, ele estaria gritando de felicidade naquele instante. Diria que realizara finalmente seu sonho e que tudo o que tinha a fazer dali em diante era trabalhar para ganhar muito dinheiro. A única ambição da vida de Jamilton fora essa e ele não pudera conquistá-la.

Nuvens negras encobriam a capital paulista, e Lucinéia desejou que não chovesse. Em Icó raramente chovia, mas ali as coisas deveriam ser diferentes. Ingenuamente pensou que Deus deveria mandar mais água do céu para lavar as cidades grandes.

Ela avistou um homem vendendo churrasco num carrinho e percebeu que estava com fome. Nem se lembrava de quando havia comido pela última vez. Segurando firmemente suas sacolas, Lucinéia se aproximou do vendedor de churrasco e perguntou:

— Quanto é?

O sujeito mediu-a de cima a baixo e, de má vontade, respondeu:

— É dois.

Lucinéia colocou as sacolas no chão e vasculhou uma a uma à procura do dinheiro. O homem lançou um olhar de cobiça para as pernas dela e quis saber:

— Você está procurando o dinheiro?

— Eu botei esse dinheiro da bexiga num canto aqui. Pera lá que eu vou achar.

O vendedor passou a língua maliciosamente pelos lábios ressecados, enquanto tornava a olhar para as pernas de Lucinéia.

— Você está sozinha, moça?

— Sim. Pronto, achei o dinheiro.

— Escuta, o que acha se eu te der um espeto de churrasco de graça?

— Sem pagar? — Lucinéia ficou espantada apertando as moedas na mão.

— É... na verdade eu tenho quatro espetos assando e você pode ficar com todos, se quiser. Eu já estava indo embora para casa e ia guardar o carrinho no depósito.

Lucinéia, emocionada diante da bondade do homem, sorriu e guardou as moedas na sacola de novo.

— Tu é bonzinho que só. Eu acabei de chegar do Ceará e vou caçar minha tia — ela não quis mencionar que o irmão vinha acompanhando-a. — O endereço dela é este aqui — ela estendeu o papel. — Onde fica?

O vendedor de churrasco mal pôde acreditar em sua sorte. A morena acabara de chegar do Ceará e parecia muito ingênua. Seria fácil levá-la para um motel que ele conhecia e que ficava perto dali. E apostava que a garota ainda era virgem.

— Sei onde fica a casa da sua tia. Na verdade eu moro quase do lado — mentiu, enquanto pegava um dos espetos, passava na farinha de mandioca e o entregava a Lucinéia. — Se quiser ir comigo, deixo você na porta da casa dela.

Lucinéia mordeu a carne dura do churrasco com vigor. Ela estava dando sorte. Mal chegara e já encontrava pessoas boas e dispostas a ajudá-la. Jamilton precisava estar ali para ver aquilo.

Ao pensar no irmão, uma sombra nublou os olhos dela, mas segurou a vontade de chorar. Não conseguia se esquecer do momento em que as balas o mataram dentro do ônibus. Tinha acontecido tão rápido. Nas duas noites em que viajara da Bahia até São Paulo, dentro do ônibus cedido pela prefeitura, Lucinéia tivera pesadelos com aquilo. Achava que ainda os teria por muito tempo.

— O que foi? — perguntou o vendedor ao notar que Lucinéia se entristecera. Ele começou a empurrar seu carrinho, e Lucinéia o seguiu em silêncio. — Parece que você está triste.

— Não... só não quero falar disso — respondeu, mordendo mais um pedaço do churrasco.

Ela nem percebeu quando o homem aumentou os passos, tamanha urgência que tinha em se deitar com ela. Antes de chegar ao motel, ele ofereceu os outros espetos a Lucinéia e guardou seu carrinho no depósito.

Ele apressou os passos e chegou em frente ao motel. Temeu que ela percebesse para onde a estava levando, mas Lucinéia olhou para o letreiro e perguntou se a tia morava ali. O homem logo compreendeu que ela era analfabeta. Pagou ao recepcionista sonolento, que lhe deu uma chave. Já estivera muitas vezes ali com prostitutas e conhecia bem o caminho. Finalmente parou diante da porta do quarto e analisou o rosto bonito e bem moreno de Lucinéia.

— Tia Zefinha mora aqui?

— Não. Ela mora pertinho daqui. Antes quero lhe mostrar uma coisa.

Com uma das mãos ele abriu a porta rapidamente, enquanto com a outra já abaixava o zíper da calça. Lucinéia nem percebeu seus movimentos e entrou no quarto, olhando admirada para um espelho sujo que havia no teto. Quando viu a cama redonda, não se conteve:

— Eita, peste! Isso é cama, é?

— É, sim — enquanto Lucinéia estava de costas para o homem, ele abaixou a calça e arrancou a camisa com gestos bruscos. — E nós vamos nos deitar nela.

Lucinéia não entendeu bem o que ouvira e se virou para perguntar. Ao vê-lo apenas de cueca, ela se espantou:

— Tá com a moléstia, homem? O que é isso?

— Vem transar comigo, gatinha — ele pulou na cama e abaixou a cueca.

— Filho do cancro saído do inferno — gritou Lucinéia, tentando desviar o olhar da nudez do estranho. — Tu me trouxeste aqui para dar no couro, foi?

— Se esse é o nome que você prefere dar... — sorriu o homem, chamando Lucinéia para que ela se deitasse também. — Venha aqui com o papai.

Lucinéia sorriu e se aproximou. O homem ampliou o sorriso. Ela levou a mão ao seio e o homem quase babou. Então, inesperadamente, Lucinéia sacou uma faca e apontou para ele:

— Tu agora me deixou virada no cão, seu filho da moléstia. Tu me deixou aporrinhada — vendo os olhos do homem se arregalarem de espanto, Lucinéia concluiu, bramindo a faca: — Eu não sou abestada, rapaz. Vim do Ceará e sou a peste quando tô com a gota-serena. Tava achando que eu sou biscateira, é?

Mais pálido do que nunca, o homem começou a suar frio. Fisicamente ele até poderia ser mais forte que Lucinéia, mas e se ela acertasse aquela faca na sua masculinidade? Não duvidava de que a nordestina arretada realmente fizesse isso.

— Vou-me embora, e se tentar zoada comigo de novo, te acerto feio — prometeu Lucinéia.

Ela juntou suas sacolas e partiu rapidamente dali. Andou depressa na rua e, quando achou que estava longe o suficiente do homem, sorriu. Ele ficara assustado com ela e ainda lhe dera todos os seus churrascos de graça.

Lucinéia precisou pedir informações muitas vezes para tentar chegar ao endereço da tia. Fora informada de que Zefinha morava no bairro do Cambuci, o que, para Lucinéia, não significava nada. As nuvens escuras no céu continuavam ameaçando uma forte chuva, mas até então não caíra nem uma gota.

Ela se deteve diante de uma praça imensa e olhou admirada para a quantidade de árvores que havia ali. Uma moça trazendo um cachorro pela coleira estava se aproximando, e Lucinéia a abordou:

— Mulher, onde é que eu tô?

— Está em frente ao Parque da Luz — respondeu a jovem, enquanto seu cachorro cheirava as pernas de Lucinéia. — Você vai para onde?

— Vou aqui — Lucinéia esticou o papel com o endereço de Zefinha e a mulher balançou a cabeça, como se estivesse pensativa. Finalmente explicou: — Você está meio longe desse lugar. É melhor ir de coletivo.

— Ir de quê?

— De ônibus. Naquela rua em frente passa um ônibus que vai para o Largo do Cambuci. O endereço que você procura é bem pertinho dali.

— E quanto é a passagem?

— Você está sem dinheiro para a condução? — perguntou a mulher. Pela aparência de Lucinéia, ela acreditou nisso. Antes que Lucinéia respondesse, a moça enfiou a mão dentro da bolsa e puxou uma nota de dez reais, que entregou para ela. — Isso vai dar e sobrar para você pagar seu ônibus.

— Tu tá me dando isso tudinho? — para Lucinéia, dez reais representavam uma pequena fortuna.

A mulher confirmou com a cabeça, sorriu para Lucinéia e começou a se afastar com o cachorro.

— Obrigada pelo dinheiro — Lucinéia agradeceu.

Enquanto procurava a rua por onde o ônibus passaria, Lucinéia pensou que, da mesma maneira que existiam pessoas más como o vendedor de churrascos, existiam pessoas muito bondosas também.

Assim que chegou ao ponto, Lucinéia viu as pessoas esticarem o braço para um ônibus que estava chegando e também esticou o seu. Esperou os passageiros subirem e perguntou ao motorista:

— Esse ônibus passa perto da casa da tia Zefinha?

— E eu sei lá onde mora sua tia? — retrucou o mal-humorado motorista, fechando a porta e dando partida com o ônibus.

— Eita homem malcriado da peste — resmungou Lucinéia, atarantada com a grosseria do motorista.

— Você vai pra qual bairro? — interessou-se uma senhora de aspecto agradável.

— Vou aqui — ela mostrou o papel e a senhora sorriu.

— Pode pegar qualquer um que vai para a zona sul.

— É que eu não sei ler — confessou Lucinéia baixinho, como se revelasse um crime.

— Então eu leio pra você — disse a senhora, tranquilizando Lucinéia.

Dez minutos depois, o ônibus que ia para a zona sul encostou e a senhora pediu a Lucinéia que entrasse nele. Ela agradeceu e caminhou segurando-se nos ferros do veículo com uma mão, enquanto carregava suas sacolas com a outra.

— Quanto tá a passagem? — ela perguntou ao cobrador.

— É esse preço aí — de má vontade ele indicou uma plaquinha atrás de suas costas.

— Tu pode me dizer quando chegar aqui? — ela esticou o papel e o cobrador prometeu que a avisaria quando chegasse. Lucinéia pagou a passagem, rodou a catraca e ficou em pé, quase colada ao cobrador.

— Pode se sentar que eu vou avisá-la quando for o momento de descer.

— Ah, sim — ela riu e se sentou no assento mais próximo a ele.

A viagem não foi muito demorada e, finalmente, o cobrador explicou que Lucinéia deveria descer no ponto seguinte. Ela agradeceu e desceu logo depois.

Na rua, descobriu, ao abordar dois senhores, que a casa de sua tia estava a um quarteirão dali. Ela andou apressada e perguntou a um homem que estava parado na porta de um bar:

— Tu conhece Zefinha?

— Era a mulher do Lilico? — quis confirmar o homem e, ao ver os olhos de Lucinéia se iluminarem, indicou: — Está vendo aquela casa azul?

— É aquela?

— Não. É a verde, depois da azul.

Lucinéia agradeceu e caminhou rapidamente. Finalmente alguém conhecia sua tia e ela dera sorte. Foi nesse momento que as primeiras gotas de chuva começaram a cair.

Parou em frente ao portão da casa verde e bateu palmas. Ninguém veio atendê-la, e Lucinéia bateu palmas novamente. Uma senhora que passava olhou para Lucinéia tentando comunicação e sugeriu:

— Por que você não aperta a campainha?

— Faz o quê? — confundiu-se Lucinéia.

— Este botão ao lado do portão é a campainha. Aperte-o para ser ouvida.

Lucinéia sorriu em agradecimento e fez o que a mulher sugerira. Finalmente ela ouviu a porta da casa, logo à frente do portão, sendo destrancada. A chuva já começava a apertar e Lucinéia torceu para que estivesse na casa certa.

Uma mulher medindo pouco mais de um metro e meio, aparentando cerca de sessenta anos, surgiu na porta. Olhou para Lucinéia com estranheza e foi logo dizendo:

— Não tenho pão nem dinheiro. Passe em outra casa — ao dizer isso, foi fechando a porta.

— Mas tu não é Zefinha? — apostou Lucinéia. Vira a tia pela última vez quando era criança ainda e já não se recordava da fisionomia dela. Acreditava que Jamilton tivesse mais recordações que ela, mas ele não estava mais ali para ajudá-la.

— Sim, sou eu mesma. O que quer comigo? — perguntou a mulher, desconfiada.

— Meu nome é Lucinéia. Sou filha da sua irmã Ava, de Icó.

Um brilho de reconhecimento surgiu nos olhos castanhos de Zefinha. Ela ainda encarou Lucinéia por alguns segundos e finalmente caminhou na direção do portão. Quando o fez, Lucinéia reparou que ela puxava levemente a perna direita.

— Bora entrar aqui, minha filha. Vai se molhar aí fora — pediu Zefinha, destrancando o portão rapidamente e convidando Lucinéia a entrar. Tornou a trancar o portão e guiou a recém-chegada até o interior de sua casa.

Indicou um sofá para que ela se sentasse e perguntou:
— Como foi que você veio?

— Eu vinha com meu irmão... — Lucinéia não conseguiu terminar a frase porque um nó prendeu sua fala na garganta.

— E ele desistiu? — Zefinha viu a sobrinha balançar a cabeça, negando, e tornou: — Por que ele não está aqui com você?

— Porque Jamilton... — como doía dizer aquelas palavras! — ... se foi.

— Foi pra onde? Voltou pra Icó?

— Bateu a caçuleta. Morreu com tiro.

Lucinéia escondeu o rosto entre as mãos e pôs-se a chorar. Zefinha não a abraçou nem tentou consolá-la. Apenas esperou a moça se acalmar. Então se sentou a seu lado e, como se não tivesse escutado a última informação de Lucinéia, perguntou:

— E como está minha irmã? E Inocêncio?

Lucinéia conteve os soluços e encarou a tia com estranheza. Josefa, que fora apelidada de Zefinha, era uma mulher pequenina, mas seus cabelos castanhos, crespos e armados, que lhe envolviam a cabeça como uma juba, faziam-na parecer mais alta. Lucinéia tentava encontrar na tia algo que lembrasse sua mãe, mas não viu nada. Zefinha era uma completa estranha.

— Eles tão bem. Não sabem que meu irmão tá morto.

Zefinha não procurou saber como Jamilton tinha morrido e Lucinéia também não entrou em detalhes. As duas ficaram conversando sobre outras coisas enquanto a chuva desabava lá fora. Finalmente a tia perguntou:

— E onde você vai morar aqui em São Paulo?

— Eu? — Lucinéia pareceu espantada com a pergunta. — Aqui com a senhora.

— Aqui? — Zefinha se mostrou tão chocada que Lucinéia quase pensou que a tia a expulsaria dali a vassouradas. — Você quer ficar aqui, na minha casa?

— Posso? — foi uma pergunta tola, pois de qualquer maneira Lucinéia pretendia ficar ali, já que não tinha para onde ir.

— Não estava esperando você. Como pode ver, minha casa é pequena, tem só um quarto. Depois que Lilico morreu, fiz muitas mudanças aqui e realmente não cabe mais ninguém.

Ouvir aquilo fez gelar o coração de Lucinéia. Durante todo o tempo contava em morar com a tia, mas nunca lhe passara pela cabeça, nem tampouco ocorrera a Jamilton, que Zefinha não fosse querê-los com ela.

— A senhora não me quer morando aqui? Vai ser ligeirinho, logo eu arrumo um serviço e saio daqui.

— Não disse que não a queria. Você pode morar aqui comigo sim, mas terá que pagar pela casa, pela comida e pelas outras despesas.

Lucinéia sentiu-se esfriar de novo.

— Mas como? Não tenho dinheiro.

— Você não viajou lisinha, sem nada. Deve ter algum dinheiro aí com você.

— Uns cinquenta.

— Serve — sem cerimônia, Zefinha estendeu a mão aberta com a palma virada para cima. — Me dê o que você tem e pode ficar aqui. Se não quiser, terá que procurar outro lugar, mas com cinquenta reais você não vai achar nem uma pensão cheia de baratas.

Decepcionada, sentindo o rosto arder, Lucinéia abriu sua sacola, contou cinquenta reais e deu para a tia. Procurou esconder uma nota de dez reais para que Zefinha não pegasse dela também.

— Isso é tudo o que você tem? Tem certeza?

— Era o dinheiro de Jamilton mais o meu.

Com mãos ávidas, Zefinha contou o dinheiro duas vezes. Por fim, enfiou no bolso da calça e sorriu. Lucinéia detestou aquele sorriso.

— Bem-vinda a São Paulo, querida — cumprimentou a tia, finalmente.

Pela primeira vez Lucinéia experimentou um sentimento novo e poderoso, e ao mesmo tempo assustador: estava começando a se arrepender de ter vindo para São Paulo.

Capítulo 17

O sonho colorido de Lucinéia ficava cada dia mais distante. Jamilton criara uma imagem de São Paulo totalmente diferente da realidade. Ele sonhava com diversas chances de emprego, que o levariam a ficar rico e, consequentemente, o ajudariam a mudar a situação financeira de sua família no Ceará. Porém, o que Lucinéia estava vendo, morando com sua tia, era completamente diferente. Zefinha fazia questão de lembrá-la todos os dias de que a vida em São Paulo era quase tão difícil quanto em Icó. Nos empregos ganhava-se mais, isso era inegável, todavia o custo de vida era muito alto também.

Os primeiros dias na casa de Zefinha não foram como Lucinéia idealizara. A tia ordenara que ela dormisse no sofá, que era duro, estreito e incômodo. Na segunda noite, a jovem já sentia dores nas laterais do corpo e nas costas. Zefinha dissera que não tinha outro colchão disponível para emprestar à sobrinha e a possibilidade de que ela cedesse sua cama a Lucinéia estava totalmente fora de cogitação.

Zefinha dissera que, como Lucinéia contribuíra apenas com os cinquenta reais iniciais, ela deveria, todos os dias, buscar pães quentes e leite na padaria, a dois quarteirões dali. Eles tinham que estar servidos à mesa quando Zefinha despertasse. Ela deixava algumas moedas sobre um balcão para Lucinéia, que acordava todos os dias por volta de seis horas e era uma das primeiras clientes da padaria. Zefinha contava e recontava o troco que Lucinéia lhe devolvia. Quando ficava em dúvida, usava a calculadora para se certificar de que a sobrinha não estava embolsando alguns centavos.

O almoço e o jantar, quase todos os dias, era Lucinéia quem preparava. Se a comida não estivesse a contento, Zefinha reclamava. No entanto, não regulava as refeições para a sobrinha, que podia comer até ficar satisfeita. Naturalmente as louças eram lavadas por Lucinéia. Numa noite, após o jantar, ela se distraiu e deixou um prato cair e se espatifar no chão. Zefinha não perdoou:

— Esse prato será descontado do dinheiro que você vai me pagar assim que arrumar um emprego.

Para Zefinha, embora ela preferisse morrer a confessar, a chegada de Lucinéia fora bastante vantajosa. Antes tinha que arcar com todas as despesas da casa e ainda zelava por sua manutenção, limpando, cuidando, polindo e lavando. Com Lucinéia morando em sua casa, todas essas tarefas foram incumbidas à jovem. Zefinha mandava Lucinéia lavar até suas roupas, inclusive as peças íntimas. A sobrinha também tinha que passar e guardar as roupas nos armários. Cozinhava, lavava as louças e foi obrigada, inclusive, a trocar o gás quando o botijão esvaziou.

Quando descobriu que Lucinéia não sabia ler, Zefinha ficou bastante decepcionada e comentou:

— Minha filha, suas chances nesta cidade são zero. Além de tudo, é analfabeta burra.

— Eu não sou burra — respondeu Lucinéia, magoada com a ofensa.

— Todo analfabeto é burro. Se você fosse inteligente, saberia ler e escrever e não estaria morando de favor aqui.

Naquela noite, enroscada sob uma manta fininha, deitada no sofá duro e rústico, Lucinéia chorou até adormecer.

Zefinha trabalhava como auxiliar de limpeza em uma empresa bem pertinho dali, ao lado do Largo do Cambuci. Ganhava um salário mínimo e uma cesta básica, e isso lhe bastava. No entanto, começou a ver em Lucinéia uma forma de ganhar dinheiro. A moça era jovem, forte, saudável e atraente. Era preciso usar seus dotes para conseguir lucros e Zefinha já começava a mentalizar a melhor maneira de se conseguir isso.

Se a sobrinha era analfabeta, não conseguiria emprego em nenhuma empresa. A única forma seria tentar encaixá-la com outras garotas que faziam ponto três ruas abaixo da sua. Todas as meninas eram jovens e bonitas como Lucinéia e, para desempenhar tal função, não era preciso conhecer o alfabeto. Zefinha esteve pessoalmente conversando com uma das meninas, que a indicou ao cafetão. Ele pediu que a mulher levasse Lucinéia até ele para que a conhecesse. Se a aprovasse, ela poderia trabalhar para ele, assim como as outras.

— Arrumei um emprego pra você — comunicou Zefinha, assim que voltou para casa.

— É verdade? — desde que chegara, aquela era a melhor notícia que Lucinéia recebia da tia.

— Claro. Já faz dois meses que você está morando aqui comigo e tudo com o que pôde contribuir foram aqueles cinquenta reais. Já te falei que aqui ninguém vive com esse dinheiro.

— Mas se eu não trabalho...

— Só que isso acabou. Arrumei um emprego pra você e vou levá-la pra conhecer seu novo patrão amanhã mesmo, às seis da tarde.

Lucinéia ficou bastante animada. Se Jamilton estivesse ali ficaria feliz por ela. Mas, ao pensar nele, em sua coragem e astúcia, a moça compreendeu que se o irmão estivesse com ela, as coisas com sua tia poderiam ter sido diferentes desde o início.

Ela se arrumou com esmero e penteou o máximo que pôde os seus cabelos muito cacheados e volumosos. Colocou um vestido azul, que ainda não usara desde que chegara, e calçou um velho par de sapatilhas pretas, mas que eram muito confortáveis para seus pés. Tinha que apresentar uma boa imagem de si mesma para agradar ao novo patrão e para não desapontar sua tia.

Zefinha reconheceu que Lucinéia ficou muito bonita. Pouco depois as duas saíram, descendo a rua. O cafetão já estava à espera delas e também não conteve a admiração quando viu Lucinéia. A moça tinha uma beleza exótica e parecia ser ingênua e durona ao mesmo tempo. Ele se perguntou qual das duas coisas pesaria mais.

— Como eu disse, esta é minha sobrinha — mostrou Zefinha, sacudindo os cabelos volumosos de Lucinéia.

— Quantos anos você tem, coração? — o cafetão perguntou.

— Vinte.

— Ótima idade. Você não tem namorado, nem filhos?

— Ela não tem — respondeu Zefinha no lugar da sobrinha.

— Então está contratada.

— O que eu tenho que fazer? — perguntou Lucinéia, sem entender para o que estava sendo contratada.

— Basta fazer como elas — o agenciador de prostitutas apontou para o outro lado da rua, onde meia dúzia de garotas exibiam seus dotes na tentativa de conquistar clientes.

Ao ver as garotas, Lucinéia entendeu. Uma fúria violenta tomou conta do seu corpo, seus dedos se crisparam e seu rosto corou de ira. Lembrou-se do vendedor de churrascos que pretendera se deitar com ela. Então era para fazer aquilo que sua tia a trouxera? Zefinha achava que ela se tornaria uma mulher de vida fácil? Pois a tia se enganara. Ela jamais perderia sua virgindade com um estranho. Não faria isso nem que passasse fome.

— Eu não quero — recusou Lucinéia, de repente.

— O quê? Você ficou louca? — cortou Zefinha. — Acha que está em condições de recusar uma oportunidade dessas?

Lucinéia não perdeu tempo se explicando e, esforçando-se para não chorar, subiu rapidamente a rua em direção à casa da tia. Zefinha se desculpou com o cafetão, que ficou aturdido, e foi atrás da sobrinha. Viu quando Lucinéia entrou feito uma bala dentro de casa e disparou atrás dela. Assim que chegou à sala, viu a moça mexendo em uma de suas sacolas. Ela tinha o rosto molhado pelas lágrimas, mas isso não amoleceu o coração de Zefinha.

— Que bicho te mordeu, menina? Você não pode se dar ao luxo de dizer não àquele homem. Ele...

— Não vou fazer aquilo. A senhora me levou para ser uma quenga, foi?

— E o que tem isso? Qual o problema? Não viu quantas moças estavam fazendo a mesma coisa? Isso não é o fim do mundo. Qualquer mulher pode fazer isso.

— Então por que não vai a senhora? — retrucou Lucinéia, e era a primeira vez que respondia com grosseria para sua tia.

— Se você não voltar lá imediatamente e se desculpar com aquele homem, não vou permitir que continue a morar de graça na minha casa. Do jeito que é burra, vai morrer de fome na rua.

Lucinéia guardava algumas roupas furiosamente dentro da sacola. Enxugou as lágrimas e finalmente se virou para encarar a tia. Quando ela começou a falar, sua voz soou até um pouco diferente:

— Eu me dou valor, sabia? Painho e mainha me deram educação. Nunca vou ser rapariga só pra encher seus bolsos. Eu prefiro passar fome e dormir na rua, mas não dou meu corpo por dinheiro — Lucinéia se adiantou dois passos e Zefinha recuou três. — Sou burra sim e sou analfabeta. Mas não preciso disso. Não me quer aqui? Tá tudo bem. Eu caio fora. Jamilton era corajoso e eu também vou ser. Não preciso ficar aqui.

— E vai pra onde? Você não conhece ninguém aqui. E depois que passar por aquela porta, mesmo que se arrependa, não vou deixar você voltar.

— Acho que foi por isso que o tio Lilico foi pro céu. Porque não aguentava mais sua malvadeza. Nem sei como tu pode ser irmã da minha mãe, que é tão boa.

— Quer saber? Vai embora daqui, sua nordestina infeliz. Suma ou vou chamar a polícia — Zefinha estava alterada. Seu rosto estava vermelho de raiva.

— Você também é nordestina e mais infeliz que eu — Lucinéia juntou rapidamente suas sacolas e colocou as alças nos braços. — É muita esculhambação morar nessa casa da bexiga.

Sem dizer mais, Lucinéia se encaminhou à porta, mas a tia a deteve pelo braço com força.

— Você não vai saindo assim não. Quero revistar suas coisas. Como vou saber se não está roubando nada que é meu?

Furiosa, Lucinéia se voltou. Sabia que Zefinha era bem capaz de chamar a polícia pra ela se não obedecesse. Enquanto a tia esvaziava as sacolas sobre o sofá, Lucinéia se lembrou, com medo, dos últimos dez reais que guardara no fundo de uma das bolsas. E se a tia tomasse dela seu único dinheiro?

Não demorou para Zefinha localizar a cédula bem dobradinha no fundo da sacola. Apanhou a nota e a sacudiu diante dos olhos assustados de Lucinéia.

— Então você estava mesmo me roubando?

— Não... esse dinheiro é meu.

— Como seu? Tudo o que você tinha eram aqueles cinquenta reais que me deu.

— Eu guardei esses dez, se fosse precisar deles.

— Mentirosa! Estava me roubando na cara dura. Vou denunciá-la à polícia. De fato, de burra você não tem nada.

Como uma imensa onda, a raiva começou a se avolumar no íntimo de Lucinéia. Sua tia era muito abusada e, se ela não fosse esperta, Zefinha a deixaria sem nada.

— Tia, devolve o meu dinheiro — ela pediu, em tom tranquilo para disfarçar a revolta.

— Não vou devolver porque isso é meu. Vou chamar a polícia agora mesmo. Tenho telefone em casa para essas coisas — disse Zefinha dirigindo-se ao aparelho.

Lucinéia deu um salto e, num gesto rápido, conseguiu arrebatar a nota das mãos de Zefinha. A tia a olhou assustada e irritada:

— Que mal eu fiz em acolher na minha casa uma cobra como você!

— Tia, esse dinheiro é meu. Não vou falar mais. Me deixe ir embora em paz.

— Você me roubou... esse dinheiro é meu porque você não tinha nada.

Aquela ladainha nunca teria fim, uma acusando e outra negando, e Lucinéia percebeu isso. A raiva que sentia da tia venceu de vez e veio à tona quando Lucinéia explodiu:

— Eu não roubei nada e não falo isso de novo. Esse dinheiro veio na minha sacola e vai voltar pra ela. E se quer chamar a polícia, pode chamar. Não tenho medo.

— Tem certeza?

— Mas eu vou virar a moléstia com a senhora se fizer isso. Sou maior e mais forte. E a senhora parece um tamborete de cabaré. Tenta a tua sorte que eu vou tentar a minha.

Zefinha empalideceu. Se Lucinéia resolvesse agredi--la, ela sairia em desvantagem. A sobrinha era bem mais alta que ela e, raivosa como estava, poderia até matá-la de pancadas.

— Vou sair daqui e a senhora vai ficar pianinho. Se fizer barulho, volto e lhe dou uma sova.

Pouco depois, Lucinéia recolocou suas coisas na sacola e bateu a porta atrás de si. Zefinha correu para a janela para acompanhá-la. Já estava ancitecendo e ela não fazia a menor ideia de para onde a sobrinha iria. De qualquer forma não era problema dela. E como se nunca tivesse conhecido Lucinéia, Zefinha foi para o banheiro se refrescar com um bom banho.

Lucinéia caminhava totalmente sem rumo. Não faria nenhuma diferença subir ou descer a rua, dobrar a esquina à direita ou à esquerda. Não sabia para onde ir, nem a quem procurar. Seu único objetivo quando saíra de Icó era encontrar a tia em São Paulo. A decepção fora imensa, mas servira para que Lucinéia compreendesse que era capaz de caminhar com as próprias pernas.

As lágrimas desciam por seu rosto, mas ela as enxugava furiosamente. Sabia que não iria longe com apenas dez reais. A fome apertaria e ela precisaria de um lugar para dormir. Mas onde?

Finalmente, depois de horas de caminhada, Lucinéia se permitiu sentar-se em uma praça, na grama. Já passava das dez horas e as ruas iam se tornando mais vazias e silenciosas a cada instante. O estômago de Lucinéia roncava, pois ela não havia jantado na casa da tia. Não podia se dar ao luxo de gastar seu último dinheiro à toa. Tinha que fazer bom uso dele, mesmo que não soubesse como.

Lucinéia foi se ajeitando na grama, próxima a uma grande árvore. Dormiria ali esperando que nada lhe acontecesse durante a noite. Torceu para que não chovesse. Usou duas bolsas como travesseiro e a outra ela segurou firmemente. Pensou em Jamilton e orou para que ele pudesse ajudá-la.

— Nóis tava enganado, Jamilton. Viajar pra São Paulo não era um sonho. Era um pesadelo — balbuciou Lucinéia, como se o irmão estivesse ali para ouvi-la, e adormeceu.

Capítulo 18

Adriano parou diante da porta do apartamento de Fabrício e respirou fundo antes de apertar a campainha. Segurava uma sacola branca com cuidado para que a sopa que Andressa preparara não entornasse. Ele tinha quase certeza de que Fabrício não comeria, mas insistiria o quanto fosse preciso.

Embora fizesse quase dois meses que não via Fabrício, Adriano poderia jurar que o amigo não estava se alimentando devidamente. Se Fabrício recusava visitas e não atendia a nenhum telefonema, poderia significar que entrara em tal estado depressivo que estava recusando qualquer alimento. E Adriano estava bem perto da verdade.

Enchendo-se de coragem, ele tocou a campainha. Era preciso convencer Fabrício a voltar a trabalhar. No consultório, muitos pacientes já haviam reclamado a ausência dele. Algumas pessoas passaram a se tratar com Adriano, mas outras exigiam a volta de Fabrício, pois só se sentiam confortáveis e seguras se ele estivesse ao lado do divã.

Observando o olho mágico da porta, Adriano notou quando uma sombra cobriu a porta pelo lado de dentro, mas não houve nenhum movimento na maçaneta.

Fabrício estava espionando e não queria abrir a porta. Adriano, fingindo nada ter notado, tocou a campainha novamente, mas o amigo não se moveu.

Adriano tivera certo trabalho para entrar no condomínio. Segundo o porteiro, Fabrício deixara ordens expressas de que não aceitaria visitas. Ele se perguntou se os pais dele também estariam proibidos de subir. Acreditava que sim, já que Fabrício tinha se fechado em seu próprio buraco negro. Adriano insistiu até o porteiro se assustar. Disse que Fabrício estava doente e que, se o porteiro não autorizasse sua entrada e o amigo saísse prejudicado, ele processaria o prédio e o próprio porteiro.

— Você me conhece e sabe que sou amigo de Fabrício há muitos anos. Sabe que eu só quero ajudar, que penso no bem-estar dele. Contudo, se você proibir minha subida, além de processar você e o condomínio, saio daqui direto para a delegacia.

— Mas são ordens dele...

— Seu emprego não vale mais do que um processo, não é mesmo? — retrucou Adriano com a intenção de deixar o funcionário do condomínio bastante alarmado.

— Então vou interfonar pra ele e...

— Ele não vai me deixar subir se você avisar. Por favor, abra o portão para que eu suba... e faça isso sem avisar ao Fabrício.

— Só que eu posso ficar desempregado da mesma maneira.

— Prometo que o seu emprego você não perde — garantiu Adriano, sorrindo.

Resignado, o porteiro cedeu passagem para Adriano. E agora ele estava diante da porta de Fabrício, apertando insistentemente a campainha.

— Fabrício, eu sei que você está aí. Abra a porta porque preciso falar com você.

Não houve nenhum movimento, mas Adriano não desistiu:

— Abra a porta. Ou será que vou ter que tocar minha flauta mágica?

Como tudo continuou em silêncio, Adriano colocou o dedo no botão da campainha e ficou pressionando, insistentemente. Enquanto aguardava, começou a cantarolar uma canção de Tim Maia. Quando ouviu o barulho das trancas, ele sorriu vitorioso.

Fabrício abriu a porta com expressão zangada e reclamou:

— Você é chato, hein? Aguentar, ao mesmo tempo, o barulho dessa campainha e você cantando desse jeito horrível estoura qualquer tímpano.

Adriano já estava abrindo a boca para argumentar, quando encarou Fabrício e empalideceu. Jamais poderia esperar por aquela imagem que tinha à sua frente.

Aquele que estava diante dele em nada lembrava o Fabrício psicólogo. O homem que lhe abriu a porta era magro, tinha o rosto fundo e encovado, uma espessa barba negra, que lhe cobria o rosto, e olhos vítreos, como os de um peixe fora d'água.

— Desculpe, mas o senhor é o pai do Fabrício? — ironizou Adriano para disfarçar o choque. — Ou será que toquei no apartamento errado?

— O que você quer aqui? — Fabrício esticou o braço e colocou a mão na parede, bloqueando qualquer tentativa de Adriano de entrar em seu apartamento.

— Na verdade eu vim conversar com... — fortes latidas se fizeram ouvir no interior do apartamento e Adriano concluiu: — Dimas. Vim aqui ver o Dimas, portanto, o senhor queira me liberar a passagem, por obséquio.

Sem esperar resposta, Adriano empurrou com a mão livre o braço de Fabrício e invadiu o apartamento rapidamente, antes que o outro o empurrasse para fora. Como já conhecia o ambiente, foi diretamente para a cozinha e colocou a sacola com a sopa em cima da mesa.

Dimas, o cachorro labrador, surgiu correndo, o rabo balançando como um pêndulo. Aproximou-se de Adriano e pôs-se a latir animadamente. Adriano se abaixou e coçou a cabeça do animal, levando-o a saltar de alegria.

Enquanto acariciava o cachorro, Adriano olhou de esguelha para Fabrício, que entrava na cozinha nesse momento. Dimas estava bem tratado, sinal de que Fabrício não o deixara sem comida. Mas o mesmo não se dizia do amigo. Adriano juraria que ele tinha perdido uns quinze quilos desde a última vez que o vira.

— Como você está, meninão? — perguntou Adriano ao cachorro e recebeu um latido feliz como resposta. — Eu estava com saudade de você, sabia? Esse seu dono malvado tem levado você para passear na rua?

— Adriano, como você conseguiu subir? — perguntou Fabrício friamente.

— Vim pelo elevador. Eu também poderia ter subido pelas escadas — respondeu Adriano, sarcasticamente, enquanto continuava a brincar com Dimas.

— Eu dei ordens na portaria para que não deixassem ninguém subir.

Adriano se levantou, sorriu e se aproximou de Fabrício, esticando a mão em cumprimento.

— Eu não sou *ninguém*. Meu nome é Adriano, sou psicólogo e estou à procura de um colega meu. Sabe se ele mora aqui?

Fabrício ignorou a mão estendida e resmungou:

— Você sabe que eu quero ficar sozinho. É justo que o meu desejo seja respeitado.

Sem responder, Adriano caminhou na direção da grande sala, já que Fabrício, alguns anos antes, unira seu apartamento com o de Simone, tornando-o um só.

Pesadas cortinas marrons escureciam o ambiente, mantendo um ar fúnebre e triste no local.

— Essa sala escura é a nova tumba do faraó? — desdenhou Adriano.

— Diga o que quer, afinal. Você me tirou do sono e não me deixou de bom humor.

— Será? — sem esperar pela resposta, Adriano seguiu para o quarto em que Fabrício dormia. Viu a cama bem-feita e entendeu que o amigo não estava dormindo, pelo menos não ali. — Tem certeza de que estava dormindo?

— Você está me aborrecendo. Se não sair, serei obrigado a interfonar para a portaria e pedir que alguém o acompanhe até a saída.

— É mesmo? Então vamos ver se você tem coragem de fazer isso com o seu melhor amigo. Vai, usa aquele interfone, quero ver!

Embora estivesse furioso com a intromissão de Adriano, Fabrício não poderia negar que gostava da insistência do amigo. Quando ele colocava alguma coisa na cabeça, ninguém conseguia fazê-lo mudar de ideia.

— Você não vai interfonar para ninguém porque nunca faria isso comigo — Adriano se aproximou e mediu Fabrício de cima a baixo. Por fim, decidiu: — Tire a camisa que eu quero ver uma coisa.

— Além de chato e inoportuno, você assumiu sua homossexualidade?

— Assumi. E vim aqui dizer que amanhã vou pedir o divórcio a Andressa, porque estou loucamente apaixonado por você — afirmou Adriano, muito sério.

Fabrício teve que apertar os lábios para não sorrir. Adriano era engraçado, mas ele não podia dar o braço a torcer. Sorrir significaria que ele esquecera o que havia acontecido com Simone e isso seria uma traição a ela.

— E estou falando sério sobre você tirar a camisa. Anda, tira logo.

— Que diabos você quer ver? — embora sob protesto, Fabrício tirou a camisa. — E agora? Vai me mandar tirar a calça também?

— Embora meu sonho seja vê-lo nu, vou deixar essa parte pra outro dia.

Erguendo as sobrancelhas, Adriano examinou o tórax de Fabrício detidamente. Dava para ver suas costelas salientes, e ele se perguntou como o amigo ainda não desmaiara de fome. Comentou com Fabrício:

— Seus ossos estão fazendo rebelião. Eles querem sair de debaixo de sua pele.

— Você veio aqui para me chamar de magro? — questionou Fabrício, irritado, vestindo a camisa novamente.

— De gordo é que eu não poderia chamá-lo — replicou Adriano, sorridente.

Dimas se aproximou e tentou brincar com o visitante outra vez, mas Adriano o ignorou e assumiu uma expressão mais séria ao dizer:

— Fabrício, vim aqui numa boa porque você sabe o quanto eu gosto de você e prezo nossa amizade. Você recusou todas as minhas tentativas de visita e meus telefonemas... — de repente, como se lembrasse de algo, olhou para os lados e perguntou: — O Bruno está aqui com você?

— Não. Ele está morando com meus pais.

— Folgado! Nem cuidar do próprio filho você quer mais. Daqui a pouco vai mandar o Dimas para a casa da sua mãe também.

— Já que, pelo jeito, você vai demorar, é melhor nos sentarmos no sofá.

Enquanto se sentava, Adriano notou, sobre um móvel da sala, muitos porta-retratos de Fabrício com Simone e imaginou se aquilo estaria fazendo bem ou mal a ele.

— Por que você quis se isolar, Fabrício? — era uma pergunta difícil de ser respondida e Adriano sabia disso.

— Como acha que eu deveria ter ficado depois de ver minha esposa definhar com aquele câncer desgraçado? Acha que eu deveria ter soltado rojões no dia do enterro dela? Ou mesmo antes, quando ela estava na cama, gemendo de dor, sua pele sendo perfurada pelas injeções de medicamentos? Você diz isso porque Andressa está bem de saúde. Sendo assim, não tente me criticar porque eu não vou permitir.

— E você pretende continuar sofrendo como um cão tuberculoso até quando? — a tentativa de Adriano de fazer Fabrício sorrir não surtiu o efeito desejado. Na verdade, passou longe disso.

— Minha vida acabou junto com Simone. Por que ninguém entende isso?

— Sua vida não acabou junto com ninguém e você sabe bem disso. Você acha que Simone ficaria feliz em vê-lo nessa situação? Pelo que eu pude conhecer dela nesses anos em que vocês ficaram juntos, ela foi uma mulher forte, de muita fibra, que cuidava da casa, do filho e de você. Ela jamais desejaria vê-lo se acabar aos poucos.

— Pare de tocar no nome de Simone — Fabrício tentou se irritar, mas tudo o que conseguiu foi cair num pranto convulsivo.

— Não adianta taparmos o sol com a peneira. Mais cedo ou mais tarde, você terá que encarar a vida, que continua para você aqui na Terra.

— Por quê? A dela continuou em algum lugar por aí?

— Quem pode negar isso? Andressa vem estudando assuntos ligados à espiritualidade. Ela diz que esse é um tema sério e complexo e que muitas pessoas hoje em dia não acreditam que a vida termina quando o corpo morre.

— Essa é uma crença consoladora que o ser humano criou porque ninguém gosta de pensar no nada. Acho que as pessoas deveriam abrir os olhos e enxergar a realidade.

Morreu, acabou. Falta energia e as luzes se apagam. Assim é a vida. A energia vai embora e só fica o nada, o escuro.

— Então se acende uma vela e a escuridão deixa de ser completa — argumentou Adriano. — Eu não sei muita coisa sobre esse assunto porque só li dois livros que a Andressa me emprestou. Gostei dos dois e posso lhe emprestar, se você quiser.

— Não quero ler nada, muito menos sobre esse tipo de assunto. Esse papo de vida após a morte é pura história pra boi dormir. Só quem acredita nisso são as pessoas ignorantes. Desculpe-me se eu coloco a Andressa no meio.

— Eu posso trazê-la aqui para conversar com você?

— Não acabei de dizer que não quero? Ninguém vai me convencer de que a Simone continua viva. Se ela estivesse mesmo viva, já teria voltado para me avisar, para que eu a visse outra vez. E por que nada disso aconteceu?

— A Andressa diz que os espíritos necessitam de autorização para voltarem à matéria, além de terem necessidade de estar bem equilibrados.

— Você é um homem da ciência, assim como eu. Como pode acreditar nessas lendas?

— Não são lendas. E, se quer saber, existem vários cientistas, muito mais renomados que nós, que estudam fenômenos ligados à sobrevivência da alma após a morte.

— Conversa...

— Por que é mais fácil pensar pelo lado negativo que pelo positivo?

— Adriano, é uma questão de lógica e de raciocínio. Nós somos feitos de carne e a carne não tem vida. Quando morremos, tudo se acaba. Quantos espíritos você conhece que voltaram para falar com você? Quantos você já viu na sua frente? Tenho certeza de que nenhum.

— Fabrício, é uma questão de lógica e de raciocínio — repetiu Adriano. — Tome como exemplo Simone. Ela era uma mulher cheia de vida, cheia de brilho e energia.

De repente, ela está dentro de um caixão para ser velada — ele falava devagar, medindo as palavras, pois sabia que mencionar Simone era um terreno perigoso. — Quando olhei para aquele corpo inerte, me perguntei para onde teria ido toda aquela vida, toda aquela energia. Dava para saber que ela saíra dali, como uma borboleta deixando o casulo para trás. A força que animava seu corpo havia partido. Nenhuma doença, por pior que fosse, poderia dizimar sua vida, porque, segundo Andressa, a vida é nosso espírito e...

— Já basta, Adriano. Não quero ouvir mais esse assunto. Estou falando sério, se você for continuar com esse papo, prefiro que vá embora.

Adriano suspirou, mas deu o assunto por encerrado. Talvez ainda fosse cedo para tratar disso, já que Fabrício mostrava-se arredio e irritadiço. Quando a maré baixasse um pouco, ele levaria Andressa, que aprendera mais sobre espiritualidade que ele, para conversar com Fabrício.

— Seus pais não vêm aqui visitá-lo? — perguntou Adriano como forma de mudar de assunto.

— Às vezes eles trazem o Bruno. Mas, diferentemente de você, eles têm semancol e não ficam demorando e nem falando abobrinha.

— É que eu sou um cara extremamente chato. Tão chato que os pacientes estão exigindo seu retorno. Acho melhor você voltar a assumir o controle da situação antes que a gente perca nossos clientes.

— Não pretendo voltar a exercer a profissão — determinou Fabrício.

— Ah, é? E vai fazer o quê? Dançar seminu em boates noturnas?

— Eu não estou em condições de acompanhar o tratamento de ninguém. Imagine se um paciente chorar me contando seus problemas e eu começar a chorar junto? Estou muito emotivo e realmente não tenho como fazer isso. Quem sabe daqui a uns dois ou três anos?

— Três anos? Por que não diz logo vinte anos? Sabe o que eu acho? Que você está com condições de atender aos pacientes sim, só está um pouco enferrujado. Pode começar treinando comigo — dizendo isso, Adriano se deitou no sofá e colocou a cabeça sobre as pernas de Fabrício. — Finja que estou no divã e que vim me consultar.

— Quer tirar a cabeça do meu colo? Estou começando a acreditar que aquele papo de você ser gay era sério.

— Vim aqui porque preciso de orientação. Estou apaixonado pelo meu melhor amigo. O que devo fazer? — Adriano falava e fazia caretas como se estivesse em profundo sofrimento.

Fabrício não teve outra opção a não ser rir. Adriano era mesmo um palhaço. O próprio Fabrício ficou espantado ao perceber que fazia muito tempo que não sorria. Já tinha se esquecido da sensação boa que um sorriso podia trazer ao corpo.

Adriano ergueu a cabeça e, quando viu o sorriso disfarçado pela barba de Fabrício, soube que sua visita tinha sido bem-sucedida.

— O que eu devo fazer quanto a isso? — perguntou Adriano, continuando com a brincadeira.

— Deve começar parando com essa safadeza — respondeu Fabrício, empurrando a cabeça de Adriano de cima de suas pernas.

— O quê? Será que meus olhos me enganaram ou você estava sorrindo?

— Vá cuidar da sua vida, cara — ordenou Fabrício, mas dessa vez ele falava em tom divertido.

Eles continuaram a conversar, e Adriano insistiu mais duas vezes para que Fabrício voltasse ao consultório, entretanto, ele alegava que ainda não estava preparado para auxiliar outras pessoas. Antes, era preciso que ele ajudasse a si mesmo.

Finalmente Adriano se despediu. Abraçou o amigo e prometeu que voltaria ainda naquela semana. Depois que ele partiu, Fabrício olhou com desinteresse para a sopa que Andressa lhe enviara, abaixou-se e afagou a cabeça do cachorro. Dimas olhou para o seu dono com admiração, pois havia tempos ele não via Fabrício com o humor tão leve.

Capítulo 19

Pela primeira vez em muito tempo, Fabrício percebeu que estava com fome. Não se lembrava da última vez em que se alimentara decentemente. Ele cozinhava melhor que Simone e, nos últimos tempos, ela nem ia mais à cozinha. Na realidade, ela mal saía da cama.

Como que para afugentar as lembranças, Fabrício se dirigiu ao banheiro. Tomaria um bom banho e faria a barba. Em seguida, consultaria sua despensa pra ver se conseguiria fazer um bom almoço.

Conferiu o pratinho com a ração de Dimas para ver se estava abastecido. Ele podia não sentir fome, mas não deixara faltar alimento para o cachorro. O único que merecia sofrer era o próprio Fabrício, e Dimas, embora fosse visível que sentisse falta da dona, não parecia tão abalado quanto ele.

Tomou um banho demorado, que pareceu lavar sua alma. Enquanto se ensaboava, reparou que Adriano estava coberto de razão. Seus ossos estavam extremamente salientes. Ele não tinha a menor ideia de quantos quilos emagrecera nos últimos dois meses. Quando fez a barba, quase se espantou com o novo rosto que surgiu no espelho.

Fabrício nunca fora adepto de deixar a barba crescer, mesmo porque não era de bom-tom um psicólogo barbudo. Desde que Simone se fora, ele perdera toda a motivação e deixara de lado os cuidados com a própria aparência. Mas agora, em sua autoanálise, Fabrício notava detalhes que passaram despercebidos até então ou que ele se recusara a enxergar.

Quando terminou sua higiene pessoal no banheiro, foi até a cozinha. Decidiu deixar a sopa trazida por Adriano para o jantar. Revistou os armários e apanhou um pouco de arroz e feijão para cozinhar. Na geladeira havia três ovos, que sua mãe deixara em sua última visita, e Fabrício considerou suficientes para uma omelete. Algumas folhas de acelga e rúcula ainda frescas dariam uma boa salada. Para quem mal vinha comendo, seria um banquete majestoso.

Depois que acabou de comer e de lavar as louças, notou que havia umas maçãs na fruteira. Lembrou-se de que pedira Simone em namoro assim que ela terminou de comer uma maçã. E a pedira em casamento dentro do banheiro. Na época, Simone achara graça e por muitos anos eles riram juntos quando se lembravam desses fatos.

Depois que secou o último talher, Fabrício voltou para o quarto com Dimas. Ele sabia que era preciso fazer uma faxina geral na casa, não tanto por causa da poeira, já que Eloá, sua mãe, limpava o apartamento sempre que ia visitá-lo, mas para averiguar o que manteria em seus guarda-roupas e o que doaria. Até aquele dia ele conservara o guarda-roupa de Simone como um altar sagrado, que não podia ser tocado.

Algo do que Adriano lhe dissera fora absorvido, embora ele não acreditasse em vida após a morte. Achava o tema um absurdo e não entendia como pessoas estudadas e cultas poderiam perder seu tempo com algo tão banal. De qualquer forma, isso não era problema dele.

Respirou fundo e abriu a primeira gaveta de Simone, que continha peças íntimas, cuidadosamente dobradas e organizadas. Colocou algumas calcinhas sobre a cama e, quando tirou a segunda leva, notou um papel branco dobrado.

Fabrício desdobrou a folha e sentiu o coração bater mais forte ao reconhecer a letra de Simone. Ela havia escondido a mensagem em sua gaveta, pois sabia que Fabrício nunca mexia ali. A mensagem estava datada e, fazendo as contas, ele descobriu que Simone escrevera aquilo dois dias antes de ser internada definitivamente no hospital. Passou rapidamente os olhos pela longa mensagem, escrita em frente e verso, como se pudesse ler tudo de uma vez. Contendo a impaciência, ele se sentou na cama e começou a ler desde o início. A mensagem não continha destinatário, o que não era necessário. Logo nas primeiras linhas, os olhos de Fabrício se encheram de lágrimas. A carta dizia:

> *Eu imagino que, quando você estiver lendo estas palavras, não estarei mais aqui, e por isso não me sinto culpada em confessar que estou pressentindo minha morte. Não vou contar isso para você pessoalmente para que não fique desesperado, mas eu sei o que está acontecendo comigo. Sinto que estou morrendo aos poucos. As dores que me consomem dia e noite não me deixam esquecer de que o meu fim está próximo. Não acredito que eu vá viver mais de duas semanas a partir de hoje e me entristeço com isso, não por ter medo da morte, porque eu não tenho, e sim por abandonar você e Bruno.*
>
> *Nosso filho amado não merece ficar órfão de mãe porque é um garoto maravilhoso. É educado, saudável, bonito e inteligente. Sempre foi meu orgulho, um bem precioso, e jamais me constrangeu ou me causou qualquer aborrecimento. Lamento estar*

de mãos amarradas e não poder fugir daquilo que o destino me preparou. Jamais deixaria vocês sob outras circunstâncias e você, Fabrício, sabe disso.

A única vez em que o abandonei foi quando você deu excessiva atenção para a loira, lá no Parque do Ibirapuera, lembra? Eu vim correndo para casa porque senti ciúme de você, apesar de aquele ter sido o dia em que nós nos conhecemos. Isso eu também não confessaria pessoalmente para você, mas aqui posso dizer: acho que me apaixonei por você assim que ouvi as marteladas que me acordaram naquele domingo.

Você, Fabrício, foi a melhor pessoa na minha vida, a melhor coisa que me aconteceu. Quando meu pai morreu, em São José dos Campos, e eu me mudei para São Paulo, não imaginaria que estava indo ao encontro da minha felicidade. Você viu como Deus faz as coisas certas? Eu comprei o apartamento ao lado do seu e isso aconteceu para que nos conhecêssemos. E, se não fosse assim, seria de outra forma, porque você estava predestinado para mim. Eu sempre acreditei nisso, mas se eu dissesse, você ficaria muito convencido.

As lágrimas de Fabrício pingavam no papel, que ele segurava com as mãos trêmulas. Ele lia a carta e era como se escutasse a voz de Simone dizendo tudo aquilo. Era como se ela estivesse parada ali, diante dele. Enxugou o rosto antes de dar continuidade à leitura:

Hoje, enquanto escrevo, não me sinto tão dolorida. Há dias em que as dores rasgam o meu corpo, e eu imploro em silêncio para morrer. Quando estou sozinha, no quarto, eu me entrego às dores e permito que elas me invadam, me causando muito sofrimento. Só que, quando eu o vejo entrar no quarto, tenho que controlá-las para que você não note. Não quero que sofra junto comigo. Se eu estou doente, o sofrimento é unicamente meu. Não acho justo que você e o Bruno sofram comigo. Bem... agora nada disso importa, não é mesmo? Eu não estarei mais com vocês, mas quero que entenda que eu omitia a minha dor por amor a você.

Eu fui uma mulher de sorte, já que tive um filho de ouro e um marido brilhante. Você e Bruno são minhas riquezas, são um achado para qualquer mulher, e eu tive essa sorte. Pude estar ao seu lado por dez maravilhosos anos. Sabe o que isso representou para mim? A compreensão de que a felicidade existe. Pode não durar para sempre, afinal nada dura, mas deve ser muito bem aproveitada enquanto existe. Estar ao seu lado era como viver em um conto de fadas. Você me mimava como a uma criança e eu confesso que sempre adorei tudo isso.

Quando viajamos para o Nordeste em lua de mel, experimentei alguns dos melhores dias de minha vida. Você foi demais: carinhoso, engraçado, companheiro e ótimo esposo. Como eu me divertia quando a Dóris, nossa vizinha fofoqueira, tentava nos inspecionar e você a afastava sem perder a classe. E quando nós brigávamos quando queríamos mudar os móveis do apartamento de lugar? Eu fechava a cara, mas quando você virava as costas, eu morria de dar risada e acho que você sabia disso.

Você também sabia o que eu pensava e a única coisa que jamais soube foi que eu me fiz de forte enquanto pude. A doença me venceu, mas eu não me sinto derrotada. Sabe por quê? Porque a minha recompensa ela não conseguiu me tirar, pois eu tive você ao meu lado em quase todos os minutos.

Sei que você fazia vigília ao lado da cama enquanto eu dormia. Peço desculpas por não ter conseguido participar dos festejos de fim de ano, porque naquelas noites tudo o que eu conseguia fazer era dormir. Confesso que estou admirada por estar conseguindo escrever tantas palavras. Agora vou ter que parar. Sinto que as dores estão voltando.

Antes de concluir, quero relembrá-lo de que o amo muito, mas você sempre soube disso, não é mesmo? Quero que, ao terminar de ler tudo isso, você não se sinta culpado de nada. Não quero que tenha nenhuma espécie de remorso, pois eu fui muito bem amparada por você em todos os momentos. Quero agradecer por ter sido tão maravilhoso comigo. Se eu não puder fazê-lo depois, aproveito para deixar saudações para os seus pais e para o Adriano e a Andressa. Eles são pessoas maravilhosas, assim como seus pais. E, claro, um imenso beijo para nosso Bruno e, para você, todo o meu amor. Saiba que, de onde eu estiver, continuarei a amá-lo muito.

Com carinho,
Simone.

Fabrício terminou de ler em meio a soluços angustiados. Muito do que estava escrito ali ele nem sequer imaginava. Simone confessava seu amor por ele, mas também admitia que sofrera muito mais do que Fabrício pudera imaginar. Ela sofrera em silêncio para que ele não sofresse ainda mais. Parecia uma parcela mínima diante do quadro geral da situação, mas Simone só queria preservá-lo de maiores sofrimentos.

Fabrício ainda releu a carta mais duas vezes e sabia que a leria ainda muitas outras. Por mais incrível que parecesse, a carta escrita por Simone parecia aproximá-los e só fez com que ele a amasse ainda mais. Depois de dobrar a carta com cuidado, ele largou-se na cama, deitando por cima das calcinhas que tirara da gaveta. Sem se preocupar em enxugar o rosto, olhou para o teto murmurando em voz alta:

— Não, Simone. Eu que fui premiado por ter tido você como esposa. Você foi maravilhosa para mim. Me perdoe se eu não lhe dei o valor merecido. Eu te amo muito, e se você puder me ouvir, vai saber que...

Subitamente Fabrício parou de falar. Simone estava morta, e ele falava com a esposa como se ela pudesse ouvi-lo. A conversa de Adriano sobre a sobrevivência do espírito o deixara confuso. Simone morrera e não voltaria jamais.

Porém, se era assim, por que, no fundo do seu ser, ele tinha a certeza de que Simone iria escutá-lo? Por que ele sentia que, em algum lugar muito distante dali, ela ainda vivia linda e amada como sempre fora?

***

Era preciso fazer aquilo, ainda que a machucasse profundamente, ainda que tivesse que reviver o passado novamente. Ela não podia continuar deitada numa cama, inerte, apenas chorando e lamentando a morte de Douglas. O filho seria totalmente contra aquilo e Fernanda sabia. Por isso, ela reunira toda a coragem para tentar compreender o que realmente havia acontecido na noite em que Douglas morrera no acidente.

Fernanda fora informada de que Douglas estava no carro de um tal Marcelo, que batera o veículo por estar muito embriagado. Artur descobrira mais tarde que alguém, que provavelmente estava na festa, havia furado os pneus de vários carros de convidados e, entre eles, o de Douglas. Juntos, Artur e Fernanda haviam chegado à conclusão de que o filho fora embora de carona porque seu carro estava inutilizável, embora Fernanda nunca tivesse entendido por que o filho não voltou de táxi ou telefonou para a seguradora imediatamente.

Como um náufrago que se apega a uma tábua de salvação, Fernanda se apegou às lembranças do filho depois de sua morte. Isso incluía suas roupas, medalhas conquistadas na escola, seu material do curso de medicina e suas fotografias. Quando Artur esvaziou o quarto de Douglas sem que Fernanda soubesse, ela achou que seu mundo acabara mais uma vez. Agora, vinha dedicando todo o seu tempo a dormir. Bebia os chás preparados pela senhora Haruo e dormia logo em seguida. Fernanda achava isso bom, pois era uma maneira de se desligar do mundo, de tentar afugentar da cabeça a ideia de que não tinha mais o filho a seu lado.

Fernanda e Artur mal vinham conversando nos últimos dias. Ela não conseguia perdoá-lo por aquilo que considerava uma traição. Ela era a mãe de Douglas, fora muito mais ligada ao filho que Artur, portanto a ela caberia a tarefa de dar um destino aos pertences dele. Só que seu marido interferira e ainda agira pelas suas costas. Para isso não haveria perdão, ao menos não tão cedo.

Naquela manhã de sábado, sem saber por quê, Fernanda acordou com uma ideia na cabeça. Sabia que no carro em que Douglas estivera havia três pessoas: ele, Marcelo, o motorista, e Franciele, a ex-namorada do filho. Fernanda sabia também que Marcelo fora o que tivera mais sorte, pois saíra do acidente praticamente sem nenhum arranhão no corpo. Só agora ela conseguia raciocinar com mais clareza e até se perguntava se Douglas e Franciele teriam reatado o namoro, já que estavam no mesmo veículo. Franciele sobrevivera e era a única pessoa que podia lhe contar o que tinha acontecido, já que Fernanda não sabia onde poderia localizar Marcelo.

Uma das poucas coisas que Fernanda descobriu no fundo de uma gaveta da cômoda de Douglas foi uma caderneta. Funcionava como uma agenda, e nela encontrou vários telefones e endereços de amigos do filho. Também ali Douglas havia marcado as datas de suas últimas provas na faculdade e alguns termos médicos que Fernanda não compreendeu. Ela procurou algum contato com o nome Marcelo, mas não encontrou nenhum. No entanto, viu o nome de Franciele. Estava escrito entre parênteses, e Fernanda nunca saberia por quê.

Ela telefonou para a casa da moça e falou com a mãe dela. Perguntou se poderia conversar com Franciele sobre o acidente, mas a mulher foi bastante ríspida dizendo que sua filha não desejava contato com ninguém. Pouco antes de ela desligar, Fernanda acrescentou rapidamente:

— Sou mãe de uma pessoa que estava no mesmo carro que sua filha, mas meu filho morreu — ela quase se engasgou com essas palavras e seus olhos se encheram d'água. — Preciso que ela me diga o que aconteceu. Por favor, a senhora é mãe e deve saber o que estou passando.

Houve um silêncio tão longo do outro lado que Fernanda achou que a mulher havia desligado. Então finalmente ela autorizou:

— Está bem, venha. Mas seja rápida porque minha filha não está recuperada — ao dizer isso, a mãe de Franciele ainda pensou: "E talvez nunca mais esteja".

Fernanda confirmou o endereço e partiu, sem avisar ao marido ou à senhora Haruo para onde estava indo.

Teria que fazer aquilo, mesmo que trazer o passado à tona fosse doloroso, tanto para ela quanto para Franciele. Esperava que a moça a recebesse, embora duvidasse disso. Ela e Franciele nunca foram grandes amigas, pois Fernanda sempre fora contra seu namoro com Douglas. Contudo, agora as circunstâncias eram outras e Fernanda torcia para que tivesse sucesso.

Capítulo 20

Fernanda ficou espantada quando parou diante da casa de Franciele. Era uma bela residência, num bairro muito aprazível. Lembrou-se de Douglas ter comentado que os pais da jovem tinham boas condições financeiras e agora podia constatar que era verdade.

Desceu do carro e tocou a campainha da casa. Uma empregada bem-vestida autorizou sua entrada e a guiou pela ampla sala decorada. Pouco depois, uma senhora bem-arrumada, loira e bonita, se aproximou. Fernanda notou que, embora a mulher estivesse maquiada, estava pálida e com olheiras profundas.

Norma também avaliava a visitante. Concordaria que Fernanda era uma mulher muito bonita, e sua pele negra ressaltava ainda mais sua beleza. Os cabelos escuros e cacheados a deixavam mais jovem, mas Norma notou que, assim como ela própria, havia um olhar de tristeza infinita no semblante daquela mulher. Ela conhecera Douglas numa ocasião em que Franciele o levara para almoçar em sua casa, mas logo depois eles terminaram o namoro. Nunca lhe ocorrera que fosse conhecer a mãe de Douglas somente após a morte do rapaz.

— Queira sentar-se, por gentileza — convidou Norma, indicando o elegante sofá.

— Se possível, eu gostaria de conversar com sua filha — Fernanda mostrava-se ansiosa e tensa. — A senhora me pediu para que eu fosse rápida e pretendo não me demorar. Por favor, não sabe como isso é importante para mim.

— Está bem. Franciele está no quarto. Vou levá-la até lá — Norma indicou a escadaria e baixou o tom de voz. — Não a avisei de que a senhora estava vindo para cá. Franciele está muito traumatizada com o acidente — dizendo isso, Norma tocou na própria perna, e Fernanda compreendeu a que ela estava se referindo.

— Eu entendo — respondeu Fernanda pensando: "E quem não está traumatizado?" E continuou:

— Ela não precisa conversar comigo se não quiser ou se não estiver à vontade.

Norma não respondeu, e Fernanda a seguiu em silêncio. Norma era cardiologista e ela sabia disso. Era uma mulher educada e distinta, mas abalada pelo sofrimento da filha. Ao chegarem ao quarto de Franciele, Norma bateu na porta e uma voz baixinha respondeu lá dentro. Ela abriu um vão da porta e anunciou à filha que ela tinha visita.

— Eu sei que você não quer falar com ninguém, mas essa pessoa é uma exceção. Por favor, Franciele, dê atenção a ela — pediu Norma.

Assim que viu a filha concordar com a cabeça, Norma abriu a porta e cedeu passagem a Fernanda. Antes de fechar a porta pelo lado de fora, repetiu:

— Mais uma vez lhe peço: não se demore e nem a deixe nervosa.

Fernanda concordou fazendo um sinal com a cabeça. O quarto de Franciele era grande e bem-arrumado. Fernanda encontrou a jovem sentada em uma cadeira de rodas automática, com o corpo parcialmente virado para a janela. Da cintura para baixo, um cobertor a envolvia.

— Bom dia, Franciele. Você pode falar comigo? — Fernanda a cumprimentou, sem se aproximar.

Franciele apertou um botão em sua cadeira, que se virou rapidamente, e os olhos dela se fixaram nos de Fernanda. Parecia não haver nenhuma expressão neles.

— Acho que não temos nada para dizer uma à outra — a voz de Franciele saiu num sussurro, e Fernanda mal compreendeu.

— Sei que nunca fomos confidentes e que talvez você guarde certo rancor de mim desde a época em que namorou meu filho — Fernanda caminhou lentamente na direção de Franciele. — Você é a única pessoa que estava no carro com Douglas na noite do acidente.

— O Marcelo também estava — lembrou Franciele, falando um pouco mais alto.

— Mas eu não conheço esse Marcelo e conheço você. Por favor, é muito importante que me conte o que aconteceu.

— Mudaria alguma coisa? — Franciele perguntou sem saber que feria o coração de Fernanda com essa indagação.

— Não, não mudaria... Porém, quem sabe eu possa trazer um pouco de paz ao meu coração se você tentar reconstituir o acidente para mim.

Franciele permaneceu um tempo fitando o rosto de Fernanda em silêncio. Por fim, anuiu com a cabeça, indicou sua cama para que Fernanda se sentasse e, assim que ela o fez, argumentou:

— Devo dizer que minha vida acabou naquela noite, assim como a de Douglas. Por mais que eu me reabilite, nunca mais serei a mesma.

— Eu entendo. Na verdade...

— Não, você não entende — Franciele sacudiu a cabeça e, num gesto brusco, puxou a manta que lhe cobria a parte inferior do corpo. — Minha mãe quer colocar uma prótese aqui. Meu pai garante que, com muito treino, eu voltarei a caminhar quase como antes. Você acredita nisso? Eu não.

Fernanda não respondeu porque olhava para o coto onde antes estivera uma bela perna. O membro fora amputado quase na altura da virilha e ainda se via diversas bandagens envolvendo o local do corte.

— Sinto muito por isso — desculpou-se Fernanda, e dessa vez, foi ela quem falou num sussurro.

— Deve sentir mesmo. Eu não a culpo, sabia? Se antes eu tinha mágoa de você por ter tentado impedir que Douglas namorasse comigo, hoje eu não tenho mais. Você fez o que achava ser certo na época e eu era imatura demais para perceber isso.

— Apesar de tudo, eu nunca a quis como inimiga. Se eu a ofendi de alguma maneira, sou humilde o suficiente para pedir desculpa.

— Não se trata de desculpa, e acho que você não entendeu o que eu disse. Douglas escolheu ficar com a mãe em vez de ficar com a namorada... e sabe por quê? Porque ele a amava incondicional e irrevogavelmente. Vivia mencionando seu nome sempre que saíamos juntos e, quando ele falava em você, notava-se o amor e o orgulho que ele sentia.

Os olhos de Fernanda marejaram com a confissão de Franciele. A moça foi em frente:

— Agora vamos ao que interessa e que a trouxe aqui. Não sei se você já sabe, mas algum engraçadinho havia furado os pneus de vários carros que estavam estacionados. Douglas ia voltar de táxi para casa, mas, por insistência de Marcelo e minha também, ele veio com a gente. Tive minha parcela de culpa no que aconteceu, já que ajudei o Marcelo a convencer Douglas a entrar no carro, contra a vontade dele — Franciele fez uma pausa e apertou o botão de sua cadeira, aproximando-a um pouco mais da cama em que Fernanda estava sentada. — Eu já paguei por esse erro — ela tornou a cobrir o colo com a manta. — Você sabia que eu estava namorando o Marcelo?

— Não, não sabia — admitiu Fernanda.

— Pois é... mesmo assim eu sempre guardei muito afeto pelo Douglas. Eu queria muito bem a ele, sabe? Nunca teria permitido que ele entrasse naquele carro se eu soubesse o que ia acontecer.

— E eu não teria deixado que ele saísse de casa se soubesse o futuro.

— É verdade. Marcelo estava bêbado e dirigia em alta velocidade. Ele gostava de correr, mesmo quando estava sóbrio, mas nunca tinha feito nada daquele jeito. Douglas e eu pedimos que ele parasse o carro, mas Marcelo se fazia de surdo aos nossos pedidos. Eu confesso que fiquei apavorada com a possibilidade de um acidente. Acho que eu estava pressentindo...

— E então vocês bateram?

— Eu nem sei o que aconteceu. Só me lembro de ter acordado no hospital. Mais tarde fui informada de que tinha perdido uma perna e Douglas tinha morrido. Sabe o que me deixa mais aborrecida nisso tudo? É saber que o causador dessa tragédia foi o Marcelo e que ele saiu ileso do acidente. Ele nem sequer veio me procurar para saber como estou. Meu pai disse que vai abrir um processo contra ele, mas isso demanda muito tempo e eu não acredito que vá dar em alguma coisa. Douglas e eu não estávamos naquele carro por obrigação e sim por espontânea vontade. Meu pai vai ter muito trabalho para sustentar esse processo. Já disse a ele que não vale a pena, mas meu pai quer tentar.

— Ele está certo em tentar. Se ele precisar de alguma coisa, diga-lhe que estarei à disposição.

— Isso é tudo? — perguntou Franciele ao ver Fernanda se levantar.

— É sim. Nessa nossa rápida conversa, você me esclareceu duas coisas: que Douglas me amava e que eu estava enganada em não ter aceitado você na família. É uma mulher muito especial, mas não pude enxergar isso na época. Se um dia puder me perdoar, me sentirei mais leve.

Franciele não respondeu, mas esboçou um tímido sorriso, que Fernanda compreendeu como sendo algo positivo. Agradeceu mais uma vez por ter sido atendida e pouco depois se despedia de Norma também. Enquanto dirigia de volta para casa, Fernanda recomeçou a chorar.

Quando entrou em casa seu rosto já estava seco, mas os olhos estavam inchados. A senhora Haruo foi a seu encontro e bastou um rápido olhar para perceber que sua patroa estivera chorando.

— A senhora está bem? — perguntou.

— Estou sim, obrigada. Vou me deitar um pouco.

— Sua mãe telefonou e disse que vai retornar mais tarde. Vou preparar um chá de erva cidreira para a senhora descansar melhor.

— Não, seus chás me dão sono — contrapôs Fernanda com um leve sorriso.

— Melhor ainda, porque assim seu sono será mais confortável — insistiu a senhora Haruo já se dirigindo à cozinha.

Fernanda deu de ombros e subiu ao quarto de hóspedes para o qual se mudara desde que brigara com Artur. Antes de se deitar, telefonou para Jurema. Sua mãe se mostrou bastante preocupada e disse que ela e o marido a visitariam em breve. Fernanda agradeceu pela preocupação e desligou no momento exato em que a senhora Haruo entrava com a bandeja de chá.

— Trouxe umas rosquinhas de chocolate para acompanhar o chá.

— Cuida de mim como se eu fosse um bebezinho.

— Claro, senão eu perco o meu emprego — brincou a senhora Haruo e as duas sorriram.

A senhora Haruo permaneceu no quarto até que Fernanda acabasse de tomar o chá e de comer as rosquinhas. Logo depois, Fernanda começou a sentir que os olhos ficavam pesados e adormeceu. A governanta a observou por alguns segundos e saiu do quarto segurando a bandeja. Fechou lentamente a porta atrás de si.

Quando estava indo para a cozinha, ela viu Artur chegar. Ele parecia cansado e exaurido. Jogou o terno de qualquer jeito sobre o sofá e sorriu para ela:

— Onde está Fernanda?

— Está lá em cima. Ela acabou de tomar o chá e está dormindo.

— Ainda tem bastante em estoque? — Artur baixou o tom de voz.

— Um pouco. Estou usando uma pequena quantidade e ela nem sente nada no chá.

Artur assentiu lentamente com a cabeça e fez um gesto indicando a cozinha. Os dois entraram, e Artur fechou a porta, enquanto a senhora Haruo punha a bandeja com a xícara sobre a pia.

— Temo que isso prejudique a saúde de Fernanda — comentou Artur.

— Não se preocupe. Ela vai ficar bem. São apenas soníferos, que proporcionam algumas horas a mais de sono para ela. Em vez de fazer mal, ela se sentirá muito melhor.

Artur tornou a balançar a cabeça. Esperou a senhora Haruo terminar de lavar a xícara e arrumar a pia. Quando ela terminou, voltou-se para ele, olhando-o fixamente:

— Eu estava com saudades — havia um sorriso malicioso nos lábios dela.

— Do quê? — ele também sorriu e se aproximou mais um pouco.

— De ficarmos assim, tranquilos — ela fechou os olhos.

Então Artur avançou rapidamente e a tomou pela cintura, beijando-lhe os lábios com força. Ela correspondeu na mesma medida e Artur começou a deslizar as mãos pelo corpo da mulher.

— Vamos para o meu quarto? — perguntou ele, mordiscando a orelha da governanta.

— Não podemos. O sonífero que coloquei no chá fará Fernanda dormir apenas umas três horas.

— Tempo mais do que suficiente!

Artur a puxou pela mão e subiram as escadas silenciosamente. Pouco depois se trancaram no quarto dele e se entregaram à paixão na cama macia.

Não era a primeira vez que faziam aquilo. Artur nem mesmo se lembrava de quando fora a primeira vez. Só sabia que fazia muito tempo e que Douglas era ainda muito pequeno. A senhora Haruo trabalhava na casa havia uns dois anos. Artur a princípio apenas reparara nela como uma mulher bonita, mas às vezes ele tinha a impressão de que ela se insinuava para ele. Sempre que o via sem Fernanda ou o filho por perto, ela sorria de modo matreiro, sentava-se de maneira que a saia se suspendesse e curvava o corpo para que os seios ficassem expostos ao máximo.

Aquilo começou a mexer com a cabeça de Artur e, consequentemente, com seus hormônios. O que começou parecendo ser impressão se tornara certeza quando, certa vez, a senhora Haruo passou rente a ele no corredor dos quartos e esbarrou a mão em suas partes íntimas. Artur viu aquilo como uma provocação à sua hombridade e, arriscando seu casamento, praticamente arrastou a babá para o quarto de hóspedes.

Não que ele tivesse deixado de amar a esposa. Estava ciente do que sentia por ela, mas desde que Douglas nascera e ela passara a se dedicar única e exclusivamente ao filho, Artur acreditava necessitar de prazer sexual. Fernanda não o atendia nesse ponto, e ele vinha se frustrando cada vez mais. Até que descobriu o interesse da babá do filho por ele e sua vida ficou colorida outra vez.

Mantiveram o caso no anonimato por muitos anos. Fernanda e Douglas jamais haviam desconfiado de algo. Mas um dia a senhora Haruo disse que estava tudo acabado entre eles. Àquela altura, Artur praticamente dependia dela sexualmente, já que as relações íntimas com Fernanda vinham esfriando ano após ano. Ele implorou, suplicou, questionou e chorou, mas ela estava irredutível. Alegara que, embora gostasse dele, achava errado o que vinha fazendo e que gostaria de pôr um ponto final naquilo.

— Você me diz isso agora, depois de mais de treze anos juntos? — Artur estava inconformado com o rompimento da relação.

— Porque só agora percebi que estou traindo a confiança que Fernanda e Douglas depositaram em mim. Eles são muito bons e não merecem que eu aja pelas costas dos dois.

E esta foi a última palavra da senhora Haruo. Artur ficou desesperado. Fernanda tinha se tornado praticamente uma estranha para ele, pois vivia apenas para o filho. Agora, seu único divertimento, sua única distração para o corpo e para a mente acabava. O que faria dali em diante se as duas mulheres que julgava amar o abandonaram?

Logo após a formatura de Douglas na escola, Artur descobriu que havia outra rota de fuga para ele: a bebida. Foi nessa época que ele passou a beber incontrolavelmente. Prejudicou-se na empresa e, em casa, envergonhava a família. Ele tinha certeza de que tanto Fernanda como Douglas nunca souberam o verdadeiro motivo que o tinha levado a se embriagar até quase perder a consciência.

Tão repentinamente quanto rompera com Artur, a senhora Haruo decidiu, sem mais nem menos, retomar a ligação amorosa com o patrão. Foi quando Artur deixou a bebida abruptamente. Fernanda e Douglas jamais souberam a verdadeira razão que levara Artur ao álcool. Ele preferia que tudo continuasse no anonimato, assim como seu caso com a governanta.

Depois da morte do filho, Artur se entregou de vez à sua paixão secreta. Àquela altura, seu casamento estava definitivamente congelado e ele sabia que Fernanda já não se importaria se ele estivesse com outra mulher. Tudo o que a esposa sabia fazer era chorar e lamentar a morte de Douglas. Claro que ele também ficara profundamente abalado, mas encontrara apoio e consolo com a senhora Haruo. E vinha sendo assim nas últimas semanas.

Artur achara genial a ideia da amante para controlar os frequentes acessos de choro que vinham acometendo Fernanda. A solução, segundo a senhora Haruo, seria adicionar sonífero aos chás que Fernanda bebia diariamente. Dessa forma, ela passaria boa parte do seu tempo dormindo e pararia de culpar o marido e a governanta pelas doações dos pertences de Douglas. Essa era uma maneira de silenciar Fernanda e ambos admitiam que vinha dando certo.

O único detalhe que Artur sempre reiterava era que ele não desejava prejudicar a saúde de Fernanda, mas a senhora Haruo garantia que não haveria perigo algum e que o organismo dela não reagiria à fórmula química que vinha sendo adicionada aos chás que ingeria.

Agora, enquanto Fernanda dormia profundamente, Artur e a senhora Haruo entregavam-se às necessidades físicas de seus corpos. Na mente de ambos, o que os unia e os mantinha ligados há tantos anos era unicamente o amor.

Capítulo 21

A primeira noite em que Lucinéia dormiu na rua foi angustiante. Mal conseguiu pregar os olhos. Tinha a impressão de que estava sendo vigiada por algum malfeitor, como o vendedor de churrascos, ou que tia Zefinha a encontraria deitada ali e a levaria para o agenciador de prostitutas, depois de lhe dar uma boa surra por ter fugido de lá.

Quando as primeiras luzes do sol brilharam, tingindo o céu de um bonito tom alaranjado, Lucinéia decidiu partir. Não sabia onde estava nem para onde iria, nem o que faria com apenas dez reais. Quando se pôs de pé, as vistas escureceram e as pernas falsearam. Achou que ia perder os sentidos, mas conseguiu se recompor e seguiu seu caminho sem destino. Sabia que acabaria desmaiando de fome, mas pretendia resistir ao máximo. Quando finalmente chegasse ao limite, então encontraria um bar e pediria um pão. Não podia se dar ao luxo de beber nada, pois precisava fazer seu dinheiro render o máximo possível.

Assim como no dia anterior, ela caminhou exaustivamente, por horas e horas, puxando suas sacolas e enxugando o suor que lhe molhava a cabeça. Sentia as costas doloridas e as panturrilhas estavam latejando. Não sabia por quanto tempo mais andaria, já que caminhava sem rumo.

Vencida pelo cansaço, sentindo o estômago se apertar de fome, Lucinéia se sentou no banco de uma praça para descansar. Olhou adiante e avistou uma padaria. Reunindo as poucas forças que lhe restavam, ela caminhou lentamente em direção ao estabelecimento. Assim que entrou e aspirou o delicioso aroma de doces e bolos, sua barriga rugiu como um animal machucado.

Lucinéia foi até o balcão, colocou as sacolas ao lado dos pés e sorriu timidamente para o atendente. Foi quando ela percebeu que precisava desesperadamente de um banho, mesmo que fosse de tina, como estava acostumada em Icó.

— O que a moça vai querer? — perguntou o solícito atendente.

— Quanto é aquele pedaço de bolo? — Lucinéia quis saber só por curiosidade, enquanto analisava com vontade o pedaço de bolo que parecia delicioso.

— Quatro reais. A moça vai querer de chocolate, de coco ou trufado?

Ela sabia que não podia se dar ao luxo de gastar quase a metade do dinheiro que tinha com um mero pedaço de bolo. Respondeu:

— Tá muito caro. Quanto é o pão?

— Doce, salgado, bengala ou de batata?

— Oxente! Tem isso tudo, é?

— Claro. Qual a moça prefere?

— O mais barato.

— Quantos?

— Só um.

O atendente, sem perder o bom humor, trouxe num pratinho um pão francês com manteiga, que havia passado na chapa. Lucinéia o devorou em três grandes mordidas e, quando acabou, descobriu que o pão só servira para abrir ainda mais seu apetite. Resolveu arriscar a sorte e pediu mais um. Quando estava comendo o segundo pão, sentiu a garganta seca e pediu também um copo de leite. Sabia que estava abusando, que não deveria consumir tanto, mas a fome falava mais alto. Quando terminou, perguntou o preço de tudo.

— Tudo deu três reais.

— Vixe mãe do céu, isso tudinho? — espantou-se Lucinéia. No fim, sua conta custara quase o valor do bolo que ela desejara inicialmente.

— Sim, é isso mesmo. A moça pode acertar diretamente naquele caixa — ele indicou, e Lucinéia lhe agradeceu.

Enquanto caminhava em direção ao caixa, ela começou a vasculhar o interior de uma das sacolas à procura da nota de dez reais. Não a encontrou e procurou na segunda. Também não estava lá, e ela começou a se desesperar. Só faltava ela ter perdido o dinheiro. Mas não sabia como isso poderia ter acontecido, pois ela não se distraíra.

Lucinéia mal se conteve quando seus dedos tocaram a cédula que estava na terceira sacola. Então, distraidamente, bateu uma de suas bolsas num menino bem-vestido, com cerca de três anos de idade. Não foi um esbarrão violento, mas o garotinho perdeu o equilíbrio, caiu sentado e começou a chorar.

Os pais da criança, que estavam lanchando um pouco mais à frente, ao escutarem o filho chorando, se levantaram no mesmo instante. Ambos estavam tão bem-arrumados quanto o menino, e Lucinéia se deu conta de que deveria estar num bairro em que as pessoas tinham mais dinheiro. Fora sorte seu lanche não ter custado mais caro.

— Ei, sua louca, você não enxerga? Não viu meu filho? — gritou o homem, com ar zangado, enquanto sua esposa, também irritada, erguia o menino do chão.

— Oxente, eu só bati a sacola nele. Eu ia ajudar ele a ficar de pé — justificou-se Lucinéia, assustada com a agressividade verbal do homem.

— E aonde você vai com essas sacolas? — perguntou a mulher, sacudindo o menino no colo, que continuava a chorar. — Parece uma muambeira.

— É assim mesmo, Cristiane. Esse povinho que vem do norte não tem educação. Não sei por que não ficam na terra deles — resmungou o homem, se afastando e puxando a esposa.

O comentário maldoso e preconceituoso do pai do garoto chocou Lucinéia e outros clientes que presenciaram a cena. Ela sentiu o rosto arder como se tivesse levado um tapa. Teve vontade de pagar a conta e sair correndo dali, mas algo a manteve no local. Sua tia e o vendedor de churrascos haviam-na humilhado, mas não tinham o direito de fazer isso, assim como aquele homem também não podia desprezá-la. Se Jamilton estivesse vivo, ficaria muito bravo com aquele sujeito malcriado. E como se o pensamento no irmão lhe desse forças, ela se aproximou lentamente da mesa do homem:

— Tu é valente, mas eu não tenho medo. Sou nordestina sim e sou direita. Sou analfabeta, mas sou de respeito. E se tô aqui em São Paulo é porque quero ser feliz.

O casal olhou enfurecido para Lucinéia, mas não respondeu. A criança continuava chorando, e Lucinéia concluiu:

— O menino nem se machucou. Tá chorando só para aperrear. Tenho pouco dinheiro, mas tenho saúde e sou honesta. Só preciso disso. E fale do meu povo não, porque eu fico virada na bexiga!

O homem empalideceu e trocou um olhar assustado com a esposa, que se manteve quieta. Vendo que não teria resposta, Lucinéia virou o corpo e voltou ao caixa. Dois homens que acompanharam tudo o que tinha acontecido aplaudiram a atitude dela. Uma mulher e outro homem seguiram o exemplo e uma salva de palmas foi concedida a Lucinéia por sua atitude corajosa de desafiar o casal. Depois de pagar sua conta e pegar o troco, Lucinéia saiu da padaria sem saber se ria ou se chorava.

***

A noite chegou rapidamente. Lucinéia perguntara e descobrira que estava numa avenida chamada Doutor Arnaldo. Na região havia um imenso complexo hospitalar e ela notara que havia também mais de um cemitério por ali. Parou diante do portão principal de um deles e ficou pensando se deveria entrar ou não. Estava suja e mal-arrumada, carregando diversas sacolas. Ela se perguntou se não seria detida na entrada. Entretanto, nada aconteceu. Não viu ninguém vigiando a entrada do cemitério e, pouco depois, ela estava andando entre os imensos mausoléus e túmulos.

Lucinéia foi tomada por uma profunda sensação de melancolia. Enterrara o corpo do irmão num local como aquele, porém mil vezes mais modesto. Jamilton ficara numa cidade estranha, no interior da Bahia. Nem morrera em sua terra natal e nem conseguira chegar a São Paulo. Constantemente Lucinéia pensava nele e se recriminava pelo que tinha feito. Não achava correto tê-lo deixado para trás, mas ela não podia fazer muita coisa. Estava sozinha e, analfabeta, tinha que confiar no que as pessoas diziam sobre o que estava escrito nos documentos que lhe mandavam assinar. Embora se culpasse, ela esperava que Jamilton pudesse perdoá-la um dia, do céu ou de onde quer que ele estivesse, se considerasse o que ela fizera uma traição.

O pequeno vulto que deslizou sobre os pés de Lucinéia quase a fez gritar. Olhou para baixo, mas o que quer que tivesse pisado em seus pés já havia desaparecido atrás de um dos mausoléus. Em sua distração, pensando em Jamilton, ela nem conseguira prestar atenção no que tinha acontecido. Como sentira algo macio e peludo, acreditou que um rato tivesse atravessado seu caminho.

Colocou suas sacolas no chão e contornou o mausoléu. Viu a sombra negra virar mais à frente, como se estivesse brincando de esconde-esconde com ela. Lucinéia apertou o passo a tempo de ver um gatinho tentando se esconder atrás de um crucifixo.

— Então foi tu que me deu uma pisada? — ela perguntou sorrindo, e o gatinho, trêmulo e visivelmente assustado, tentou se ocultar como pôde atrás da cruz de granito. — Não vou te machucar — prometeu Lucinéia, aproximando-se.

O gatinho, vendo-se ameaçado, tentou fugir para qualquer direção, mas Lucinéia, num gesto rápido, o agarrou com firmeza. Podia sentir os ossos do animal e imaginou que ele estivesse tão faminto quanto ela, apesar de ela ter comido os pães pela manhã.

— Tu está magro que só. E eu não tenho comida... — Lucinéia começou a afagar a cabeça do gato, que, sentindo-se seguro, se entregou às carícias. Embora não comesse havia dias, o gatinho, que era pele e osso, pôs-se a ronronar.

Lucinéia procurou por um possível dono do animalzinho. Talvez fosse de alguma criança, mas ninguém levaria um gato para brincar no cemitério! Talvez o gatinho vivesse por lá e tivesse se perdido dos irmãos. Não devia ter mais de quarenta dias de vida. Era preto e branco, com olhos amarelos, ainda arregalados pelo medo.

— Sabe, gatinho, eu só tenho sete reais. Mal dá pra comprar comida pra mim, por isso vou te deixar aqui. Alguém vai te encontrar e tu vai ser feliz.

Embora tivesse simpatizado com o gatinho, Lucinéia sabia que não estava em condições de cuidar do pequeno felino, pois não podia sustentar nem a si mesma. Com cuidado, ela o colocou sobre um túmulo, sorriu e se afastou lentamente. Quando olhou para trás, viu que ele a fitava com olhar suplicante quase implorando para seguir com ela, mas Lucinéia não quis se deter para não fraquejar e voltar atrás.

Seguiu seu caminho em direção à saída rapidamente. Não sabia o que faria quando cruzasse aquele portão. Não podia continuar andando sem rumo para o resto da vida ou até que seu pouco dinheiro acabasse. Quando isso acontecesse, o que ela faria? Roubaria? Não, claro que não. Ava e Inocêncio sempre ensinaram os filhos a ser verdadeiros e honestos, e Jamilton e Lucinéia aprenderam muito bem essa lição.

Então aonde chegaria caminhando sem destino? Aos poucos, Lucinéia começava a se perguntar se tinha sido uma boa ideia sair da casa da tia. Não que ela fosse concordar em se tornar prostituta, mas ao menos lá havia teto e comida garantidos. Com o tempo, poderia fazer Zefinha mudar de ideia e desistir de transformá-la em uma mulher da vida.

Quando estava a poucos passos do portão do cemitério, Lucinéia ouviu um miado e se obrigou a olhar para trás. O gatinho estava parado perto dela, olhando-a com curiosidade. Ela mal acreditou que o animalzinho a tivesse seguido até a saída. Sem conseguir resistir, Lucinéia se abaixou, estendeu as mãos num convite e o pequeno gato se aproximou, todo manhoso. Ela o pegou no colo mais uma vez.

— Tu veio atrás de mim, hein, danado? Quer ficar comigo, é?

O gatinho ronronou em resposta, e ela decidiu:

— Tu quer ir mais eu? Eu deixo. Só que nem eu nem tu temos comida.

Como o felino pareceu não se importar, Lucinéia seguiu pela avenida Doutor Arnaldo caminhando mais devagar. Gastaria o dinheiro restante com comida para ela e com algo para alimentar seu novo amiguinho.

Passou em frente às bancas de flores espalhadas ao longo do muro do cemitério do Araçá. Uma senhora estava saindo de uma das bancas, carregando um buquê de rosas vermelhas num braço e segurando um menino pequeno com a outra mão. De repente, a criança se soltou da mão dela e correu em direção à rua. Lucinéia, sem perder tempo, largou as sacolas e o gato no chão e correu atrás do menino, segurando-o e puxando-o para trás bem a tempo de evitar que uma perua o atropelasse.

A senhora, lívida e ofegante, correu e alcançou Lucinéia. Sabia que, se não fosse a intervenção precisa da moça, o menino teria sido atropelado. O motorista da perua apenas sacudiu a cabeça negativamente e partiu, irritado.

— Moça, Deus a abençoe — agradeceu a senhora, segurando a criança pela mão novamente. — Nossa, aconteceu tão depressa... — ela se virou para o menino, que aparentava tranquilidade, apesar da situação. — Hermes, nunca mais solte da mão da vovó, entendeu?

Como resposta à bronca da avó, o garoto se voltou para Lucinéia e abriu um sorriso lindo. A jovem e a senhora não tiveram outra opção a não ser rir também.

A avó do menino, vendo que Lucinéia aparentava ser uma pessoa bem carente, decidiu:

— Moça, eu espero que você não se importe — ela pegou uma nota do bolso da calça e estendeu para Lucinéia. — Não se ofenda, por favor, mas aceite isso como minha gratidão, afinal, você salvou a vida do meu neto e isso não tem preço.

Lucinéia não hesitou. Apanhou a nota de cinquenta reais sem acreditar em tanta sorte. O sortudo não fora Hermes, que escapara da morte, e sim ela, que recebera um prêmio. Com a quantia poderia garantir sua alimentação e a do gatinho por algumas semanas.

— Obrigada — isso foi tudo o que Lucinéia conseguiu dizer, pois a emoção lhe tirava as palavras.

Hermes partiu com a avó, e Lucinéia retomou seu caminho. Assim que encontrou uma lanchonete, entrou e comeu até se fartar. Abria os salgados que comia e dava parte do recheio ao animal, para saciar a fome dele. Vendo-o comer esfaimado, ela sussurrou com emoção:

— Sabe que esse é um nome bonito pra tu, gatinho? Seu nome é Hermes.

Satisfeita, Lucinéia pagou a conta e seguiu em frente. Ainda tinha quarenta e dois reais, o que para ela era quase uma fortuna. Colocou as notas e as moedas dentro de uma das sacolas, como sempre fazia, e partiu.

Caminhou até chegar a uma rua mais deserta. O dia estava quente, sem possibilidade de chuva. Lucinéia se sentou no degrau da porta de uma casa e ficou pensativa. Colocou o gatinho no chão, que caminhou alguns passos, explorando o local, mas voltou rapidamente para perto de sua nova dona.

Lucinéia saiu do seu devaneio quando dois vultos se aproximaram. Ela ergueu a cabeça para ver quem era, protegendo os olhos com a mão por causa do brilho do sol. Assustou-se ao dar de cara com dois estranhos mal-encarados. Um deles, num gesto repentino, apanhou uma das sacolas de Lucinéia.

— Tá com a bexiga? — gritou Lucinéia, ficando de pé. — Deixa minha sacola aí.

— Calma, amiguinha. Se você ficar quietinha, nada vai acontecer — para mostrar o que poderia acontecer, um dos homens ergueu a camiseta, mostrando para Lucinéia que estava armado. — Se a fofinha ainda não percebeu, isso é um assalto. Se tentar alguma besteira, como reagir ou gritar, meto uma bala em você e outra no seu gato ridículo.

Lucinéia começou a tremer e sentiu uma grande vontade de chorar. O homem, que ficara quieto, agarrou as outras sacolas de Lucinéia e ambos saíram correndo. Livre do torpor que a deixara imóvel, a jovem ainda tentou correr atrás dos assaltantes, mas tropeçou num degrau da calçada e foi ao chão. Quando se levantou de novo, viu os ladrões virando a esquina, levando todos os seus pertences, documentos e o dinheiro que ganhara havia pouco. Agora tudo o que lhe restava era a companhia de Hermes. Estava sem dinheiro, sem roupas e definitivamente sem destino.

Sentou-se novamente no degrau e deu livre curso ao pranto. Implorou a Deus que a ajudasse, porque ela iria precisar de muita ajuda.

Apesar de ter feito sol o dia todo, à noite a temperatura caiu. Deitada na sarjeta, Lucinéia estava toda encolhida. Tremia de frio e de medo, mantendo Hermes aquecido entre seus braços. Agora que perdera o pouco que tinha, nada mais lhe restava.

O primeiro que partira fora Jamilton. Às vezes, quando fechava os olhos, ela se lembrava do sorriso do irmão e ouvia sua voz perfeitamente, como se ele estivesse à sua frente. Lembrou-se de quando juraram na areia da praia de Fortaleza que ficariam ricos para buscarem os pais. A promessa nunca seria realizada, pelo menos não por Jamilton.

A terra prometida, de felicidade e esperança, se transformava num pesadelo para Lucinéia. Parecia que apenas coisas ruins aconteciam em São Paulo: um homem tentara violentá-la, a tia quisera usá-la para ganhar dinheiro, um casal a destratara na padaria diante de todos e agora fora roubada. Claro que havia pessoas boas, como a avó de Hermes, mas pareciam ser tão poucas... A realidade era muito diferente do que Lucinéia e Jamilton imaginavam quando ainda estavam em Icó.

Depois que ele morreu, ela vinha se sentindo muito sozinha. Estava sem casa, sem dinheiro, sem roupas e sem motivação. Estava entregue à própria sorte e sabia disso. O dia seguinte amanheceria e ela não sabia o que faria para poder se alimentar.

Hermes ronronava junto dela, confiante de que ela solucionaria todos os problemas. Lucinéia desejava que fosse verdade. Se Jamilton pudesse ao menos vê-la ali, abandonada, ele lhe daria alguma ideia. O irmão sempre fora bom em ter ideias novas. Ela não conseguia encontrar saída e imaginava se poderia ser presa por estar vadiando. De qualquer forma, quem sabe na cadeia sua sorte melhorasse? Nada era pior do que dormir na rua como uma mendiga, passando fome, frio e medo. Mais do que tudo, ela estava com muito medo do amanhã.

Capítulo 22

— Tem certeza de que é uma boa ideia? — perguntou Andressa, insegura. — E se ele não gostar?

— Pode ficar tranquila. Ele não vai destratá-la — prometeu Adriano. — O máximo que pode acontecer é Fabrício dizer que não quer saber dos assuntos ligados à espiritualidade, como disse pra mim. Mas quem sabe agora, que você está junto, ele não fique mais acessível?

Andressa deu de ombros enquanto Adriano estacionava o carro em frente ao edifício de Fabrício. Quando estivera com o amigo na semana anterior, o encontrara magro e irritadiço, sofrendo com a morte de Simone. Não o vira depois disso e nem ligara para ele, para que o amigo não se sentisse pressionado. Fabrício também não o procurara, mas Adriano era um homem paciente e sabia esperar. Tinha certeza de que o encontraria mais barbudo, mais magro e sofrendo ainda mais.

Desta vez o porteiro não criou caso com a visita de Adriano e sua esposa, abrindo logo o portão para que eles entrassem no prédio. Em instantes estavam em frente à porta de Fabrício. Andressa estava um pouco apreensiva. Conhecia Fabrício havia anos, mas não tinha intimidade suficiente com ele para falar sobre vida após a morte.

O falecimento de Simone era recente demais e ele poderia se zangar com Andressa. O próprio Adriano dissera que Fabrício ficara nervoso com ele quando tentara tocar naquele assunto. Por que não ficaria bravo novamente? Andressa respeitaria toda e qualquer decisão de Fabrício, pois não faria nada contra a vontade dele.

Fabrício abriu a porta assim que ouviu a campainha. Mais uma vez, Adriano não escondeu a surpresa:

— Desta vez estou no apartamento certo, porque este é o velho Fabrício que eu conheço! — brincou Adriano, realmente surpreso por reencontrar seu amigo barbeado, corado e bem-disposto.

— Pois é. Entrem, por favor — convidou Fabrício, cedendo passagem aos amigos.

Eles entraram, brincaram com Dimas, e Andressa quase levou o labrador a delirar de alegria enquanto fazia cócegas em sua barriga. Depois se acomodaram no sofá, mas recusaram o café que Fabrício lhes ofereceu.

Depois de ser informado por Adriano sobre as novidades do consultório, Fabrício comentou:

— Sei que vocês não vieram aqui apenas para saber se eu estava bem.

— Por isso também, mas eu trouxe Andressa aqui para conversar com você sobre o assunto que iniciamos no outro dia — comunicou Adriano cautelosamente.

Fabrício desviou o olhar para Dimas, que cheirava os sapatos de Andressa. Voltou-se para Adriano e respondeu:

— Se vocês vieram até aqui para colocar caraminholas na minha cabeça, perderam a viagem. Não quero saber desse papo maluco de vida após a morte.

— Por que você acha que é maluco? — quis saber Adriano.

— Porque é. Já disse que quem morreu está morto. Por isso se chama morte, porque quando se morre, acaba.

— Tem certeza disso? — tornou Adriano.

— Claro que tenho. Por acaso alguém que já morreu voltou para dizer como é do lado de lá? — retrucou Fabrício, nervoso.

— Já — respondeu Andressa com tranquilidade. — Muitos já voltaram e continuam voltando. Por mais que você se recuse a aceitar, a vida após a morte é um fato, independentemente daquilo em que você queira acreditar.

— Essa é a sua opinião.

— Essa é a vida, Fabrício. Ao contrário do que você disse, nada está realmente morto, sabia? Nós pertencemos à natureza, e a lei universal das coisas é que nada se perde, tudo se transforma. Na natureza é assim que as coisas funcionam. Nada está de fato perdido, apenas há uma transformação. Esta é a ordem natural dos acontecimentos. E com a morte é a mesma coisa. O espírito deixa o corpo físico que animou para seguir uma nova empreitada.

— Andressa, você é uma mulher inteligente. Como pode acreditar nessas bobagens?

— Não são bobagens. E justamente por eu ser inteligente é que quis buscar respostas para os acontecimentos da vida. Você nunca se questionou por que as coisas acontecem de uma maneira que, para nós, parecem estar erradas?

É claro que Fabrício já tinha pensado nisso. Era o que vinha questionando desde a morte de Simone. Para ele, era injusto ela ter morrido, deixando um filho e um marido para trás. Como admitir sua morte aos trinta e três anos, vítima de câncer na medula espinhal? Isso lhe parecia muito errado.

— As coisas são assim e pronto.

— As coisas são assim porque há um motivo para elas acontecerem. Deus é justo e faz as coisas certas. Nada está errado quando Ele está no controle. Pense em Simone — Andressa mencionou o nome dela com cuidado, pois Fabrício poderia se desagradar. — Simone sempre foi uma mulher fantástica, que conquistou muitos amigos em sua vida. Uma pessoa como ela merecia morrer da forma como morreu, enquanto outras pessoas, más e fúteis, gozam de boa saúde até o fim da vida?

Fabrício não respondeu. Apenas se limitou a olhar com cara feia para Andressa.

— Para tudo há uma explicação, que desconhecemos por ora, mas que saberemos um dia. A causa pode estar em vidas passadas porque...

— Mais fantasia — interrompeu Fabrício. — Não bastasse falar em vida após a morte, agora vai abordar reencarnação?

— A reencarnação também é um fato. É real e já foi comprovada por diversos meios, inclusive por meio de regressão.

— Se fosse real, estaria na Bíblia. Estudei a Bíblia quando pequeno e não me lembro de encontrar reencarnação lá. E o que não aparece na Bíblia é falso.

— Lembremos que a Bíblia foi escrita por homens e que muito do que foi escrito inicialmente se perdeu ao longo do tempo ou foi modificado. E devo discordar de você, porque a reencarnação está na Bíblia sim. Se quiser, leia em João, capítulo três, versículos um a doze, os trechos que dizem: "Em verdade, em verdade vos digo: ninguém pode ver o reino de Deus se não nascer de novo" (...) "Se um homem não renascer da água e do Espírito, não pode entrar no reino de Deus" (...) "Não vos espanteis do que eu vos disse, que é preciso que nasçais de novo". Com isso, Fabrício, Jesus explica claramente que é necessário renascer para que alcancemos a evolução total, podendo, então, adentrar definitivamente o reino de Deus.

— Tenho conhecimentos bíblicos suficientes para discordar de você, Andressa. Quando Jesus disse "renascer da água e do Espírito", Ele estava falando da regeneração pela água do Batismo.

— Mas como eu disse para você, os escritos bíblicos originais foram se perdendo ao longo dos séculos. O texto inicial dizia apenas "não renasce da água e do Espírito" e as traduções foram modificando esse pensamento. Em algumas versões da Bíblia, Espírito aparece como Espírito Santo, o que não é mais a mesma coisa. O termo "água" foi interpretado com o conhecimento de uma determinada época, em que os antigos pensavam na água como um elemento inteligente, gerador absoluto. Acreditavam, por isso mesmo, que a Terra saíra da água. No Gênesis é dito: "que as águas produzam os animais vivos que nadem na água..." Sob essa crença, a água era o símbolo da natureza material, e o espírito, da natureza inteligente. Por isso, quando Jesus disse: "Se um homem não renascer da água e do Espírito...", ele quis dizer renascer com o corpo e a alma, ou seja, a reencarnação. Saiba que esse foi o sentido compreendido no princípio, pelos nossos antepassados.

— Andressa está muito teórica hoje — afirmou Adriano, surpreendido com o conhecimento da esposa. Nem ele imaginava que Andressa tivesse aprendido tanto.

— O que eu quis dizer é que a reencarnação está na Bíblia sim, e cabe apenas uma interpretação melhor do seu texto. Porém, como eu disse e volto a ratificar, a Bíblia sofreu muitas alterações desde seus textos iniciais.

— Então a Bíblia atual é mentirosa? — perguntou Fabrício.

— Não digo que seja mentirosa, mas o que tem sido escrito na Bíblia não está condizendo com sua escrita original. É como aquela brincadeira de criança chamada telefone sem fio. O que a última criança diz costuma ser bem diferente da mensagem inicial enviada pela primeira criança.

— Bem, com todo esse papo sobre Bíblia e reencarnação, você quer dizer o quê?

— Na verdade eu vim deixar alguns livros para você ler quando puder, quiser ou se sentir motivado. Não há pressa em devolvê-los, quero apenas que você os leia com calma e reflita sobre o que for lido.

Andressa abriu a bolsa e pegou três livros, sendo uma obra de Allan Kardec e dois romances psicografados por Chico Xavier.

— *O Livro dos Espíritos*, de Kardec, consiste em perguntas e respostas. Perguntas que Kardec fazia aos espíritos e as respostas que eles lhe davam — Andressa desviou rapidamente o olhar para Dimas e acrescentou: — Embora não tenha se aprofundado no tema, existem algumas questões sobre a alma dos animais e sua evolução. Como este é um livro muito teórico, se você não gostar, leia então os romances de Chico Xavier. São histórias muito bonitas, com belos ensinamentos sobre a espiritualidade.

— Está bem — concordou Fabrício, olhando para as capas dos livros sem grande interesse.

Na verdade, Fabrício sentiu vontade de devolver os livros a Andressa, pois não tinha o menor interesse em lê-los, mas sabia que ela estava tentando ajudá-lo de alguma forma. Recusar os livros seria grosseria e falta de educação.

Percebendo a situação, Andressa procurou mudar o assunto. Falara mais do que devia e estava surpresa por Fabrício não ter achado ruim. Fabrício ofereceu-lhes café novamente e dessa vez Adriano aceitou. Quando foram embora, Adriano fez o amigo prometer que retornaria ao consultório o mais breve possível.

Depois que os amigos se foram, Fabrício leu as contracapas dos livros. Não que pretendesse lê-los, apenas queria saber do tratavam os romances. Em seguida, se dirigiu ao quarto, apanhou a carta que Simone lhe deixara e releu-a mais uma vez.

Andressa dissera que vida após a morte existia e ela parecia convicta do que falava. Embora a ideia fosse bastante louca, Fabrício se perguntou o que aconteceria se Simone realmente estivesse viva. Como ela estaria? Que coisas estaria fazendo? Seria muito bom se ela continuasse existindo em outros planos.

Contudo, a imagem de Simone doente, deitada na cama do hospital em seus últimos momentos de vida, voltou à tona na mente de Fabrício. Seus olhos marejaram e ele começou a chorar, caindo num pranto profundo, de dor, sofrimento e solidão.

***

Assim que passou o efeito do sonífero, colocado em seu chá sem que ela soubesse, Fernanda acordou. Ao abrir os olhos, sentiu uma saudade imensa de Douglas. Teve vontade de chorar e o fez. Chorou por saber ser impossível abraçar o filho novamente. Chorou porque nunca mais ouviria as piadas dele, nem sua risada alegre e espontânea. Chorou porque o sonho de ter um filho médico terminara com o acidente que arrebatara a vida do rapaz. Chorou ao lembrar mais uma vez que Douglas não se vestiria todo de branco para dançar com ela na formatura. Fernanda nunca seria avó, nunca o veria se tornar um homem maduro, nunca... nada.

Fernanda pensou que a maior dor do mundo é quando uma mãe perde seu filho. Não havia nada pior que ter de enterrar aquele que ficou nove meses dentro do seu ventre, que ela viu nascer, crescer, rir, brincar e aprender ao seu lado. Em sua opinião, os pais nunca deviam ver seus filhos mortos. Devia ser o contrário. O mais natural seria que os filhos enterrassem seus pais.

Ela enxugou o rosto. Se Fernanda e Artur tivessem morrido, Douglas seria órfão. Este é o nome que dão a uma criança que não tem pais. E que nome dão aos pais que perdem seus filhos? Não existe um nome, simplesmente porque não existe nenhuma nomenclatura que simbolize o sofrimento de um pai ou de uma mãe no enterro de um filho, ao ver o caixão baixando à sepultura, levando dentro dele o corpo daquela pessoa tão amada.

A mãe de Fernanda lhe dissera, logo após o enterro do rapaz, que chegaria um dia em que ela teria raiva por Douglas ter morrido, raiva por tê-la abandonado. Mas ela sabia que isso não aconteceria. O que acontecera não fora culpa dele. Douglas não optara por morrer, sendo assim não tinha por que Fernanda ter raiva dele. Ele fora muito amado por ela e sempre seria.

Fitando um retrato dele sobre sua penteadeira, a mulher secou as lágrimas mais uma vez. Douglas sorria para ela na foto, como se estivesse confirmando que também a amava. Ele estava muito bonito na imagem, tirada uns dois meses antes de sua morte. Na foto, o rapaz esbanjava vida. Como era possível que todo o seu esplendor, todo o seu brilho simplesmente tivessem sumido?

— Você não pode ter desaparecido, meu amor. Onde você está? Por favor, Douglas, fale comigo. Não me deixe aqui sozinha.

Fernanda falava consigo mesma e sabia que não obteria resposta. Nunca mais obteria nada de Douglas, porque ele partira. Ela só gostaria de saber para onde o filho tinha ido, e que ele soubesse que ela o amava com todas as suas forças.

Capítulo 23

Ela não se lembrava da última vez em que sentira aquela sensação tão gostosa de conforto e bem-estar. Não se lembrava da última vez em que se deitara e não sentira nenhuma dor. O mais impressionante era que se sentia totalmente curada, mas claro que isso era impossível.

Espreguiçando-se prazerosamente, Simone abriu os olhos. Por breves segundos, ela acreditou que tudo não passasse de um sonho e que de repente as dores voltariam de uma só vez, como vinha acontecendo nos últimos dias. Embora não sentisse nada naquele momento, não tardaria para o efeito dos remédios passarem e as dores reaparecerem.

Simone virou a cabeça para o lado esquerdo, na esperança de encontrar Fabrício ao seu lado, mas só o que viu foram algumas pessoas vestidas com roupas claras caminhando em um longo corredor. Um pouco mais distante da sua cama havia outra cama, em que uma pessoa deitada se encontrava. Simone olhou para o lado direito e viu mais uma cama. Compreendeu que ela tinha sido transferida para um quarto coletivo. Não achava ruim, desde que não impedissem a visita de Fabrício.

Perguntou-se o motivo de ter sido transferida. Estaria tão mal assim, justamente quando se sentia tão bem? As pessoas costumavam falar na melhora da morte, mas, embora ela já tivesse aceitado essa possibilidade, sempre havia certo receio em morrer.

Simone sabia que se recostar nos travesseiros fofos e macios provocaria muitas dores nas costas, mas ela decidiu aproveitar que estava se sentindo melhor e tentar. Ajeitou os travesseiros com cuidado e conseguiu se recostar neles. E o mais espantoso foi que os movimentos não lhe trouxeram as dores de volta.

Conseguiu ter uma visão ampla do local em que estava. Realmente era um quarto enorme, uma espécie de ala. Ela contou onze camas, dispostas em fila, organizadas estrategicamente. Todas estavam ocupadas. Ao lado de cada cama havia uma mesinha de madeira, e Simone leu seu nome sobre a dela. Além do nome, havia apenas um copo com água sobre um paninho branco.

O amplo salão lhe transmitia uma sensação de paz tão grande que Simone quis simplesmente sorrir e aproveitar o momento. Perguntou-se quanto tempo mais demoraria para que as dores voltassem. A medicação que deviam ter lhe aplicado era mesmo muito boa, com duração prolongada. Quem sabe não lhe permitissem tomar aquele remédio em casa? Embora o hospital tivesse um tratamento de primeira, o lar sempre era mais confortável.

Simone levou as mãos à cabeça, mas uma touca a envolvia. Ela não estranhou, pois desde que raspara seus cabelos raramente deixava a cabeça exposta. Sabia que tinha ficado feia e não gostava que o marido ou Bruno a vissem daquela forma. Por mais que o marido dissesse que estava tudo bem, Simone sabia que ele sofria em silêncio.

Um homem vestido de branco, alto, forte e com olhar bondoso se aproximou da cama de Simone. Ele aparentava ter cerca de sessenta anos e ela achou que ele se parecia com aqueles tios bonachões de quem todos querem ser sobrinhos. Transmitia uma confiança tão grande e uma sensação de ternura que ela quase desejou poder abraçá-lo.

— Bom dia, Simone, como está se sentindo? — ele perguntou sorridente.

— Bom dia. Eu me sinto maravilhosamente bem. Aliás, desde que fiquei doente não me sentia tão bem.

— Isso é muito bom. Permita que eu me apresente. Meu nome é Eduardo e sou o responsável por toda essa ala — ele fez um gesto largo com os braços indicando todo o espaço que os circundava —, bem como pelos pacientes que chegam aqui. Por isso, antes de qualquer coisa, quero que se sinta em casa.

— Obrigada, o senhor é muito gentil.

— Aqui não usamos formalismos. Pode me chamar de *você*, não tem problema — ele sorriu, apanhou o copo com água na mesinha e ofereceu-o a Simone. — Tem sede?

— Não, mas como o senhor... você... está me oferecendo, não vou recusar.

Simone devolveu o sorriso e apanhou o copo, sorvendo a água rapidamente. Quando terminou, Eduardo segurou o copo e o colocou sobre a mesinha novamente.

— Nossa, que água deliciosa! Como conseguem que ela seja tão leve?

— É a água de que dispomos aqui em nossa colônia.

— Colônia?

— Você irá entender aos poucos, Simone. Agora sugiro que você descanse. Quando estiver melhor, eu lhe darei algumas informações.

— Eu já me sinto melhor, de verdade.

— Eu acredito nisso, mas ainda não é o momento ideal para conversarmos sobre sua situação.

— Eu estou tão mal assim, doutor? O câncer continua a se espalhar?

— Não se atormente com esses pensamentos, querida. Tranquilize-se por ora. Não hesite em chamar qualquer um dos enfermeiros daqui se precisar de alguma coisa.

— Está bem, obrigada — Simone o viu sorrir e, quando Eduardo estava se afastando, ela perguntou: — Meu marido, Fabrício, pode entrar aqui para me ver?

— Infelizmente, não. Tudo vai ficar bem. Não se preocupe — prometeu Eduardo, sorrindo.

Dessa vez Simone não retribuiu o sorriso. Acomodou-se melhor nos travesseiros e esperou. Logo se sentiu sonolenta e adormeceu. Quando reabriu os olhos mais tarde, se sentia ainda melhor que antes. Juraria que poderia caminhar e até mesmo correr. Se alguém a visse tão bem-disposta, jamais diria que ela estava em fase terminal. Ou quem sabe o câncer estivesse regredindo e ela fosse sarar?

Sobre sua mesinha havia um novo copo com água, mas dessa vez ela não se interessou em tomá-la. Olhou ao redor e viu um homem sentado em uma das camas. Ele chorava baixinho, com a cabeça entre as mãos. Uma mulher de branco, talvez uma enfermeira, sussurrava algumas palavras em seu ouvido, mas ele sacudia a cabeça negativamente, como se não quisesse ouvi-la. Simone desejou poder saber o que o levava ao pranto.

Quando desviou o olhar, viu Eduardo conversando com um senhor três camas depois da dela. O senhor sorriu e se deitou. Eduardo percebeu que Simone o encarava. Ele ajeitou o lençol do paciente com quem conversara e caminhou na direção dela.

— Boa noite, Simone. Pelo que vejo você está ainda melhor do que quando a vi pela manhã.

— É verdade, mas já não estou gostando daqui.

— Por quê? — Eduardo pareceu preocupado. — Algo a desagradou?

— Não exatamente, mas é que tem algo estranho acontecendo aqui. Tenho a impressão de que estão me escondendo alguma coisa e gostaria de saber o que é.

— Nada está sendo escondido de você, minha querida, porque aqui tudo é feito às claras. Se eu ainda não conversei com você é porque ainda não está pronta para assimilar tudo o que tenho para lhe dizer.

— Eu só quero ver meu marido. Se não puder deixá-lo entrar aqui, traga-me um telefone para que eu fale com ele — Simone estava nervosa, mas não elevou o tom de voz em respeito aos demais pacientes. — Será que ao menos o avisaram de que fui transferida?

— Você está exaltada! Isso pode prejudicá-la. Peço que descanse mais esta noite e amanhã cedo, se você continuar a apresentar esse rápido progresso, vou levá-la a outro local. Então todas as suas dúvidas serão respondidas. Combinado?

— Por que tanta enrolação? — Simone olhou de cara feia para Eduardo, contendo a irritação. — Me desculpe se estou sendo grosseira. Você é muito bom comigo, mas é que...

— Eu compreendo perfeitamente e não a estou recriminando. Não é preciso se justificar. Prometo que amanhã cedo virei buscá-la, se você estiver assim, tão bem.

Simone agradeceu. O jeito era esperar. Tinha que ser paciente, embora ela tivesse pouca paciência com as coisas. Sabia que apressar os fatos não a ajudaria. Ao amanhecer, Eduardo teria que responder a muitas perguntas que ela tinha em mente.

***

Em algum lugar não muito longe dali, Simone ouviu o piar de pássaros e foi isso que a despertou na manhã seguinte. Um rapaz jovem e bem-apessoado se aproximou de sua cama com uma bandeja nas mãos.

— Bom dia, Simone! Tudo bem?

— Bom dia. Estou ótima, obrigada.

— Eduardo virá daqui a pouco e pediu que você tome este caldo para que se sinta revigorada — ele apoiou a bandeja na cama. — Prove. Está uma delícia!

Simone olhou desconfiada para o caldo. Tinha uma tonalidade bege, como leite batido com aveia, e era grosso como tal. No entanto, exalava um cheiro tão convidativo que ela logo sentiu abrir seu apetite.

Tomou todo o caldo e, quando terminou, o rapaz recolheu a bandeja.

— E então, o que achou? — ele perguntou, sorrindo.

— Hum... realmente estava muito bom. Eu não costumo tomar sopas na parte da manhã, mas a essa eu não resisti. Tem o sabor de alguma coisa da qual não consigo me lembrar, mas eu gostei mesmo assim.

Os dois sorriram, e ele se afastou. Simone, de fato, estava se sentindo ainda melhor que antes e o caldo pareceu revigorá-la, como o rapaz prometera.

Ela levou as mãos à touca para ajeitá-la em sua cabeça, mas a touca escorregou e caiu sobre seu colo. Para grande espanto de Simone, uma cabeleira negra e sedosa se desenrolou e desceu como uma cascata sobre seus ombros.

Boquiaberta e pálida, Simone esfregou a cabeça e sentiu todos os seus cabelos, como antes. Tentou puxá-los, acreditando ser uma espécie de peruca, mas sentiu a dor em seu couro cabeludo. Como aquilo era possível? O que haviam feito para que seus cabelos crescessem da noite para o dia? A única explicação plausível era que tudo não passasse de um sonho.

— Acredite, você não está sonhando — garantiu Eduardo, como se tivesse lido o pensamento de Simone.

Em sua distração com os cabelos recém-surgidos, Simone nem percebera a aproximação do simpático senhor.

— O que houve com meus cabelos? Como podem estar de volta?

— Você acredita estar em condições de caminhar?

— Tenho certeza de que sim. Mas você não respondeu à pergunta que lhe fiz sobre meus cabelos.

— Vamos dar uma volta e vou respondendo a todas as suas perguntas.

Ele ajudou Simone a saltar da cama. Espantada, ela conseguiu caminhar sem nenhuma dificuldade. Nem mesmo quando ainda não tinha desenvolvido o câncer, ela se sentira tão bem.

Eles caminharam por um longo corredor. Eduardo sorria e cumprimentava algumas pessoas. Cruzaram duas portas vaivém e, desde que chegara ali, Simone viu o sol pela primeira vez. Saíram do hospital e, assim que se viu lá fora, ela respirou profundamente o ar extremamente puro.

Um grande e belo jardim contornava a construção da qual eles saíram. Mais adiante ela pôde ver outras construções. Viu muitas pessoas caminhando lentamente, enquanto outras se sentavam em bancos para conversarem, lerem um livro ou simplesmente contemplarem a natureza.

Ela seguiu Eduardo até chegarem a outro jardim, ainda maior e mais bonito que o anterior. Havia flores em uma profusão de cores, e borboletas tão coloridas quanto o arco-íris beijavam-nas. O som dos pássaros era intenso, trazendo uma sensação tão boa que Simone apenas fechou os olhos e relaxou.

De repente ouviu:

— Tá com a moléstia! Que lugar da bexiga é esse?

Simone abriu os olhos e olhou na direção da voz alterada. Viu três pessoas se aproximando, entre elas a que falava alto. Eram uma senhora e dois rapazes bastante jovens. A mulher sorriu para Eduardo e para Simone:

— Olá, bom dia a todos — ela cumprimentou. — Meu nome é Joselina, mas todos aqui me chamam de Lina.

— Bem, eu sou Simone.

— E eu sou Eduardo — ele se apresentou evidentemente para os dois rapazes, já que Lina o conhecia havia mais tempo. — E vocês, como se chamam?

— Meu nome é Jamilton — apresentou-se o rapaz, que vinha falando nervosamente.

— E eu sou Douglas — apresentou-se o outro jovem, olhando de Eduardo para Simone.

— Ainda não responderam o que eu perguntei — lembrou Jamilton. — Onde a gente tá?

— É verdade — ajuntou Simone. — Acho que é tempo de responder isso de uma vez. Onde é que nós estamos?

— O que vocês veem ao redor? — devolveu Eduardo.

A paisagem em volta era linda como um cartão postal, e os três se mantiveram quietos por uns instantes, apreciando as belezas que viam. Douglas foi o primeiro a se manifestar:

— Parece o Jardim Botânico.

— Mas não é — sorriu Eduardo, olhando para Lina. — Vocês estão em um lugar na eternidade.

Capítulo 24

Novamente um longo silêncio se fez. Ninguém disse nada, apenas contemplaram toda a paisagem em volta. Por todo lado se viam muitas flores coloridas. Havia algumas espécies que Simone nunca vira antes, mas conseguia identificar crisântemos, cravinas, margaridas, palmas, tulipas, alfazemas e, claro, belos girassóis. Juntas, as flores iluminavam as vistas de quem as contemplasse. Um pouco mais ao fundo, havia muitas árvores plantadas em fileiras. Algumas estavam carregadas de flores, que formavam um belo quadro com as plantadas no chão.

Douglas olhava admirado para um beija-flor, que tocava com a ponta do bico uma flor roxa de uma quaresmeira. Como num desenho infantil, uma borboleta de asas esverdeadas se aproximou e pousou suavemente em seu ombro. Ele ficou tão emocionado com a ação da borboleta que se manteve imóvel, prendendo a respiração para não assustá-la.

Prestando atenção ao ambiente, Jamilton ouviu o som de água corrente, e parecia não estar muito longe dali. Ele fez um gesto com o dedo indicando a direção de onde vinha aquele som, e Eduardo assentiu com a cabeça, sorrindo. Jamilton seguiu pela trilha ladeada por mais árvores e flores coloridas. Simone e Douglas o seguiram.

Eduardo ia mais atrás com Lina. Não precisaram caminhar muito para chegarem a uma cachoeira cuja queda d'água não era muito alta, mas refrescava o ar ainda mais. Perto da margem havia casais sentados em bancos ali dispostos. As águas cristalinas corriam suavemente por um canal estreito e se alargavam mais à frente. Uma linda calopsita branca pousou com maestria na margem e curvou-se para sorver um gole de água com seu biquinho.

A manifestação da natureza era tão perfeita que não havia palavras para expressar tanta maravilha. Tudo parecia estar sincronizado com tudo, como se um pintor tivesse trabalhado todas as cores da sua paleta, tingindo cada cantinho de uma cor diferente. Ninguém nunca tinha visto nada parecido.

A calopsita alçou voo e pousou no mesmo galho onde já havia um pintassilgo amarelado. Um bem-te-vi começou a cantar oculto nos galhos mais altos de um eucalipto, mas seu som acariciava os ouvidos de quem o escutasse.

Douglas foi o primeiro que conseguiu reagir do seu torpor e perguntar para Eduardo:

— Onde disse que estamos?

— Em um lugar na eternidade — repetiu Eduardo, sorrindo ternamente. — Mais à frente há alguns bancos. Vamos nos sentar lá para que vocês possam entender o que de fato os trouxe aqui.

Eles desceram uma pequena ladeira com degraus naturais de pedra. Como Eduardo dissera, logo puderam avistar os bancos, que estavam desocupados. A borboleta finalmente deixou o ombro de Douglas para seguir em direção a um ramo de flores azuis. Os raios solares penetravam por entre as folhas das árvores mais altas, riscando com feixes dourados a grama que cobria o chão.

Todos se acomodaram nos bancos e fitaram atentamente o rosto de Eduardo, esperando que ele começasse a falar.

— Bem, meus queridos, antes de começar a explicar, gostaria que cada um contasse a última coisa que lembra ter acontecido antes de acordar aqui.

Douglas foi o primeiro:

— Eu me lembro de que tinha ido a uma festa com meus colegas da universidade. Eu faço medicina e estou terminando o último semestre. A festa estava chata e tive vontade de ir para casa. Minha mãe se preocupa muito comigo e não gosto que ela se sinta mal por minha causa.

Ele fez uma pausa e sorriu, com o olhar distante.

— Vocês não têm noção do quanto amo minha mãe. Nanda é a melhor coisa que eu tenho e sempre digo que ela é a melhor mãe do mundo. Claro que amo meu pai também, mas não é a mesma coisa. Parece que existe alguma coisa que me liga à minha mãe. Alguma coisa forte, que nos mantém perto um do outro. Nós somos confidentes. Ela é designer de interiores e costuma me falar sobre seu trabalho. E eu gosto de comentar com ela as coisas que acontecem na universidade. Também tem a Nonoca. Na verdade ela se chama Nadir Uriko Haruo, mas gosta de ser chamada de senhora Haruo. Eu sempre a chamei de Nonoca, nem sei por quê. Ela sempre ajudou minha mãe a cuidar de mim, desde que era pequeno. Acho que dei um pouco de trabalho para elas, apesar de ser filho único...

Douglas sorriu novamente e prosseguiu:

— Como eu estava dizendo, me lembro de ter estado nessa festa. Aí tive vontade de ir embora, apesar de ser cedo ainda. Fui pegar meu carro, mas descobri que algum imbecil havia furado os pneus e que ainda teve a cara de pau de deixar um bilhetinho irônico no meu carro. Tinham feito isso com outros carros também, para que ninguém fosse embora antes de a festa acabar. Eu devia ter ido embora de táxi, mas minha ex-namorada, Franciele, e o atual namorado dela me convenceram a ir embora de carona com eles. Eu fui muito tolo em aceitar, porque o cara estava literalmente bêbado. No percurso, ele começou a fazer gracinhas só para se exibir, acelerando o carro, fazendo curvas bruscas, cantando os pneus. Eu e a Franciele pedíamos para Marcelo parar, mas ele continuava acelerando. Por fim, eu me lembro de ter visto um ônibus vindo em nossa direção. Ouvi um barulhão terrível e depois disso acordei num quarto, com a Lina sorrindo pra mim — Douglas olhou na direção de Lina. — Não me lembro de mais nada.

— Bem... eu estava doente... — começou Simone. — Sempre que eu ficava doente, não passava de um resfriado bobo ou de uma dorzinha de cabeça que não demorava a ir embora. As únicas vezes em que estive num hospital durante toda a minha vida foi quando fiz ultrassom para saber o sexo do meu filho e depois para fazer o parto. Meu pai morreu de aneurisma cerebral, mas foi tão repentino que aconteceu em casa. Ele nem chegou a se internar. Eu sempre tive uma saúde de ferro, e se algo não estivesse bem comigo, meu marido logo percebia. Ele é psicólogo, e vocês sabem que todo psicólogo tem olhar clínico, não é mesmo?

Uma expressão de amor correu pelos olhos de Simone enquanto ela se lembrava de Fabrício.

— Tanto é verdade que Fabrício foi o primeiro a perceber que havia algo errado comigo, durante uma viagem que fizemos ao litoral. Eu me sentia muito cansada, mas atribuí meu cansaço ao clima marítimo. O que começou como cansaço se transformou em dores e então eu descobri que... — ela fez uma pausa e engoliu em seco antes de concluir — estava com câncer. Aquilo foi tão horrível para mim que eu não sabia o que dizer ou fazer. Tinha medo de morrer e deixar meu marido e meu filho de nove anos para trás. Eu e Fabrício mantemos nosso casamento com muito amor e tem sido assim nesses dez anos em que estamos casados. Mas essa doença me deixou cada dia mais debilitada. Raspei meus cabelos para que não caíssem com as sessões de quimioterapia que precisei fazer.

Simone sacudiu a cabeça e seus fios negros balançaram.

— Aliás, até agora ainda não entendi como meus cabelos podem estar de volta, mas vou esperar Eduardo explicar... Eu fui ficando pior a cada dia, até que não pude suportar. Estava certa de que iria morrer e escrevi uma carta, que deixei para Fabrício ler após minha morte. Quando eu voltar para casa, vou rasgar aquela carta antes que Fabrício a leia, já que não morri — ela sorriu e não notou a troca de olhares entre Lina e Eduardo. — Eu fiquei muito mal no hospital e fiz Fabrício prometer que cuidaria bem de Bruno, nosso filho, e que se casaria novamente se eu morresse. Agora terei que fazê-lo quebrar a promessa, já que estou vivinha da silva... Depois dessa conversa com ele, eu dormi. E acordei num salão com muitas camas. Isso é tudo de que me lembro.

Simone encerrou sua narrativa com lágrimas nos olhos. A recordação de seu sofrimento a emocionara.

Então todos olharam para Jamilton, esperando que ele também contasse sua história, mas o rapaz cruzou os braços e fez cara feia.

— Não conto — disse ele, sacudindo a cabeça negativamente.

— Por quê? Se não quiser compartilhar sua vida coletivamente, poderá conversar comigo a sós — sugeriu Eduardo, complacente.

— Nem pra tu eu conto — teimou Jamilton. — Não conto enquanto não souber onde tá Lucinéia.

— Quem é Lucinéia? — perguntou Douglas, curioso.

— Não digo.

— Por que não colabora? — pediu Simone. — Todos nós estamos no mesmo barco.

— Eu não vim de barco — resmungou Jamilton carrancudo. — Vim de pau-de-arara.

— Pau-de-arara não é aquele tipo de caminhão que tem lá no nordeste? — Douglas quis confirmar.

— É — Jamilton olhou para Douglas emburrado. — E cadê Lucinéia?

— Tentaremos ajudá-lo se nos contar quem é Lucinéia e por que você estava em um pau-de-arara. Para onde estava indo?

Jamilton olhou de revés para Lina, que fizera a pergunta. Como todos realmente pareciam querer ajudá-lo, ele achou que não haveria mal se falasse um pouquinho sobre sua vida. Mas só um pouquinho.

— Nasci em Icó, no Ceará. Mas a vida lá é ruim que só a moléstia. Eu queria ganhar dinheiro, ficar rico, porque estava na lona, quer dizer, na pindaíba. Ajuntei dinheiro porque dei duro no trabalho. Aí consegui comprar a passagem pra ir pra São Paulo. E Lucinéia disse que ia também, a danada. Ajuntou dinheiro sozinha e nem me falou nada. Ela é minha irmã mais nova e é bonita, mas é gasguita. Ela também queria ir...

— Desculpa interromper, mas o que é gasguita? — perguntou Douglas.

— Gasguita é uma mulher pequena e magrinha. Lucinéia é assim. Ela também queria ir pra São Paulo. Painho nunca deixou ela aprender as letras, mas minha irmã queria ler igual eu. E ela foi mais eu. Fomos de pau-de-arara até Fortaleza e num ônibus para São Paulo. Só que o ônibus foi assaltado no meio do caminho. Eram dois homens. Eu peguei um no jeito e dei umas chapuletadas nele.

— Deu o quê? — confundiu-se Simone.

— Uns socos mesmo. Ele estava armado, o filho do cabrunco. Eu tomei a arma dele, só que esqueci do outro. Aí eu ouvi uns pipocos e senti umas coisas esquisitas bem nas costelas. Alguma coisa me acertou. Acordei aqui, olhando para a cara dessa dona aí — ele indicou Lina, que sorriu benevolentemente.

— As histórias de vocês são muito emocionantes — comentou Lina, assim que percebeu que Jamilton encerrara sua história. — É muito bom saber que vocês foram pessoas que amaram e que foram amadas.

— Fomos? — perguntou Simone, sem entender.

Mas subitamente a verdade a encobriu como uma capa. Os dois jovens rapazes e ela, embora tivessem histórias bem diferentes entre si, tinham um ponto em comum: todos estiveram muito perto da morte em suas últimas lembranças, antes de acordarem naquele belo local. Eduardo comentara rapidamente que eles estavam em um lugar na eternidade. De que outra forma os cabelos dela poderiam ter crescido tão rapidamente? Ela era uma doente em fase terminal e agora se sentia sã, livre de todas as dores. Era chocante e inacreditável, mas a única explicação plausível, embora parecesse loucura, era a de que todos estavam mortos. Virando-se lentamente para fitar Eduardo, Simone procurou confirmar:

— Nós morremos?

Eduardo olhou um por um: o rosto ansioso de Simone, o rosto curioso de Douglas e o olhar mal-humorado de Jamilton. Por fim, perguntou:

— Vocês se sentem mortos?

— Eu me sinto mais vivo do que nunca — anunciou Douglas. — Tanto que eu quero usar seu telefone para avisar minha mãe de que estou bem.

— Lamento, Douglas, mas você não poderá se comunicar com sua mãe, pelo menos não dessa maneira. Eu devo a vocês muitas explicações e, como prometi a Simone, vou dizer algumas coisas que, a princípio, parecerão confusas, mas com o tempo vocês entenderão tudo sobre sua nova condição de vida.

Apesar de já não ter mais dúvidas, Simone fez as perguntas decisivas:

— Isso é morrer? Todos nós estamos mortos?

Capítulo 25

Eduardo mostrou um cálido sorrido antes de responder:

— Em primeiro lugar, quero destacar que a morte é apenas uma viagem que o espírito faz. Todos vocês já ouviram falar que temos um espírito, não é verdade? — vendo os três assentirem, ele prosseguiu: — E vocês concordam que o espírito é algo imaterial, abstrato, certo? — dessa vez apenas Douglas e Simone concordaram, pois Jamilton não compreendera a pergunta. — O espírito é a energia que anima nosso corpo, já que somos feitos de carne e carne não tem vida. Quando morremos, deixamos esse corpo para trás porque já não serve mais.

— O meu servia — interrompeu Douglas, triste e indignado.

— Quando eu digo que o corpo não serve mais, não significa, necessariamente, que ele estava imprestável. Existem muitas formas de desencarnar, ou seja, de deixar o corpo, e às vezes o corpo estava fisicamente bem. Porém, o tempo de permanência do espírito na Terra se findou.

— O que é findou? — perguntou Jamilton, e Douglas riu de sua inocência. — Tá rindo de quê? — ele quis saber, olhando para Douglas.

— Por favor, Jamilton, vamos ouvir o que Eduardo tem a dizer — pediu Lina, com voz macia e reconfortante.

— Jamilton, findou quer dizer acabou, terminou. Todo espírito tem um tempo para permanecer na Terra. Dependendo do tempo que ficar, o espírito encarnado aprende a importância do amor, da união, do perdão e da conquista da felicidade. Fortalece a fé em Deus e em si mesmo, uma vez que descobre a sua força interior e faz uso dela, confiante no bem. Aliás, nós reencarnamos com o objetivo de alcançar a felicidade.

— Reencarnamos? — repetiu Simone.

— Sim, minha querida, vivemos muitas vidas. Sei que isso pode parecer estranho para vocês, já que as pessoas não acreditam muito em reencarnação, pois não se lembram de vidas passadas. Mas tudo o que vivenciamos em outros tempos não está apagado, está apenas esquecido temporariamente para que possamos ter sucesso na vida atual.

— Será? Acho difícil acreditar nisso — contestou Douglas. — Imagine só viver noventa anos em uma vida e reencarnar outra vez... Como é possível que nessa nova vida não nos recordemos nem um pouquinho de uma vida anterior, vivida tão longamente? E depois, se lembrássemos da vida antiga, teríamos muito mais sucesso nesta vida de agora.

Uma brisa gostosa e suave soprou e agitou levemente os cabelos de Simone, tão lindos quanto antes da doença. Um sabiá serelepe se aproximou, aos pulinhos, dos pés de Douglas, mas abriu suas asinhas e voou velozmente.

— Poderíamos viver duzentos anos em uma encarnação que não nos lembraríamos dela da mesma forma na encarnação seguinte. O esquecimento é uma bênção de Deus que aprimora nossa alma. Veja você, por exemplo. Suponhamos que sua mãe tivesse sido sua inimiga em uma vida passada e que você se lembrasse disso.

Acha que vocês teriam a mesma relação que tiveram se essa lembrança voltasse à tona?

— Nós nunca poderíamos ter sido inimigos! — protestou Douglas. Fernanda e ele, que se amavam tanto? Nunca. Não conseguiria conceber essa ideia.

— Quem sabe? As encarnações passadas escondem segredos que desconhecemos e que só são descortinados quando retornamos ao mundo espiritual.

— Há quanto tempo estamos aqui? — foi a vez de Simone perguntar.

— Você chegou aqui há exatamente cinco semanas.

— Cinco? — Simone se espantou. — E só agora eu acordei? Por quê?

— Cada desencarne ocorre de uma maneira, mas você precisou passar por uma reabilitação para se livrar das mazelas que adquiriu, devido à doença, enquanto estava encarnada. Funciona como uma espécie de limpeza. Por isso você está se sentindo tão bem e o seu espírito assumiu a aparência que você tinha antes de adoecer, o que explica o reaparecimento dos seus cabelos e principalmente do seu bem-estar.

Eduardo virou-se para Douglas e Jamilton e falou primeiramente para este último:

— Você é um espírito muito forte, que já esteve muitas vezes conosco no plano espiritual. Quando uma pessoa desencarna em um acidente violento, como no caso do Douglas, ou quando é assassinada, como no seu caso, ela é trazida para um local especializado no atendimento a esses espíritos, que chegam assustados, abalados e traumatizados, recusando-se a aceitar a morte. Vocês dois são muito experientes, assim como Simone. Menos de um mês após seu desencarne já podem caminhar pela nossa colônia.

— Você já tinha mencionado essa tal colônia. O que é isso? — perguntou Simone.

— Se vocês já leram a Bíblia ou têm algum conhecimento sobre ela, já devem ter ouvido ou lido o trecho em que Jesus diz: "Há muitas moradas na casa do meu Pai". Essas moradas nada mais são que locais em que os espíritos passam a viver depois de deixarem a Terra. Nós as chamamos de colônias espirituais ou cidades astrais. Existe uma infinidade delas, desde colônias como a nossa até aquelas bem avançadas, em que habitam espíritos com alto grau de lucidez e inteligência.

Vendo que os três prestavam atenção às suas palavras, Eduardo prosseguiu:

— Nessas colônias praticam-se somente o bem e a caridade, obedecendo aos mandamentos deixados por Jesus. Mas, da mesma forma que existe a luz, existe também a oposição. Assim, há muitos locais nas trevas em que habitam espíritos perturbados em seus delírios e arrependimentos, ou aqueles que não querem ajuda e se deixam levar pela ilusão da maldade, pelo ódio, pelo ciúme, pelo rancor e por outros sentimentos nocivos que só geram dor e desarmonia.

— Essas colônias ficam em que lugar? — tornou Simone, cada vez mais curiosa, embora ainda chocada com a verdade recém-constatada.

— Grande parte delas localiza-se sobre cidades terrenas. Esta está localizada sobre a capital paulista, assim como Nosso Lar fica sobre a cidade do Rio de Janeiro.

— Então embaixo de nós fica a cidade de São Paulo? — inquiriu Douglas.

— Eita, diabo! — exclamou Jamilton. — Então eu cheguei a São Paulo, foi?

— Shhh! — fez Douglas, levando o dedo indicador aos lábios. — Não se pode mencionar o Diabo aqui no céu.

— Não, aqui não é o céu — riu Lina. — Estamos na área astral da cidade de São Paulo, mas o céu, no verdadeiro sentido da palavra, é apenas um imenso espaço azul com nuvens. Assim, se vocês olharem para cima, verão o céu da mesma forma que viam na Terra.

— Olha, esse papo está muito bom, mas eu vou tomar o rumo da minha casa — Douglas avisou, pondo-se de pé. — Embora todos sejam muito razoáveis, isso está cheirando a conversa de louco.

— Espere, por favor — pediu Simone, levantando-se também e segurando Douglas pelo braço. — Eduardo pode estar falando a verdade. Eu estava sem cabelos quando fui internada e agora — ela passou as mãos pela cabeça — eles estão todos aqui novamente. Que tipo de louco seria capaz de algo assim? Que loucura curaria a minha doença e livraria você do acidente sem nenhum arranhão?

— Você está mesmo acreditando nesse papo de que estamos mortos?

— E por que desacreditar? Sejamos coerentes, Douglas. Vamos esperar Eduardo terminar de falar. Este lugar parece imenso. Vamos explorá-lo um pouco, com calma e tranquilidade. Depois, se tudo realmente for loucura, eu o acompanho para ver sua mãe, porque também estou com saudade do meu marido e do meu filho.

Como o que ela dizia fazia sentido, Douglas se deixou convencer e sentou-se novamente com Simone.

— Por que você nos trouxe aqui juntos? O que temos a ver um com o outro, se somos completamente desconhecidos? — Douglas questionou.

Eduardo, a quem a pergunta foi direcionada, respondeu:

— Vocês podem ser desconhecidos agora, mas não o foram em vidas passadas.

— Pedimos a gentileza de aguardarem mais explicações — sugeriu Lina. — Eu sei que parece complexo ou, como o Douglas mencionou, meio louco. Tudo o que é desconhecido parece confuso no início. No entanto, as leis de Deus são perfeitas. Para tudo há uma explicação lógica e nada vai ficar sem uma resposta adequada.

— Se vocês quiserem, podemos continuar caminhando — sugeriu Eduardo.

Todos concordaram e voltaram a caminhar. Durante o passeio pela colônia, Eduardo foi lhes explicando muitas coisas sobre a vida no astral, acrescentando que eles só aprenderiam realmente após determinado período frequentando os cursos e assistindo às palestras disponíveis, que orientavam os espíritos recém-desencarnados.

Eduardo lhes explicou que cada desencarne é um processo individualizado e único. Cada caso é um caso. Algumas pessoas, quando encarnadas, vivem no bem, conquistam amizades sinceras, realizam trabalhos em que contribuem, de alguma forma, com o próximo, praticando a caridade. Essas pessoas são aguardadas com mérito e alegria quando retornam à espiritualidade. Amigos espirituais as esperam, auxiliando-as no processo de desencarne.

Ele esclareceu ainda que Simone, Douglas e Jamilton foram ajudados por irmãos amigos no momento do desencarne. Para Douglas, Eduardo explicou que, milésimos de segundos antes de o acidente acontecer, uma equipe de espíritos socorristas já havia desligado parcialmente seu espírito de seu corpo físico. No instante em que o rapaz ouviu o estrondo da batida, o desligamento foi completado e seu espírito, adormecido e amparado, foi levado diretamente à área responsável por atender espíritos desencarnados em acidentes.

Com Jamilton e Simone o processo foi semelhante, mas Simone só deixou o corpo físico quando a matéria finalmente cedeu à doença. No caso de Jamilton, ele sequer chegou a sentir os impactos dos tiros no corpo. Seu desligamento foi tão rápido e eficiente quanto o de Douglas.

Lina explicou que eles mantinham a mesma aparência que tiveram antes de desencarnar para que não estranhassem nem corressem o risco de ficar emocionalmente perturbados. Ela esclareceu que o perispírito, o invólucro semimaterial que constitui o corpo fluídico do espírito, ou seja, o corpo astral, modifica-se de acordo com a aparência do espírito em sua última encarnação. Isso explicava o ressurgimento dos cabelos de Simone. Funciona como se o novo corpo pudesse ser "moldado" de acordo com a situação. Como seu corpo astral estava livre da doença, Simone reassumira sua antiga aparência saudável.

Havia muitas informações a serem transmitidas aos novos moradores da colônia, mas Eduardo sabia que eles não assimilariam tudo de uma só vez. Foi-lhes então recomendado que descansassem, após fazerem uma refeição. Eduardo os ciceronearia nos dias seguintes.

— Temos toda a eternidade para isso — brincou ele, sempre bem-humorado.

Capítulo 26

Lina recomendou que eles, embora estivessem bem, dormissem mais duas noites nas enfermarias até que tivessem alta. Os três obedeciam às recomendações quase sem discutir, pois estavam muito abalados com sua nova condição. Simone estava estupefata, Douglas ainda incrédulo e Jamilton desnorteado.

Naquela noite, cada um deitado em sua cama, em diferentes enfermarias, pensavam no que estava por vir. Simone era a mais conformada dos três e, embora sentisse seu coração se apertar de saudade de Fabrício e de Bruno, intimamente estava curiosa para aprender mais sobre o novo mundo para onde fora levada. Acreditava que a aprendizagem colaborava para a evolução e o aprimoramento de todo ser humano.

No entanto, sem que soubessem, Douglas e Jamilton tinham pensamentos semelhantes entre si e opostos aos de Simone. Douglas ainda não conseguia acreditar em quase nada do que ouvira. Talvez tudo não passasse de um sonho maluco ou de uma brincadeira de mau gosto, quem sabe coordenada por um dos seus amigos da universidade. Só o que ele sabia era que não pretendia continuar ali. No dia seguinte, daria um jeito de retornar para casa, pois desejava voltar para perto de Fernanda. Se sua mãe não soubesse que ele estava lá, provavelmente estaria bastante preocupada.

Jamilton estava tonto com tantas informações. As últimas, ele mal escutara. Só pensava em descobrir por onde andaria Lucinéia. Sua irmã poderia estar precisando dele e ele nem sabia se ela conseguira chegar a São Paulo. Precisava dar um jeito de encontrá-la o quanto antes. Fugiria dali se fosse preciso e o faria assim que o dia clareasse. Ninguém poderia obrigá-lo a ficar onde ele não queria. Se insistissem em segurá-lo, ele ficaria realmente furioso.

***

Logo após o café da manhã, que consistia unicamente no caldo substancioso que Simone experimentara na enfermaria coletiva, Eduardo levou o trio, como havia prometido, para conhecerem outras áreas da colônia. Dessa vez Lina alegou ter outros afazeres e não seguiu com eles, mas disse-lhes que ficaria feliz em atendê-los em outra situação.

A colônia parecia imensa e Eduardo confirmou que era muito maior do que eles imaginavam. Não conseguiriam conhecê-la toda em menos de duas semanas. Era uma das maiores colônias localizadas sobre o território brasileiro. Ali eram atendidos espíritos recém-desencarnados, socorridos do astral inferior, crianças e adolescentes, em áreas bem organizadas. Havia diversos cursos disponíveis para os interessados, além de palestras com temas diversos que aconteciam diariamente. Eduardo explicou que, como em todos os lugares em que é necessário se ter disciplina, ali havia um líder, um espírito com muito conhecimento e bastante evoluído, a quem chamavam de governador. Eduardo prometeu que os apresentaria a ele quando fosse permitido.

Para surpresa de seus novos assistidos, o cicerone contou-lhes que as pessoas que moravam ali, quando estavam preparadas e em condições, assumiam pequenos cargos como voluntários. O serviço espontâneo era muito requisitado e quem tivesse boa vontade e gostasse de ser útil ao próximo poderia trabalhar na área em que melhor se adaptasse.

Assim, muitas pessoas, que lecionaram quando encarnadas, trabalhavam nos educandários, grupos de escolas que atendiam crianças de zero a dezessete anos. Outras, com aptidões para a cozinha, ajudavam no preparo das refeições no próprio educandário, nas cozinhas das enfermarias e dos hospitais, ou nos postos de socorro com atendimento especializado para auxiliar na recuperação de espíritos que tinham sido trazidos do umbral, uma região voltada para conscientização do ser, localizada na crosta terrestre.

— E depois dizem que quem morreu descansa em paz — brincou Simone. — Mal sabem as pessoas que aqui se trabalha tanto ou mais que na Terra.

O grupo avistou uma mulher parada, de braços cruzados. Todas as pessoas com quem Simone cruzara pareciam joviais, contentes e bem-humoradas. Esta, no entanto, parecia tão infeliz quanto Jamilton e Douglas, que apenas ouviam as explicações de Eduardo, sem fazer nenhuma pergunta.

— Aqui tem serviço em excesso — comentou a mulher, que ouvira o comentário de Simone. — Mas como ninguém me obriga a trabalhar, eu prefiro ficar parada aqui e ali, aproveitando a sombra das árvores.

— Florinda, você sabe que está desperdiçando uma grande chance de crescimento moral e espiritual, não é? Porque o trabalho nos torna úteis e nos dignifica. Ação é o combustível de todo ser humano — justificou Eduardo, olhando carinhosamente para a mulher.

— Eu não quero me sentir útil e nem digna. Quero apenas repousar. Já estou morta mesmo, então vou esquentar minha cabeça para quê? — respondeu Florinda, contrariada.

Eduardo não quis prolongar a discussão com Florinda, pois era sempre a mesma coisa. Desde que ela desencarnara, havia três anos, e fora para lá, se recusava até mesmo a oferecer uma fruta a um enfermo. Com frequência, dizia que nem relógio trabalhava de graça. Preferia passar o dia apreciando as cachoeiras distribuídas pela colônia, sentindo o perfume das flores e acompanhando com o olhar o voo das borboletas brilhantes.

Eduardo continuou guiando o trio. Já havia notado que Simone era a única interessada no que ele dizia. A moça perguntava, opinava e sorria de forma bem simpática. Douglas estava sério e retraído, e Jamilton se arrastava a passos lentos, andando bem atrás dos outros.

Eles entraram por uma trilha mais estreita. Era um caminho bem arborizado e o ar ali era um pouco mais úmido. A trilha os levou a uma grande área aberta, como uma clareira, e Eduardo apenas agitou as mãos, indicando-lhes que observassem ao redor.

Havia muitas flores espalhadas por aquele local, e até onde a vista alcançava enxergava-se o colorido de suas pétalas perfumadas e macias. A brisa que soprava era suave e tão delicada quanto as flores. Pequenas pontes feitas de madeira cruzavam por cima de corredeiras de águas muito claras, onde peixes bonitos e exóticos nadavam felizes.

Simone notara na noite anterior que as estrelas sobressaíam no céu azul-marinho como lantejoulas num tecido fino ou como pequenos diamantes no firmamento divino. Havia tantas coisas bonitas para serem vistas ali que uma pessoa gastaria horas apenas apreciando as obras de Deus.

Ao fundo dessa grande área aberta, Douglas, pela primeira vez se mostrando motivado, indicou com o dedo várias casas que se viam ao longe. Eduardo, sempre gentil, educado e paciente, explicou que aquelas casas eram onde os moradores da colônia viviam. Muitos moravam ali em grupos ou com a família, se todos os membros houvessem desencarnado e estivessem vibrando na mesma faixa energética.

— O que é vibrar? — perguntou Simone.

— Aqui as vibrações são os pensamentos transformados em energias. É bem simples. Se vibrarmos positivamente por uma pessoa doente, ainda que não a conheçamos, essas vibrações-pensamentos se transformarão em energias de paz, amor e luz. Elas são grandes remédios para a recuperação de uma pessoa necessitada — Eduardo fez uma pausa antes de continuar: — Se vibrarmos, isto é, se pensarmos e mentalizarmos o bem e coisas puras e elevadas, nosso campo energético se eleva. Passamos a resistir a muitas coisas. Por exemplo, nos tornamos invisíveis aos espíritos que residem nas sombras, quando vamos para lá com as equipes de socorro, e nos desprendemos de hábitos carnais, como comer, dormir ou fazer necessidades fisiológicas. Encarnados, nos mantemos protegidos de intervenções negativas quando vibramos positivamente.

— Então aqui existem residências — concluiu Douglas, apertando os olhos para enxergar melhor as casas distantes.

— Sim. Existem áreas residenciais, como esta que vocês estão vendo lá na frente. Iremos até lá e verão de perto como são essas casas. Mas há muito mais do que isso. Vocês ainda irão conhecer os salões das palestras, o Departamento da Reencarnação, o Departamento da Orientação, os grupos de estudo científicos e teóricos, e muitas outras coisas. Viram como a bondade de Deus é infinita? Ele nos ama tanto que permite muitas oportunidades a Seus filhos, mesmo após a morte. Querem continuar ou querem voltar para descansar?

— Vamos continuar — decidiu Simone pelos outros dois.

— Nós vamos morar em uma casa dessas? — perguntou Douglas, embora não tivesse intenção de permanecer ali.

Na opinião de Douglas, tudo aquilo era muito fantasioso. Onde já se viu dizer que um morto trabalhava, que comia e estudava? Onde já se viu um morto respirar como ele estava fazendo? Tudo não passava de balela e enrolação, e a cada minuto Douglas tinha mais certeza de que seus amigos haviam conspirado contra ele para lhe preparar aquela pegadinha. Logo eles surgiriam rindo, e Douglas os parabenizaria pela jogada bem elaborada e pelo humor inteligente.

— Sim, vocês vão morar em uma casa aqui. A princípio serão somente vocês três, mas outros devem chegar em breve — avisou Eduardo.

— Outros? — perguntou Douglas.

— Sim. As casas são grandes e abrigam tranquilamente até dez pessoas.

De fato as casas eram grandes, espaçosas e confortáveis. Eduardo os convidou a entrar na casa cor-de-rosa que os aguardava. Estava mobiliada com móveis antigos e bem cuidados. Douglas tentava disfarçar o riso, sempre olhando discretamente ao redor, procurando seus amigos. Não imaginava que lugar era aquele, tão imenso e paradisíaco. Talvez fosse um resort, mas ele esperava que tivessem comunicado Fernanda e que ela tivesse aprovado aquela brincadeira.

— Acha mesmo que tudo não passa de uma brincadeira, Douglas? — perguntou Eduardo sorrindo.

— Desculpe, mas tenho certeza — ele se jogou pesadamente sobre o sofá macio, tentando entender como

Eduardo pudera ler seus pensamentos. — Vamos, pode abrir o jogo, Eduardo. Quem está pagando tudo isso?

— Como você pode acreditar que isso seja brincadeira? — perguntou Simone antes que Eduardo pudesse responder. — Eu sei que a realidade é difícil e também estou impressionada com tudo isso, mas sei que não é fantasia. Como você explicaria o retorno dos meus cabelos? Eu não conheço você nem os seus amigos e garanto que não estou participando de nenhuma brincadeira com ninguém.

Douglas ia retrucar quando Eduardo tomou a palavra:

— Douglas, se você acredita em Deus, vai acreditar neste lugar e vai aceitar que não pertence mais ao mundo dos vivos.

— Como não? Eu estou vivo e...

Douglas interrompeu sua fala, emudecido diante do que seus olhos viam. Eduardo elevou seus pés do chão e deslizou suavemente de um lado a outro da sala, sem tocar o piso da casa. Por fim, ele pousou com graça e leveza no chão e esperou Douglas se expressar.

— Cara, isso foi demais! Como vocês fazem isso? Usam fios de nylon para içá-lo? Pareceu muito real!

— Isso se chama volitar. Algumas pessoas preferem dizer que estamos voando, mas na verdade é um processo diferente de voar. Espíritos preparados conseguem fazer isso.

— Eita, que coisa mais esquisita! — falou Jamilton pela primeira vez desde que se reunira com o grupo naquela manhã. — Parece até uma alma penada.

Embora ele permanecesse sério, todos riram do seu comentário, e Eduardo o abraçou carinhosamente, como um pai abraça seu filho.

— Não fique assustado, meu amigo. Você ainda vai ver muito isso aqui na colônia. É bastante natural e quem sabe um dia você também possa fazê-lo.

Jamilton se limitou a olhar para Eduardo, mas não respondeu. Na verdade já estava com a cabeça cheia de tanta conversa sobre mortos.

— Tu não para de falar de defunto, não? Eu quero saber é de Lucinéia. Onde tá a minha irmã?

— Quando for permitido, você irá ao encontro dela. Ainda não está preparado para isso.

— Tô sim. É só me *luvitar* até perto dela.

— Não é *luvitar*, é volitar — corrigiu Douglas, rindo do comentário de Jamilton.

— Não me corrige que eu não gosto. E se continuar mangando de eu, dou logo uma chulipa na tua orelha.

Somente para irritar Jamilton, Douglas ia perguntar o que era uma chulipa, mas Eduardo já estava falando novamente, e ele ficou quieto para ouvi-lo. Eduardo dizia que dentro de pouco tempo, quando autorizado, eles seriam levados ao Departamento da Reencarnação para conhecerem mais sobre a última encarnação deles e o porquê de estarem reunidos após o desencarne.

— Muitos, após desencarnarem, acabam se recordando sozinhos de existências pretéritas, mas como isso pode acontecer aos poucos e de forma confusa, vou levá-los ao local especializado nesse atendimento. Enquanto isso, vocês também conhecerão o governador que...

— Chega! — interrompeu Douglas. — Olha, Eduardo, você é um senhor muito legal, educado e agradável, mas eu já cansei disso aqui. Não tenho nada a ver com os cabelos dessa cona — ele apontou para Simone. — Meu problema é outro e continuo achando tudo isso pura abobrinha. Peço desculpas mais uma vez, mas eu quero ir embora daqui, quero voltar para minha casa.

— Você não pode, Douglas, ainda não. Espere um pouco, procure estudar, faça um de nossos cursos. Você não gosta da área da medicina? Não sabe como nos será útil aqui com o seu conhecimento...

— Eu não quero ficar. Agora estou falando sério. Se não me deixarem ir embora, vou chamar a polícia.

— E eu vou mais ele — acrescentou Jamilton. — Lucinéia tá em algum lugar que eu não sei. Depois que achar minha irmã, aí volto mais ela pra cá. Antes, não fico.

Eduardo orientou-os sobre os perigos que correriam fora dos limites da colônia, que poderiam afetar seu equilíbrio e bem-estar. Explicou que eles poderiam ser incomodados por espíritos mal-intencionados e que, se encontrassem seus entes queridos, poderiam prejudicá-los emocionalmente, pois ainda não estavam preparados para um reencontro.

Entretanto, nada convenceu Jamilton e Douglas, e conforme Eduardo ia tentando persuadi-los a permanecerem, mais nervosos eles ficavam. Após mais de uma hora de discussão, Eduardo disse que, se essa era a vontade deles, ele não poderia fazer mais nada. A ambos caberia responder pelas consequências de suas decisões. Eduardo não poderia obrigá-los a permanecer na colônia, e eles garantiram que se responsabilizariam por suas próprias atitudes.

— Lembrem-se: em qualquer situação de emergência, perigo, solidão, tristeza ou ameaça, mentalizem Jesus e orem com fé. Então a ajuda virá — instruiu-os Eduardo.

— Está tudo bem, mas como fazemos para sair daqui? — quis saber Douglas.

— A mente é poderosa e os guiará de volta às suas casas. No entanto, vocês não conseguirão voltar para cá apenas pensando em estar novamente aqui.

— Eu não pretendo voltar — disse Douglas. — Aqui não é o meu lugar, sinto muito.

— Nem o meu — ajuntou Jamilton. — Só que eu não tenho casa. Como acho Lucinéia?

— Você vai achá-la, Jamilton, pode acreditar. Basta ter fé e acreditar em Deus. Peça a Ele proteção e segurança — explicou Eduardo.

Simone ficou um pouco assustada quando viu Jamilton e Douglas simplesmente desaparecerem de sua frente, como uma televisão cuja imagem se apaga de uma vez. Então se virou para Eduardo e perguntou:

— Eles ficarão bem?

— Infelizmente não posso garantir. Vamos orar para que tudo dê certo.

— Confesso que fiquei tentada a ir com eles, pois também sinto muita saudade do meu marido e do meu filho. Fabrício sempre foi muito incrédulo quanto a assuntos religiosos e nunca acreditou em vida após a morte. Ah, se ele soubesse que eu continuo viva...

— Aguarde e confie em Deus, Simone. Tudo acontece no momento estipulado por Ele. O futuro só a Deus pertence — finalizou Eduardo, convidando Simone para se juntar a ele numa oração singela pela segurança de Douglas e de Jamilton, que estavam entregues à própria sorte na Terra.

Simone fechou os olhos e desejou que tudo desse certo para Jamilton e Douglas.

Capítulo 27

A senhora Haruo destrancou uma gaveta da cozinha e olhou seu conteúdo. Era ali que escondia seu estoque de soníferos, que adicionava aos chás que Fernanda bebia todos os dias. Não achava que estava fazendo nada de errado. Gostava da patroa, mesmo sendo amante de seu marido. Ficara abalada com a morte de Douglas, assim como todos ficaram. Mas pensava que os que continuavam vivos tinham que continuar, ainda que aos tropeços e empurrões.

Ela não sabia o que era ter uma família, pois crescera em um orfanato, onde fora deixada pelos sequestradores que a tiraram do Japão, segundo a história que lhe contaram na infância. Ali fora bem cuidada. Quando estava maior, cuidava das crianças menores do orfanato. Foi justamente esse dom de lidar com crianças pequenas que a fez decidir trabalhar como babá quando completou dezoito anos e teve que deixar a instituição.

Passou por dois ou três empregos como babá até que foi apresentada a Artur, para que cuidasse do filho dele. Fernanda a contratou e ela ajudava a cuidar do garoto, embora reconhecesse que era um pouco severa demais. Como tudo deu certo, a senhora Haruo acabou ficando.

Jamais imaginou que fosse se tornar amante do patrão. Gostava de Fernanda e de Douglas, e pensava que cometeria uma traição contra os dois. Contudo, algo em Artur a atraía e, por mais que quisesse, não conseguia evitá-lo. Como ele parecia não lhe dar muita atenção, ela decidiu apelar. Passou a se insinuar, a exibir partes de seu corpo, então perfeito naquela época, a esbarrar em Artur, a tocá-lo de forma distraída. E foi com júbilo que a senhora Haruo percebeu que isso dera certo. Ele não resistiu e a levou para a cama, onde fizeram amor com selvageria e loucura.

A partir daí não pararam mais. Houve uma época em que ela sentiu a consciência pesar. Fernanda havia confiado sua casa e seu filho a ela e qual era a recompensa que lhe dava? Traição? Acreditando que tinha errado muito, ela pôs fim ao seu caso com Artur tão bruscamente como começara havia anos. Mas ele passou a beber muito, e ela se sentiu obrigada a reatar o relacionamento com ele.

O casamento de Artur com Fernanda estava muito estremecido. A senhora Haruo reconhecia que parte era culpa dela, mas parte era culpa de Fernanda, que só tinha olhos para Douglas e deixava o marido de lado. Artur lhe confidenciara, certa vez, que passava uma semana, às vezes até duas, sem que fizesse amor com a esposa. A senhora Haruo pensava que, se Fernanda tratasse o marido melhor, ele romperia seu caso com ela. Porém, Fernanda quase o ignorava e, após o acidente de Douglas, tudo tinha piorado. Quando doaram os pertences do rapaz a uma instituição, abriu-se um imenso abismo entre Fernanda e Artur, o que a levou a mudar-se para um dos quartos de hóspedes.

Ver a patroa chorando a morte do filho a deixava com o coração oprimido. Então teve a ideia de usar os soníferos. Achava que estaria colaborando com o bem-estar de Fernanda se a drogasse, de forma que ela passasse a maior parte do tempo dormindo. Assim, não teria tempo para sofrer pelo filho morto.

A princípio, os chás com o sonífero eram oferecidos a Fernanda uma vez ao dia, sempre à tarde. Depois, a senhora Haruo achou que o efeito estava passando muito depressa e hesitou entre aumentar a dose ou servir o chá duas vezes por dia. Decidiu pela primeira opção e, nos últimos dias, ela adicionava quase o dobro do sonífero na bebida quente de Fernanda, sem que Artur soubesse. Ele reparara que a esposa passava muito tempo trancada no quarto de hóspedes, mas, como os dois quase não estavam se falando, Artur não desconfiava do que realmente estava acontecendo.

Naquele momento ele estava trabalhando, Fernanda dormia, e a senhora Haruo conferia a quantidade de soníferos de que ainda dispunha. O que tinha daria até o final da semana, quando compraria mais. Pediria algo mais forte e de efeito prolongado.

***

Fernanda se revirou na cama e, lutando contra o sono e a preguiça, abriu os olhos. Espreguiçou-se e se sentou na cama, olhando pela janela o dia que se transformava em noite. Estava impressionada consigo mesma. Vinha dormindo demais ultimamente, mas atribuía o excesso de sono ao cansaço e principalmente à tristeza. Nada a fazia rir, nada deixava seu humor mais leve. Reconhecia que estava se tornando sisuda e sombria, mas não estava disposta a mudar isso. A morte de Douglas levara sua felicidade, então Fernanda simplesmente se entregava ao sono, sempre depois de tomar os chás relaxantes preparados pela senhora Haruo.

Uma leve batida na porta a tirou de seus pensamentos. A governanta entrou sorridente, com uma bandeja nas mãos. Dava para ver o vapor quente da bebida saindo pela tampa bule.

— Eu estava pensando em você com seus chás agora.

— Só que a senhora errou, porque desta vez eu trouxe um café bem quentinho que acabei de passar — e no qual ela despejara o sonífero.

— Vou ficar mal-acostumada desse jeito — alertou Fernanda, pegando a xícara.

— Não tem problema. Quero deixá-la bem mal-acostumada mesmo! — falou a senhora Haruo, enquanto pensava: "Mal-acostumada e adormecida..."

Mas, ao contrário do que ela esperava, Fernanda não bebeu o café. Apenas ficou segurando a xícara e o pires de louça caríssima.

— Tenho notado que a senhora está ficando mais apagada a cada dia. Perdoe-me se a ofendo falando assim.

— Não ofende, não. Reconheço que devo estar um trapo. Mas quero continuar assim. Vou ficar bonita para quem ou para quê?

— Para a senhora mesma. Faz bem estar bonita.

— Então fique bonita você, porque eu quero ficar desse jeito.

— Acho que a senhora devia procurar ajuda — sugeriu a senhora Haruo, tentando entender por que Fernanda não tomava o café.

— Ajuda? Como assim?

— Desculpe, mas o seu sofrimento me faz sofrer também.

— Hum, está filosofando hoje... — ironizou Fernanda.

— É verdade. Fico muito triste em vê-la sempre trancada neste quarto. Devia procurar falar com alguém, desabafar com uma pessoa de sua confiança.

— Com quem? Com minha mãe? Ela e meu pai vivem sua própria vida, em seu próprio mundo. Eu já fiz parte desse mundo quando jovem e não pretendo voltar para ele. Nunca gostei de futilidades — dizendo isso, sob o olhar atento da governanta, ela levou a xícara aos lábios, assoprou o café, mas tornou a abaixar a xícara sem beber.

— Se a senhora não se sente à vontade com seus pais, por que não procura ajuda profissional?

— Não estou entendendo, Nadir. O que quer dizer com isso?

Fernanda raramente a chamava pelo primeiro nome, e a senhora Haruo ficou meio espantada, mas nada demonstrou.

— Talvez um psicólogo. Abra-se com ele e ouça seus conselhos. Quem sabe...

— Um psicólogo? — Fernanda questionou. — Ora, francamente.

— O que custa tentar? Tenho uma conhecida que está se consultando com um. Ela diz que ele é excelente e não cobra caro pelas consultas.

— Graças a Deus, dinheiro não é problema para mim.

— Eu sei. Por isso estou lhe sugerindo que procure um profissional. Essa minha amiga me deu o cartãozinho do consultório dele. Por que não liga e marca uma consulta?

— Está certo. Traga-me o cartão dele — Fernanda não tinha a menor intenção de passar por um psicólogo, mas pegaria o cartão para não desagradar a governanta, que se mostrava tão gentil. — Aproveite e leve o café. Não estou com vontade de tomá-lo.

— Ah, mas nem um golinho? Que desfeita!

— Você está muito dramática hoje. Vamos, leve o café de volta e me traga o cartão do tal psicólogo.

Contrariada, a senhora Haruo apanhou o café e voltou para a cozinha. Fernanda não quis bebê-lo. Isso significava que ela não ia dormir. E se desconfiasse de alguma coisa? Não, era impossível. Fernanda não tinha como descobrir absolutamente nada. Ela estava fazendo as coisas certas. Apanhou o cartão do psicólogo e o levou para Fernanda.

— O nome dele é Adriano? — perguntou Fernanda, olhando para o cartão.

— Isso mesmo. Marque uma consulta com ele. Talvez seja uma grande ajuda para a senhora.

— Obrigada. Vou falar com ele, sim.

Todavia, assim que a senhora Haruo saiu do quarto, Fernanda jogou o cartão de qualquer jeito em uma de suas gavetas. Não ligaria para psicólogo algum e ponto final.

***

O avô de Josias foi um homem rigoroso, que criou o filho sob muita disciplina e obediência, e este passou a Josias os mesmos conceitos. Era um tipo de educação moral e cívica passada de geração em geração. O avô de Josias fora assim, seu pai também, assim como ele o era. E, seguindo a mesma linha de criação, Fabrício também tinha sido educado dessa forma.

Era de se esperar que Fabrício tivesse transmitido esses antigos conceitos a seu filho Bruno. Porém, ele e Simone acreditavam que os tempos eram outros, que as maneiras de se educar uma criança deviam se basear em novos métodos e que a rigidez e o excesso de regras traumatizariam o filho. Josias era contra essa ideia, mas não podia fazer nada. Bruno morava com os pais e a criação do menino cabia unicamente a eles.

Com a morte de Simone, porém, Bruno fora morar com os avós. Fabrício estava deprimido e mal dava conta de cuidar de si mesmo. Tinha perdido muitos quilos e Josias temia que o filho perdesse também a saúde. No entanto, o amigo de Fabrício, Adriano, telefonou para Josias dizendo que ele estava bem melhor, havia feito a barba e aparentava estar mais nutrido e saudável. Curioso para ver a recuperação do filho, Josias combinou com sua esposa Eloá que o visitariam no domingo seguinte e que levariam o neto para rever o pai.

Aliás, era justamente o neto quem vinha causando dores de cabeça em Josias e Eloá. Era por causa de Bruno que Josias refletia sobre a forma de se educar uma criança, vinda desde os tempos do seu avô ou, quem sabe, de antes dele. Se fosse no seu tempo, pensava Josias, Bruno nunca teria permissão para fazer o que vinha fazendo. Ele compreendia que o neto estava muito abalado com a morte da mãe, mas isso não justificava que se trancasse no quarto, ligasse o som no último volume e se recusasse a atender aos chamados dos avós. O garoto ainda não completara dez anos e era muito novo para tomar atitudes radicais.

Josias pensava nisso, enquanto tentava se fazer de surdo ao som explosivo que ribombava no quarto. Ele se esforçava para se concentrar na leitura de seu jornal, mas o volume da música, de péssimo gosto por sinal, não lhe permitia. Eloá estava na cozinha terminando de preparar uma sobremesa e saiu de lá enxugando as mãos no avental.

— Josias, por Deus, mande esse menino abaixar essa música horrível — pediu Eloá. A vizinha da casa ao lado já havia reclamado do barulho aquela semana.

— E de que adianta falar se ele não me obedece? Bruno foi muito mimado e agora só faz o que tem vontade. Bati na porta há pouco e sabe o que ele me respondeu? "Vô, por que você não vai ler seu jornal lá na praça?"

— Que absurdo! Ele tem que ter mais respeito por nós.

— Ele sabe disso. Tem idade suficiente para compreender que nos deve respeito. E deve respeitar nossa casa também.

Antes que Eloá pudesse responder, o garoto aumentou ainda mais o volume do som e, as paredes da casa vibraram. Ela ainda tentou conversar com o marido, mas agora um não podia ouvir o outro.

Josias, muito irritado com a atitude do neto, fez um sinal para Eloá acompanhá-lo, e os dois seguiram pelo corredor até a porta do quarto de Bruno. Josias bateu, mas sabia que não seria ouvido. Começou a dar socos fortes na porta, enquanto Eloá chamava o neto gritando seu nome. A música continuou por mais um tempo até que finalmente o volume foi abaixado e a porta foi aberta.

Bruno surgiu diante dos avós. Era um menino bonito, corado e de olhar sagaz. Herdara os cabelos negros dos pais e tinha belos olhos castanhos, era alto para sua idade, aparentando doze ou treze anos em vez de nove. Encarou os avós com ar de mofa:

— Fala — ele olhou desafiador para o avô.

— Como assim, fala? Será que você está surdo? Está nos incomodando com essa música tão alta — reclamou Josias.

— Os vizinhos já começaram a reclamar. Não quero ser malvista por sua causa — acrescentou Eloá.

— Então eu não posso nem escutar música?

— Pode, mas não num volume em que o presidente da China possa ouvir.

Bruno continuou encarando os avós com raiva estampada no olhar. Ele mal podia esperar pelo momento em que voltaria a morar com o pai. Fabrício era permissivo e nunca implicava com ele. Josias e Eloá eram dois chatos, isso sim.

— O almoço está quase pronto — comunicou Eloá. — Preparei bobó de camarão, daquele jeito que você gosta.

Bruno quis dizer que era a própria avó quem gostava de bobó de camarão e que ela o fazia mais para si mesma do que para ele, que nem gostava do prato tanto assim. Mas não estava com vontade de discutir, pelo menos não naquele momento. Deu de ombros e prometeu que desligaria seu aparelho de som.

Agradecidos, Eloá e Josias voltaram a seus afazeres. Ele se sentou novamente no sofá para ler seu jornal e ela se dirigiu à cozinha para servir o almoço. No momento em que Josias tocou em seu jornal, a música bombardeou a casa outra vez, talvez ainda mais forte do que antes.

***

Quando Fabrício ouviu a campainha, respirou fundo, implorando por paciência. Torcia para que não fosse Adriano e Andressa indo discutir novamente assuntos espirituais. Ele gostava muito do casal, mas estava disposto a convidá-los a se retirar se o motivo da visita fosse esse.

Ficou surpreso, entretanto, ao ver pelo olho mágico da porta o rosto do pai. Abriu a porta e, animado, percebeu que sua mãe e seu filho acompanhavam Josias. Fabrício nem notou que Bruno parecia estar triste e emburrado.

— Que surpresa boa! Entrem! — sorriu Fabrício. Dimas entoou sonoros latidos de prazer, principalmente quando viu que uma das visitas era Bruno, seu grande amigo.

— Surpresa boa é a nossa de ver como você está bem — manifestou-se Josias com sinceridade, ao perceber que Adriano estava mesmo certo: uma grande transformação acontecera com Fabrício.

A convite de Fabrício, acomodaram-se na sala e começaram a conversar, pondo em dia as novidades. Josias contou que Adriano lhe dera a notícia de que Fabrício estava melhor e parecia revigorado.

— São amizades como esta que precisam ser mantidas — lembrou Eloá.

Bruno jogou uma bolinha na direção de um dos quartos, e ele e Dimas saíram correndo atrás dela. Aproveitando-se da distração do neto, Josias disse a Fabrício que, além de ter ido conferir de perto a melhora do filho, queria também lhe falar de Bruno.

Então contou que Bruno vinha apresentando mau comportamento, que era malcriado e respondão, que se sentava com poucos modos à mesa, que ouvia música em alto volume, se recusando a abaixá-lo. Josias foi sincero o bastante para confessar que não estava satisfeito em continuar abrigando o neto em sua casa. Fabrício ouviu tudo atentamente. Bruno nunca fora um menino teimoso, mas ele reconhecia que criara o filho com excesso de mimos.

Fabrício garantiu que já se sentia em condições de voltar a cuidar do filho. Disse aos pais que eles poderiam mandar Bruno de volta para casa. Eloá e Josias mal seguraram o suspiro de alívio quando ouviram o filho dizer isso. Quando foi comunicado da decisão, Bruno também demonstrou contentamento. Assim como os avós pareciam querer se livrar dele, ele também queria sua liberdade de volta.

Josias recomendou a Fabrício rigidez na disciplina de Bruno enquanto ele ainda era novo, pois, depois de adolescente, o controle do pai sobre o filho poderia estar perdido para sempre. Fabrício lhe prometeu que não daria permissão em demasia a Bruno, e Josias ficou mais conformado.

***

Na semana seguinte, Bruno estava de volta com suas bagagens. Pela primeira vez desde a morte de Simone, Fabrício foi jantar fora em companhia do filho. Os dois se divertiram muito e Bruno não deu sinais de rebeldia. Quem sabe tudo não passasse de implicância de Josias?

No fim de semana, os dois partiram para uma casa de campo que pertencia a um ex-cliente de Fabrício, que alugava o imóvel a pessoas de confiança. Ele já tinha estado naquela casa com Simone, mas se esforçou para ocultar a dor que sentia por não estar com ela naquele momento. Tinha que afastar as lembranças sempre que elas voltavam ou sofreria para sempre.

Quando voltou a seu apartamento, no domingo à noite, descobriu que Adriano estava mesmo certo: era tempo de voltar a trabalhar. Com o retorno do filho, precisaria mais de dinheiro. Era necessário juntar todos os pedaços de sua vida e tentar seguir em frente. Precisava erguer a cabeça, mesmo que isso lhe pesasse e custasse muito esforço. Adriano lhe dissera que a vida continuava. Para Simone, naturalmente não, mas para ele sim. Se não vivesse por si mesmo, então viveria por seu filho.

Capítulo 28

Lucinéia vinha se arrastando pelas ruas. Nas mãos, o pequeno gato branco e preto e uma maçã que acabara de ganhar do vendedor de uma banca de frutas. Fazia uma semana que fora roubada e sua vida se transformara nisso: vagar sem rumo pelas ruas e avenidas, pedindo dinheiro para os transeuntes e ganhando um pão velho, uma fruta ou algo assim. Estava suada, suja e exausta, e isso a fazia se sentir muito mais velha do que era.

Havia pessoas que a olhavam com piedade e lhe atiravam algumas moedas. Outras fitavam-na com medo e nojo. Havia ainda aquelas que a ofendiam, mandando que ela procurasse emprego.

— É o que eu quero — gritava Lucinéia com suas poucas forças. — Quero um trabalho. Não sou vagabunda.

Assim ela passava seus dias. Dormia nas calçadas, sob marquises de prédios. Quando chovia, ela tremia de frio e de medo. Não tinha roupas grossas e a que vinha usando estava rasgada. Mais um pouco e ela acabaria nua.

Quando sentia vontade de ir ao banheiro, aliviava-se nas moitas das praças públicas, morta de vergonha de ser descoberta. Nunca sonhara fazer aquilo, e se a vida em Icó era difícil, a que estava vivendo agora era um verdadeiro inferno. Estava mais do que arrependida de ter saído de sua cidade, mas não podia fazer mais nada. Juntar dinheiro para voltar era loucura e ela sabia que nunca conseguiria. Os moradores de São Paulo eram muito diferentes dos de Icó. Na capital paulista, ela não tinha conhecidos, amigos ou familiares. Contava apenas com sua sorte. Seguiria daquele jeito até morrer de fome ou, quem sabe, contrair alguma doença.

Hermes, o gato, estava tão debilitado quanto sua dona. Lucinéia tentava imaginar qual dos dois morreria primeiro. Sofria por não poder salvar a vida do animalzinho, que se tornara seu companheiro nos últimos dias. Uma vez ela batera na porta de uma casa e a dona lhe dera sobras de carne. Ela dividiu com o gato, mas a quantidade era tão pequena que só serviu para deixar os dois com mais apetite. Ela cuidava de Hermes, como cuidaria de Jamilton se ele ainda estivesse vivo.

Havia cogitado a hipótese de voltar para a casa de Zefinha, mas fora informada de que estava muito distante de lá para refazer o caminho a pé. Passara por regiões nobres e elegantes e por bairros pobres e tão decadentes quanto ela mesma. Nesses se sentia melhor, pois não era vista como um monstro ou uma bandida perigosa.

Naquele dia fazia tanto frio que lhe parecia perfurar os ossos. Ela mantinha o gato aquecido entre seus braços, mesmo tremendo incontrolavelmente. Não se lembrava de quando tinha comido pela última vez e já nem sabia se as tonturas se deviam à fome ou à exaustão. Seu estômago roncava enquanto sua pele congelava. Começou a garoar e logo estava chovendo, e Lucinéia sentiu as gotas d'água deslizarem por seu rosto junto com suas lágrimas. Finalmente chegara ao limite. Aquilo tinha que acabar. Era preciso pôr um ponto final em tudo.

Ela passou por um viaduto, cujo nome estava afixado num poste de ferro. Como não sabia ler, jamais saberia o nome do local que escolhera para morrer. Não tinha medo da morte. De certa forma, esperava-a com ansiedade, pois pensava que assim talvez pudesse reencontrar Jamilton. Morrer saltando de uma ponte podia ser dolorido, mas tinha certeza de que acabaria logo. Se doesse seria por pouco tempo.

Lucinéia se arrastou vagarosamente debaixo da chuva intensa, que parecia engrossar cada vez mais. Os veículos andavam com velocidade moderada e um congestionamento estava se formando mais à frente. Alheia ao trânsito, ela seguiu até se posicionar bem no centro do viaduto. Aproximou-se do gradil e olhou para baixo. Lá embaixo, os carros andavam rapidamente, desafiando as pistas escorregadias.

Respirando fundo, ela olhou ao redor. Ninguém à vista. Ninguém ousava desafiar o frio e a chuva grossa, mesmo com guarda-chuva. Lucinéia só estava ali por falta de opção.

Lentamente, a jovem se agachou e colocou Hermes na calçada, debaixo do aguaceiro que vinha do céu.

— Perdoa eu, tá? Eu devia ter te deixado num lugar melhor. Aqui é ruim e perigoso, mas vai dar tudo certo pra tu — Lucinéia falava como se o gato a estivesse compreendendo. O rosto dela estava lavado pela chuva e pelas lágrimas. — Não vai para a rua não, senão os carros te pegam. Fica aqui quietinho. Quando a chuva passar, alguém vai te achar e te levar para uma casa bem bonita. Tá cheio de dono melhor do que eu.

Cortou o coração de Lucinéia ver o animalzinho imóvel debaixo da chuva, fitando-a fixamente, com o olhar sofrido, como se estivesse pressentindo o que Lucinéia pretendia fazer.

Ela sorriu para ele e respirou fundo mais uma vez. Então firmou as mãos no gradil do viaduto e passou uma das pernas para o outro lado.

Houve uma freada brusca de um carro. Um homem velho saiu de um Fusca igualmente velho, enquanto gritava e acenava para Lucinéia, aproximando-se dela rapidamente. Ela fingiu não tê-lo escutado e passou a outra perna também, segurando-se no gradil. Tornou a olhar para baixo sentindo o estômago embrulhar. Então pensou:

— Eu vou ficar mais tu, Jamilton.

Quando se preparava para mergulhar para a morte, mãos fortes a agarraram pelo peito. Com o puxão brusco, Lucinéia bateu as costas contra o gradil e olhou para trás, deparando-se com o rosto muito assustado do senhor do Fusca. Ele a segurava com tanta força que o ar lhe faltou.

— Me solta. Me deixa morrer só — rugiu Lucinéia, tentando se desprender das mãos do seu salvador.

— Não solto. Menina, você está louca? Pule para esse lado de novo.

— Não pulo. Quero morrer.

— Então você vai ter que me levar junto. Vamos, tente pular.

Os motoristas de outros dois veículos, vendo a cena, pararam seus carros e se arriscaram na chuva. Ajudaram o senhor a segurar Lucinéia e, num tranco forte, puxaram-na para o lado interno do gradil. Ela se debatia, mas os homens eram mais fortes e só afrouxaram a pressão em seu corpo quando ela já estava deitada na calçada do viaduto.

O senhor agradeceu a ajuda dos outros motoristas, e eles, despedindo-se, retornaram a seus carros. Então, demonstrando sua força física, apesar da idade, ele tomou Lucinéia nos braços e a colocou no banco traseiro do automóvel. Voltou para pegar o gato trêmulo e molhado e o aconchegou no colo de sua dona. Finalmente, ele entrou no veículo e deu partida.

Depois de uns dez minutos em que se mantiveram em silêncio, ele perguntou:

— A senhorita pirou? Pretendia se matar?

Lucinéia não respondeu. Só conseguia chorar, enquanto passava a mão pela cabecinha do gato. O homem continuou:

— Acho bom nos apresentarmos. Meu nome é Alexandre. Sou viúvo e não tenho filhos. Estou com setenta e um anos de idade e ainda procuro uma namorada... — vendo o olhar espantado de Lucinéia pelo espelho retrovisor, ele acrescentou, sorrindo: — Mas essa namorada não é você. Gosto de mulheres mais velhas.

Lucinéia continuou calada, e ele brincou:

— Fale alguma coisa. Sei que não é muda. Ouvi sua voz naquela hora.

— Meu nome é Lucinéia — respondeu ela timidamente. — Tenho vinte anos.

— É uma menina ainda. E seu gatinho, como se chama?

— Hermes. A idade dele eu não sei.

O comentário espontâneo de Lucinéia fez Alexandre soltar uma gargalhada. Ele parecia tão confiável que a jovem acabou sorrindo também.

— Moça, não sei por que você estava querendo acabar com sua vida, mas já aviso que não há nada por que valha a pena morrer. A vida é bela, sabia?

— Bela pra quem tem dinheiro. Eu não tenho nada.

— Tem a vida, e não há nada mais valioso que a vida, menina. Aprenda isso.

— Aonde tu vai me levar?

— Por Deus, moça, você está suja e molhada. Precisa de um bom banho. Estou levando você para minha casa. Lá tem água quente.

Ele percebeu que Lucinéia se enrijeceu e desconfiou de suas intenções.

— Não se preocupe que só tenho boas intenções com a senhorita.

Lucinéia ficou um pouco mais calma e decidiu esperar para ver qual seria sua sorte. Ele dirigiu o Fusca por mais quarenta minutos e, finalmente, parou perto de um aglomerado de casinhas de tijolos que subiam um morro. Ainda chovia, mas agora a chuva era mais fraca.

Ele fez sinal para Lucinéia segui-lo e, por um instante, a jovem sentiu vontade de fugir dali e se jogar de outro viaduto. Mesmo assim, algo a fez ficar e confiar no homem. Ele não parecia ter as mesmas intenções do vendedor de churrascos e, mesmo que tivesse, ela já considerava a possibilidade de se tornar amante dele, se isso lhe garantisse casa e comida.

Contudo, nada disso aconteceu. Entraram na casinha humilde e bem-arrumada de Alexandre. Ele esquentou um pouco de leite e entregou-o com alguns biscoitos a Lucinéia. Pegou um pedaço de carne da geladeira e jogou-o para o gatinho. Alexandre quase sorriu ao ver como ambos comiam rapidamente. Lucinéia repetiu três vezes e quase desmaiou de emoção ao sentir o estômago forrado novamente.

— Eu sou mesmo burro — resmungou Alexandre. — Devia ter deixado você tomar banho antes.

Ele foi até o quarto e voltou com uma toalha limpa e uma camisola que parecia ser o número de Lucinéia. A moça não vira nenhuma mulher na casa, mas, se havia roupas femininas, Alexandre devia morar ali com alguém, embora tivesse dito que não tinha filhos e que era viúvo.

Lucinéia não fez perguntas e foi se banhar. A sensação da água quente limpando toda a sujeira do seu corpo deixou-a tão relaxada que ela quase dormiu debaixo do chuveiro. Lavou os cabelos e se enxugou na toalha macia. Tudo ali era tão bom que parecia ser um sonho.

Então um pensamento a assaltou: e se Alexandre quisesse que ela pagasse pela hospedagem, como sua tia Zefinha fizera? Não tinha nem um real para dar a ele. Rezou para que o senhor não fizesse isso.

E, de fato, Alexandre nunca cobrou nada dela. Nem naquele dia, nem nos outros. Conforme as semanas foram passando, Lucinéia descobriu que ele realmente era um amigo, o primeiro que tinha conseguido desde que chegara a São Paulo.

Alexandre tinha uma pequena fábrica de reciclagem de papelão, papel, vidro e outros materiais reutilizáveis que comprava dos carroceiros. Saía cedo para trabalhar e só voltava no final da noite. Em troca, ela arrumava e limpava a casa dele. Lucinéia até fizera amizade com os vizinhos de Alexandre, que eram pessoas tão simples e humildes quanto ela.

Ao final de três meses, Lucinéia estava corada e tinha engordado. Ria quando Alexandre dizia que ela estaria bem magrinha se tivesse se suicidado. Ela reconhecia que teria feito uma grande besteira, mas foi a única saída que encontrou naquele momento para acabar com seu sofrimento. No entanto, jurou para Alexandre que nunca mais faria nada parecido.

Lucinéia contou para Alexandre como tinha sido sua vinda para São Paulo, inclusive que o irmão fora assassinado no caminho. Disse ter ficado muito triste com isso e que sentia falta de Jamilton. Alexandre a abraçou carinhosamente quando viu as primeiras lágrimas nos olhos da moça. Ficaram assim, abraçados como um avô e sua neta, por um longo tempo. Quando Lucinéia se afastou dele, ficou surpresa ao perceber que os olhos de Alexandre também estavam marejados.

— Tu tá chorando também, é? — perguntou Lucinéia, tentando animá-lo.

— Desculpe. É que quando abracei você me lembrei de Patrícia.

— E quem é Patrícia? Era a sua esposa? — inquiriu Lucinéia se lembrando das roupas femininas que havia na casa e que vinha usando desde que chegara.

— Não... — a voz de Alexandre embargou. — Era a minha filha.

— Filha? Tu não disse que não tinha filhos?

— É que não tenho mais — admitiu Alexandre, contendo as lágrimas com muito esforço.

Dessa vez foi Lucinéia quem o abraçou para confortá-lo. Alexandre se entregou ao choro. Quando se acalmou, conseguiu contar:

— Nem sempre morei nesta casa. Na verdade moro aqui desde que a tragédia aconteceu. Na casa antiga, morávamos Patrícia, Joselina, que era a minha esposa, e eu. Tive um casamento muito feliz com Joselina. Talvez não exista outra mulher tão especial quanto ela. Estávamos casados fazia quase vinte anos e não tínhamos tido filhos. Eu já estava com quarenta e cinco anos e Joselina com quarenta. Já tínhamos desistido de sermos pais. A verdade é que Joselina não conseguia engravidar e éramos pobres demais para que ela fizesse qualquer tratamento. Então íamos tocando a vida. Nessa época eu era carroceiro. Só pude comprar a fábrica muitos anos depois.

Alexandre fez uma pausa e sorriu tristemente para Lucinéia.

— Um dia, quando cheguei em casa, encontrei Joselina passando mal. Ela estava vomitando e com tontura. Corri com ela para o posto de saúde e fizeram alguns exames. Então tivemos a maior surpresa de todas: Joselina estava grávida. Fiquei tão abobado com a notícia que não sabia se ria ou chorava. Ria pela realização de um sonho e chorava pelo risco da gravidez por causa da idade dela. Mas Deus foi tão bom com a gente que a gravidez foi tranquila, do começo ao fim. Quando Patrícia nasceu, nosso sonho estava realizado, mesmo com quase vinte anos de atraso. Nossa menina era linda e muito esperta. Não imagina como eu amava aquelas duas! Elas me faziam tão feliz que às vezes até sonho com aqueles dias de alegria.

O olhar de Alexandre estava fixo num ponto, perdido no tempo, recordando-se do seu passado.

— Patrícia era uma ótima aluna na escola. Quando fez dezesseis anos arrumou um namoradinho, mas não foi muito longe com aquela história. Ela dizia que queria estudar para arrumar um bom emprego e cuidar dos pais na velhice. Veja só que danada ela era! Quase todas as roupas que eu dei para você usar eram de minha filha, outras eram de Joselina.

— E para onde elas foram? — quando Lucinéia percebeu o olhar de Alexandre se apagar, arrependeu-se de ter feito esta pergunta.

— Houve um acidente. Patrícia estava voltando de um curso na garupa da moto de um amigo, vizinho nosso. Ele perdeu o controle da moto e bateu contra a traseira de um caminhão.

— Meu Deus!

— Os dois se machucaram muito, mas sobreviveram. Patrícia sofreu uma fratura gravíssima na coluna e ficou paraplégica.

— Ficou o quê?

— Não conseguiu mais andar. Teve que ficar em uma cadeira de rodas.

— Coitada — apiedou-se Lucinéia, triste pela história da moça a quem nem conhecera.

— Era Joselina quem cuidava de Patrícia. Minha filha teve que sair do curso e passou a viver só dentro de casa, empurrando sua cadeira pelos cômodos apertados.

— Quanto sofrimento!

— Um dia minha casa pegou fogo — Alexandre sentiu os olhos marejarem de novo. — Uns disseram que foi uma vela, outros, que foi o botijão de gás. Só o que sei é que minha casa pegou fogo. Eu estava voltando do trabalho quando vi dois caminhões de bombeiro parados em frente à minha casa. Fiquei desesperado. Perguntei a um dos bombeiros o que tinha acontecido, e ele disse que as causas do incêndio eram desconhecidas, mas dois corpos já haviam sido retirados lá de dentro — Alexandre engasgou com as palavras e tentou enxugar as lágrimas com as mãos. — Ele me contou que a cadeira de rodas de Patrícia estava enroscada na cama. Acho que Joselina tentou ajudá-la a se soltar durante o incêndio, mas o fogo as atingiu e ambas morreram queimadas.

Lucinéia o abraçou, chorando também. Quando se acalmaram, ela comentou:

— Tua história é muito triste. Não entendo como ainda pode dizer que a vida é bela, que deve ser vivida.

— Porque é verdade. Sofri e ainda sofro com a falta das duas. Patrícia hoje seria uns cinco ou seis anos mais velha que você. Eu aprendi que Deus faz as coisas com sabedoria e que na vida nada está errado, pois Ele toma conta de tudo.

— Será?

— Por que duvidar dEle quando podemos simplesmente confiar e acreditar?

— É que parece que tá tudo errado.

— Se Deus é mesmo justo, então nada está errado, concorda?

Lucinéia assentiu com a cabeça, sabendo que Alexandre tinha razão.

— Quando a gente fica triste, o que tem que fazer, então?

— Podemos substituir os pensamentos tristes por outros mais alegres. Nos primeiros dias depois da morte de Patrícia e Joselina, eu sofri como um louco. Só queria saber de chorar e pensar que as queria de volta. Quando amamos uma pessoa e a perdemos, lamentamos não tê-la ao nosso lado por muito tempo — Alexandre disse isso sem imaginar que Lucinéia estava pensando em Jamilton. — Eu percebi que ajudaria a mim mesmo se pensasse nas duas de outra maneira. Por que chorar quando eu poderia imaginá-las num lugar melhor que este, vivendo uma vida melhor que a que viviam aqui? Parei para me perguntar por que, se Deus nunca erra e sempre faz tudo certo, eu tinha que continuar a sofrer. O que mudaria para mim desejar a presença delas se, intimamente e por mais que doesse, eu sabia que isso era impossível?

— Chorar pelo morto dá alívio para o vivo — comentou Lucinéia, admirada pela inteligência de Alexandre e pelo seu modo de ver as coisas.

— Tem certeza de que dá alívio? Como nos sentiríamos aliviados? Eu poderia dizer: "Patrícia e Joselina, hoje eu chorei por vocês. Missão cumprida. Posso ficar aliviado agora" — ele sorriu quando viu Lucinéia rir. — Não há alívio e nunca vai haver. A dor diminui, mas sempre vai estar escondida em algum canto aqui — Alexandre tocou o coração — e principalmente aqui — ele tocou com a mão o alto da cabeça. — Se a dor diminui, o amor aumenta. Pensamos na pessoa querida com amor, com saudade, com respeito por quem ela foi. Passamos a nos esquecer dos momentos difíceis depois de sua morte para nos lembrar dos bons momentos em que estivemos juntos: nas festas e comemorações, nos passeios, dos acontecimentos compartilhados com carinho. Isso tudo fica gravado na nossa memória e faz a dor perder as forças. O grande objetivo de Deus é a felicidade de todos nós. Pensar naquele que partiu com carinho em vez de com tristeza já é um enorme passo para a conquista dessa felicidade.

Quando Alexandre terminou de falar, Lucinéia tinha lágrimas nos olhos. Eles se abraçaram e choraram juntos. Dessa vez ela não chorou de tristeza pela morte do irmão. Chorava por imaginar que ele pudesse estar bem, onde quer que estivesse, e que continuasse agindo do jeito que sempre fora. Se isso acontecesse, se as pessoas sobrevivessem à morte do corpo, então Deus era tão justo quanto Alexandre dissera que era. Ser feliz começava a deixar de ser apenas um sonho para Lucinéia.

Emocionada com a situação do momento, ela jamais poderia imaginar que estava sendo observada por olhos tristes e desesperados. Não fazia a menor ideia de que, parado bem ali, a poucos passos dela, estava Jamilton, com o rosto lavado de lágrimas.

Capítulo 29

Nem Jamilton nem Douglas sabiam explicar como tinham conseguido escapar das vistas de Eduardo. Só se lembravam de ter desejado encontrar as pessoas amadas. Douglas pensou na mãe, e Jamilton, em Lucinéia. Quando deram por si estavam em um novo lugar, separados um do outro.

Douglas se viu em sua adorada casa. Quase chorou de alegria quando adentrou a imensa sala de estar. Mal podia esperar para ver a mãe e abraçá-la. Estava muito confuso, não sabia que dia era, mas o que importava era rever Fernanda. Talvez ela até soubesse que ele tinha estado no resort de Eduardo. Douglas admitia que as belezas daquele lugar faziam bem a qualquer pessoa. Porém, como ele não estava interessado em belezas naturais e muito menos naquele papo maluco de ter morrido, queria apenas tomar um bom banho e correr para encontrar sua mãe.

Caminhava pela sala quando viu a senhora Haruo sair apressada da cozinha, carregando uma bandeja. Ele se aproximou lentamente por trás dela, na intenção de assustá-la. Sempre gostou de fazer isso, de pegar sua ex-babá de surpresa.

Para seu espanto, a senhora Haruo não escutou quando ele bateu palmas bem atrás dela. Ela subia as escadas agilmente, e Douglas a chamou:

— Nonoca, você está se fazendo de surda?

A senhora Haruo se manteve impassível e parou em frente ao quarto de hóspedes. Ela bateu e, para surpresa de Douglas, a voz de Fernanda surgiu lá de dentro. Que diabos sua mãe estava fazendo no quarto de hóspedes? Por que não estava no quarto dela?

A governanta abriu a porta, e Douglas entrou rapidamente acompanhando-a e estampando um amplo sorriso no rosto. Mas seu sorriso sumiu quando percebeu que Fernanda olhava exatamente em sua direção, mas não dava qualquer sinal de estar vendo o filho parado ali.

— E aí, Nanda, não diz nada? — ele perguntou em voz alta.

Sabia que falara em alto e bom som, mas Fernanda e a senhora Haruo pareceram não escutá-lo. Que tipo de brincadeira era aquela? Elas estariam com raiva dele por ter estado no tal resort, ainda que ele nem soubesse como fora parar naquele lugar? Algo estranho estava acontecendo ali.

Douglas passou ao lado da governanta e se sentou aos pés da cama da mãe. Olhou atentamente para o rosto de Fernanda e percebeu que os olhos dela estavam vermelhos e inchados, como se ela tivesse chorado.

— Mãe? O que aconteceu com você? Estava chorando?

Fernanda não respondeu. O pior era que ela nem olhava na direção dele, ignorava-o completamente. Entrando em pânico, Douglas correu na direção da senhora Haruo e se postou na frente dela. Agitou as mãos diante do rosto da governanta, mas ela nem sequer piscou. Olhava a patroa como se estivesse olhando através de Douglas.

— Seus chás me deixam mole. Não quero mais tomá-los — Fernanda falava com voz apagada e triste. Havia pouco estivera pensando no filho e, no momento em que a senhora Haruo entrou no quarto, sentiu uma terrível saudade dele, uma imensa vontade de simplesmente poder abraçá-lo de novo, nem que fosse por alguns segundos. Faria qualquer coisa para poder rever Douglas.

— A senhora deve continuar a tomá-los. São eles que a deixam mais revigorada.

— Revigorada como? Passo os dias e as noites dentro deste quarto, como se estivesse hibernando. Esses chás me deixam ainda mais preguiçosa, sem vontade de fazer nada. Além disso, estou sentindo mais sono que o normal.

— Porque seu corpo está cansado e a senhora precisa descansar.

— Como eu posso ficar cansada se não faço nada? — teimou Fernanda. — O que me cansa é ficar remoendo minhas lembranças, pensando no que aconteceu com meu filho. Penso todos os dias nele. Onde ele está, o que estará fazendo, com quem estará vivendo. Será que ele está feliz?

Douglas estava chocado com a conversa, mas deduziu, pelo que a mãe dissera, que estavam falando de seu pai, Artur. Teria ele saído de casa e abandonado sua mãe? Sim, só podia ser isso. Mas por que elas fingiam que ele não estava ali?

Preocupado, disfarçando o desespero, Douglas se aproximou para abraçar a mãe e, para seu horror, seus braços atravessaram o corpo de Fernanda, como se ela fosse feita de fumaça. Ele tentou de novo, mas o resultado foi o mesmo.

Ele se levantou e tentou pegar um objeto. Sua mão passava pelo que desejava pegar como se ele fosse um fantasma.

Douglas congelou. Eduardo lhe dissera que ele estava morto e ele não acreditara. Tentara fazer com que o rapaz entendesse que havia morrido no acidente de carro, mas ele não acreditara. Eduardo lhe mostrara aquele belo lugar dizendo que lá seria sua nova residência e nem nisso ele acreditara. Mas se não era verdade, por que sua mãe e a governanta não o viam nem o ouviam? O que explicava aquilo?

Aproveitando a porta aberta, Douglas disparou na direção do seu próprio quarto. Não sabia como faria para abrir a porta, mas nem foi preciso muito esforço. Sem que soubesse explicar como, viu-se dentro do seu aposento. Quando olhou para o dormitório vazio, os armários quase sem nada dentro e apenas uma foto sua sobre a cômoda, Douglas compreendeu a verdade. Por mais que parecesse estranho, ele não poderia estar vivo, não como a senhora Haruo e Fernanda.

Um estremecimento sacudiu seu corpo astral. Então Fernanda não estava falando de Artur e sim dele mesmo. Ela estava preocupada com o filho, como se preocupava desde que ele era um bebê. Pensava nele tentando imaginar onde estaria depois da morte. Com lágrimas a lhe escorrer pelo rosto, Douglas caminhou lentamente para o quarto em que Fernanda se encontrava, ainda sem saber explicar como conseguira cruzar a porta novamente.

Quando entrou, a senhora Haruo já havia partido e Fernanda, que fora convencida pela governanta, bebia o chá a goles lentos. Ela chorava também, e as lágrimas deslizavam por seu rosto negro e bonito.

— Mãe? — chamou Douglas. — Mãe? — ele tentou de novo. Era estranho falar com uma pessoa tão próxima e ser ignorado. Era quase como tentar se comunicar com alguém surdo e cego. — Mãe, fale comigo.

Fernanda apenas olhava para o vazio, enquanto os olhos ficavam pesados e o sono se aproximava devagar. Ela colocou a xícara de chá sobre a mesinha de cabeceira, virou-se na cama e fechou os olhos. Em voz alta ela pediu:

— Deus, permita-me sonhar com meu filhinho esta noite, por favor. Mostre-me se ele está feliz. É tudo o que eu quero para ele agora.

— Mãe... — aflito, Douglas contornou a cama e se agachou bem em frente ao rosto de Fernanda. Não esticou a mão para tocá-la porque sabia que não adiantaria. — Mãe, eu não morri. Quer dizer, morri, mas estou aqui bem na sua frente. Tente me ver, tente me ouvir.

Os olhos de Fernanda foram se fechando lentamente, e ela finalmente adormeceu. Douglas continuou por muito tempo ali, chorando com a cabeça sobre o colchão. Ele não entendia por que sua mão atravessava o corpo de Fernanda e os objetos, mas sua cabeça se firmava sobre o colchão, assim como seus pés se fixavam no chão. De qualquer forma, ele não estava interessado em descobrir essas respostas. Queria apenas ficar ali, ao lado de sua amada mãe.

Depois resolveu tentar saber mais. Aproximou seus lábios do rosto de Fernanda para beijá-la, mas não a tocou. Virou-se e saiu do quarto, descendo as escadas rapidamente. Encontrou a senhora Haruo na cozinha mexendo em uma gaveta. Correu até ela, aproximou a boca do ouvido da governanta, fechou os olhos, forçou os pulmões e gritou:

— Nonoca!

Ela ergueu vivamente a cabeça e olhou para os lados. Suspirou resignada e continuou a mexer na gaveta. Por um segundo tivera a impressão de ter ouvido a voz de Douglas chamando-a. Claro que não passava de impressão. A saudade que sentia do garoto fazia aquilo com ela.

Douglas enxugou as lágrimas e quase sorriu quando percebeu que a senhora Haruo pôde ouvir a sua voz, como se viesse de muito longe. Ele se aproximou da mulher novamente e ia abrir a boca para gritar ainda mais alto quando notou a gaveta em que ela mexia.

Viu dentro dela uns envelopes brancos e prateados. Bastou ler o nome de um deles para saber que se tratava de soníferos. Ele ia se formar em medicina e aprendera muito sobre medicamentos. O que havia naquela gaveta eram soníferos, do tipo mais forte disponível no mercado, e caixas de tranquilizantes, que deviam ser vendidos apenas sob prescrição médica, mas que se encontrava aos montes dentro daquela gaveta.

— Para que você quer esses comprimidos e esses soníferos, Nonoca? — Douglas perguntou.

Ela trancou a gaveta e escondeu a chave atrás do filtro. Dali dirigiu-se a seu quarto, e Douglas deixou de segui-la.

Aquilo era estranho, mas para ele tudo se tornara estranho. Atravessava objetos, pessoas e paredes, não era visto nem ouvido por ninguém e ainda flagrara a babá mexendo em uma gaveta cheia de soníferos e tranquilizantes. Será que ela estaria se drogando?

— O que eu faço, meu Deus? — questionou-se Douglas. — Não posso continuar assim, mas não quero voltar para onde estão Joselina e Eduardo. Eles são muito bons comigo e o lugar é fantástico, mas quero ficar aqui com minha mãe — ele quase recomeçou a chorar. De repente teve um pensamento que o fez rir: "Agora estou igual ao Gasparzinho".

O riso se transformou em gargalhada. Sabia que, na verdade, ria para disfarçar o medo, a insegurança, a frustração, a saudade e a tristeza. Estava morto, apesar de se sentir tão vivo como sempre. O que fazer?

Ainda rindo, Douglas decidiu que não choraria mais. Rir era melhor que chorar, principalmente para um fantasma.

***

Jamilton estava numa situação muito parecida com a de Douglas. Fora atraído para perto de sua irmã como se fosse um ímã. Quando se viu dentro de uma casinha simples, Jamilton exclamou:

— Oxente, bexiga! Como é que eu fiz pra parar nesses cafundós do Judas? Parece que eu voei que nem os rojões que a gente soltava lá em Icó.

Olhando atentamente ao redor para ver se Eduardo o seguira, Jamilton ficou aliviado quando percebeu que ele não estava por perto. Então caminhou pela casinha e sentiu o coração disparar quando viu Lucinéia passar perto dele.

— Ei, Lu. Luuu. Lucinéia, olha eu aqui — gritou Jamilton.

Ela não se virou para olhá-lo. Colocou algo num pires, que serviu a um gato pequeno, preto e branco. Jamilton se aproximou e gritou:

— Oxente, Lucinéia, ficou surda, foi?

Ela falou algo baixinho para o gato, passou a mão em sua cabecinha e se levantou, girando o corpo e ficando de frente para Jamilton.

— Olha quem tá aqui, mulher — fez ele, todo animado.

Porém, ver Lucinéia ignorá-lo novamente o deixou aborrecido e irritado.

— Tu não tá me vendo não, é?

Como Lucinéia continuou quieta, Jamilton fechou o punho para esmurrar a mesa. Mas sua mão a atravessou e saiu por baixo dela.

— Oxente... Crê em Deus Pai, que é isso, diacho?

Ele repetiu o gesto e não conteve o espanto:

— Tá com a moléstia! Que cancro é esse? Tô até parecendo uma visagem, uma assombração que nem o fantasma do coronel Jacó, que assombrava as bandas de Aroeiras.

O espanto de Jamilton foi aumentando. Por mais que gritasse, a irmã não o ouvia. Recusando-se a se lembrar das palavras de Eduardo, Jamilton permaneceu ao lado de Lucinéia durante o restante do dia.

Ele se perguntava se a casa em que Lucinéia estava pertencia a Zefinha. Mas quando, no fim da tarde, chegou um senhor desconhecido, Jamilton ficou bastante espantado. Ele entrou na casa sorridente, carregando um embrulho nas mãos, que ofereceu a Lucinéia. Ela sorriu, abriu o pacote e ficou muito feliz ao ver a caixinha de bombons que aquele senhor lhe trouxera. Ela o abraçou, grata pelo presente.

Jamilton já tinha desistido de tentar falar com a irmã porque ela lhe parecia surda e cega. O homem também não o viu parado ali.

Ele descobriu que o senhor se chamava Alexandre e que parecia gostar muito de Lucinéia. Os dois se olhavam carinhosamente, como dois amigos muito queridos, mas Jamilton não gostou nada daquilo. Escondendo o ciúme, gritou:

— Lucinéia, tu e esse velho tão dando no couro, é?

Mais tarde, ele compreendeu que Alexandre e Lucineia não eram amantes. Eram apenas companheiros de moradia, como um avô e sua neta. Quando Alexandre contou sua triste história para Lucinéia, sobre a morte de Patrícia e de Joselina, Jamilton se entristeceu também e quase se arrependeu de ter pensado mal daquele senhor. Apesar de ter perdido duas pessoas amadas, Alexandre procurava mostrar a Lucinéia que a esperança e a fé em Deus deveriam ser mantidas.

Sentindo-se um inútil parado ali, Jamilton não pôde resistir às lágrimas. Embora se recusasse a aceitar que estava morto, já sabia que não havia outro motivo para ele estar daquele jeito, invisível e capaz de atravessar a mesa com as mãos.

Jamilton caminhou lentamente e se aproximou de uma parede, sem encostar nela, com medo de atravessá-la também. As lágrimas se transformaram num pranto sentido. Ele era um cabra-macho e não devia estar chorando, mas era impossível não sofrer. Sua vida acabara, então todo o resto acabara também.

Capítulo 30

Lucinéia contara praticamente toda a sua vida para Alexandre, escondendo apenas o fato de ser analfabeta e de seu pai nunca ter permitido que ela estudasse, como fizera com Jamilton. Para ela, o fato de não saber ler e escrever transformava-a em uma pessoa burra e inferior.

No entanto, seu segredo, que era também seu motivo de vergonha, chegara ao fim quando Alexandre, numa manhã de sexta-feira, pouco antes de sair para trabalhar dirigindo seu Fusca, entregou a Lucinéia um papel de carta com uma mensagem escrita. Ela ficou segurando a folha, sem ter a menor ideia do que dizia ali. Alexandre lhe sorria, esperando que ela lesse a mensagem e fizesse algum comentário. Por fim, lágrimas brotaram dos olhos da moça e pingaram sobre o papel. Alexandre, surpreso com a atitude dela, inquiriu:

— Você se emocionou tanto assim? Não sabia que você ia chorar, me desculpe.

— Não estou chorando por isso. Acontece que não entendo o que está dizendo aqui — ela enxugou as lágrimas, sob o olhar preocupado de Alexandre e sendo observada por Jamilton, que estava em um canto da cozinha.

— Como assim, não entende? São apenas algumas palavras sobre o que eu penso de você. Algo do que está escrito aí a ofendeu?

— Não... — Lucinéia balançava a cabeça e chorava sem parar. — Acontece que... — ela se encheu de coragem — eu não sei ler.

— Ah! — foi tudo o que Alexandre exclamou e não era preciso dizer mais nada. Era óbvio que Lucinéia estava bastante constrangida e envergonhada de admitir que desconhecia as palavras, como se confessasse um grande crime. Ele sorriu, transmitindo-lhe a confiança de sempre. Por fim, disse: — Você deveria rir em vez de chorar.

— Rir por quê? Por eu ser burra?

— Rir porque é saudável. Tem dois olhos perfeitos que podem enxergar as letras. Aprendê-las é apenas uma questão de tempo. E ainda tem uma cabeça boa, que a ajudará e aprender tudo.

Lucinéia sorriu e olhou para fora, pela janela. Alexandre sempre conseguia fazer com que ela visse as coisas pelo lado mais positivo. Tudo o que parecia ruim tornava-se bom para ele.

— Hoje parece que vai chover mais cedo — reparou Lucinéia olhando para o céu. — É tão cedo e já está escuro.

— É verdade. Mas você não me respondeu. Não deve se julgar menos que ninguém. Você é tão inteligente quanto eu ou qualquer outra pessoa — lentamente Alexandre tirou o papel de carta das mãos dela. — De qualquer modo, vou ler para você o que está escrito.

Lucinéia se sentou na cadeira de madeira e aguardou. Alexandre iniciou a leitura:

Eu poderia dizer muitas coisas para o anjo que apareceu em meu caminho naquele viaduto, num dia de muita chuva. Esse anjo me fez companhia e ainda faz. É uma pessoa amiga, respeitável, que ama e que merece ser amada. Lembra muito a minha filha, mas no fundo é diferente de Patrícia. Se Deus me mandou esse anjo, preciso cuidar dele com muito carinho e amor. Que Deus a abençoe todos os dias!

Com muita luz para o anjo Lucinéia.

Alexandre Figueira de Souza

Ele terminou de ler o bilhete e viu que Lucinéia estava chorando outra vez, agora grata pelas belas palavras em sua homenagem. Ela abraçou o amigo com ternura e Alexandre prometeu:

— Acho que eu consigo realizar o seu sonho. Hoje à noite vou começar a ensiná-la a ler e escrever.

Lucinéia se desprendeu do abraço e o olhou espantada:

— Tu disse o quê?

— Disse que a senhorita vai aprender a ler e a escrever a partir de hoje. Eu mesmo vou ensiná-la um pouquinho todos os dias, e logo você estará conhecendo todas as palavras. Só espero que não escreva uma cartinha de amor para algum namorado e me deixe para trás.

Alexandre estava sorrindo, e Lucinéia tornou a abraçá-lo, ainda mais forte dessa vez. Ela mal podia crer no que tinha escutado. Ele a ajudaria a se tornar uma pessoa de verdade, alfabetizada. Aquilo que Inocêncio a proibira de fazer desde a infância seria feito agora, com alguns anos de atraso. O que importava era que Alexandre o faria por ela.

Quando ele partiu dirigindo seu Fusca, Lucinéia sorriu e chorou ao mesmo tempo, sem saber que Jamilton também estava feliz pela irmã, embora frustrado por ela ignorar a sua presença. Se estivesse vivo, teria agradecido Alexandre em nome da irmã. Como estava de mãos atadas, só podia agradecer àquele senhor em pensamento.

Lucinéia estava certa sobre a chuva. Começou com uma garoazinha, que logo virou uma chuva forte. Por volta de uma da tarde, a chuva já tinha estiado. Alexandre costumava deixar algum dinheiro para que Lucinéia fizesse compras no mercado. Como faltavam algumas coisas, principalmente produtos de limpeza, ela foi à mercearia mais próxima da casa onde moravam, aproveitando-se da trégua que a chuva dera.

Entretanto, assim que ela pisou no mercado, a chuva recomeçou. Ela não ia comprar muita coisa e acreditava que, até sair do mercado, a chuva já teria passado.

Ela aproveitou o tempo para colocar suas compras no carrinho. Comprava a maior parte dos produtos olhando a embalagem, já que não sabia ler os rótulos. Na semana anterior ela tinha levado amaciante no lugar de desinfetante, e em sua primeira compra invertera a embalagem do açúcar pela do sal. Agora, quando tinha alguma dúvida, perguntava a um funcionário do mercado.

Um trovão explodiu bem próximo dali, e Lucinéia se assustou. A chuva agredia violentamente a laje do estabelecimento e as pessoas nem podiam sair do mercado. Apesar de ainda serem duas horas da tarde, o dia virara noite. Estava muito escuro e uma ventania sacudia as árvores, espantando os corajosos que ainda estavam na rua.

Lucinéia passou as compras pelo caixa, pagou, empacotou tudo nas sacolas plásticas e ficou parada com outras pessoas próximo à porta. A tempestade estava assustadora e uma mulher comentou com Lucinéia que elas ainda ficariam presas no mercado por pelo menos mais quarenta minutos.

Assim que a mulher acabou de falar, ouviu-se um estrondo fortíssimo que fez as janelas vibrarem. Todos pensaram que fosse outro trovão ensurdecedor, ou que uma árvore tivesse caído sobre algum carro. Os relâmpagos riscavam o céu como rajadas de laser. Lucinéia já tinha visto muitas tempestades desde que chegara a São Paulo, havia quase quatro meses, mas nenhuma como aquela, que dava medo até mesmo nos mais valentões.

Aos poucos o fluxo d'água foi diminuindo e a chuva foi cessando. A mulher quase acertara em sua previsão, pois Lucinéia ficou presa no mercado por trinta e cinco minutos depois de pagar suas compras.

Ela apanhou suas sacolas e foi caminhando cautelosamente pelo chão escorregadio e molhado. Dois caminhões de bombeiros passaram por ela a toda brida, provavelmente atendendo a um dos muitos incidentes que acontecem durante uma tempestade. Distraída, Lucinéia pensava e mal podia esperar pelo anoitecer. Alexandre ia ensiná-la a conhecer as letras, e ela imaginava quanto tempo levaria para começar a ler e a escrever.

O sorriso que trazia no rosto desapareceu assim que viu os caminhões de bombeiros estacionarem perto da casa de Alexandre. Por um momento, ela se lembrou do incêndio que matara a mulher e a filha dele, e imaginou que o amigo devia ter ficado tão apavorado quanto ela estava naquele momento.

Ela apertou o passo e, de repente, empalideceu. Suas mãos tremeram e Lucinéia nem notou que derrubou as sacolas com as compras no chão. Viu um aglomerado de pessoas chorando e gritando. Alguém berrava que tinha acontecido um deslizamento de terra e que algumas casas haviam sido atingidas. Lucinéia correu e viu que a casinha de Alexandre fora completamente destruída. Antes que pudesse reagir, notou, com pavor intenso e crescente, partes do Fusca em meio à terra e ao concreto.

Lucinéia tentou ultrapassar o bloqueio dos bombeiros, mas foi detida. Um deles lhe explicou que a terra ainda estava úmida e que poderia haver novos deslizamentos a qualquer momento, portanto a área estava isolada para a segurança dos próprios moradores.

Ela apontou com dedos trêmulos para a casa de Alexandre e disse que morava ali, mas o bombeiro informou que a casa dela fora uma das mais atingidas.

Uma vizinha de Lucinéia, que às vezes ia à feira com ela, aproximou-se e a abraçou. As duas choraram juntas. A mulher contou que tinha ido ao banco pagar uma conta quando a tempestade começou. Seu filhinho de dois anos ficara sob os cuidados da irmã mais velha, de nove. Sua casa viera abaixo e os bombeiros já haviam lhe informado que os corpos de seus dois filhos estavam sendo retirados dos escombros.

Ela ainda conseguiu reunir forças para dizer que vira Alexandre chegar com seu Fusca, pouco antes de ela sair para ir ao banco. Ele tinha sorrido e dito a ela que faria uma surpresa para Lucinéia, por isso fora mais cedo para casa. A mulher contou que Alexandre segurava dois cadernos e alguns lápis nas mãos. Eram os materiais para o estudo que faria com a jovem.

O restante da noite foi um sofrimento indescritível para as pessoas que haviam perdido casa e família. Lucinéia viu quando trouxeram o corpo de Alexandre, machucado e sujo de terra. Ela vira o rosto do irmão morto e não poderia se enganar agora: Alexandre havia falecido. Seu futuro professor nunca lhe daria aulas. O homem que a salvara da morte num dia chuvoso não pudera salvar a si mesmo em outro dia de muita chuva.

Ela olhou ao redor sem saber o que fazer. Ia acompanhar o corpo de Alexandre quando divisou um pontinho preto sobre a terra, parecendo perdido e assustado. Quase gritando de alívio e medo, ela reconheceu seu gatinho, Hermes. Lucinéia o pegou com cuidado, sem querer saber como ele tinha escapado da morte, e viu que ele estava com uma patinha machucada, o que o fazia miar muito. A jovem o embalou como fazia na época em que vagavam pelas ruas. Mais uma vez o gato era sua única companhia. Mais uma pessoa que a amava e que era amada por ela se fora.

Naquele momento, Lucinéia pôde apenas fechar os olhos e rezar pelo espírito de Alexandre. Que ele encontrasse a paz que merecia e, se fosse possível, que reencontrasse a esposa e a filha.

Capítulo 31

Simone se sentia tão bem que recebera permissão para se matricular em um curso indicado por Eduardo e Joselina. Estava desencarnada havia quatro meses. A cidade astral em que vivia chamava-se Colônia das Flores, devido à ampla variedade de flores que se via ali. Ela conhecia algumas espécies, mas nunca ouvira falar de outras. Essa colônia se encontra sobre a cidade de São Paulo e abrange outras regiões também.

Ela sempre perguntava a Eduardo se ele tinha notícias de Fabrício, e ele lhe respondia que tudo estava bem e que ela deveria ser paciente.

— A paciência é uma virtude do espírito. Somente com ela conseguimos evoluir e aprender. Peço que aguarde pelo momento certo. Você ainda terá muitas coisas para aprender aqui.

— É tão ruim não ter notícias das pessoas que amamos.

— Sim, é verdade. Da mesma forma que os encarnados sofrem com a partida dos que vêm para cá, desejosos de saber como estão vivendo, os desencarnados também sofrem e você é um exemplo disso. Muitos não queriam ter morrido, dizendo-se muito jovens, muito famosos, muito amados etc. As pessoas não querem deixar a vida na Terra.

Gostam de viver, gostam da rotina. Veja o exemplo de um artista rico e famoso. Como acha que ele se sentiria ao chegar aqui e ser informado de que desencarnou, que terá que viver como todos os outros num lugar em que o dinheiro e a fama não têm valor, mas sim as boas ações? Aqui seu nome famoso não tem valor algum. Ele pode ser reconhecido por algumas pessoas, mas sua vida de glória acabou.

— Ele demoraria muito para se acostumar com o novo modo de vida. Ou, quem sabe, faria como Douglas e Jamilton, que fugiram daqui para encarar a Terra novamente. Aliás, você tem notícias deles?

— Sim. Douglas está bastante arrependido por ter ido sozinho reencontrar a mãe. Já compreendeu que agora tem uma nova condição de vida e que deve deixar definitivamente seu antigo modo de viver para trás. Está sofrendo, pois não é visto nem ouvido pelos encarnados. Recebi uma informação de que dois espíritos amigos irão encontrá-lo para lhe oferecer uma nova chance de aprendizagem conosco. Caberá a ele vir ou não.

— E Jamilton?

— Acho que com esse será mais difícil. Verá sua irmã Lucinéia sozinha e não desejará sair de perto dela.

— Por que a irmã dele está sozinha?

— Lucinéia está vivenciando situações que são reflexos de existências anteriores. Viveu rodeada de pessoas na época em que foi uma nobre francesa.

Simone sentiu certo desconforto. Mas por quê? Afastou a sensação estranha com um gesto de mão. Estava curiosa e perguntou:

— Você está querendo dizer que ela foi uma mulher de destaque em outra vida? — Simone já aprendera o suficiente para saber que nenhum espírito vive apenas uma vida. Ela ainda não se recordava de nenhuma de suas encarnações passadas, mas Eduardo, como sempre, lhe sugerira paciência e perseverança.

— Ela já viveu diferentes papéis em outras vidas, assim como você, eu e todas as pessoas. Contudo, foi na França que ocorreu a mais importante experiência para o seu espírito.

— E agora ela está sozinha para pagar algum erro?

— A reencarnação não é um castigo, nem um preço a ser pago. É uma incrível bênção fornecida pela vida, que nos permite avançar, solucionando situações que ficaram pendentes.

Eles viram Joselina caminhando apressadamente. No rosto, uma expressão de felicidade. Cumprimentou-os e perguntou:

— Vai se inscrever no curso, Simone? — o curso era um preparatório para a adaptação ao mundo espiritual.

— Vou, sim. Mal posso esperar para aprender coisas novas. E você, aonde vai assim, toda apressada?

Os três riram, e Joselina respondeu:

— Meu marido acaba de chegar. Vocês não querem vir comigo para recepcioná-lo e conhecê-lo?

Eduardo olhou para Simone, que assentiu em aprovação. Caminharam até uma enfermaria, que não era a mesma em que ela acordara. Fora naquela enfermaria que Douglas e Jamilton despertaram, e Eduardo explicou rapidamente que o atendimento ali era prioritário a espíritos que haviam desencarnado em situações repentinas e bruscas.

Uma moça morena e muito bonita esperava por Joselina. Ela sorriu para Eduardo e cumprimentou Simone amavelmente. Joselina fez as apresentações rapidamente:

— Esta é Patrícia. Foi minha filha na última encarnação.

Pouco depois uma enfermeira negra cedeu passagem para a entrada do grupo. Eduardo e Simone entraram, mas permaneceram próximos da porta por uma questão de respeito à privacidade das outras pessoas. Viram um senhor repousando sobre uma cama. Patrícia e Joselina contornaram o leito, ficando uma de cada lado. Quando o senhor abriu os olhos e as viu, começou a chorar:

— Joselina? Patrícia? São vocês? Estou sonhando? Oh, meu Deus!

O senhor começou a chorar e elas o abraçaram, chorando também. Quando finalmente contiveram a emoção, Joselina indicou a porta e apresentou:

— Alexandre, estes são Eduardo, um espírito iluminadíssimo, e nossa amiga Simone.

Todos se cumprimentaram, e Simone sorriu quando viu a maneira amorosa com que os três se olhavam. Imaginou que ela também ficaria muito emotiva no dia em que tornasse a ver Fabrício e Bruno.

Alexandre, espírito lúcido, logo compreendeu que desencarnara em um deslizamento de terra. Então ele pareceu preocupado e perguntou:

— E Lucinéia? Ela ficou sozinha?

— Sabe que Deus nunca desampara ninguém. Ela dará continuidade à sua vida. Com você aprendeu muito e usará este conhecimento para seguir em frente — explicou Joselina.

Enquanto Alexandre olhava para a filha Patrícia com amor, vendo que ela podia caminhar e que não dependia mais da cadeira de rodas, Simone chamou Eduardo para fora do quarto e perguntou:

— A Lucinéia de quem ele perguntou é a mesma de que estávamos falando? A irmã de Jamilton?

— Sim. Para você ver como o mundo é pequeno e como estamos cercados por amigos, mesmo que não saibamos — ele sorriu com ar misterioso, e Simone perguntou o que ele estava lhe escondendo. Brincando, Eduardo respondeu: — Hoje eu a levarei para que conheça o nosso governador.

Simone já ouvira falar muito do espírito líder da Colônia das Flores. Diziam que ele transbordava afeto e luz, pois tinha altíssimo grau de conhecimento. Quando Simone ficou frente a frente com ele, descobriu ser verdade. Ele aparentava pouco menos de trinta anos, mas Eduardo já a avisara de que ele era um espírito milenar e preferia manter a aparência de um jovem rapaz. Era bonito e, quando sorriu, pareceu encher a sala de luz.

Conversou por um longo tempo com Simone e Eduardo e, quando a conversa chegou ao fim, ele disse que Simone estava pronta para encarar o passado, se ela o desejasse. Despediram-se após uma bela oração proferida por ele:

— Deus de amor e luz, pedimos, por meio desta oração singela, que guarde nosso lar e abençoe o planeta Terra, envolvendo-o em um halo de paz e amor. Que as pessoas possam modificar seus pensamentos e, consequentemente, suas ações para que tenhamos um mundo melhor. Não acontecerá hoje, nem amanhã, mas é preciso dar o primeiro passo. Que o divino Mestre Jesus nos ajude para que desempenhemos as nossas metas com êxito. Assim como a lagarta se transforma em borboleta, nós desejamos que o ódio e as guerras se transformem em amor e união. Que a humanidade possa se integrar cada vez mais com a espiritualidade. Que haja bênçãos, desenvolvimento do progresso e, principalmente, a construção das virtudes divinas. Que Deus nos guarde hoje e sempre. Muita paz ao mundo. Graças a Deus.

Depois de saírem da sala do governador, eles partiram para o Departamento da Reencarnação, uma construção belíssima que parecia toda feita de vidro ou cristal.

Sempre guiada por Eduardo, Simone foi levada a uma sala não muito grande, com algumas cadeiras de frente para um telão, como numa sala de cinema projetada para poucas pessoas. Ele lhe ofereceu um copo com água, que ela aceitou, e depois se serviu a si mesmo. Por fim, olhou para Simone com carinho e perguntou se ela estava preparada para conhecer uma de suas encarnações mais importantes. Simone fez que sim com a cabeça. Eduardo apertou um botão e a tela se iluminou.

Eduardo deixou claro que ela poderia pedir para interromper a projeção no momento que desejasse. Simone concordou novamente e fixou os olhos na tela, que já estava mostrando um campo verdejante imenso. Viu uma camponesa com roupas antigas tirando água de um poço. Ela usava um chapéu que Simone achou engraçado. Quando a olhou melhor, viu que a moça estava chorando...

***

Alana sentia as lágrimas quentes escorrendo por seu rosto enquanto virava a manivela do poço para subir o balde. Não conseguia aceitar que todo o amor que Roy jurara sentir por ela fosse mentira e ilusão. As promessas que haviam feito, os sonhos almejados, as alegrias que seriam compartilhadas no futuro deixaram de existir. Roy mentira o tempo todo e ela acreditara piamente em cada palavra dele.

Segurando firmemente o balde, Alana voltou para a choupana que dividira com seu avô por muitos anos. Ali, em sua humilde casinha e mergulhada em sua solidão, a moça procurava manter-se alheia aos problemas de seu país e da traição de Roy.

A situação da França estava muito agitada no fim do século 18. A Queda da Bastilha, acontecida dez anos antes, em 1789, deu início à Revolução Francesa, pois o povo tinha ido às ruas exigir o poder da monarquia comandada pelo rei Luís XVI. Liberdade, igualdade e fraternidade era o lema dos revolucionários. Essas três palavras representavam o principal objetivo da população.

Houve muito tumulto e desordem. O pai de Alana era um dos revolucionários e foi gravemente ferido durante uma manifestação ocorrida em plena Paris, falecendo alguns dias depois. A mãe de Alana morrera quando a filha tinha apenas dois meses de idade, após contrair meningite. Com a morte do pai da moça, coube a seu avô Gérard cuidar da neta. Como ele era muito doente, passava quase todo o tempo acamado. Alana, então com treze anos, tinha que cuidar de si mesma e do avô moribundo.

Durante a Revolução, grande parte da burguesia teve que deixar a França. A nobreza fugia como ratos em um naufrágio. Enquanto tentava escapar do país, porém, a família real foi capturada e presa. Entre eles estavam o rei Luís XVI e sua esposa, Maria Antonieta. Ambos foram decapitados na guilhotina, quase quatro anos depois da Queda da Bastilha. O clero também não escapou da fúria dos revolucionários, e todos os bens da Igreja foram apreendidos. Dois anos depois, o general Napoleão Bonaparte foi colocado no poder, na tentativa de controlar a instabilidade da sociedade.

Tudo isso acontecera alguns anos antes. Alana morava no campo, em uma cidade interiorana, cerca de duzentos quilômetros afastada da capital. Como todos, a moça fora direta e indiretamente afetada pela Revolução, principalmente pela perda do pai. Compensava a ausência paterna com os cuidados que dedicava a Gérard.

Alana era uma jovem muito bonita, de pele clara e macia, com lindos cabelos negros a lhe emoldurarem o rosto. Possuía nariz aquilino e as maçãs do rosto salientes. Tinha dentes perfeitos e, segundo Roy, fora o sorriso da moça que o conquistara.

Quando completou vinte anos, Alana conheceu Roy. Ele era três anos mais velho que ela. Fisicamente, o rapaz era tão parecido com ela quanto seria se fossem irmãos, embora ambos fossem filhos únicos. Tinha cabelos escuros e cacheados e a pele bronzeada. Quando Alana o viu pela primeira vez, estava ordenhando uma vaca. Ele se aproximou montado em um belo cavalo marrom, mais parecendo um príncipe dos contos de fadas. Porém, a jovem soube mais tarde que de príncipe ele não tinha nada, já que era tão pobre quanto ela. O cavalo que Roy montava pertencia ao patrão. Ele estava vindo de Vernon e ia para o povoado vizinho na tentativa de angariar clientes para seu patrão, que possuía duas fazendas.

Com a Revolução, muitos camponeses haviam desenvolvido seus negócios, tendo maiores oportunidades de atuação no mercado. Aqueles que tinham mais condições e que não pertenciam à burguesia tentavam prosperar seus negócios. O patrão de Roy designara essa tarefa para ele visando aumentar seus lucros.

Ele nunca tinha saído de Vernon e estava bastante perdido. Tão logo avistou a camponesa ordenhando a vaca, sentada em uma banqueta de madeira, decidiu se aproximar para pedir mais informações sobre a região. Quando fitou o rosto de Alana e viu o quanto a jovem era linda, ele não resistiu e saltou do cavalo.

Quando o viu se aproximar, Alana se pôs de pé. Não era de bom-tom uma moça solteira ser vista conversando com um estranho. Roy caminhou devagar em sua direção, com as botas de couro amassando a grama verde a cada passada. Ele esticou a mão com a palma virada para a frente, e ela se deteve com esse gesto, mesmo sabendo que não estava fazendo algo benquisto.

— *Bonjour, mademoiselle*. Pode me ouvir por alguns instantes?

— O que deseja? — ela perguntou assustada. Não queria que o avô a ouvisse conversando com aquele desconhecido.

— Desejo chegar a La Garenne. Sabe me dizer como chego lá?

— Pretende cavalgar até La Garenne? Terá que andar muito.

— Sim, tenho uma missão a ser cumprida lá — ele hesitou e limpou o suor da testa, antes de continuar: — Você pode me dar um pouco de água?

— Água? — ela ficou assustada de novo. O avô perceberia aquele diálogo.

— Por obséquio, *mademoiselle*. Se a distância que eu devo percorrer é longa, um pouco de água em muito me ajudaria.

Ela assentiu com a cabeça e pediu que ele aguardasse ali. Entrou na choupana e retornou rapidamente com uma moringa de barro nas mãos. Ofereceu ao cavaleiro, que bebeu um grande gole e prendeu a moringa na sela do cavalo. Fez um gesto com a cabeça em agradecimento e partiu a todo galope. Alana ainda ficou acompanhando-o com o olhar até ele desaparecer em meio à poeira.

Alana acabou se esquecendo do rapaz desconhecido, mas foi obrigada a se lembrar dele quatro dias depois. Ela estava jogando milho para as galinhas quando o viu se aproximar galopando velozmente. Dessa vez, no entanto, o rapaz não desceu, mas sorriu:

— A sua informação foi muito válida, mademoiselle. Cheguei a La Garenne no final daquele dia e hoje estou novamente indo até lá. Agora já conheço o caminho — então ele abriu um embornal de couro que trazia às costas e estendeu a moringa para Alana.

— Por que está me devolvendo a moringa? Pode ficar com ela.

— Não a estou devolvendo, *mademoiselle*. Peço apenas que a abasteça novamente.

Alana não teve outra escolha a não ser sorrir, e foi então que Roy se apaixonou por seu sorriso. Quando a moça retornou de dentro da choupana com a moringa cheia, ele retribuiu o sorriso, montou no cavalo e mais uma vez partiu em disparada.

Capítulo 32

Aqueles encontros continuaram acontecendo nas semanas seguintes. Ao menos duas vezes por semana, Roy aparecia e pedia que Alana abastecesse sua moringa. Ele agradecia e partia para seu destino.

Alana foi se acostumando de tal forma a esperar por Roy que já sabia inclusive os dias e horários em que ele costumava passar. Ela ajeitava os cabelos e aguardava a chegada do rapaz. Quando se viam, trocavam rápidas palavras, pois Alana temia a reação do avô, caso ele percebesse que a neta andava se engraçando com um homem estranho.

Todavia, as preocupações de Alana com o avô não duraram muito tempo. Ele faleceu numa noite chuvosa, sem que chegasse a conhecer Roy. Nessa noite, ele tinha se queixado de dores no peito e não resistiu ao infarto. Deixou Alana sozinha e entregue à própria sorte.

Quando Roy chegou montado no cavalo do patrão, dois dias depois, não encontrou o sorriso habitual de Alana. Ela estava triste e irrequieta. Preocupado, o rapaz saltou do cavalo e se aproximou rapidamente, com a moringa nas mãos. Antes que ele perguntasse a causa do choro, Alana envolveu-o num abraço apertado.

— Minha criança, por que está chorando? — ele perguntou igualmente triste por vê-la sofrendo.

— Meu avô... faleceu — isso foi tudo o que Alana pôde dizer, ainda abraçada a Roy. Eles permaneceram por algum tempo unidos pelo abraço até que finalmente ela se afastou. — Desculpe-me a descompostura.

— Sou eu quem peço perdão a você. Não sabia...

— Não diga nada, Roy — àquela altura os nomes já haviam sido apresentados e eles se tratavam sem formalidades.

E ele não disse. Em vez de falar, tocou os lábios de Alana com os seus, pressionando-a lentamente pelas costas.

Aquilo provocou um calor tão forte na jovem, que por instantes ela se esqueceu de tudo, inclusive da morte recente do avô, que havia sido enterrado com a ajuda de outros camponeses. Embora soubesse que o certo seria repudiar Roy, Alana retribuiu o beijo. Permaneceram assim por um longo tempo, até que ela se afastou num pulo, como se tomasse um grande susto.

— Pare, Roy, não é certo me beijar. Sou uma moça casta e pura. Não devo ser tocada por um homem antes do casamento.

— Não posso parar, Alana. Deixe meu coração lhe mostrar o quanto a ama. Há tempos queria falar sobre meu amor. Estou enamorado por você.

As palavras ternas de Roy não a pegaram de surpresa. Alana já havia percebido que ele a olhava com insistência, e o sentimento era mútuo, pois a moça também se sentia atraída por ele. Embora se conhecessem havia mais de três meses, sabiam muito pouco sobre a vida um do outro.

— Não posso beijá-lo. Você não pode me amar. Não é certo...

— Não existe medida quando a voz do amor soa mais alto.

Dizendo isso, o rapaz a tomou novamente nos braços e trocaram outro beijo. Pouco depois, sem nada dizer, Roy montou em seu cavalo e partiu, sem que Alana tivesse enchido sua moringa de água.

Eles continuaram mantendo seus encontros furtivos duas vezes por semana. Alana, embora sempre se recriminasse por seus atos, não fazia nada para mudar a situação. Aliás, agora aguardava a visita de Roy com ansiedade e expectativa.

Houve uma tarde em que tudo pareceu propício para o que aconteceu entre eles. Os pássaros pareciam ter silenciado, o ar parecia estar parado e as nuvens aparentavam estar imóveis. Era como se o mundo tivesse parado e somente eles dois pudessem se movimentar. Quando Roy desceu do seu cavalo com a moringa nas mãos, Alana perguntou se ele continuaria a vê-la quando o patrão do rapaz não pedisse mais que ele fosse a La Garenne. Roy lhe garantiu que a veria para sempre, pois a amava com intensidade. Satisfeita com a declaração, Alana, mesmo sabendo que estava indo contra todos os preceitos da sociedade de sua época, convidou Roy para que entrasse em sua choupana. O rapaz amarrou o cavalo numa cerca e seguiu com a moça. Poucos minutos depois, os dois estavam entregues à paixão que juravam sentir um pelo outro.

Na visita seguinte de Roy, ele a emocionou ao pedi-la em casamento. Disse que gostava das coisas certas e que a levaria ao altar o quanto antes. Alana ficou feliz e esperançosa, sonhando como seria ter uma família construída com Roy.

O casamento foi marcado para dali a seis meses, mas teve que ser antecipado quando descobriram que Alana estava grávida. Não seria agradável se ela pisasse em uma igreja vestida de noiva com uma barriga avantajada, pois todos compreenderiam que ela havia sido violada antes do matrimônio e passaria a ser vista com desprezo pela sociedade francesa, ainda que ela vivesse no campo, afastada das grandes cidades.

Mas Roy garantira não ter vergonha de sua noiva. Faria o que tivesse que ser feito, pois o amor que ele sentia pela jovem era mais forte que a maldade alheia. Juntos, eles traçaram objetivos, construíram sonhos e planejaram o futuro. Não era justo que um grupo de fofoqueiros pusesse fim a tudo isso.

Distante uns cinco quilômetros da choupana de Alana havia um palácio, que na verdade era um pequeno castelo. Seu dono era um velho muito rico que não gostava do contato com o mundo externo, preferindo manter-se exilado dentro de seu palácio. Muitas histórias eram contadas sobre o conde de Saint-Marne, e Alana duvidava de que todas fossem verdadeiras. Chegavam a comentar que o conde já havia morrido e que a filha, a condessa Felicienne de Saint-Marne, o mantinha vivo apenas em suas conversas, já que o conde nunca era visto em público.

A condessa Felicienne morava em Paris. Além de ser uma dama da alta sociedade, gostava da vida boêmia e sensual que a cidade oferecia. Ela não fazia segredo de que possuía incontáveis amantes, e muitos imploravam aos seus pés por uma noite de amor. Contudo, aquele que Felicienne dispensasse jamais tornaria a ser tocado por ela. E aquele que a condessa escolhesse teria que lhe servir como um escravo eterno, abandonando esposa, filhos e família, se os tivesse. Ninguém poderia contrariar um desejo seu.

Ela estava na casa dos quarenta anos e possuía uma beleza exótica, herdada de seu pai. Diferentemente dele, que preferia se manter oculto, Felicienne fazia questão de se mostrar, de que todos vissem que era muito mais bela que jovens donzelas. Tinha centenas de inimigos, principalmente do sexo feminino, mas não temia ninguém. Achava que em sua posição social jamais seria atingida por seres que ela considerava inferiores.

Alana tinha visto a condessa apenas uma vez, quando ela saltara da belíssima carruagem no castelo do pai. De dentro de sua velha carrocinha de madeira, a moça pudera ver a cabeleira negra e esvoaçante da condessa, combinando perfeitamente com seus trajes longos e rodados, igualmente negros. Vista de costas, Felicienne se parecia com uma bruxa de contos infantis, mas em vez de seduzir jovens crianças, a condessa cercava os homens.

Alana soubera por alto que Felicienne voltaria para Saint-Marne e, ao que parecia, definitivamente. Ela estava praticamente refugiada em Paris desde a perseguição à nobreza, no início da Revolução. Mas agora que a poeira assentara, Felicienne estava de volta, embora soubesse que sentiria falta da vida agitada da capital. Pretendia arrumar um pouco de diversão nos campos rústicos, à caça de homens igualmente rústicos. Esses eram o seu tipo preferido, principalmente se tivessem a metade de sua idade.

Um dos primeiros desejos da condessa foi a construção de móveis novos e exclusivos para os seus aposentos, pois achava que todos estavam muito velhos e antiquados. Ela foi prontamente atendida e um dos melhores marceneiros de Vernon foi levado até ela.

Roy lidava muito bem com madeiras e era com isso que trabalhava com seu patrão. Como a condessa tinha fama de pagar bem por bons serviços, ele foi atender às exigências de Felicienne.

Ele já ouvira falar dela, pois a condessa era muito polêmica e costumava chocar a sociedade recatada do final do século 18. Roy constatou o quanto ela era bonita, com seus profundos olhos negros e sua boca provocante. Embora tivesse quarenta e dois anos, aparentava, sem dúvida alguma, dez a menos. Roy sabia que teria que trabalhar muito bem, pois a remuneração seria muito boa.

Ele pretendia investir no casamento com Alana e principalmente na criação do filho todo o dinheiro que ganhasse.

Sem que ele soubesse, a condessa de Saint-Marne também já havia traçado um objetivo para Roy. Ele era jovem e bonito e atendia aos seus requisitos. Escolhera-o e sabia que não haveria escapatória para o rapaz. Pretendia tomá-lo como amante, ainda que ele tentasse recusar. Nada a fazia mudar de ideia quando desejava alguma coisa.

O pai da condessa, James, era um homem de idade avançada, que não percebia que estava adoecendo por se manter escondido do mundo externo. Ele mal se recordava de quando apanhara sol pela última vez. Não recebia amigos, aliás, não tinha nenhum e era visto somente pelo mordomo, um senhor tão velho e recatado quanto James. Felicienne já não se importava com as atitudes do pai. Sabia que desde que a mãe dela falecera, havia mais de quinze anos, ele ficara recluso dentro do castelo.

James podia estar velho, mas não era cego. Em seu mutismo habitual, ele via que sua filha parecia cortejar o marceneiro. Sabia das façanhas sexuais de Felicienne, principalmente na última temporada em que ela esteve em Paris. Não gostava do que a filha fazia, mas sabia que ela não mudaria se ele a aconselhasse a ser diferente, principalmente agora que Felicienne estava com mais de quarenta anos.

Enquanto Roy trabalhava com as madeiras, Felicienne ficava por perto, rodeando, observando, insinuando-se para ele. O rapaz também percebera as indiretas que lhe eram endereçadas, mas prometeu a si mesmo que nunca se renderia aos encantos da condessa. Amava Alana e respeitava seu grande amor.

Mas a promessa de Roy foi perdendo força com o passar dos dias. Felicienne se mostrava cada vez mais tentadora e estava ficando difícil resistir às suas investidas. Em uma tarde, ela pediu que o rapaz lixasse as pernas de sua cama de dossel. Roy, obediente, adentrou os aposentos da condessa, e qual não foi sua surpresa quando a viu seminua, deitada sobre os lençóis de seda. Indeciso entre iniciar o serviço ou dar meia-volta e sair do quarto, o rapaz optou por ficar e trabalhar, preferindo fazer vista grossa às provocações de Felicienne. Ele teve grande dificuldade de se concentrar em seu trabalho com a condessa perambulando pelo quarto em trajes menores.

— Gosta do que está vendo, Roy? — ela perguntou com voz convidativa.

— Sim, a senhora tem uma cama de excelente qualidade.

Ela soltou uma risada escandalosa.

— Sabe que não me refiro à cama.

— Perdoe-me, condessa, mas não compreendo.

— Veja se isto tem boa qualidade — dizendo isso, ela tomou uma das mãos de Roy e a pousou sobre sua coxa nua. Riu quando o viu corar e principalmente quando percebeu que ele não fez nenhum esforço para retirar a mão dali. — Gosta?

— Não devo... Sou comprometido, condessa. Estou noivo...

— Não pretendo romper seu noivado, caro cavalheiro. Pode amar sua noiva, mas pode me amar também.

Pronta para o ataque, a condessa, em movimentos rápidos, terminou de se despir e ficou inteiramente nua diante dos olhos escandalizados e deslumbrados de Roy, incitando-o:

— Prefere tocar assim?

Ele começou a tremer, e Felicienne começou a despi-lo. Roy sabia que não estava agindo com a mente e sim com o corpo, mas a vontade de possuir Felicienne era maior que seus instintos, era maior até que o amor que sentia por Alana e pelo futuro que constituiria ao lado dela e do filho que ia nascer.

Amaram-se de maneira selvagem. A partir dali, Roy tornou-se amante da condessa, mesmo com a reprovação de James.

Alana também percebeu que o noivo estava diferente no tratamento com ela, mas atribuiu a distância de Roy à preocupação com o bebê. Nunca imaginaria que pudesse estar sendo traída.

O romance secreto entre Roy e Felicienne durou quase três meses. Ele dormia nos aposentos dela, e James apenas olhava criticamente. Como sempre, não se intrometia na vida da filha, mas não aprovava o que ela estava fazendo.

Houve uma manhã em que finalmente o remorso pesou na consciência de Roy. Pensou no rostinho meigo de Alana com tanta força que Felicienne pareceu deixar de ser interessante. O casamento estava marcado para a semana seguinte, e ele se envergonharia de entrar em uma igreja para receber sua futura mulher tendo passado a noite na cama de outra. Com esses pensamentos a lhe toldar a mente, Roy procurou Felicienne e decidiu romper com ela.

A conversa foi longa e tensa. Nenhum dos dois imaginava que James estivesse ouvindo toda a conversa, oculto atrás de um grande vaso de alabastro. Roy contou para a amante tudo sobre Alana, que ela estava grávida e que estavam com casamento marcado para dali a seis dias. Ele explicou que Alana era ingênua e que confiava no amor que ele dizia sentir por ela. E corajosamente enfrentou Felicienne ao dizer que desejava romper o relacionamento.

Felicienne ouvia impassivelmente, não mexia um músculo sequer. Quando Roy acabou de falar, a condessa sorriu, como se estivesse compadecida da situação do rapaz. Roy também sorriu, sem reparar no olhar da condessa, gelado como a neve.

— Tive muitos amantes, mas nenhum foi como você. Não se trata de uma aventura passageira. Você representa algo mais. Pode se casar com a camponesa, mas não pode me abandonar. Isso jamais permitirei.

As palavras de Felicienne calaram Roy. Ele nunca estivera tão arrependido por ter cedido a seus desejos carnais. Notava agora que Felicienne era uma mulher perigosa e temeu represálias da parte dela contra Alana e o bebê.

— O quer de mim, condessa?

— Continue o que pretendia fazer, caro Roy. Case-se com a camponesa e me abandone mais tarde.

— Você permitiria?

— Case-se com ela e matarei a ambos no dia seguinte — Felicienne fez o aviso com calma e tranquilidade, mas sua voz estava cortante.

A condessa pretendia cumprir sua promessa se Roy a abandonasse. Era ela quem dispensava os homens quando se cansava deles, não o contrário. Roy nunca poderia ter sugerido que pretendia dispensá-la. Mal sabia ele que ganhara uma inimiga com isso.

— Só peço que você não machuque Alana e meu filho.

— Para isso você deve se casar comigo — ordenou Felicienne.

Para James, que ouvia a conversa, aquilo foi a gota d'água. Ele deu meia-volta e se preparou para fazer algo que não fazia havia anos.

Roy abriu a boca, estupefato. A condessa era uma doidivanas. Queria que ele a desposasse. E o que faria com Alana e o bebê depois? Não poderia atirá-los à própria sorte.

Por outro lado, Roy sentia-se fraco e impotente para enfrentar a figura quase tirana da condessa de Saint-Marne. Preferia arriscar sua própria vida e sua felicidade, casando-se com ela, do que vê-la dar fim à vida de Alana.

— Então, o que vai decidir? Vai se casar comigo? — ela parecia ansiosa. Nunca desejara se casar com ninguém, nem mesmo com Roy. Só o fazia para que não fosse trocada por uma camponesa qualquer. Ela era uma duquesa, uma Saint-Marne, enquanto a outra não era ninguém.

Roy apenas assentiu com a cabeça. Felicienne se jogou sobre ele, beijando-o, e pela primeira vez Roy sentiu nojo dela e, principalmente, de si mesmo.

Capítulo 33

Alana estava dando lavagem aos porcos. Era essencial cuidar bem dos seus animais, pois era deles que ela tirava seu sustento. Quando os porcos engordavam, ela os vendia, assim como os ovos das galinhas e o leite das cabras e das vacas. Com a barriga aumentando a cada dia, ela sabia que ficaria cada vez mais difícil realizar esses afazeres, mas seu casamento estava muito próximo e Roy a ajudaria com as tarefas do lar.

Ela virou a cabeça quando ouviu o trotar de cavalos, mas antes mesmo de olhar, já sabia que não era Roy chegando. Confirmou sua teoria quando viu uma requintada e luxuosa carruagem se aproximando. Alana pensou que o veículo passaria direto e ficou muito espantada quando a carruagem parou a alguns metros dela. Nas laterais, ela reconheceu o brasão dos Saint-Marne.

O cocheiro ajudou um velho senhor a saltar. Ele se firmou na bengala de cabo de prata e caminhou com um pouco de dificuldade na direção de Alana. Era encurvado e tinha os cabelos totalmente brancos. O rosto estava rosado e ele apertava os olhos por causa da luz solar, como se não visse a claridade havia muito tempo.

— *Bonjour, mademoiselle. Son nom est Alana?* — perguntou ele, dizendo bom-dia e confirmando se o nome dela era Alana.

— Sim. Quem é o senhor?

— Sou o conde de Saint-Marne. Vim ter com *mademoiselle*.

Preocupada e curiosa, Alana pensou em Roy, mas notou que o senhor não demonstrava pânico e sim inquietação. Sabia que ele nunca saía do castelo e, se fora até lá, a causa deveria ser grave. Ela o conduziu e o acomodou na choupana.

— O que traz o senhor aqui?

O conde de Saint-Marne não escondeu os detalhes. Em poucas palavras contou tudo o que vinha acontecendo, lamentando ver o quanto suas frases machucavam Alana. Finalizou narrando a conversa que ouvira entre a filha e o marceneiro horas antes. Concluiu:

— Você não pode se casar com ele, cara dama. Minha filha o tomou para si. Diz amá-lo, mas sei que não é verdade. Ela não ama ninguém, nem a si própria. Faz isso apenas por inveja de você.

— Como ela pode me invejar? — perguntou Alana, em meio às lágrimas de derrota e decepção. — Eu não tenho nada.

— Tem a juventude, e Felicienne já não possui isso. Ela quer ser jovem e não aceita que já não tem mais vinte anos — James sorriu e ele mesmo se surpreendeu com o gesto. — Seu romance com Roy foi rompido desde que Felicienne pôs os olhos nele.

— Há quanto tempo isso está acontecendo? — Alana perguntou muito interessada em saber.

— Há mais de três meses.

— Oh, Deus... — ela gemeu e enterrou a cabeça entre as mãos.

O conde James, sensibilizado com a situação da moça, tocou na barriga de Alana e sentiu-a levemente avolumada.

— Esta criança não ficará desprovida — ele garantiu.

— Não compreendi o que disse, conde.

— Seu filho não terá um pai, mas terá dinheiro. Eu lhe darei dinheiro para que cuide do bebê.

As lágrimas voltaram com força total aos olhos de Alana e ela apertou as mãos do conde, agradecida. Pouco depois ele se despediu, deixando com ela um envelope pardo com uma avultosa soma em dinheiro. Alana se deitou em sua cama simples e chorou por horas e horas.

Roy não foi visitá-la nos dias seguintes. O dia do seu casamento chegou e passou sem que ele aparecesse. Quem retornou foi o conde de Saint-Marne. Ele parecia mais disposto do que na vez anterior. Parecia mais corado e rejuvenescido também. O próprio James tinha sentido o efeito de respirar ar puro e como aquilo tinha lhe feito bem. Já começava a se lamentar por ter perdido tantos anos de sua vida isolado em seu próprio mundo.

— Tem alguma notícia, conde James? — Alana perguntou aflita, assim que ele saltou da carruagem com a ajuda do cocheiro.

— Sim. Embora tenha reprovado a cerimônia em todos os momentos, devo informá-la de que acabo de retornar do casamento de Roy com minha filha.

A notícia agrediu Alana como uma pessoa enlouquecida. Ela mesma sentia-se enlouquecer só de pensar em ter perdido Roy para sempre. Agora não havia esperanças, embora ela já não as alimentasse nos últimos tempos.

O conde deixou com ela mais dinheiro e partiu pouco depois. Alana caminhou lentamente até o poço e começou a rodar a manivela para erguer o balde, deixando as lágrimas lhe lavarem a face. Roy mentira quando disse que a amava. Era tudo ilusão, tudo uma farsa. Na primeira oportunidade a traíra com outra, mais rica e poderosa. Mantivera o caso oculto por três meses, segundo o conde. Como ela pudera ser tão ingênua?

Enquanto retornava para sua choupana com o balde nas mãos, Alana pensou na Revolução Francesa. Fora uma espécie de vingança em que o povo exigira seus direitos perante a nobreza. Alcançaram quase todos os seus objetivos com aquilo. A situação do país estava bem melhor e o comércio obtivera mais chances de crescimento. Então ela decidiu que teria que fazer sua própria revolução. Também exigiria seus direitos perante Roy, ainda que o conde James a ajudasse financeiramente. Ele a abandonara, mas não era justo abandonar seus deveres paternos. A criança que ia nascer era pura e inocente e não merecia ser uma bastarda. Roy teria que dar um jeito de reconhecê-la.

Depois disso, quando a criança estivesse segura e sua vida garantida, então ela se vingaria de Roy.

***

O telão em que Simone assistia a essas cenas se apagou lentamente. Eduardo a olhou com bondade e viu que ela chorava. Estendeu-lhe um lenço de papel, e Simone secou as lágrimas.

— Puxa vida, como pude me esquecer dessa época? Como me esqueci desse momento tão importante para o meu espírito quando fui Alana?

— O esquecimento da reencarnação nos traz novas oportunidades e chances de crescimento moral e espiritual. Você, como Simone, aprendeu muito em relação a essa época.

— Sim, mas é que eu fui muito ingênua. Acreditei fielmente em Roy. Não conseguia aceitar ter sido abandonada e traída. Se eu não fizesse algo em meu nome, tinha que fazer pela criança que trazia em meu ventre.

Por Deus, como eu pude ter levado minha vingança adiante? Por que não me satisfiz com o dinheiro que o conde me dava quinzenalmente?

— É verdade, Simone. Você arquitetou uma forma de se vingar de Roy e esperou anos por isso. Não sabia que a vingança é apenas uma troca de ações negativas, onde não há vencedores, pois todos saem perdendo. Agiu levada por um impulso. Era o desejo de vingança que a movia.

— Principalmente depois que fizeram aquilo com meu filho — Simone suspirou e secou as últimas lágrimas.
— Eu não me lembro de muitas coisas. O que aconteceu logo depois de Roy ter se casado com a condessa?

— Não se lembra? Você, corajosamente, foi até o castelo desafiá-los. Queria que Roy lhe dissesse que não a amava mais e que tudo fora mentira e ilusão.

— Sim, é mesmo. Agora me recordo dessa parte também.

— Se você se sente preparada, vamos continuar — Eduardo pressionou um botão e a tela se acendeu novamente.

Simone viu Alana parada diante de Roy e de Felicienne na sala principal do castelo. Enquanto ouvia a jovem falar, sentia que a moça na tela tinha sua existência irremediavelmente ligada à dela, pois o espírito de ambas era um só.

***

Alana reunira toda a coragem de que dispunha para aquele momento. Chegara a desistir de seguir em frente, mas agora estava decidida. Ela sentia uma real necessidade de que Roy dissesse, olhando em seus olhos, que deixara de amá-la e que abandonara definitivamente ela e o bebê. E estava disposta a conhecer sua rival.

Levada pelo mordomo para o interior do castelo, Alana seguiu direto para a grande sala. O mordomo lhe ofereceu uma bebida, que ela recusou, e pediu que a moça se sentasse, mas Alana, pálida e nervosa, preferiu continuar de pé. Estava tensa, aflita e angustiada, mas ao mesmo tempo ansiosa para rever Roy e conhecer sua esposa.

Instantes depois, comunicados pelo mordomo, Roy e Felicienne desceram lentamente as escadarias. Quando viu Alana parada ali, Roy empalideceu. Felicienne limitou-se apenas a observar a jovem de cima a baixo, que permaneceu imóvel, impassível.

Antes que Alana começasse a dizer o que a tinha levado até lá, o conde de Saint-Marne adentrou o recinto silenciosamente, apoiado em sua bengala com cabo de prata. Ele postou-se em um canto e quase passou despercebido.

Roy foi o primeiro a quebrar o silêncio constrangedor:

— Seja bem-vinda, Alana.

— Ao seu novo lar? Obrigada — ela agradeceu de forma irônica, lutando contra a vontade de chorar. — Compreendo por que você não quis se casar comigo. Este castelo é um pouco maior do que minha humilde choupana — acrescentou Alana, sempre sarcástica.

— Não é nada disso, Alana. Por Deus, permita-me explicar — tentou Roy, sabendo ser inútil, ela já estava sacudindo a cabeça negativamente. — Nunca me perdoará, Alana?

— Perdoar você? Por quê? Por ter sido abandonada pelo pai do meu filho? Isso não é nada, Roy.

— O que a trouxe aqui? — perguntou Felicienne, impaciente com o rumo da conversa. Analisara aquela por quem Roy pretendera trocá-la. Reconhecia que Alana era uma jovem muito bonita, mas estava muito aquém do seu porte de condessa.

— Não sei ao certo — Alana sentiu-se tola por ter dito isso, mas era a verdade. — Quis ver por que e por quem Roy tinha me deixado.

— Agora já viu. Pode se retirar do meu castelo — ordenou Felicienne preocupada com o olhar de súplica que Roy lançava para Alana.

— Você pode me abandonar, Roy, mas não o nosso filho.

— Seu filho — corrigiu Felicienne, irritada com a visitante. — Roy se casou comigo e não temos nenhum filho.

— Lamento interromper o diálogo — disse James, saindo do seu mutismo —, mas a criança não será bastarda.

— Papai, o que está dizendo? — tornou Felicienne assustada.

— É evidente que Roy ainda ama esta jovem e está arrependido do que fez — James quase sorriu ao ver o olhar agradecido que Roy lhe lançou. — Só que agora nada pode ser feito. Entretanto, quanto ao bebê...

— Não desejo abandoná-lo também — murmurou Roy com voz sumida.

— Mas não irá criá-lo — cortou Felicienne. — Isso eu não permitirei.

— Tenho contribuído com uma pequena soma em dinheiro para as despesas de Alana — confessou James. — Não haveria justiça se ela estivesse entregue à sorte.

— Está gastando seu dinheiro com esta camponesa, papai? — espantou-se Felicienne. — Ela não merece...

— Não julgue, Felicienne. Você não tem esse direito — o conde voltou-se para Alana e sorriu amigavelmente. — Não deveria ter vindo aqui, minha filha, mas como veio, alerto-a de que não conseguirá seu amado de volta.

— Eu não o quero — disse Alana de forma determinada e fria, sem saber que tinha esmagado o coração de Roy com essas palavras. — Quero apenas cuidar do meu filho — ela repetiu o que Felicienne havia dito.

— Alana, deixe-me ao menos explicar-lhe o ocorrido — pediu Roy, quase implorando. — Meu amor por você nunca...

— Cale a boca, Roy. Não quero ouvi-lo. Sei que está mentindo.

— Eu a amo. Desposei Felicienne apenas porque... — ele olhou para o rosto furioso da esposa a seu lado. — Perdoe-me, Alana, eu não sei por que fiz isso.

— Nada importa agora, Roy. Tudo entre nós está acabado — sem mais nada a dizer, Alana se virou para o conde, sorriu como forma de gratidão e desapareceu pelo mesmo caminho de onde viera.

— Papai, quer acabar com meu casamento? — perguntou Felicienne depois de se certificar de que Alana já tinha ido embora.

— Esse casamento não existe, é uma farsa, pois vocês não se amam. Armou um plano para cativar o jovem rapaz, afastá-lo da mulher amada. Não percebe o quanto está errada, Felicienne?

— Não sabe o quanto o amo, papai.

— Você gosta apenas da vida fácil e dos prazeres carnais. Não ama ninguém, nem a si mesma. Eu sinto pena de você, Felicienne, e tenho vergonha de ser seu pai — dizendo isso, o conde se firmou em sua bengala e deixou a sala o mais rápido que pôde.

Roy assustou-se com a súbita violência de Felicienne, que veio à tona em segundos:

— O que queria, Roy? Reatar com a camponesa? Pretendia me abandonar? O que tem na cabeça?

— Sabia desde o princípio que eu amava Alana. E ainda a amo. Você forçou o nosso casamento, mas não pode forçar meus sentimentos.

— Quer me provocar com isso, Roy? — ela teve vontade de esganá-lo, mas se conteve. — Não me enerve ou será pior para você.

— Irei avisá-la do meu intento. Quando meu filho nascer, irei ter com Alana. Quero ser o pai desse bebê, ainda que você seja contra. Não vou deixá-lo para trás.

A discussão se encerrou ali. Como Felicienne não retrucou, Roy achou que ela tinha concordado com o que ele dissera.

Mas Roy estava enganado. A condessa Felicienne de Saint-Marne era uma mulher que não esquecia nem perdoava uma ofensa. Como seu pai dissera, ela não amava Roy. Na verdade já se cansara dele e pretendia encontrar-se com outros homens muito em breve. Porém, liberá-lo para viver sua vida com Alana seria uma derrota para ela. Não faria isso. Não permitiria de forma alguma que os dois ficassem juntos. Se o único laço que unia Roy e Alana era a criança que a camponesa estava gerando, então Felicienne já sabia como deveria proceder para cortar esse laço definitivamente.

Enquanto a condessa arquitetava seus planos, Alana chorava na solidão de sua choupana. Não conseguira dizer metade do que planejara falar, porque, por mais furiosa que estivesse com Roy, diante dele descobriu que ainda o amava como no primeiro dia. Sabia que estava sendo fraca, mas não havia nada que pudesse fazer.

Capítulo 34

Alana chegou ao quinto mês de gestação. O conde James continuava enviando, quinzenalmente, uma soma em dinheiro com a qual a jovem providenciava roupinhas para o bebê. Investia o mínimo possível em si mesma.

Em uma sexta-feira, logo pela manhã, Alana ouviu um trotar de cavalos diante de sua casa. Espiou pela fresta da porta e reconheceu o brasão dos Saint-Marne estampado na carruagem. Sorriu e se apressou para se encontrar com o conde, percebendo que ele viera mais cedo nessa semana para entregar-lhe o dinheiro.

Todavia, seu sorriso morreu nos lábios quando viu quem havia saltado da carruagem. Era Felicienne de Saint-Marne, linda, imponente, ousada e perigosa. Caminhou com sua postura de realeza até parar diante da atordoada Alana, que reparava que a condessa fora apenas com seu cocheiro.

— *Bonjour*, Alana. Como tem passado?

Alana retribuiu o cumprimento com um aceno de cabeça. Felicienne olhou ao redor e sorriu.

— Não vai me convidar para entrar em sua casa?

Alana deu de ombros e seguiu com Felicienne para a choupana. Acomodou a visitante em uma cadeira rústica, e Felicienne não deu mostras de estar incomodada.

— Alana, direi em poucas palavras o motivo que me trouxe aqui. Roy me pediu o divórcio.

A jovem camponesa sentiu uma fisgada na barriga e não soube dizer se era de alegria ou de regozijo.

— Não sei o que dizer, condessa.

— Não diga nada. Quero apenas o seu perdão.

— Perdão?

— Sim, e nada seria mais justo. Roubei o seu noivo. Arrependi-me por isso e agora pretendo devolvê-lo, se ainda o quiser. Roy é um homem bom. Confesso que foi seduzido por mim, contra a vontade dele. Ele sempre deixou claro que a amava. O coração de Roy pertence a você, Alana. Por favor, perdoe-me e a ele também.

A confissão de Felicienne emocionou Alana. Ouvir dos lábios de sua inimiga que Roy ainda a amava quase a fez rir e chorar ao mesmo tempo. Todo o desejo de vingança havia desaparecido. Subitamente deixou a mágoa e a raiva de lado.

— Você o ama também, não? — perguntou Felicienne sorrindo.

— Sim... muito — feliz, Alana levou as mãos à barriga.

— Como cresceu — admirou-se Felicienne. — Posso tocá-la?

— Sim — autorizou Alana, sem conseguir segurar as lágrimas de felicidade.

Felicienne ergueu-se da cadeira e tocou a barriga de Alana suavemente com suas mãos bem tratadas. Por fim, sentou-se novamente.

— Deve ser uma bênção ser mãe. Eu nunca tive filhos e sei que jamais os terei.

— Sim, é uma dádiva de Deus. Um presente para mim e... Roy.

— Com qual médico você vem se consultando? — perguntou Felicienne, demonstrando preocupação.

— Médico?

— Sim, no seu estado deve ter um acompanhamento médico. Não sabia?

— Eu não posso pagar.

— Meu pai não lhe dá dinheiro?

— Sim, mas nunca pensei em pagar um médico. Sinto-me tão bem. Raras são as vezes em que sinto dores.

— Mesmo assim deve passar por uma avaliação. Conheço uma médica muito boa. Posso pagá-la para você. Estou tão arrependida do que fiz com você e Roy que preciso remediar de alguma forma. Por favor, Alana, não recuse.

Alana olhou fixamente para o rosto aflito da condessa, que parecia sinceramente arrependida e disposta a ajudá-la de alguma forma. Seria ingratidão de sua parte se recusasse a ajuda que a outra lhe oferecia.

— E então, Alana, o que me diz?

Ela sacudiu a cabeça em concordância e a condessa apenas sorriu, como que compreensiva. Disse que, se Alana quisesse, poderia acompanhá-la até a médica naquela manhã, pois sempre conseguia horários disponíveis naquele período. Como ainda era cedo, Alana não viu problemas, e pouco depois entrava na elegante carruagem dos Saint-Marne.

Durante o percurso, as duas não conversaram. Alana tinha reparado que o cocheiro não era o mesmo homem que costumava trazer o conde James. Este era bem mais jovem, mais bonito e mais robusto. Talvez fosse o cocheiro particular de Felicienne.

A carruagem seguiu até o centro de uma cidade que Alana reconheceu como sendo Vernon. Pararam diante de uma casinha simples, sem nenhuma plaqueta ou aviso. A condessa abriu o portão de ferro e, mais à frente, uma porta de madeira, como se já conhecesse perfeitamente o caminho. Seguiram por um corredor escuro, mesmo àquela hora do dia, que terminava em outra porta. Felicienne bateu e recebeu autorização para que entrassem.

Quando entrou, Alana olhou primeiramente para o casal parado ali, ambos vestidos de branco. Eram morenos, magros e inexpressivos. A mulher era mais velha que o homem e, como eram parecidos fisicamente, ela adivinhou corretamente que eram mãe e filho.

— Estes são a doutora Francisca e seu filho, o doutor Donato. Os dois são médicos especializados em lidar com mulheres grávidas.

Alana os cumprimentou e olhou em volta. O consultório parecia muito pobre para ser frequentado por alguém do nível da condessa. Dava para notar os equipamentos rústicos e simples, e Alana notou que as batas brancas deles não estavam muito limpas. Mas o que importava, naturalmente, era a qualidade dos serviços médicos.

Felicienne explicou aos médicos o motivo de ter levado Alana até ali, e eles assentiram com a cabeça. Felicienne pagou a consulta e disse que não poderia ficar em virtude de outros compromissos. Alana agradeceu pela ajuda de sua ex-rival e ficou entregue nas mãos dos médicos da condessa.

Francisca fazia algumas perguntas de rotina, a que Alana respondia tranquilamente. De repente, sentiu uma picada no braço esquerdo e, quando virou a cabeça, só teve tempo de ver Donato afastando a imensa seringa. Alana quis perguntar o que tinham aplicado nela, mas engrolou as palavras e a sua vista nublou-se. Sentiu-se cansada e sonolenta e adormeceu instantes depois.

Não teve ideia de quanto tempo ficou inconsciente. Quando abriu os olhos, deparou-se com os olhares de Francisca e Donato sobre ela. Ambos pareciam angustiados e ela desejou saber o porquê. Experimentou falar e dessa vez a voz saiu, embora meio rouca:

— O que... houve?

Antes que os médicos respondessem, Alana percebeu que estava com as pernas úmidas e sentiu forte ardência no baixo-ventre. Tentou se sentar, mas não conseguiu.

— O que aconteceu... comigo? Onde estou?

— Sinto muito, *mademoiselle* — disse Francisca.

Sem entender, Alana forçou o corpo e conseguiu se inclinar por alguns segundos, vendo suas coxas ensopadas de sangue. Suas pernas estavam abertas e expostas. Viu algo embrulhado em um pano cinza do outro lado da sala e o sangue umedecia o pano também. Pelas expressões dos médicos, ela compreendera, com horror e pânico, o que tinha acontecido ali.

Felicienne mentira e a levara para uma armadilha. Junto com aqueles médicos sinistros, a condessa havia matado seu bebê.

Alana chorou, brigou, esbravejou. Os médicos lhe disseram que houvera um "problema" durante o exame, por isso a criança não resistira. Fora necessário fazer um aborto forçado. Eles explicaram em termos médicos, mas Alana não entendia e nem estava interessada em entender o que diziam. Só o que compreendia era que seu filhinho estava morto.

Ao ser liberada da clínica clandestina, horas mais tarde, depois que as dores deram uma trégua, Alana foi direto à polícia. Era comum moças procurarem parteiras e clínicas para resolverem um problema de gravidez indesejada. A polícia sempre aparecia nos locais das denúncias e muitas vezes fazia algumas apreensões. Porém, Francisca e seu filho Donato pagavam uma quantia para o delegado da cidade, que fazia vista grossa a seus procedimentos ilegais. Assim, quando alguém denunciava a clínica de Francisca, o delegado prometia prender os culpados, mas ficava por isso mesmo. Ele preferia um bolso cheio a ter dois criminosos na cadeia e o bolso vazio.

Depois de fazer a denúncia, Alana retornou para sua choupana e chorou por dias. Mal comia e estava à beira de adoecer. Foi assim que o conde a encontrou quando foi lhe levar o dinheiro. Nunca a tinha visto tão abatida, nem mesmo quando lhe contara que Roy se casara com Felicienne.

Alana o pôs a par dos acontecimentos, sem esconder ter sido levada para a clínica por Felicienne. O conde quase chorou de decepção e tristeza, dizendo, ao final do relato da jovem:

— Não alimente a mágoa, pois está debilitada. O que minha filha fez é inominável, mas perdoe-me em nome dela.

— Nada tenho contra o senhor.

— Sim, mas quero que perdoe a mim primeiro. Talvez Felicienne seja como é por minha causa. Posso não ter sido um bom pai. Esperava um futuro melhor para minha filha, cujo nome, que deriva de felicidade, apenas me trouxe tristezas.

James não segurou suas lágrimas, e Alana, embora deprimida, sentiu pena do velho conde e se condoeu com sua situação. Como era possível que um homem tão bondoso tivesse ajudado a gerar uma mulher tão má, fútil e ardilosa?

O conde permaneceu algum tempo com Alana. Não satisfeito em apenas lhe fazer companhia, ele a levou a um médico confiável, que a examinou e prescreveu uma lista de medicamentos. Era espantoso, segundo ele, que Alana estivesse tão forte. Havia mulheres que adoeciam e outras que até morriam ao passar por um aborto forçado, principalmente estando grávida de dezesseis semanas. Era um milagre que Alana estivesse aparentemente bem.

James comprou todos os remédios e não hesitou em gastar dinheiro com a moça. Ela lhe agradecia por tudo. Não sabia o que faria sozinha, sem a ajuda do amigo. Parecia irônico estar sendo cuidada pelo pai da pessoa que a prejudicara, mas não era uma questão de escolha.

A notícia de que Alana abortara chegou aos ouvidos de Roy. Ele ficou transtornado com a informação e obrigou-se a visitar Alana, mas desta vez foi o próprio conde quem o proibiu de vê-la. Explicou que ela estava temperamental e frágil e que ficaria muito abalada se o visse. Roy compreendeu, ainda assustado e preocupado com a saúde da jovem. James não comentou com a filha que sabia de sua parcela de culpa. Felicienne apenas aguardava os acontecimentos, fingindo sentir pena de Alana de vez em quando.

Duas semanas depois, o clima no castelo dos Saint-Marne estava mais ameno, embora se notasse certa tensão no ar. O conde James achou que era tempo de colocar Felicienne contra a parede. Aproveitou-se de um momento em que Roy foi à casa do patrão para trazer o assunto novamente à baila.

— Sei de tudo, Felicienne. Soube que você armou uma cilada para Alana. Matou o filho dela.

— Ela não poderia sustentar a criança — admitiu Felicienne. Sabia que era inútil negar. O pai sempre descobria tudo o que queria. — Isso foi uma ajuda e não um crime.

— Por que tudo isso, Felicienne? Para impedir a felicidade alheia? Reconheça a própria infelicidade, mas não interfira no destino dos outros.

— Papai, não se preocupe. Fiz o que achei ser certo.

— Mentindo? Roubando? Matando? Acha mesmo que isso é certo?

— E o que fará comigo, papai? Vai me expulsar do seu castelo?

— Devia fazer isso. E devia também tirar seu título de condessa para que vivesse na sarjeta, como uma mulher de rua. Isso é o que você é. Envergonha-me tê-la como filha.

Felicienne apenas ergueu uma sobrancelha, admirada pelo que o pai dizia. James, então, continuou:

— E, se quer saber, pedirei que deixe o meu castelo. Partirá ainda esta noite com seu cocheiro. Em seu lugar trarei Alana para morar aqui. Providenciarei seu divórcio com Roy e farei com que ele se case com Alana, como devia ter sido desde o princípio.

Felicienne levou à mão ao peito, assustada. Não duvidava de que o pai realmente fizesse o que estava dizendo. Mantendo a mão no peito, ela fingiu passar mal, revirando os olhos e emitindo ruídos estranhos com a boca.

— Sente-se mal? — perguntou James preocupado. — O que se passa?

Ele se adiantou para tocar no ombro da filha. Então, subitamente, Felicienne o empurrou com força, pressionando as duas mãos no tórax do pai, forçando-o para trás.

— Não me toque, papai — gritou ela.

O empurrão foi tão forte que James se desequilibrou e foi ao chão. Antes de cair, porém, bateu a nuca na quina de uma mesa de madeira de lei. Dessa vez foi ele quem fez um ruído estranho e desabou de vez no piso.

Felicienne olhou para o pai caído e se assustou. Não intencionava derrubá-lo, mas nem levara em conta a idade avançada dele. Ela o chamou e, como James não respondeu, aproximou-se para ajudá-lo a se levantar. Entretanto, assim que viu o sangue escorrendo por trás da cabeça do conde, entrou em pânico e começou a gritar, atraindo a atenção do mordomo.

— O que houve, *madame*?

— Meu pai caiu. Acho que ele se machucou — disse ela, apontando para o pai caído no chão.

O mordomo se abaixou e o tocou. Felicienne viu quando ele empalideceu e recuou.

— Oh, Deus, condessa — o mordomo lamentou. — Seu pai está morto!

O sofrimento que se estampou no rosto de Felicienne era verdadeiro. Embora o pai a tivesse expulsado do castelo momentos antes, ela, à sua maneira, o amava. Agira impulsionada pela raiva, mas jamais pretendeu matá-lo, mesmo porque não saberia viver sem ele.

Porém, conforme os dias foram passando, Felicienne percebeu que sabia viver sem o pai e muito bem. Roy ficou horrorizado quando recebeu a notícia e a condessa não foi incriminada de nada. Foi vista como uma filha sofredora que perdera o velho pai.

Quem mais se abalou foi Alana. Perdera seu auxílio financeiro, mas, muito mais que isso, perdera um amigo fiel. James havia sido muito bom para ela e a ajudara quando ela precisou. Agora estava morto e, segundo as notícias que tinham se espalhado, morrera diante da própria filha.

Alana chegou a uma conclusão: se Felicienne havia matado um bebê, por que não seria capaz de matar o próprio pai?

Permitindo que o ódio tomasse conta de seu ser, Alana novamente teve ideias de vingança. Dessa vez, o alvo específico seria Felicienne e, mais do que tudo, Roy. Se ele tivesse se casado com ela, o filho deles poderia ainda estar vivo. Depois de destruir Roy e Felicienne, Alana pretendia dar um jeito em Francisca e Donato, os médicos.

Ela pensou muito e chegou à conclusão de que o melhor lugar para cometer os crimes seria dentro do próprio castelo dos Saint-Marne. Lamentaria desonrar o lar de James, mas, para ela, seria mais seguro. Precisava apenas saber como entrar no palácio.

Alana passou a vigiar o castelo de longe, tentando observar a rotina daquele lugar. Via Roy sair galopando em seu cavalo e lembrava-se da época em que ele lhe pedia que enchesse sua moringa. Estava muito apaixonada por ele naquele tempo, mas agora dedicava apenas ódio a Roy e à sua esposa.

Numa tarde em que Alana sondava o castelo por trás de uns arbustos, sentiu mãos fortes lhe tocarem os ombros. Certa de que fora pega, ela se virou, pronta para encarar seu algoz. Reconheceu o homem como sendo o cocheiro mais jovem dos Saint-Marne, aquele que parecia ser exclusivo da condessa.

— O que está espiando, donzela? — ele perguntou.

— Nada. Apenas admiro o local em que morava um grande amigo, o conde James.

— Será mesmo? — ele quis saber, desconfiado. — Ou será que espiava seu ex-amante e sua esposa?

— Não interessa. Me dê licença — ela tentou passar por ele, mas o cocheiro a deteve pelo braço. — Me largue.

— Sabia que eu poderia denunciá-la aos guardas?

Alana não respondeu, e ele abriu um sorriso sarcástico. Para Alana, ele tinha cara de mau, mas seu rosto era bonito.

— Só não farei isso se *mademoiselle* me ajudar.

— Em quê?

— Vou dizer às claras. A condessa e eu fomos amantes por um mês. Ela me abandonou na semana passada dizendo apenas que eu não lhe servia mais. Descartou-me como se eu fosse um par de botas velhas.

— Mesmo sendo casada ela era sua amante?

— Sim. E de outros cavalheiros também. O marido dela é um idiota que não vê nada ou finge não ver.

— E o que deseja de mim?

— Quero vingança — ele admitiu. — Quero que Felicienne pague por ter brincado comigo.

Ao ouvir aquilo, Alana soube instantaneamente que tinha um aliado com um objetivo em comum: dar o troco à condessa.

Agora Alana não seria enganada como fora quando Felicienne fingira estar preocupada com ela. Dava para notar que o cocheiro parecia estar tão furioso quanto ela e, sentindo que ele era confiável, Alana confessou a verdade. Revelou que também estava ali em busca de vingança e explicou o motivo.

O cocheiro, que se chamava Breno, montou um plano terrível com Alana. Pediu que ela providenciasse um veneno feito à base de ervas, vendido em um local que só ele conhecia. Alana concordou, cega pelo ódio. Dirigiu-se a um povoado longe do castelo e encontrou a velha senhora indicada por Breno e que todos diziam ser uma bruxa. A velha entregou um potinho à jovem dizendo que apenas algumas gotinhas da poção resolveria qualquer problema. Agradecida, Alana pagou e foi ao encontrou de Breno.

A partir dali foi tudo muito fácil. Breno tinha acesso ao interior do castelo e conseguiu se infiltrar na cozinha. Envenenou o vinho preferido da condessa, que, ao ser servido pelo mordomo, foi levado aos lábios de Felicienne avidamente. A condessa tomou seu conteúdo em segundos e rapidamente estava morta.

Roy, no entanto, não chegou a beber de sua taça. Quando viu o que havia acontecido com a esposa, gritou por ajuda. Breno percebeu que Roy ficaria para depois. A parte dele já estava feita. Felicienne estava morta e nunca mais brincaria com os sentimentos de homem algum.

Breno contou o que acontecera a Alana, que respirou aliviada quando soube que Roy ainda estava vivo. Ela mesma não se entendia. Havia momentos em que desejava vê-lo morto, e outros em que queria que tudo voltasse a ser como antes. Mas como o ódio prevalecia, Alana se deixou levar pelo desejo de vingança e permitiu que a raiva falasse mais alto que o amor.

Alana pediu que Breno tentasse matar Roy durante a noite. Breno, embora não gostasse de usar a força física, concordou em fazê-lo, pois estava em júbilo pela morte da condessa. Naquela mesma noite, penetrou novamente no castelo, dirigiu-se aos aposentos de Roy e usou sua carabina para assassiná-lo. Atirou três vezes, e Roy nem chegou a acordar.

Quando reencontrou Alana, Breno lhe disse que estava tudo terminado. Felicienne e Roy estavam mortos, mas para ela ainda era pouco. Era preciso ir até o fim e havia outros dois culpados: os médicos. Mais uma vez ela contou com a ajuda de Breno para realizar os crimes. Ele invadiu o consultório bem cedo, numa manhã fria, e atirou nos dois médicos enganadores. Quando disse a Alana que o serviço estava completo, ela achou que finalmente estava em paz.

Todavia, Alana nunca esteve em paz, porque, com o passar dos anos, percebeu que nunca fora feliz. Havia matado quem a prejudicou, mas não conseguiu nenhum mérito com isso. Os culpados estavam mortos, mas sua felicidade estava tão morta quanto eles.

Alana casou-se com Breno e os dois viveram juntos por muitos anos. Não se amavam, mas serviam de companhia um ao outro. O que os mantinha unidos não era amor, mas a cumplicidade pelos crimes cometidos no passado. Permaneceram juntos por mais de vinte anos e tiveram três filhos. Com a permissão de Breno, ironicamente Alana nomeou o mais velho de Roy.

Capítulo 35

Quando a tela se apagou, Simone tremia e chorava, sem conseguir manter o controle. Eduardo lhe ofereceu um copo com água, que ela recusou com um gesto nervoso. Foi preciso muito tempo para que ela conseguisse se recompor, e quando o fez, comentou:

— Como eu pude ser tão má, Eduardo?

— Você não foi uma mulher má, pelo contrário, era uma pessoa muito boa, mas foi corrompida pelo ódio, que é um sentimento muito poderoso e que causa grandes estragos quando mentalizado.

— Eu assassinei várias pessoas. Hoje eu não consigo matar nem mesmo um inseto. Mesmo atormentada pelo ódio, eu devia ter sabido me controlar.

— Sim, mas você usou o livre-arbítrio. Todos nós somos espíritos ignorantes, sujeitos a experiências malsucedidas.

— Malsucedidas, não. Eu errei mesmo e errei muito.

— Eu costumo dizer que as pessoas não erram, mas comentem ações que não deram certo. De toda forma, qualquer experiência é aproveitável. Com ela aprende-se a discernir o certo do errado. Aquele que aprendeu nunca mais cometerá outra experiência malsucedida.

— E o que dizer daquelas pessoas, Eduardo? Reconheci algumas, mas outras...

— Vou fazer as apresentações para que você se situe. Ao final, você perceberá que os erros ensinam mais que os acertos. Por meio deles, conseguimos perdoar, controlar a mente e manter o equilíbrio. Tomamos atitudes diferentes, aprendemos coisas novas, modificamos a maneira de agir. Os erros são sinais que nos mostram o quanto estamos nos distanciando do bem. Ninguém consegue progredir sem errar.

Eduardo serviu água para si mesmo e desta vez Simone também aceitou.

— Desde muitas vidas passadas, você ama Roy, que agora é Fabrício. Nessa época, na França, estava previsto que vocês dois permaneceriam unidos, criando o único filho que teriam com amor e carinho. Juntos, vocês seriam de grande utilidade para as pessoas, pois dirigiriam um abrigo para necessitados. O filho que você esperava seria, no futuro, um homem que trabalharia pela libertação dos escravos, muitos anos à frente. Porém, os envolvidos tomaram rumos diferentes, optaram por seguir outros caminhos e as escolhas que fizeram não resultaram naquilo que era esperado.

— Roy é Fabrício. Como pode? Fabrício é tão meigo...

— Roy também era, mas cedeu aos desejos carnais e se deixou enveredar pela rede sedutora da condessa Felicienne. Ele sempre amou você, mas foi fraco a ponto de não deixar o amor que sentia por você extravasar e superar o jugo que Felicienne mantinha sobre ele.

— Como Felicienne pôde ser tão insensível? Que mulher ruim! Mentiu pra mim e matou meu filho.

— Cuidado com os pensamentos negativos, Simone. Aqui na Colônia das Flores mantemos vibrações positivas e salutares. Se continuar a manter pensamentos de raiva e mágoa, não conseguirá permanecer aqui.

— Desculpe, Eduardo. Não consegui me conter.

— Acho que aos pouquinhos você vai entendendo por que Deus faz com que nos esqueçamos de quem fomos em outras vidas.

— Sim, porque não conseguiríamos conviver com as pessoas que nos fizeram mal.

— Esse é um dos motivos, mas existem outros. Saber, por exemplo, que um inimigo do passado atualmente é o seu próprio pai abalaria a estrutura de uma família. Mas, voltando à sua pergunta, na encarnação atual não estava previsto que você se encontrasse com Felicienne novamente. Antes de encarnar como Simone, você mesma havia pedido que não tivesse vida longa, como forma de compensar o que fizera como Alana, tirando a vida de outras pessoas. Foi por isso que você desencarnou com uma doença tão grave como o câncer, aos trinta e três anos de idade.

— Agora entendo por que eu tive que pastar tanto — disse Simone, sem humor. — Mas afinal, Eduardo, quem é Felicienne? E Breno, o cocheiro? E o meu amigo, o conde James?

— Vamos com calma, mocinha — pediu Eduardo, rindo. — Felicienne manteve-se no plano espiritual desde essa época em que viveu na França. Vagou pelo astral inferior por muitos anos. Resgatada pela luz, teve que aprender muito.

— Onde ela ficou?

— Em uma colônia de recuperação, ou, como costumo dizer, em um lugar na eternidade.

Simone sorriu, e Eduardo continuou:

— Felicienne se arrependeu da forma como agira. Tentou procurá-la para pedir perdão, mas você havia reencarnado como Simone alguns anos antes. Felicienne ficou na espiritualidade e, quando reencarnou, você já contava treze anos de vida.

— E ela também reencarnou no Brasil?

— Sim, assim como você, ela optou por reencarnar no Brasil. Na realidade, o Plano Maior havia traçado objetivos aos envolvidos de outras épocas para que se reencontrassem em São Paulo.

— E que objetivos são esses?

— O principal deles é a valorização da vida, a crença em sua continuidade e a superação, conquistada a partir dos potenciais internos de cada um.

— Fabrício é descrente das coisas da espiritualidade.

— Deixará de ser aos poucos. Todos nós sabemos, inconscientemente, que a vida continua depois da morte, porque já estivemos na espiritualidade muitas e muitas vezes. É como na época de Natal. Por mais que não se goste dessa data, não há como negar que há uma energia positiva nesse período, em que as pessoas se tornam mais abertas aos fluídos enviados pelos benfeitores espirituais. Inimigos tornam-se amigos e antigas rixas são esquecidas no Natal. Assim é com a espiritualidade. Negamos sua existência, mas lá no fundo sabemos que ela existe. Não há como fugir da grande realidade da vida — Eduardo bebeu mais um pouco de água antes de continuar. — Felicienne reencarnou aqui no Brasil, mas no Nordeste. Nasceu em uma família muito pobre e seu irmão sonhava em conhecer São Paulo para mudar de vida.

— É parecida com a história daquele rapaz, o Jamilton — lembrou Simone.

— Sim, é dele mesmo que estou falando. A irmã dele, Lucinéia, foi a condessa de Saint-Marne.

— Nossa! E agora voltou pobre?

— Foi-lhe sugerido que ela voltasse nessas condições. Ela poderia aprender muitas coisas de uma só vez, como, por exemplo, valorizar o dinheiro e as pessoas, ser honesta e justa consigo mesma e com os outros, não depender de ninguém, conquistar seus méritos por meio de seus próprios esforços. Sozinha em São Paulo, Lucinéia tem experimentado o lado mais difícil da vida, mas não lembra o porquê.

— O irmão dela, o Jamilton, não viveu conosco na França.

— Tem certeza?

Simone forçou a memória e subitamente levou as mãos à boca para abafar o espanto.

— Santo Deus, Eduardo! Como pode? Jamilton, que agora foi um nordestino sonhador, morto aos vinte e dois anos de idade, viveu em outra encarnação como meu amigo, o conde James de Saint-Marne? — arrepiada com a descoberta, Simone não conteve as lágrimas. — Ninguém sabe o quanto fui grata a ele e ainda sou.

— Sim, James é Jamilton agora. Aceitou reencarnar como irmão mais velho daquela que teve como filha. Achava que tinha falhado como pai, mas não queria falhar como irmão.

— E falhou?

— Não. Morrer jovem já estava previsto e o próprio Jamilton havia concordado com isso, embora não tenha se lembrado ainda.

— Eu não entendo de que forma ele ajudou a irmã.

— Lucinéia precisava de alguma forma chegar a São Paulo, pois o destino dela continuará nessa cidade. No entanto, era muito tímida para desafiar os pais e se aventurar sozinha. Sendo analfabeta, ela achava que não chegaria muito longe. Jamilton serviu apenas como um instrumento para que Lucinéia viesse para São Paulo. O sonho que ele dizia ter de conhecer a cidade nada mais era do que uma ferramenta utilizada pela vida para conduzir Lucinéia à capital paulista. Ela juntou dinheiro por conta própria só para acompanhar Jamilton. Ele não ia chegar longe, mas a irmã alcançou seu destino.

— E Breno, o cocheiro?

— Breno reencarnou como seu filho Bruno.

— Bruno é... nem tinha percebido que os nomes são parecidos... Isso quer dizer que meu filho Bruno matou o próprio pai de agora, o Fabrício?

— Não, porque estamos falando de outra época. O espírito é o mesmo, mas vocês foram outras pessoas. Roy perdoou Breno por tê-lo matado e concordou em aceitá-lo como filho agora.

— Como as coisas se encaixam direitinho, não é mesmo?

— Lembra-se dos médicos que fizeram seu aborto? — Simone fez que sim, e Eduardo prosseguiu: — Eles também estão de volta agora e moram em São Paulo.

— Eu os conheci?

— A médica Francisca também se arrependeu por ter impedido tantos espíritos de reencarnarem por causa dos seus abortos. Fazia seu trabalho por dinheiro. Foi-lhe sugerido que nascesse rica desta vez. Independentemente do dinheiro, agora ela precisa superar o maior desafio causado por ela mesma como Francisca: voltar-se para a espiritualidade e vencer a dor pela morte do filho.

— Eu a conheci? — insistiu Simone.

— Não. Ela agora se chama Fernanda. Reside em um dos bairros mais luxuosos de São Paulo. E o filho médico, que ela tinha chamado Donato na vida passada, reencarnou novamente como seu filho, Douglas. A profissão está tão enraizada em seu sangue que ele cursava medicina antes de desencarnar no acidente.

— Douglas voltou à Terra junto com Jamilton. Gostaria de saber como eles estão.

— Vou solicitar autorização para levá-la à Terra comigo. Iremos procurá-los, mas lembre-se de que eles não estão sozinhos. Sempre estamos amparados pela espiritualidade. Não vou prometer, Simone, mas, se for possível, vou levá-la para rever sua família.

Os olhos de Simone brilharam de emoção, mas ela apenas sorriu em agradecimento.

— Acho que agora você entende por que eu e Joselina reunimos você, Jamilton e Douglas no jardim. A existência de um está ligada a dos outros, embora eles ainda não saibam.

— Você estava certo, Eduardo. A reencarnação é uma oportunidade maravilhosa para nosso crescimento espiritual. Veja só meu exemplo: eu amo Fabrício, mas teria sido diferente se eu me lembrasse da época em que ele foi Roy. Lembrar-me de ter sido abandonada por ele me faria muito mal.

— Sentindo-se na obrigação de cuidar de você, Fabrício manteve-se ao seu lado em todos os momentos. Amparou você todos os dias e mais ainda quando esteve doente. Seu espírito intimamente estava arrependido por tê-la abandonado. Certamente jamais abandonará alguém novamente.

— Não deveríamos ter sentimentos tão diversos, principalmente os negativos. Não seria muito mais fácil se todos nós só pensássemos no bem e em coisas boas? Você sempre repete que Deus é amor, misericórdia, justiça e bondade infinita e que sempre deseja o melhor para nós, correto? — vendo Eduardo assentir, Simone prosseguiu: — Por que então Ele não nos fez puros e perfeitos? Evitaria tantas tragédias, tantas desavenças e tantas diferenças. Se o objetivo de todos nós como espíritos é a evolução e a felicidade, Deus já poderia ter nos criado evoluídos e felizes. Assim evitaria muito trabalho, não?

— Você, como mãe, gostaria de receber um filho já criado? Um adulto feito?

Simone pensou em Bruno e meneou a cabeça negativamente. Eduardo continuou:

— É claro que não. Toda mãe e todo pai quer criar seu filho, vê-lo nascer, aprender as primeiras palavras, a caminhar, a se desenvolver, a se socializar na escola, a descobrir e conhecer coisas novas. Enquanto o filho passa por todas essas etapas, os pais estão ali presentes, acompanhando, apoiando, orientando, repreendendo quando necessário, ensinando e observando o bebê se tornar uma criança, um adolescente e finalmente um adulto.

— Eu não tenho muita sorte como mãe. Quando fui Alana, perdi o bebê do homem que amava e, embora tenha tido outros filhos com Breno, não me sentia uma mãe realizada. Agora, na encarnação atual, morri deixando um filho de nove anos — Simone suspirou e balançou a cabeça. — Mas eu entendi o que você quis dizer.

— Sim, eu me referia ao fato de que, da mesma forma que os pais querem ver os filhos nascerem e crescerem, Deus também o quer. Ele nos acompanha, observa, orienta e, acima de tudo, nos ama muito. Só que Deus criou os espíritos imperfeitos para que passassem por etapas muito semelhantes às de uma criança encarnada. Os anos da criança são as encarnações de um espírito. Como eu já disse, nenhuma encarnação é em vão. Aprendemos com cada uma e, com esse aprendizado, damos um passinho à frente em nossa jornada. Alguns caminham mais depressa, outros nem tanto, outros ainda estão parados. Mas o destino é um só: seguir em frente, pois não há como recuar.

— Olhando por esse ponto de vista...

— Você disse que deveríamos ter apenas sentimentos elevados. Concordo parcialmente, pois o único sentimento que deve ser cultivado é o amor, com uma profunda compreensão do perdão e da fé. Contudo, sabemos que na realidade isso nem sempre acontece. As pessoas ainda odeiam, matam, machucam, mentem, castigam e guardam rancor.

— Se os sentimentos negativos não existissem, então seria bom. Se o ódio não existisse, por exemplo, então todos amariam. Não entendo por que Deus criou o amor e o ódio. Para pesar na balança?

— Deus não criou o ódio nem qualquer outro sentimento inferior. Todos esses pensamentos negativos foram criados pela própria mentalidade humana. O mal foi criado pelo homem como forma de se opor àquilo que é bom. Lembra-se do livre-arbítrio? Ele permite que sigamos por caminhos distintos. Se é bom ou ruim só saberemos mais à frente. Como eu disse antes, Deus nos criou imperfeitos. A nós caberá diferenciar o que nos é útil daquilo que não é.

— Poderíamos ser espíritos imperfeitos com sentimentos exclusivamente bons, não é verdade?

— E aí não seríamos seres humanos e sim máquinas. Agiríamos como androides ou robôs. Não haveria motivo nem sentido para a reencarnação, nem para a vinda de Jesus à Terra.

— Acho que começo a entender agora — concluiu Simone. — Deus não nos cria absolutamente puros porque temos o direito de escolher se realmente queremos ser puros e seguir pelos caminhos do amor e da luz. Durante essas escolhas, vamos aprendendo, compreendendo as verdades do espírito e da vida, caminhando rumo a um grau de evolução maior e amando outros seres humanos, conquistando, durante essa travessia, a amizade de quem nos é querido. Se o ódio é uma oposição ao amor, ele perderá seu valor se todos nós realmente compreendermos que o bem é a única saída, porque está ligado a Deus. Quando o bem predomina, o ódio se dissolve, porque ele é algo ilusório.

— Você está de parabéns! — congratulou-a Eduardo. — Aprendeu direitinho a nossa lição do dia.

— Fui jornalista quando estive na Terra. Tinha que ter o raciocínio rápido. Ainda bem que minha cabeça continua boa, mesmo estando morta — disse Simone, rindo.

Eduardo, feliz e satisfeito, acompanhou-a na risada. A certa distância dali, eles ouviram o piar alegre de um rouxinol, que parecia estar rindo também.

Naquele lugar na eternidade tudo estava em paz.

Capítulo 36

Fernanda despertou de mais uma de suas longas e sucessivas crises de sono. Não entendia como conseguia dormir tanto e já estava associando o excesso de sono aos chás relaxantes que a senhora Haruo lhe servia. Sentia que ficava mole e pesada, e por isso não tinha vontade de fazer mais nada.

Consultou o relógio e viu que eram três horas da tarde. Deitara-se logo depois do meio-dia. Jamais, em toda a sua vida, dormira à tarde, até porque, nos últimos vinte e quatro anos, ela tivera a companhia do filho. Sentia-se motivada quando Douglas estava vivo. Agora toda a motivação se fora.

Sem saber que Douglas estava ao seu lado, invisível, Fernanda se levantou, calçou as pantufas fofinhas e desceu as escadas lentamente.

Douglas aproximou os lábios do ouvido da mãe e sussurrou:

— Nanda, vi uns envelopes de sonífero na gaveta da cozinha. A Nonoca trancou lá. Por que você não vai dar uma olhada?

Fernanda nada ouviu e continuou seu caminho até encontrar um vaso de flores. Tocou levemente a terra e percebeu que a planta estava sendo bem tratada. Nenhum detalhe escapava aos atentos olhos da governanta. Fernanda estava com o corpo tão dolorido que tinha a impressão de ter carregado sacos de 60 quilos nas costas.

Fazia três dias que Douglas reencontrara a mãe, mas não conseguira fazê-la sentir sua presença. Chorava com ela quando a via às lágrimas por causa dele. Artur também não vira ou ouvira o filho. Douglas fizera de tudo para chamar a atenção do pai, mas era como chamar alguém que estivesse do outro lado de uma grossa parede de vidro. Ele era totalmente ignorado.

Nesses três dias, Douglas reparou que a mãe vinha dormindo mais que o normal. Aliás, Fernanda quase não era de dormir e, quando o fazia, à noite, era apenas para repousar o corpo. Agora ela mal passava duas horas com os olhos abertos, e a senhora Haruo surgia lhe trazendo uma xícara de chá ou de outra bebida quente, como café.

Ele queria que a mãe abrisse a gaveta onde estavam os soníferos, aquela em que a senhora Haruo remexera no dia em que ele voltara para casa. Talvez tivesse alguma coisa a ver com o sono interminável que acometera Fernanda. Claro que a governanta não teria motivo algum para colocar a patroa para dormir todos os dias. A senhora Haruo sempre fora uma pessoa de confiança, disso ninguém duvidava. Douglas só queria que a mãe abrisse a gaveta para tirar suas próprias conclusões. Entretanto, por mais que ele gritasse e gesticulasse, Fernanda o ignorava.

A senhora Haruo não estava em casa naquele momento e Artur estava trabalhando. Douglas se aproximou de Fernanda novamente e olhou para a testa dela fixamente, como se quisesse invadir sua mente com o olhar. Então se concentrou e disse em voz alta:

— Mãe, abre a gaveta da cozinha.

Fernanda piscou e olhou ao redor. Não escutou nada, mas as palavras "gaveta da cozinha" apareceram em sua mente do nada. Com ar distraído, ela se dirigiu à cozinha e tornou a olhar ao redor. Tudo estava normal, mas, sem que soubesse explicar o porquê, começou a abrir as gavetas, sem pensar no motivo de estar fazendo aquilo. Não estava procurando nada ali, mas foi abrindo gaveta por gaveta ao acaso.

Finalmente tentou abrir uma que estava trancada. Forçou, mas a gaveta não cedeu. Curiosa, Fernanda usou todas as suas forças, mas a gaveta não se moveu.

— Mãe, não tente arrombar porque você não vai conseguir. A Nonoca colocou as chaves atrás do filtro. Pegue-as — pediu Douglas, tentando o mesmo método que usara havia pouco ao fixar com o olhar a testa de Fernanda.

Mais uma vez Fernanda captou a mensagem do espírito do filho e olhou por trás do filtro. Viu duas chaves unidas por uma argola. Destrancou a gaveta e a puxou com força.

Espantada com o conteúdo da gaveta, Fernanda apanhou os envelopes de sonífero e outros sedativos. Imediatamente associou-os ao seu sono súbito. A maioria deles dizia ser insípido, ou seja, misturado em qualquer substância, não deixaria cheiro nem sabor.

"Não havia gosto diferente nos chás", pensou Fernanda.

Ela guardou um dos envelopes no bolso e trancou a gaveta lentamente. Recolocou as chaves no local em que as encontrara. Assim que fez isso, ouviu a porta da cozinha sendo aberta. A senhora Haruo entrou sorridente, trazendo duas sacolas com compras.

— Já acordada, dona Fernanda?

— Pois é... Se eu continuar a dormir desse jeito, vou providenciar um sarcófago para me acomodar melhor.

A senhora Haruo riu bem-humorada, mas Fernanda continuou séria, observando-a. Então a governanta disse:

— Vejo que a senhora está mais disposta, mas noto certo estresse em seus olhos. Vou lhe fazer um chá delicioso.

— Ótimo, estou ficando tão acostumada com seus chás que já não sei viver sem eles.

— Eles são altamente viciantes — riu a senhora Haruo, colocando as sacolas com as compras em cima da pia. — Se quiser, pode aguardar no quarto ou mesmo na sala que, em instantes, levo seu chá. Quer de hortelã, camomila ou erva cidreira?

— Pode ser de erva cidreira, mas prefiro ficar aqui. Quero acompanhar a preparação do chá — disse Fernanda que, vendo o sorriso da senhora Haruo se apagar, não se alterou.

— Vai ficar parada aqui por quê, dona Fernanda? Se cansando em pé à toa?

— Estou bem assim — argumentou Fernanda, sorrindo.

A senhora Haruo disfarçou um sorriso, mas na verdade estava incomodada. Como faria para misturar o sonífero ao chá com Fernanda presente? E justo hoje que ela comprara um que disseram ser muito mais potente e eficiente... Com uma pequena quantidade poderia levar a patroa a dormir por doze horas ininterruptas. Com apenas duas doses diárias, Fernanda quase não seria vista acordada. Artur nem perceberia se ela conseguisse distraí-lo.

Fernanda permaneceu por ali enquanto a água fervia na chaleira. Ela reparou que a senhora Haruo olhava com certo nervosismo na direção da gaveta trancada, mas fingiu nada perceber. Quando viu que a água estava fervendo, Fernanda resolveu mudar de tática.

— Acho que você está certa. Vou esperar deitada no meu quarto. Você leva o chá pra mim?

— Claro, dona Fernanda — garantiu a senhora Haruo, dissimulando um suspiro de alívio. — Em menos de cinco minutos estarei lhe servindo.

Fernanda agradeceu e se dirigiu a seus aposentos. O espírito de Douglas, no entanto, permaneceu na cozinha vigiando todos os passos da governanta.

Douglas viu quando ela abriu a sacola de compras e apanhou um envelope metálico. Atenta aos ruídos em volta, a senhora Haruo cortou a lateral do envelope e adicionou duas colheres do sonífero na água que fervia. Com um grampo, ela prendeu o envelope, destrancou a gaveta e o atirou lá dentro, trancando a gaveta em seguida.

Quando o chá ficou pronto, a governanta despejou-o numa xícara decorada e subiu as escadas apressadamente. Haviam lhe dito que o sonífero era tão poderoso que Fernanda poderia dormir antes mesmo de terminar de beber o chá. Estava ansiosa para ver se era verdade.

Douglas corria ao seu lado sentindo gana de matá-la. O que dera naquela idiota, afinal? Pretendia matar sua mãe? Por que vinha drogando Fernanda com os chás? O que ela pretendia com aquilo?

A senhora Haruo bateu na porta do quarto, e Fernanda autorizou sua entrada. A governanta adentrou o aposento com um amável sorriso no rosto. Estendeu o pires com a xícara para Fernanda.

— Está delicioso, dona Fernanda.

— É mesmo?

— Sim, sinta só o aroma que está subindo.

— É verdade. Nesse caso, nada mais justo que você mesma beber esse chá — disse Fernanda.

— O quê? — o susto que a senhora Haruo levou foi tão notável que até Fernanda se sobressaltou.

— É isso que você ouviu. Na verdade eu perdi a vontade de beber o chá, mas como você disse que está muito gostoso, pode tomá-lo você mesma.

— Ah, não. Eu não o adocei, porque a senhora não toma com açúcar. Eu prefiro bem docinho.

— Não seja por isso — Fernanda abriu uma gaveta do criado-mudo e apanhou um frasco de adoçante. — Eu guardei esse adoçante para quando quiser adoçar minhas bebidas. Pode usar.

— Mas... — a senhora Haruo quase gaguejou. — Não gosto de adoçante.

— Então beba como está e deixe de drama. Vamos, parece até que está com medo de beber seu próprio chá — satirizou Fernanda.

— Boa, mãe — aprovou Douglas. — Faça essa japonesa sem noção beber do próprio veneno.

Fernanda, embora não ouvisse o filho, continuou insistindo para que a senhora Haruo bebesse o chá.

— Está bem, vou beber — disse ela, extremamente preocupada. O que faria agora? E se caísse em sono profundo diante de Fernanda? Poderia fingir um descuido e entornar a xícara, mas isso levantaria suspeitas e a patroa poderia notar. Quem sabe, se tomasse apenas um golinho, o remédio não fizesse o efeito esperado? Justo hoje que ela usara o sonífero mais forte, com efeito para doze horas... — Vou beber — repetiu.

— Hum, você estava certa — comentou Fernanda fechando os olhos. — Que cheirinho delicioso de erva cidreira!

Sem alternativa, a senhora Haruo tocou o chá com os lábios e ingeriu um gole muito pequeno, mas Fernanda não se deu por vencida.

— Vamos, querida, pode beber com gosto.

A senhora Haruo tomou mais um gole. Poderia alegar depois que sentira a pressão cair e que desmaiara. Quem sabe Fernanda acreditasse. Mas, conhecendo a patroa, achava muito difícil isso acontecer.

No terceiro gole, a senhora Haruo começou a sentir as pálpebras pesadas. Quando bebeu o quarto gole, não evitou o bocejo. A xícara escapuliu de suas mãos, mas não foi de propósito. Seus membros tinham perdido os movimentos. No instante seguinte, a governanta desabou no chão como uma árvore recém-cortada.

— Filha da mãe — xingou Fernanda ficando em pé. — Você estava me drogando, sua cretina? Como pôde ter me traído depois de tantos anos trabalhando em minha casa? Cadela! Ordinária!

A senhora Haruo já não a ouvia, pois estava no mundo dos sonhos. Fernanda passou por cima dela, fechou a porta do seu quarto e se dirigiu ao quarto da governanta. Estava escuro, mas ela nem se deu ao trabalho de acender a luz do teto. Bastaria clarear o ambiente com a luz do abajur para dar uma breve investigada no quarto daquela pilantra. Provavelmente ela vinha escondendo muitas coisas graves, igualmente comprometedoras.

Mas antes de acender o abajur, Fernanda ouviu passos no corredor e ficou imóvel. Escutou a respiração pesada de Artur se aproximando. Fernanda continuou posicionada onde estava, de costas para a porta.

Para sua surpresa, a porta se abriu e Artur entrou, também no escuro, dizendo:

— Minha querida Nadir Haruo, tire logo essa roupinha porque eu estou com muita vontade de transar com você agora.

Artur levou a mão ao interruptor e as luzes iluminaram todo o quarto da ex-babá de Douglas. Naquele momento, seu coração deu uma cambalhota ao se deparar com Fernanda parada ali.

Capítulo 37

Ao se recuperar do susto, Artur balbuciou:

— Fernanda? O que você...

— Está fazendo aqui? — ela completou, sentindo o rosto se desfigurar. — Qual o problema de eu visitar o quarto da sua amante, a mesma que vinha me dopando com calmantes, tranquilizantes, soníferos e outras drogas?

— Co... como? — gaguejou Artur, sentindo como se o teto da casa desabasse sobre sua cabeça.

— Você ainda pergunta como? Eu deveria perguntar isso, não? Mas não vou me prolongar com perguntas idiotas nem perder tempo ouvindo suas explicações. Quero apenas que me responda em português claro: há quanto tempo você e aquela infeliz são amantes?

— Fernanda, eu não sei o que...

— Não banque o hipócrita comigo, seu cretino!

Desde que Artur e a senhora Haruo haviam esvaziado o quarto de Douglas sem o consentimento de Fernanda, ela estava revoltada com o marido. E toda essa raiva voltou com força redobrada agora. Então ela continuou despejando sua revolta:

— Pensa que eu não compreendi tudo? Não fui drogada a ponto de o meu cérebro ficar derretido. Você e essa... — ela não encontrou o adjetivo adequado — você e Haruo vinham me traindo e me drogando. A esposa idiota e retardada passava todo o tempo dormindo como uma morta enquanto os dois rolavam na cama, rindo pelas costas dela. Vamos, Artur, não foi isso?

— Na realidade, o que aconteceu...

— Seu cérebro está trabalhando a toda velocidade tentando inventar o pretexto adequado, achando que vai me tapear. Não vai, Artur. Você está casado comigo há tempo suficiente para saber que eu não costumo voltar atrás depois de ter dado minha palavra. Quero apenas que me diga desde quando vocês são amantes.

— Ela e eu...

— Não precisa responder. Agora estou me lembrando. Foi você quem indicou essa bruxa para trabalhar aqui em casa. Douglas era ainda muito pequeno e você me disse que eu precisava de uma babá para me auxiliar na criação do menino. Está lembrado disso, Artur? Refresque sua memória e volte um pouco ao passado. Será que tem capacidade suficiente? Deve ter, porque a drogada aqui sou eu — Fernanda estava tão alterada que nem percebia que estava gritando.

Douglas, em pé num canto do quarto, com o rosto molhado pelas lágrimas, apenas acompanhava a discussão dos pais. Amava os dois e não queria que o casamento deles acabasse, muito menos daquela forma. Mesmo assim não tirava a razão de Fernanda. Assim como a mãe, ele estava chocado com a traição do pai. Eram muitas informações para um dia só e parecia que, de repente, todas as pessoas que ele amara e em quem confiara tinham enlouquecido.

— Fernanda, você está fazendo uma grande confusão. Eu...

— Então eu sou surda? — ela agitou as mãos para a frente, e Artur achou que ela fosse estapeá-lo. — Não ouvi você entrar nesse quarto mandando a querida Nadir Haruo ficar pelada porque você estava sedento por sexo? Não ouvi essa frase nojenta e ultrajante?

Artur baixou os braços ao longo do corpo, desanimado. O que diria para Fernanda? Sabia que nada a faria mudar de opinião. Ele cometera uma grande tolice, precipitando-se em chamar pela amante antes de ver quem estava no quarto. Como ultimamente a esposa passava a maior parte do tempo dormindo, jamais esperaria encontrá-la ali. Sempre que chegava em casa naquele horário, Fernanda estava adormecida e a senhora Haruo o esperava deitada em seu quarto, seminua. Era de praxe fazerem sexo naquele horário. Como Fernanda descobrira aquilo? Ou teria sido uma infeliz coincidência?

— Onde está a senhora Haruo?

— Ah, agora temos formalismos? Não era *a querida Nadir Haruo* minutos atrás? — Fernanda virou de costas para Artur. Respirou profundamente e tornou a se virar para ele. — Não precisa se preocupar com sua amante. O corpo dela está caído no meu quarto.

— O corpo? — Artur empalideceu ainda mais. — Fernanda... o que você fez?

A expressão aturdida de Artur, ao pensar que a governanta estivesse morta, quase fez Fernanda rir, apesar da raiva que estava sentindo. Só agora percebia o quanto o marido lhe parecia patético.

— Não pense que eu a matei, apesar de ter sentido vontade. Ela foi estúpida o suficiente para beber o próprio chá com sonífero. Agora está dormindo como um faraó na pirâmide. Desabou no chão diante de mim. Devia ter quebrado o pescoço na queda.

— Eu não a estou reconhecendo — disse Artur, tentando virar a maré a seu favor. — De onde surgiu tanto ódio?

— Provavelmente surgiu no dia em que eu me casei com você. Esse ódio estava escondidinho em algum lugar dentro de mim, só esperando pelo momento de vir à tona. Agora vá acudir sua amante. Vou arrumar minhas coisas.

— Para onde você vai?

— Fique tranquilo. Vou colocar o meu novo endereço em todos os postes da cidade — ironizou Fernanda, quase derrubando-o ao passar por Artur.

Artur a alcançou no corredor.

— Você vai me deixar? Nosso casamento não pode ir para o espaço simplesmente por causa de um deslize meu. É preciso um pouco mais de compreensão de sua parte.

Ela se voltou e o encarou com olhos assassinos:

— Compreensão? Sim, eu devo ser compreensiva e aceitar uma empregada que envenena a patroa e um marido que a trai com a empregada peçonhenta. Sim, devo ser muito compreensiva.

Fernanda continuou caminhando, mas Artur não desistiu:

— São vinte e cinco anos de casados. Isso tudo vai para o lixo?

— Não. Tranque na gaveta da cozinha junto com os soníferos.

— Você acha que Douglas ficaria satisfeito em ver o que você está fazendo? Está sendo cabeça-dura e deixando de respeitar a memória do nosso filho.

Artur percebeu que atingira o alvo com essas palavras. Fernanda parou, voltou-se lentamente e o encarou. O que Artur viu ali fê-lo se arrepender de ter invocado o nome do filho morto.

— Não tente usar Douglas a seu favor. Aliás, não o mencione na minha frente. Se ele estivesse aqui, provavelmente estaria chorando de angústia por nos ver brigando, mas tenho certeza de que ele ficaria do meu lado. Douglas era justo e sabia ver as coisas pelo lado certo. Espanta que ele tenha um pai cafajeste e vulgar. Saiba que em momento nenhum eu deixei de respeitar a memória dele.

Penso nele todos os dias, em todos os momentos e em como eu gostaria que ele estivesse comigo agora.

Fernanda sentiu um nó na garganta, sem saber que o filho estava bem próximo dela, refletindo se deveria abraçá-la ou não.

— Já não digo o mesmo de você. Você não respeitou a memória do próprio filho quando doou todos os pertences dele. Você não respeitava Douglas, ou a mim, ou a esta casa, enquanto fazia sexo com a governanta. Só não entendo o objetivo de me colocar para dormir. Queriam que eu morresse?

— Não. Eu também estava muito preocupado com isso, mas ela garantiu que não haveria perigo nem riscos à sua saúde.

— Então, como eu já imaginava, vocês agiram em cumplicidade. Era de se esperar, tratando-se de duas pessoas tão baixas, moralmente falando. Queriam agilizar meu encontro com Douglas, não é? Fale, Artur, que droga! — gritou Fernanda, de repente.

Douglas resolveu que não iria abraçá-la por ora, pois sentiu que as energias da mãe estavam lhe prejudicando naquele momento.

— Foi pensando no seu bem-estar. Você estava sofrendo muito, presa àquele quarto. Se você passasse mais tempo dormindo, provavelmente se esqueceria do acidente. Pensávamos...

— Você tem algo dentro da cabeça que fede. Como pôde pensar que em algum momento eu me esqueceria do acidente, que eu me esqueceria de Douglas? Acha mesmo que, passado algum tempo, eu iria me esquecer dele? Você é louco?

— Eu não quis dizer isso. O tempo é um precioso remédio para...

— Cale essa boca imunda, seu imprestável! — berrou Fernanda, colérica. — Não se atreva a falar de Douglas porque ele se decepcionaria muito se soubesse o quanto o pai dele é nojento. Não venha querer dar conselhos de moral quando você é o primeiro desmoralizado — Fernanda apertou o passo e chegou às escadas. Então quase se encolheu quando uma ideia lhe passou pela cabeça. Virou-se mais uma vez para se deparar com o olhar aflito de Artur. — Há alguns anos você entrou em uma crise de alcoolismo. Quero que me diga o quanto aquela fase estava relacionada com Nadir.

Artur sabia que, se dissesse que bebera por causa da senhora Haruo, o mundo despencaria de vez e o esmagaria.

— Eu passava por uma fase ruim.

— Porco! Mentiroso! Nojento! Imundo! Canalha! — num acesso de raiva, Fernanda avançou para cima de Artur e o encheu de tapas, dos quais ele nem se protegeu.

Depois de bater no marido até sentir as mãos arderem, disse:

— Nós dois temos boas condições financeiras, pois viemos de famílias com posses. No entanto, essa casa é sua. Apesar de termos nos casado em comunhão de bens, estou cedendo a casa para você. O ar daqui me angustia. Se eu dormir sob esse teto mais uma noite não vou sobreviver até o dia seguinte — ela enfiou a mão no bolso e pegou o envelope de sonífero que tirara da gaveta. — Com isso, eu deveria ir à polícia denunciar vocês dois. Só não farei isso para evitar dores de cabeça ainda maiores, embora meu maior desejo, nesse momento, seja vê-los atrás das grades, virando brinquedinho nas mãos dos presidiários.

Fernanda subiu as escadas correndo e, dessa vez, Artur não a seguiu. Lutando contra as lágrimas de remorso, arrependido até o âmago por tudo que fizera para Fernanda, ele seguiu lentamente para o quarto onde ela vinha dormindo e encontrou a senhora Haruo caída no chão, ao lado de uma xícara quebrada. Pegou-a no colo e a deitou sobre a cama.

Cinquenta minutos depois, Artur ouviu o ronco do motor do carro de Fernanda se afastando. Finalmente haviam chegado ao fim da estrada. O casamento deles estava definitivamente acabado. Não havia mais volta e Artur estava consciente disso.

Tornou a olhar para a senhora Haruo adormecida. Sabia que, quando ela acordasse, eles teriam muito que conversar.

Como já era noite, Fernanda alugou um quarto num flat. Decidiu passar alguns dias ali até conseguir restabelecer sua vida. O acidente que matara Douglas a deixara destroçada, mas descobrir que estava sendo dopada pela própria governanta, que trabalhava para ela havia mais de vinte anos, e que era traída pelo marido foram a gota d'água.

Se eles queriam destruí-la, tinham conseguido. Ela se sentia tão acabada que nem se importava de morrer. Nada mais na vida fazia sentido. O filho amado se fora e as pessoas que formavam o que ela chamava de família eram suas inimigas agora. Fernanda ainda tinha seus pais, mas eles sempre lhe pareceram tão distantes como se vivessem em outra galáxia. Ela nunca se sentiu tão sozinha, tão desanimada, tão desamparada.

Douglas continuava ao seu lado. Via a mãe chorar e chorava também. Sabia que, mesmo que gritasse, Fernanda não ouviria sua voz, embora a pressentisse algumas vezes. Por isso disse em voz baixa, quase para si mesmo:

— Mãe, não continue sofrendo, principalmente por minha causa. Cada vez que a vejo chorando e chamando o meu nome, eu sinto uma dor aqui — ele tocou o coração —, como se fosse um aperto. Eu amo você, Nanda, mas não pense em mim com tanto sofrimento — ele caiu num pranto convulsivo. — Isso dói, mãe. Dói demais.

Era verdade. As energias de Fernanda endereçadas ao filho, mesmo que ela não o soubesse, faziam muito mal a Douglas. É natural um encarnado chorar e sofrer com a passagem de um ente querido, mas se as pessoas tivessem uma pequena ideia de como isso prejudica o desencarnado, substituiriam esses clamores sofridos por preces positivas e vibrações benéficas.

Fernanda, alheia às dores que causava ao espírito do filho, continuou chorando e pensando em Douglas por muito tempo. Só se acalmou quando compreendeu que acabaria ficando doente se continuasse a pensar na morte dele e nos últimos acontecimentos em sua casa. Era preciso uma distração, um atalho, algo em que focasse os pensamentos, embora soubesse que seria muito difícil.

Então teve uma ideia. Vasculhou os bolsos das malas que arrumara às pressas. Tinha levado consigo bastante coisa e compraria o que necessitasse. As fotografias dela com Douglas, aquelas a que Artur não deu fim, estavam todas ali. Mas não eram as fotos que ela procurava. Era um cartão de visitas. Quem sabe, no final das contas, a senhora Haruo fosse de alguma utilidade?

Finalmente o cartãozinho branco do psicólogo Adriano surgiu nas mãos de Fernanda. Ela o apertou com cuidado. Veria o que um psicólogo teria a lhe dizer e como poderia ser auxiliada por ele.

Capítulo 38

Quando viu Fabrício chegar, a recepcionista do consultório de psicologia sorriu feliz. Adriano já havia lhe adiantado que conseguira convencer o amigo a voltar a trabalhar. Fabrício travara uma séria disputa consigo mesmo, mas, no final, as palavras otimistas de Adriano tinham vencido. Ademais, Bruno estava morando com ele novamente e seria preciso prover o sustento do garoto de alguma forma.

A recepcionista, uma bonita moça mulata de olhos verdes chamada Tatiana, disse a Fabrício que havia agendado um horário com um cliente para dali a dez minutos. A pessoa não havia marcado especificamente com nenhum psicólogo, e Tatiana perguntou se Fabrício poderia retomar sua profissão com aquele cliente. Ele concordou sem problemas. A jovem, então, lhe avisou que Adriano chegaria somente depois das dez, para atender outra cliente.

Às nove horas em ponto, a pessoa que Fabrício atenderia entrou no consultório. Tratava-se de um homem moreno forte e atraente, beirando os cinquenta anos. Fabrício descobriria mais tarde que ele tinha um sorriso capaz de levar as mulheres a suspirarem por ele. De porte atlético, colocava muitos garotões de vinte anos no chinelo.

Enquanto ele se acomodava no divã, Fabrício sentiu um tremor lhe percorrer o corpo. Simone morrera havia quatro meses e esta era a primeira vez que atendia um cliente desde então. Sentia-se despreparado e temia que fosse deixar o homem ainda pior, embora não soubesse as causas que o levavam até ali. Tentou se lembrar das palavras otimistas de Adriano e sentiu-se um pouco mais seguro.

— Bom dia. Meu nome é Fabrício — apresentou-se, ligando o gravador. — Peço sua autorização para gravarmos a consulta. Aviso desde já que o material é totalmente confidencial e que permanecerá sob meus cuidados para posterior análise, tudo bem? — este era o procedimento padrão que Fabrício e muitos outros psicólogos adotavam em suas clínicas.

— Sim, tudo bem — concordou o elegante cliente. — Meu nome é Jorge.

— Muito bem, seu Jorge, em que posso ser-lhe útil?

Jorge emitiu um suspiro profundo e desanimado.

— Bem, meu casamento foi muito bom nos três primeiros anos. Eu e Tanya levamos nosso relacionamento por quase trinta anos, sem grandes arroubos. Hoje estou com cinquenta e um anos e ela com quarenta e sete. Tenho três filhos, todos homens, todos casados, todos vivendo suas próprias vidas. Tanya trabalha para uma revista de notícias de celebridades. Começou como pesquisadora, depois passou a colunista e agora conquistou seu espaço na direção. Tanya é vice-diretora dessa revista, um trabalho conseguido com muito esforço, eu reconheço. Também me orgulho do meu cargo. Sou gerente de uma empresa de consórcio e sou muito bem remunerado. Unindo nossos salários, conseguimos manter um padrão de vida elevado e agradeço a Deus por essa oportunidade.

Jorge piscou, olhou para as mãos de Fabrício que seguravam o gravador e continuou:

— Eu sempre disse a mim mesmo que gostava de Tanya, mas que não a amava verdadeiramente. Até que ela me pediu o divórcio. Não sabe como isso acabou comigo. Depois de tantos anos de vida a dois, minha esposa simplesmente disse que eu já não lhe servia mais.

— O senhor conhece o motivo de ela ter pedido o divórcio? — perguntou Fabrício. Jorge fez que sim e Fabrício indagou: — O senhor se sentiria à vontade para falar sobre isso?

— Sem problemas. Por isso vim procurá-lo. Tanya me deixou porque disse ter conhecido um homem mais jovem que eu e que a estava fazendo muito feliz. Ele a havia convidado para morar com ele. Ela não resistiu, me disse que estava partindo e que o advogado da revista, que trabalhava para ela, entraria em contato comigo para me informar sobre a papelada do divórcio — Jorge esfregou o rosto com força e seus olhos quase marejaram. — Eu fui atrás de mais informações, fui pesquisar na redação da revista. E sabe quem é o namorado dela? É esse cara que está fazendo o papel principal na novela das sete. Como é mesmo o nome dele?

— Desculpe, seu Jorge, mas não acompanho novelas.

— Eu também não, mas a essa eu estou assistindo só para ver aquela cara de safado que ele tem. Ladrão de esposas. E Tanya também foi muito sem-vergonha. O rapaz é mais novo que meu filho caçula. Como ela pôde ter feito isso comigo? Como?

Durante os cinquenta minutos da consulta, Jorge lamentou a falta que Tanya lhe fazia e que não se conformava por ter sido substituído por um rapaz de vinte e um anos. Fabrício reservou a primeira consulta para ouvir o cliente e marcou outra para a semana seguinte, quando ele daria alguns conselhos e sugestões para que Jorge tocasse a vida para frente. Fabrício, no entanto, não sabia como motivaria uma pessoa a ir em frente se ele mesmo estava precisando desse empurrãozinho.

Jorge agradeceu, pagou a consulta e saiu do consultório. Deparou-se com uma mulher negra, muito bonita, que estava entrando. Ela o olhou rapidamente, e Jorge esboçou um sorriso para cumprimentá-la. Depois que ele saiu, a mulher se encaminhou à mesa da recepção e falou:

— Bom dia. Tenho uma consulta agendada com o doutor Adriano. Meu nome é Fernanda.

— Desculpe, dona Fernanda, mas surgiu um imprevisto — avisou Tatiana, lamentando.

— Como assim? Me disseram que a consulta era garantida.

— E é. Mas o doutor Adriano teve um dos pneus do carro furado quando estava vindo para cá e precisou levar o veículo para a borracharia.

Algo na história dos pneus furados fez Fernanda se recordar, com um súbito frio na espinha, da festa em que Douglas tinha ido momentos antes de morrer. Haviam lhe dito que alguém furara os pneus de vários carros, inclusive o dele, o que o obrigara a ir embora com o tal Marcelo.

— E como farei agora?

— Bem, o doutor Adriano chegará mais tarde, mas não sei exatamente o horário. Há outro psicólogo atendendo agora e tem uma vaga disponível neste horário. O nome dele é Fabrício. O que a senhora acha?

— Não sei... fui recomendada a passar com o doutor Adriano. Não tenho referências do outro.

— Bem, ele também é um profissional tão capacitado quanto o doutor Adriano. Inclusive eles se formaram juntos e são sócios deste consultório.

— Está bem — aceitou Fernanda. — O máximo que pode acontecer é eu não me sentir à vontade com ele e marcar com o outro novamente.

Tatiana pediu licença para Fernanda e foi avisar Fabrício de que havia outra cliente esperando para ser atendida. Ele autorizou a entrada de Fernanda que adentrou o consultório em seguida, sentindo-se ridícula por ter ido procurar aquele tipo de ajuda. Porém, já que estava ali, iria até o fim.

Eles ficaram se avaliando por um longo tempo. Fernanda viu nos olhos de Fabrício a mesma tristeza que ela sentia e, por alguns instantes, foi quase como se estivesse vendo os próprios olhos num espelho. Por fim, Fabrício indicou o divã para que ela se acomodasse.

Fernanda se sentou meio sem jeito e pediu desculpas, sorrindo sem graça:

— É que eu nunca estive num consultório de psicólogos antes.

— Fique tranquila, dona Fernanda. Sinta-se como se estivesse em sua casa.

Fernanda quase disse que não tinha mais casa, mas se controlou. Na realidade, tinha tantos assuntos a tratar que os cinquenta minutos da consulta não dariam para nada.

— Meu nome é Fabrício e gostaria de saber se a senhora me autoriza a gravar a consulta — ele repetiu tudo o que dissera para Jorge, e Fernanda também concordou. — O que a senhora gostaria de compartilhar comigo?

— Eu queria saber... — a voz de Fernanda embargou e ela pensou que nem fosse conseguir passar dali. — Desculpe, mas eu queria que o senhor me ajudasse...

Fabrício quase sentiu pena da angústia que aquela jovem senhora estava sentindo.

— Sim, estou aqui para isso. Como posso ajudá-la?

Fernanda encarou Fabrício:

— Como eu faço para superar a dor pela morte de uma pessoa querida?

Dessa vez foi Fernanda quem se surpreendeu ao ver o rosto de Fabrício empalidecer levemente. Teve a impressão de tê-lo visto sofrer tanto quanto ela estava sofrendo.

Fabrício ficou, por alguns instantes, pensando no que diria. Também estava em busca da resposta para a pergunta de Fernanda.

— A senhora perdeu um ente querido? — ele indagou.

— Sim. O meu filho. Ele morreu em um acidente de carro.

— Sinto muito... eu... — Fabrício sabia que seria a ruína de sua carreira se chorasse diante de uma cliente, mas estava muito perto de fazer isso, pois a memória de Simone voltara com força.

— O senhor está se sentindo bem, doutor?

— Sim, perdoe minha distração. É que na verdade tratar da morte de uma pessoa amada não é um assunto fácil e envolve diferentes crenças e conceitos.

— O senhor acredita em vida após morte?

Dessa vez Fabrício não hesitou:

— Não.

— Eu também não acreditava nisso, mas depois que Douglas morreu, sinto necessidade de acreditar em alguma coisa. Preciso de algo a que me apegar. Queria que alguém me desse a certeza de que a vida realmente continua depois da morte do corpo.

— Tenho uma amiga que acredita nisso — confessou Fabrício referindo-se a Andressa. — Ela estuda assuntos religiosos, eu acho, e está sempre com um livrinho nas mãos sobre espiritualidade.

— Ela acredita em espíritos? — perguntou Fernanda com os olhos brilhando, talvez pelas lágrimas que estavam prestes a surgir.

— Convictamente. Ela frequenta um centro espírita há algum tempo. Estuda e trabalha lá nos fins de semana como voluntária. Sabe o doutor Adriano, o psicólogo que a atenderia hoje? — Fernanda assentiu, e Fabrício contou: — Ele é marido dessa moça.

— Eles são espíritas?

— Ela é, ele eu não sei, embora Adriano também acredite um pouco nesse assunto.

— E o senhor não acredita por quê?

— Sinceramente? Porque eu acho que tudo isso não passa de uma forma de distrair as pessoas, consolá-las por meio de palavras reconfortantes. Basta alguém dizer que a vida é bela do outro lado e todos nós damos pulinhos de alegria, esperando a morte chegar.

— Sabe o que acontece? Quando uma pessoa perde alguém que ama, ela precisa acreditar em algo ou acabará enlouquecendo. Se fosse provado que a vida termina no caixão, como ficaríamos? Como eu poderia continuar vivendo ao pensar que a vida do meu filho se extinguiu e que agora é apenas uma lembrança distante? Que nunca mais vou ouvir sua voz, suas risadas, nem olhá-lo nos olhos ou senti-lo me abraçar e me tocar? É muito mais fácil acreditar que a vida continua sim, e que as pessoas que se foram ainda vivem.

— Eu apenas respondi ao que a senhora me perguntou — respondeu Fabrício, confuso. Se soubesse que pegaria um caso daqueles em seu primeiro dia de trabalho não teria ido ao consultório. — Se quiser, posso lhe passar o contato dessa minha amiga. O nome dela é Andressa.

— Eu agradeceria muito se o senhor fizesse isso por mim — disse Fernanda.

Ela contou para Fabrício sobre o acidente que matara Douglas e, quando mencionou a data, ele refletiu que fora com poucas semanas de diferença da morte de Simone.

Aquela mulher parecia ser muito bem de vida, mas o dinheiro não era impeditivo para a morte de ninguém. Fernanda falava sobre vida após a morte com certa necessidade de que existisse. Fabrício sabia que não deveria impor sua opinião, nem profissional nem pessoal. Se a vida continuasse mesmo em outros lugares, seria maravilhoso poder saber, com certeza, que Simone estava viva e bem. Só que aquela história lhe soava tão fantasiosa quanto os contos de fadas que ouvira quando criança.

— É uma pena que o senhor seja descrente desses assuntos — atalhou Fernanda. — Diz isso porque nunca deve ter perdido uma pessoa amada.

Fernanda estava olhando para a frente e não viu Fabrício empalidecer outra vez e suas mãos tremerem.

— A senhora está enganada — redarguiu Fabrício, sabendo que estava saindo do campo profissional para entrar em sua vida íntima.

Ela se virou para fitá-lo.

— Então o senhor também perdeu alguém?

Fabrício não respondeu e abaixou a cabeça.

Fernanda se levantou do divã e não resistiu ao desejo de abraçá-lo. Fabrício sentiu toda sua ética ir por água abaixo e sabia que deveria rasgar seu diploma após aquele momento de fraqueza. Mas o abraço de Fernanda era tão sincero, com uma energia tão boa, que ele simplesmente se deixou ficar ali.

Quando Fernanda se afastou, surpreendeu-se ao perceber que ambos estavam chorando.

— Peço que me perdoe, dona Fernanda. Isso não devia ter acontecido. Perdoe a minha descompostura. Eu só...

— Pelo jeito nós dois temos algo em comum. A que horas o senhor sai daqui hoje?

— Por volta das cinco.

— Se importaria de fazer um lanche comigo? Vi que tem uma lanchonete aqui ao lado. A conversa seguirá numa linha pessoal e não profissional. É muito importante para mim.

Fabrício pensou um pouco e por fim assentiu:

— Eu vou.

— Ótimo.

Pouco depois Fernanda saía da sala. Fabrício ficou ali, matutando em silêncio. Embora não soubesse explicar o motivo, sentia que ela tinha algo a compartilhar com ele e que poderia ser muito bom para ambos.

Capítulo 39

Quando Fabrício adentrou a lanchonete, avistou Fernanda sentada de costas para ele em uma mesa. Ela sorriu quando ele se sentou e avisou-o de que ainda não havia pedido nada.

— Eu pedi que viesse aqui porque temos algo em comum. Eu perdi meu filho e o senhor perdeu...

— Não se sentiria mais confortável se nos tratássemos por você? — perguntou Fabrício.

— Era isso que eu ia sugerir. Como eu estava dizendo, ambos perdemos pessoas amadas. Eu perdi meu filho e o sen... você perdeu alguém também.

— A minha esposa.

Resumindo a história, Fabrício contou o que acontecera com Simone, desde a descoberta da doença até o momento de sua morte. Concluiu dizendo:

— Ela deixou nosso filho de nove anos. Bruno ainda sente muito a falta dela.

— Eu sei como é. Também sinto muita falta de Douglas. Às vezes dá a impressão de que vou ficar maluca sem ele. E quando recordo que a situação é irreversível, que a morte é algo que não tem conserto, quero apenas morrer de tanto chorar.

— Comigo aconteceu isso também e ainda acontece, às vezes. Por conta disso fiquei afastado do meu trabalho e voltei hoje. Você foi minha segunda paciente na parte da manhã.

O garçom se aproximou, e eles fizeram o pedido. Quando foram servidos, continuaram conversando sobre o ponto que tinham em comum. Um perdera a esposa, a outra perdera o filho. Muitas outras pessoas que eles não conheciam poderiam estar na mesma situação que a deles, sofrendo, lamentando, chorando.

— Este é o telefone da Andressa, minha amiga que é espírita — disse Fabrício entregando a Fernanda um pedaço de papel dobrado.

— Por que você não acredita na espiritualidade? Não seria melhor crer que sua esposa vive como espírito?

— Crer para quê? Apenas para dormir melhor?

— Para viver melhor. Eu viveria muito melhor se recebesse qualquer notícia do Douglas, dizendo que ele está bem. É tudo o que eu precisava saber. Não peço para sonhar com ele, nem vê-lo, nem ouvi-lo. Quero apenas saber que ele está feliz. Então, de alguma forma, meu coração ficaria em paz.

Fabrício mordeu um pedaço do sanduíche e não respondeu. O que Fernanda dizia tinha sentido, mas para ele tudo era fantasioso demais. Os seres humanos eram compostos unicamente de carne e ossos. Não havia espíritos, não havia reencarnação e nem nada do gênero. Mas, como Fernanda parecia acreditar, ele resolveu não arranjar confusão com ela.

— Se eu marcasse com essa Andressa e fosse com ela ao centro espírita, você iria comigo? — Fernanda perguntou e olhou ansiosa para Fabrício, desejosa de ouvir um sim.

— Não. Desculpe-me a franqueza, mas não quero mexer com essas coisas.

Sem que soubessem, o espírito de Joselina estava parado ali e mantinha as mãos estendidas sobre a cabeça de Fabrício, despejando sobre ele energias salutares. Em seguida aplicou um passe em Fabrício e em Fernanda.

— Vá ao centro, Fabrício — pediu Joselina. — Você promoverá uma grande transformação no seu modo de viver se conhecer as verdades da vida. A bondade de Deus é infinita, mas tente conhecer um pouquinho dela. Não custa nada tentar.

Fabrício, embora não tivesse escutado as palavras do espírito, estava suscetível às influências espirituais. Pesou os prós e os contras e, quando terminou de beber o último gole do suco, decidiu:

— Pela amizade que tenho pelo Adriano e pela Andressa, e para tentar ajudá-la, irei ao centro. Isso não significa que estou de acordo com o que o espiritismo prega.

— Não é uma questão de estar de acordo com o espiritismo. Pelo menos eu acredito que devemos estar de acordo com nós mesmos. A paz só é encontrada dentro de nós — afirmou Fernanda, sem entender como foi que dissera palavras tão profundas.

O espírito de Joselina, que a intuía a falar, pediu a Deus que os protegesse e desapareceu num halo de luz.

***

Lucinéia vinha pela avenida arrastando uma pesada carrocinha com caixas de papelão desmontadas e outros materiais recicláveis. No fundo da carroça, seu gatinho Hermes dormia tranquilamente.

Desde que a enxurrada destruíra a casinha de Alexandre, matando-o, Lucinéia, perdida e sem rumo, pensou em se refugiar no único lugar que lhe veio à mente: a fábrica de Alexandre.

Os vizinhos haviam explicado como ela chegava lá e Lucinéia descobriu que era mais longe do que supunha. Fez todo o trajeto a pé, o que lhe rendeu quase três horas de caminhada.

O enterro de Alexandre tinha sido no dia anterior e ela chorara por horas. Agora, as lágrimas haviam secado, mas a tristeza ainda prevalecia.

Na fábrica, descobriu um pequeno quartinho com banheiro nos fundos do galpão e se hospedou ali. A maioria das pessoas não sabia o que acontecera com a filha de Alexandre, Patrícia, e pensavam que Lucinéia era ela e que a jovem tinha ido cuidar dos negócios do pai. Ela não confirmava nem negava, e logo as pessoas deixaram de se importar.

Quando os carroceiros que vendiam materiais recicláveis na fábrica de Alexandre perceberam que Lucinéia era analfabeta, aproveitaram-se disso para enganá-la. Confundiam-na no momento de pesar os materiais, somavam as vendas sempre a mais para eles e a enganavam dizendo que haviam levado os papelões da melhor qualidade. Lucinéia, inexperiente, acatava tudo o que lhe era dito. Muitas vezes pagava o dobro do que os carroceiros haviam conseguido e nem se dava conta disso.

Como Lucinéia não gostava de ficar parada, tratou de apanhar uma carroça e sair às ruas à procura de materiais recicláveis. Recolhia jornais, latinhas, papelões, garrafas pet e de vidro. Tudo era válido, desde que rendesse algum dinheiro. A única vantagem era que ela era a patroa, apesar de ser ao mesmo tempo uma funcionária.

Lucinéia abria a fábrica na parte da manhã e a fechava depois do horário de almoço, quando então saía às ruas. Voltava para a fábrica quando já estava escuro. Ali, guardava os materiais coletados, conferia o dinheiro e trancava tudo. Recolhia-se no quartinho dos fundos, após uma rápida chuveirada no banheiro, para se preparar para mais um dia.

Naquele momento, Lucinéia estava retornando para a fábrica. O gatinho gostava de lhe fazer companhia e ela não o deixava sozinho no local. O amigo que conhecera num cemitério tornara-se inseparável.

Lucinéia viu um carro prateado aguardando no semáforo e desviou a carroça para o meio-fio. Contudo, não deu conta de virá-la com agilidade e a carroça bateu em cheio no automóvel, arranhando boa parte do para-choque do carro.

O motorista saltou furioso e avançou como uma onda para cima de Lucinéia. Era um rapaz jovem e bonito, mas o rosto estava vermelho de raiva.

— Ei, será que você não enxerga? — esbravejou o rapaz, olhando para o estrago na frente do carro. — Viu o que fez?

— Eu ia desviar a carroça, mas escapou — justificou-se Lucinéia, encolhida devido aos gritos do rapaz.

— Ainda bem que eu tenho seguro, senão estava perdido. Tenho certeza de que você não ia poder pagar o conserto.

Lucinéia continuou quieta e o homem resmungou mais um pouco. Por fim, olhou para ela de cara feia e disse:

— Tire esse trambolho da minha frente. Não posso nem tirar o carro daqui.

Lucinéia obedeceu, enquanto o homem tornava a entrar no veículo. A jovem fez força para tirar a carroça, mas uma das rodas parecia ter enganchado. Ela usou todas as forças que tinha para fazer a carrocinha se virar, mas o impacto do peso a fez tombar de vez sobre o carro do motorista encrenqueiro. As caixas de papelão desmontadas cobriram o veículo e algumas latinhas de refrigerante e de cerveja, que ainda continham líquido, vazaram no capô do carro. Os puxadores da carroça chocaram-se violentamente contra uma das portas, provocando um estrago ainda maior do que o do para-choque.

— Eita diabo, o que eu fiz? — perguntou-se Lucinéia, apavorada com a reação iminente do motorista.

Ele tornou a sair do carro e, quando viu o que tinha acontecido, não sabia se estapeava Lucinéia ou se chorava de desgosto. Mas em vez de bater nela, apenas chegou bem perto e disparou:

— Se você fosse homem eu ia te encher de sopapos. Você está fazendo isso de propósito ou é uma terrorista de engarrafamentos?

— É o quê? — tornou Lucinéia.

— Moça, você é cega, surda e burra? — ele a ofendeu. — Sabe quanto custa esse carro? Você acabou com ele em dez segundos.

— Não fiz de pirraça — defendeu-se Lucinéia.

— Olha, eu devia... — ele deixou a frase por terminar. Já notara que a moça, embora fosse bonita, era atrapalhada e ignorante. Percebeu que não ia chegar longe se continuasse com a discussão. — O que eu faço com você? — ele perguntou.

— Me ajuda a catar os papelão?

A forma como Lucinéia respondeu quase o fez rir, talvez pela raiva que sentia ou pela tranquilidade aparente dela.

— Se você continuar a pilotar sua carroça desse jeito vai arrumar muita confusão por aí.

— Ela escorregou e virou.

— Sua sorte é que eu tenho seguro para dar cobertura a esse incidente — ele suspirou resignado e perguntou: — Você estava indo aonde com essa carroça?

— Guardar no depósito. Eu moro lá.

Algo no olhar de Lucinéia quase o fez ter pena dela.

— E esse gato dorminhoco que está dentro da carroça?

— É o Hermes — Lucinéia virou a cabeça para trás e sorriu. — Ele é muito meu amigo.

— Eu também gosto de animais. Tenho um cachorro. O nome dele é Dimas... E você, como se chama?

— Lucinéia. O senhor não tá mais bravo comigo?

— Já vi que não vai adiantar ficar bravo com você — pela primeira vez ele sorriu para ela. — Aliás, eu me chamo Fabrício.

— Ah... meu irmão chamava Jamilton. Mainha se chama Ava, painho se chama Inocêncio. Agora, a tia Zefinha...

— Tudo bem — cortou Fabrício agitando as mãos. — Não precisa me apresentar toda a sua família.

Lucinéia abaixou a cabeça e olhou para a calçada. Eles estavam parados em frente a uma lanchonete. O aroma dos lanches invadiu suas narinas e ela sentiu o estômago roncar. Não comia nada desde o meio-dia e já eram quase sete horas.

Fabrício percebeu o olhar comprido que ela lançou para a lanchonete e perguntou:

— Você já jantou?

— Não... eu não janto.

— Ah, não? E come o quê, então?

— Tenho pão no depósito. Tem onde aquecer lá. Aí eu como.

— Bem, mas hoje você pode aceitar meu convite para fazermos um lanche ali, não é?

Na verdade Fabrício não estava com fome, pois tinha saído da lanchonete onde estivera conversando com Fernanda fazia poucos minutos. Porém, pagar um lanche para uma jovem trabalhadora que arruinara seu carro não o deixaria mais pobre.

— Tu vai pagar um lanche pra mim depois de eu ter desgraçado teu carro? — espantou-se Lucinéia.

— Digamos que você foi perdoada — sorriu Fabrício. — E acho bom você se alimentar melhor para não desgraçar sua saúde.

Lucinéia sorriu, contente com a bondade do motorista.

— Ali na frente tem um estacionamento. Vou guardar o meu carro lá antes que outra pessoa acabe de detoná-lo. Você pode ir pedindo o que quiser na lanchonete, daqui a pouco eu a encontro.

Ela sorriu de novo e, enquanto Fabrício tentava contornar com o carro a carrocinha da jovem, Lucinéia a puxava para a calçada, lutando para não virá-la novamente. Recolheu as latinhas e as caixas de papelão que tinham caído e recolocou tudo na carroça. Por fim, entrou na lanchonete, sempre atenta à carroça e ao gato para que não fossem roubados.

Fabrício pensava nela no momento em que entrava no estacionamento. Nem sabia o que tinha dado nele para convidar uma estranha para lanchar. Em vez de sentir raiva da moça, gostara da simplicidade e da sinceridade da jovem com forte sotaque nordestino. Sabia que ela não devia ter mais de vinte anos e achou-a muito bonita, embora estivesse com a aparência bastante maltratada. Eram os olhos castanhos e os dentes brancos que faziam o rosto dela se iluminar. Fisicamente era muito diferente de Simone, mas Lucinéia também tinha uma espécie de beleza exótica.

Ela entrou na lanchonete e, imediatamente, uma garçonete de nariz empinado pulou na sua frente:

— Se veio aqui pedir esmolas para os fregueses, é melhor cair fora.

— Oxente, mulher! Eu vou pagar.

A garçonete não ficou convencida.

— Então me deixa ver se você tem dinheiro.

— O dinheiro não tá comigo, mas...

— Sabia que era enrolação. Se não sair daqui agora, vou chamar o gerente. Não aceitamos pessoas malcheirosas em nosso estabelecimento.

Lucinéia sentiu o rosto arder. Viu quando cabeças se voltaram em sua direção e os clientes da lanchonete a olharam com expressões acusadoras.

— Eu não vim pedir nada.

— Minha filha, nossos lanches têm preços inacessíveis para o seu bolso. Eu vi você arrastando aquela carrocinha ali fora. Você precisaria vender muitos papelões para poder pagar uma coxinha daqui. Agora dê meia-volta antes que eu chame a polícia.

— O que está havendo aqui? — trovejou uma voz masculina atrás de Lucinéia. Ela se virou e se deparou com o rosto enfurecido de Fabrício.

— Queira desculpar o constrangimento, senhor — justificou-se a garçonete exibida. — Esta pedinte invadiu nossa lanchonete, mas ela já estava saindo e...

— Esta pedinte — disse Fabrício falando num tom de voz suficientemente alto para que todos escutassem — é minha convidada. E se a senhorita não pedir desculpas a ela agora, sou eu quem irá à polícia denunciá-la por desrespeito e preconceito contra o nível social e econômico desta moça.

Ver o rosto da garçonete perder a cor causou uma incrível satisfação em Lucinéia.

— Sinto muito, senhor, mas como ela foi entrando...

— Quero falar com seu gerente — pediu Fabrício, obtendo toda a atenção dos demais clientes. Instantes depois, um sujeitinho magro e com o mesmo ar de superioridade da garçonete aproximou-se de Fabrício:

— Pois não, senhor? Sou o gerente — ele esticou a mão. — Em que posso ajudá-lo?

Fabrício ignorou a mão estendida e foi logo dizendo:

— Sua funcionária estava impedindo a entrada da minha convidada por causa de sua classe econômica. Isso, além de ser preconceito e discriminação, pode acarretar um processo contra sua lanchonete e sua garçonete.

— Eu entendo perfeitamente, senhor, e peço desculpas pelo inconveniente. Sheila e as demais funcionárias recebem ordens diretas do nosso patrão para que não permitam a entrada de mendigos aqui, porque eles ficam pedindo esmolas e incomodando os fregueses.

— Se voltar a comparar minha amiga a uma mendiga, o processo que vou abrir será exclusivamente contra você. Se vocês vendem seus lanches baseando-se nos bolsos das pessoas, não terão um futuro muito longo — Fabrício virou a cabeça e olhou para uma pequena plaquinha na parede com o número da Vigilância Sanitária. Memorizou o telefone e finalizou: — De qualquer forma, eu perdi a vontade de comer aqui. No entanto, quero que Sheila peça desculpas a esta jovem.

O gerente, pálido e atordoado, olhou para Sheila, que, ainda mais pálida e trêmula, se aproximou de Lucinéia:

— Queira desculpar minha intolerância, senhorita. Isso não irá mais acontecer.

— É só entrar outro carroceiro aqui para acontecer tudo de novo — murmurou Lucinéia, olhando para Fabrício.

— Vamos comer em um lugar decente. Venha — disse Fabrício.

Os dois saíram da lanchonete. Fabrício sacou o celular e pediu que a Vigilância Sanitária fosse fazer uma inspeção naquele estabelecimento, pois notara falta de higiene no local. Quando desligou, torceu para que fosse encontrada alguma irregularidade na lanchonete para que eles fossem multados.

— Você está sem sorte — comentou Fabrício, parando ao lado da carrocinha de Lucinéia.

— Tá tudo bem. O que tu fez foi muito bom. Obrigada.

— Mas eu não vou deixá-la com fome.

— Já me acostumei a não comer agora.

— Onde fica seu depósito?

Lucinéia explicou onde era, e Fabrício percebeu que estavam a mais de quarenta minutos de distância, se fossem a pé.

— Posso fazer o seguinte: eu a acompanho até seu depósito e de lá eu a levo para jantar, pode ser?

— Por quê?

— Como por quê? Porque eu lhe devo uma refeição. E não é todo dia que meu carro é atropelado por uma carroça.

Os dois riram. Fabrício ainda não sabia por que estava tão interessado naquela jovem, não por desejos masculinos e sim para tentar descobrir mais sobre ela. Lucinéia lhe parecia tão exótica e misteriosa como uma ave rara. E ele percebeu que gostava da companhia dela.

Capítulo 40

Fabrício seguiu a pé ao lado de Lucinéia durante todo o trajeto. Havia deixado o carro num estacionamento vinte e quatro horas. No caminho, ele ligou duas vezes para Bruno, que Lucinéia soube mais tarde ser o filho dele.

— Quantos anos ele tem?

— Nove.

— E a tua esposa? — perguntou Lucinéia.

Uma sombra passou pelos olhos de Fabrício e ele respondeu, embora as palavras lhe doessem:

— Sou viúvo.

— Tão novinho...

— Pois é.

Como ele não se prolongou no assunto, Lucinéia não fez mais perguntas. Fabrício lhe perguntou como conseguira o depósito de reciclagem, e ela lhe contou toda a história de Alexandre, desde o momento de sua tentativa de suicídio até o deslizamento de terras que ceifara a vida do amigo.

— Hoje em dia muitas pessoas morrem quando chove, não é verdade?

— E quando faz sol também — ajuntou Lucinéia.

Eles continuaram o trajeto. Às vezes era o próprio Fabrício quem conduzia a carrocinha para Lucinéia. Quando finalmente chegaram ao depósito, a jovem lhe serviu um copo de água sem gelo para hidratar a garganta.

O espírito de Jamilton ali estava. Ele não gostava de sair para acompanhar Lucinéia nas ruas, preferia esperar pela volta da irmã no depósito. Não gostou nem um pouco do que viu. A irmã chegou toda exibida, trazendo um sorriso no rosto, na companhia de um desconhecido boa-pinta.

Quando Jamilton olhou detidamente para Fabrício, soube que o conhecia de algum lugar, embora não soubesse dizer de onde. Na verdade, seu espírito, que fora o conde James de Saint-Marne em outra vida, reconhecia Fabrício, que fora Roy, em companhia de Lucinéia, que antes vivera como sua filha, a condessa Felicienne.

Foi justamente essa união do passado que aproximou Fabrício de Lucinéia na rua e o levou a acompanhá-la até o depósito. Jamilton ainda não conseguira buscar nos recônditos de sua memória espiritual os acontecimentos da encarnação na França do século 18, portanto, via Fabrício como um desconhecido, embora ele lhe parecesse familiar.

Lucinéia esvaziou a carroça e foi separando todos os materiais de acordo com sua categoria. Por fim, deu um pedaço de carne para Hermes, que a engoliu em dois segundos. Então sorriu para Fabrício e disse que tomaria um banho antes de saírem novamente.

Fabrício sentou-se em um banco duro, sem saber que estava sendo avaliado por Jamilton, que o olhava com ar de desagrado. Não gostava de saber que sua irmã estava saindo com aquele sujeito todo embonecado. Provavelmente ele só estava interessado em dar no couro. Quando Lucinéia já não lhe servisse, ele a deixaria de lado. Por isso decidiu acompanhar todos os passos daquele homem metido a engraçadinho.

Alheio à presença do espírito ali, Fabrício telefonou mais uma vez para casa e avisou Bruno de que tivera um imprevisto e chegaria mais tarde. Disse que, quando chegasse em casa, explicaria ao filho o que o estava prendendo.

— Tem comida pronta na geladeira. Pode esquentar no micro-ondas se ficar com fome.

— Sei. Eu posso me virar sozinho mesmo — resmungou Bruno, e dessa vez Fabrício escutou música ao fundo.

— Você está ouvindo música, filho? O volume está baixo, não é?

— Estou ouvindo sim, pai, por quê? Não pode?

— Pode, mas o seu avô o trouxe de volta para casa porque você o perturbava muito com suas músicas explosivas.

— Meu avô é muito chato — reclamou Bruno.

— Mais respeito com seu avô. Quando eu chegar aí teremos uma conversa.

— Claro. E eu tenho que esperar você resolver seu imprevisto, né? — tornou Bruno, irônico. — Seu imprevisto por acaso tem peitos?

— Bruno, mas o que... — Fabrício interrompeu a bronca quando ouviu a linha ser desligada do outro lado. Tentou ligar novamente, mas dessa vez o menino não atendeu. Fabrício só sabia que teria que conversar seriamente com o filho. Ele estava ficando muito malcriado e respondão para uma criança de nove anos de idade.

Segundos depois, os pensamentos de Fabrício não estavam mais centrados na rebeldia do filho. Ele viu Lucinéia sair do banheiro usando um vestidinho muito simples feito de seda, de cor verde. Os cabelos ainda estavam molhados e ela usava-os soltos. Iam até os ombros e eram muito cacheados. O rosto sem maquiagem mostrava sua beleza natural. No pescoço havia um escapulário, que Fabrício não notara se ela já estava usando antes.

— Onde estava tanta beleza? — ele perguntou sorrindo, imaginando o que a garçonete da lanchonete diria se a visse assim.

Lucinéia corou. Jamilton, invisível, fechou a cara. Pouco depois os três saíam pela pequena porta na lateral do galpão.

Como Fabrício deduzira, naquela região não havia bons restaurantes. Na verdade não havia quase nada por ali. Ele parou um táxi e seguiu com Lucinéia no assento traseiro. Jamilton foi no banco da frente, ao lado do motorista, sem tirar os olhos de cima da irmã.

Fabrício a levou a um restaurante que combinava com a simplicidade dela. Notou que ela estava tímida e constrangida, mas tentava tranquilizá-la de todas as formas. Queria que ela ficasse à vontade com ele.

Após algum tempo de animada conversa, enquanto saboreavam uma deliciosa massa, Fabrício descobriu que gostava de conversar com a jovem. Divertia-se com seu sotaque nordestino e a fazia rir com suas piadas. Ele mesmo não se lembrava de ter se sentido tão leve e descontraído desde a morte de Simone. Era como se uma parte do fardo que carregava sobre os ombros tivesse sido retirada, embora a dor ainda permanecesse escondida nas profundezas do seu coração.

Jamilton, também sentado à mesa, se odiou quando se pegou rindo das piadas de Fabrício. Seu humor, entretanto, desapareceu quando o viu segurar a mão de sua irmã distraidamente.

— Sabia que fazia muito tempo que eu não me divertia assim? — comentou Fabrício sem nem perceber que estava segurando a mão de Lucinéia por cima da mesa.

— Tu quer falar da tua esposa? — perguntou Lucinéia.

Fabrício sentiu o peito se oprimir, mas descobriu com espanto que a dor já não parecia tão forte quando mencionava Simone. Em poucas palavras, contou tudo para Lucinéia, quase da mesma forma como se abrira para Fernanda. Se antes falar de Simone era algo quase sagrado, agora percebia que já não se sentia tão ferido por isso. Era uma grande verdade quando diziam que o tempo era a única forma de amenizar o sofrimento, embora a saudade jamais fosse desaparecer.

Quando terminou de falar, olhou admirado para Lucinéia, que chorava silenciosamente. Fabrício apertou a mão da moça e perguntou:

— Você ficou emocionada com a história de minha esposa, não é mesmo? Sei que é triste a forma como ela morreu.

— É que falar sobre morte também me deixa triste. Morreu alguém que eu gostava que só a bexiga.

— E eu poderia saber quem é? — Fabrício ficou curioso.

— Meu irmão — ao ouvir isso, Jamilton olhou vivamente para ela. — O sonho dele era conhecer São Paulo. Juntou dinheiro por muito tempo pra viajar até aqui. Meu irmão não era tabaréu. Ele sabia o que queria.

— O que é tabaréu?

— Tabaréu? É envergonhado. Alexandre dizia que eu era tímida. Isso é tabaréu. Jamilton era valente, um cabra-macho. Queria só realizar um sonho. Mas não deu certo. No ônibus clandestino, um ladrão pregou fogo nele. Ele morreu na hora — as lágrimas rolavam pelo rosto de Lucinéia. — Eu fiquei sozinha e nem deixaram eu enterrar meu irmão aqui em São Paulo. Ele ficou lá na Bahia. Eu nem entendia os documentos que eles davam para eu assinar.

— Sei como é. Nesses momentos não temos cabeça para entender a papelada.

— Não... — Lucinéia intensificou o pranto. — Eu não sei ler. Jamilton conhecia as letras, mas painho não me deixou aprender. Por isso fiquei burra. O sonho de Jamilton era chegar nessa cidade, e o meu era aprender as letras. Ele tinha realizado o meu sonho e eu realizei o dele. Ficou tudo trocado, não foi?

Sem esconder nenhum detalhe, Lucinéia contou para Fabrício tudo o que passara na casa de Zefinha e do sofrimento que vivera vagando pelas ruas. Sentiu fome, frio e medo. Contou que fora roubada e que ficara a zero. Mas reconhecia que só tinha sobrevivido porque Deus a tinha ajudado de alguma forma.

Fabrício jamais poderia imaginar que por trás dos olhos brilhantes de Lucinéia houvesse tanto sofrimento. Já tinha notado que ela era uma moça esforçada e trabalhadora, mas nunca poderia supor que ela já batalhara tanto, sozinha e analfabeta, em uma cidade grande e perigosa como São Paulo.

Jamilton já não tinha dúvidas quanto à sua condição. Ouvira dos próprios lábios da irmã que ela o havia enterrado na Bahia. Ele realmente morrera naquele ônibus, quando o bandido atirou em suas costas. Ainda não conseguia entender como podia continuar agindo como se estivesse vivo. Sentia seu coração batendo, os pulmões inspirando o ar, sentia a cabeça tumultuada por um turbilhão de sentimentos diferentes. Como podia ser aquilo? Ou o cabra estava morto ou estava vivo. Não tinha meio-termo.

Fabrício continuou ouvindo a narrativa por muito tempo, até que se deram conta do horário. Já passava das dez da noite e ele ainda pretendia conversar seriamente com Bruno. Pagou a conta e acompanhou Lucinéia à saída do restaurante, à procura de um táxi na rua.

Dessa vez Jamilton não os seguiu. Perdera a motivação de qualquer coisa. Pelo menos estava explicado por que nem Lucinéia nem as outras pessoas o viam nem o ouviam.

— Virei uma visagem mesmo. Eita, diabo! — exclamou ele, totalmente desnorteado.

Então ele se recordou de Eduardo. Arrependeu-se de ter saído daquele local tão bonito, onde tudo poderia ter sido explicado para ele. Agora não sabia como faria para voltar. E se não o quisessem mais de volta?

Pensando nisso, ele fechou os olhos e elevou uma prece a Deus do jeito que sabia:

— Painho do Céu, perdoa eu. Oxente, nem sabia que tinha virado alma penada. Eu não queria morrer. Mas se morri não posso ficar aqui, invisível feito um "micóbrio".

Jamilton, com os olhos fechados, nem se deu conta da luminosidade que pareceu invadir todo o restaurante. Só quando escutou a voz macia ao seu lado foi que percebeu que tinha companhia.

— Joselina? — ele confirmou vendo a amiga brilhar na claridade repentina que surgira.

— Vim atender ao seu pedido, Jamilton. A espiritualidade fica muito feliz quando um irmão como você pode ser levado de volta para nossa colônia.

— Eu fiz errado em sair de lá, não fiz?

— Não cabe a mim julgar suas ações. Sempre há tempo para redefinir nossas atitudes. Você vem comigo? — ela convidou esticando a mão.

Jamilton olhou para a porta por onde Lucinéia e Fabrício tinham desaparecido. Então sorriu para Joselina e segurou com força em sua mão.

***

Quando Fabrício chegou em casa, por volta de onze horas, pensou que encontraria Bruno adormecido. Porém, o filho estava deitado em seu quarto com fones nos ouvidos. Fabrício surgiu na porta, que estava aberta, e bateu. Como o garoto não virou a cabeça, ele tornou a bater e chamou-o pelo nome.

Bruno virou o rosto, mas não retribuiu o sorriso do pai e nem se deu ao trabalho de retirar os fones. Fabrício se aproximou de sua cama e sorriu:

— Pode me dedicar um pouco de atenção?

O menino olhou para ele com cara feia, mas finalmente tirou os fones dos ouvidos.

— Você ouviu o que eu falei, Bruno?

— Não e não precisa repetir — resmungou.

— Eu entendo que você esteja chateado. Sei que está muito triste por tudo o que aconteceu nos últimos tempos. Eu também estou me sentindo assim...

— Mentira! — gritou Bruno com expressão acusadora. — Você não está nem se importando. Não se importa comigo, assim como não se importava com a mamãe.

— O que está dizendo?

— Pensa que eu não sei? Na primeira chance que teve você me mandou morar com o vô Josias e a vó Eloá, tudo para se ver livre de mim. A única que gostava de mim era a mamãe e ninguém mais. Meus avós quiseram se livrar de mim e me mandaram de volta pra cá. Eu sou como um saco de lixo que ninguém quer — Bruno disparava as acusações e chorava ao mesmo tempo.

— Meu filho, como você pode falar isso? Todos nós amamos você.

— Pare de mentir. Você não gosta de mim. Só a mamãe gostava, mas eu sou tão azarado que ela morreu. Ninguém mais acha que eu presto.

Fabrício, horrorizado com as acusações de Bruno, tentou acariciá-lo no rosto, mas o menino se desvencilhou do pai.

— Não precisa fingir agora.

— Bruno, você sabe que eu amo você. Entendo sua revolta. Sabe que eu também amei muito sua mãe e sofro com a morte dela. Não vê que somente hoje eu consegui voltar a trabalhar? E tudo porque recebi muito incentivo do Adriano. Quando eu pedi que você fosse morar com o vovô e a vovó foi porque eu realmente não tinha condições de cuidar de você. Até o Dimas eu deixava de lado, porque estava destruído por dentro. A morte da sua mãe foi um baque para todo mundo.

— Se você se importasse tanto com a mamãe, não teria saído com outra mulher. Não acha que ainda é muito cedo para andar atrás de um rabo de saia?

— Com quem você está aprendendo esse linguajar tão vulgar? E o que o faz pensar que eu estava com uma mulher?

— Estava sim — Bruno se sentou na cama com raiva e passou o dedo indicador pela testa. — Está escrito *idiota* aqui?

— Pois se quer saber a verdade, eu estava com uma mulher sim.. Eu também acredito que nenhuma outra pessoa irá substituir a Simone, mesmo porque ninguém substitui ninguém. Essa mulher com quem eu estive é uma pessoa muito especial. Você acredita que ela...

— Não quero saber — Bruno tapou os ouvidos. — Não fale nada porque não vou ouvir. Você está traindo a mamãe e eu odeio você por isso — esbravejou, apanhando subitamente o travesseiro e golpeando o rosto do pai com ele.

— Eu não vou tolerar essa sua falta de respeito! — gritou Fabrício, afastando o travesseiro com violência. — Uma coisa é você estar abalado com a morte de sua mãe. Outra é você usar isso como pretexto para vir descontar sua raiva em cima de mim ou das outras pessoas. Da mesma forma que amamos sua mãe, amamos você também.

Bruno tornou a se deitar, enquanto lágrimas escorriam sem parar pelo rosto do garoto.

— Vá embora. Não quero mais falar com você.

— Isso não vai poder continuar, está entendendo? Você está muito homenzinho para sua pouca idade. Espero que tenha entendido — alertou Fabrício, puxando a porta ao sair do quarto.

— É você quem não entende — sussurrou Bruno choroso, depois de o pai ter saído. — É você quem não entende.

Capítulo 41

Na manhã seguinte, Fernanda revirou as páginas de sua agenda telefônica até encontrar o nome que queria: doutor Angelino Carvalho. Ele era um prestigiado advogado de causas cíveis e trabalhistas. Ela o conhecera quando fora decorar o quarto do bebê que ele e a esposa estavam esperando. Pelos cálculos de Fernanda, a criança já devia estar com uns seis meses.

Quando a secretária atendeu, Fernanda se apresentou. A ligação foi transferida e pouco depois ela ouviu a voz de seu amigo:

— Minha querida Fernanda, como tem passado?

— Vou indo e você?

— Muito bem. A Gabriela perguntou de você uns dias atrás. Queríamos lhe fazer uma visitinha para que conhecesse nosso lindo Yago. Ele é loirinho e tem os olhos azuis da mãe. Infelizmente, Gabriela não encontrou seu telefone e eu acho que também o perdi. Foi bom você ter ligado.

— Sim, é verdade. Fiquei ansiosa para conhecer seu bebê — tornou Fernanda sendo sincera.

— Ele fará seis meses na próxima terça. — E o seu filho Douglas? Como está?

Ela não respondeu. Como era possível que ele não tivesse ficado sabendo? Todo mundo soubera do acidente.

— O Douglas... meu filho... sofreu um acidente.

— Oh, sinto muito — a voz de Angelino soou com um sentido pesar. — Ele está bem?

— Ele faleceu — balbuciou Fernanda, ainda assustada com o poder que essas palavras tinham de deixá-la abalada.

— Oh, Deus! Meus pêsames, eu não sabia...

— Está tudo bem, Angelino.

Douglas, sentado numa poltrona, apenas meneou a cabeça para os lados tristemente.

— Não, mãe. Eu estou aqui do seu lado, mais vivo do que nunca. É uma pena que não possa me ver.

— Na verdade eu liguei por outro motivo — continuou Fernanda ao telefone. — Preciso que você dê entrada no meu pedido de divórcio.

— O quê? Pretende se separar do seu marido? Como é mesmo o nome dele?

— Artur. Sim, nosso casamento se desintegrou por motivos que não vêm ao caso agora. Pode fazer isso, Angelino?

O advogado disse que faria e marcou um encontro com Fernanda em seu escritório para o fim da tarde. Quando desligou, agradecida pela gentileza do amigo causídico, telefonou para o celular de Andressa, que Fabrício lhe passara.

— Alô?

— Bom dia. Falo com a Andressa?

— Sim, quem é?

— Meu nome é Fernanda, mas você ainda não me conhece. O psicólogo Fabrício me deu o seu número. Eu gostaria de saber se seria possível me encontrar com você, pois eu soube, por meio dele, que você estuda assuntos ligados à espiritualidade.

— Sim, é verdade, mas Fabrício é descrente.

— É, eu percebi. Onde e quando posso encontrá-la?

— Tenho um horário livre à tarde, pode ser?

— Hoje não, porque tenho outro compromisso. Você não pode vir hoje à noite ao flat em que estou hospedada? Eu pago o táxi para você vir e voltar.

— Quanto à condução não se preocupe. Se não for incômodo que eu vá até aí, aceito sim. Hoje eu não vou ao centro espírita.

Fernanda deu o endereço e agradeceu a gentileza de Andressa. Seu dia seria cheio. Buscaria aprender mais sobre o mundo dos espíritos e daria início ao processo de divórcio.

Ela gostaria de saber o que a senhora Haruo tinha feito quando despertou do efeito do próprio sonífero e o que tinha dito quando Artur lhe contou que ela, Fernanda, já sabia do caso entre eles.

O dia de Fernanda realmente foi corrido. Ela conversou com doutor Angelino, que prometeu entrar em contato com Artur o mais depressa possível. Disse que se ele não criasse nenhum empecilho, o divórcio seria homologado em pouco tempo.

Quando voltou ao flat, tomou um banho demorado. Consultou o relógio e viu que eram quase sete horas da noite. Andressa chegaria a qualquer momento e Fernanda precisava estar pronta para receber a visitante.

Às sete em ponto, o recepcionista a informou da chegada de Andressa. Fernanda pediu que ela subisse e pouco depois a moça batia na porta.

— Dona Fernanda? — perguntou Andressa, sorridente.

— Sim, sou eu. Mas não precisa me chamar de dona — riu Fernanda, beijando Andressa no rosto quando ela entrou.

— Espero não ter chegado cedo demais.

— De forma alguma. Esse horário está perfeito. Você já jantou ou quer lanchar lá embaixo? Tem uma lanchonete ao lado da recepção.

— Não, obrigada, eu comi antes de sair de casa — garantiu Andressa.

Fernanda lhe indicou a poltrona, e Andressa se sentou confortavelmente, dizendo:

— Acho que eu nunca tinha entrado num lugar tão requintado antes — afirmou. — É lindo esse flat, não?

— É verdade. Eu me hospedei nele não pela beleza e sim pela tranquilidade. É do que eu ando precisando.

— Entendo... — Andressa ajeitou a bolsa sobre o colo.

— Como eu disse, foi o doutor Fabrício quem me indicou você. Ele me explicou que você é da religião espírita.

— Na verdade, o espiritismo não é bem uma religião, pois se divide em três áreas: filosofia, religião e ciência.

— Nossa, como é possível combinar religião com ciência? São áreas que têm visões tão distintas.

— É verdade, mas esse quadro tem mudado bastante. Hoje em dia existem muitos cientistas renomados que se dedicam a estudar fenômenos mediúnicos e os chamados "fatos inexplicáveis". Existe um professor americano que estuda apenas a vampirização e tem provas incontestáveis de como ela funciona.

— O que é vampirização?

— Ocorre por meio de uma obsessão espiritual, ou seja, quando um espírito, de propósito ou não, literalmente suga as energias de um encarnado, como se fosse um vampiro sugando o sangue, o que resultou nesse nome. Às vezes até mesmo um encarnado vampiriza outro encarnado. Já ouviu alguém dizer: "O fulano me deixa esgotado, me tira as energias"?

— É verdade. Só não sabia que isso se chamava vampirização.

— Acontecem muitas coisas que nós desconhecemos, mas a doutrina de Allan Kardec veio justamente para erguer o véu e nos mostrar o mundo espiritual em sua plenitude. Eu comecei a estudar o espiritismo porque sou muito curiosa, sabe? Sempre quis saber quem eu era, de onde vim, porque estou aqui, porque me casei com o Adriano e ainda não tivemos filhos, mesmo após mais de dez anos de casamento. Por que existem pessoas feias e outras bonitas, pessoas milionárias e outras miseráveis, pessoas brancas e outras negras, pessoas saudáveis e outras com saúde precária. Às vezes morre uma pessoa boa, honesta, trabalhadora, e o que dizemos? "Morreu esse homem tão bom enquanto seu vizinho, aquele imprestável, continua vivo. Por que ele não morreu no lugar do homem bom?"

— Isso acontece mesmo. Os ruins ficam e os bons se vão. É o velho ditado de que vaso ruim não quebra fácil — lembrou Fernanda.

Ambas sorriram, e Andressa prosseguiu:

— O que eu aprendi é que para tudo sempre existe uma explicação coerente. Para todas essas perguntas que eu me fazia, encontrei resposta. Toda a natureza é cíclica. Há um período para que as coisas aconteçam, não é mesmo? Temos a primavera que faz tudo florescer, o verão que nos aquece, o outono que despe as árvores, como uma espécie de renovação, e o inverno que parece aproximar ainda mais as pessoas. Há ciclos para a água e para a terra, para os animais e para os seres humanos. Nós também temos um período de permanência na Terra, tempo em que tentamos realizar os projetos de vida que elaboramos antes de reencarnar.

Vendo que Fernanda ia fazer alguma pergunta, Andressa acrescentou:

— A reencarnação foi estudada e é aceita pelo espiritismo. Aparece na Bíblia e em muitos escritos sagrados da antiguidade. Através dela, o espírito volta à vida na Terra, em outro corpo, em outra situação. E nesse vaivém vamos aprendendo e escrevendo mais uma página no livro do destino. Assim, o homem bom morreu porque seu tempo como encarnado na Terra terminou. Pode ser que ele tenha descoberto seus potenciais ocultos e efetuado sua transformação interior. O homem mau permaneceu vivo, talvez para que mude as atitudes e se volte para o bem. Não cabe a nós julgar ninguém, mas sempre fazemos isso, muitas vezes sem perceber.

— Estou vendo que você domina muito o assunto — brincou Fernanda, cada vez mais interessada nas explicações de Andressa. — Na verdade, eu pedi que você viesse aqui porque queria aprender mais sobre a espiritualidade para tentar entender o porquê do que aconteceu com meu filho.

Sem se alongar muito, Fernanda contou tudo sobre o acidente em que Douglas desencarnara. Como sempre acontecia, não segurou as lágrimas. Finalizou dizendo:

— Eu queria ao menos entender por que Douglas me deixou ainda tão jovem, quando tinha toda uma vida pela frente.

— As causas são desconhecidas para nós, mas, acredite, Fernanda, existe uma explicação para isso. Sei que pode parecer meio vago o que estou dizendo, mas nunca desista de acreditar e confiar no poder e na justiça de Deus. Se seu filho partiu no auge da vida foi porque havia uma razão oculta. As coisas regidas por Deus são certas. Ele não erra, não comete falhas, não nos dá um sofrimento maior do que as nossas resistências. Tenha certeza de uma coisa: Douglas continua vivo em outras dimensões.

Fernanda se inclinou e segurou Andressa pelos punhos com firmeza, os olhos brilhando de angústia:

— Você tem certeza disso? Acha mesmo que meu filho está vivo como espírito?

— Eu tenho certeza absoluta. Já tive provas de que a vida continua após a morte e de que os espíritos interagem entre nós. Douglas morreu, é verdade, mas o que você enterrou foi apenas uma roupa. Sua essência, sua vida, está em outro lugar.

— E que lugar é esse?

— Um lugar na eternidade, em planos infinitamente mais elevados que o nosso. Não tive oportunidade de conhecer seu filho, mas pelo pouco que me contou dele, com certeza foi uma pessoa justa e bondosa. Deve estar num lugar muito bonito.

Douglas ouvia a conversa e chorava copiosamente. Andressa repetira as mesmas palavras de Eduardo: um lugar na eternidade. Sim, ele tivera a oportunidade de estar lá, mas se recusara. Embora amasse sua mãe e quisesse estar junto dela em todos os momentos, começou a se arrepender de ter saído daquele lugar paradisíaco. Antes de pensar no que faria, decidiu continuar ouvindo a interessante conversa entre sua mãe e Andressa.

— Seria divino se isso fosse verdade — tornou Fernanda refletindo sobre as palavras da visitante.

— É divino porque é de Deus. Imagine que oportunidade maravilhosa é poder reencontrar as pessoas de nossa família ou mesmo amigos que amamos e que queremos bem, vivos em nossa frente, nos abraçando e matando a saudade de tantos anos de separação. Essa maravilha é real, Fernanda. Deus existe e a sobrevivência da alma é um fato comprovado. Por isso, repito: seu filho Douglas está vivo sim e continua a amá-la da mesma maneira que sempre amou.

— Oh, Andressa... — Fernanda não conseguiu continuar, pois estava muito emocionada. Andressa, carinhosamente, acercou-se dela e a envolveu num abraço repleto de boas energias e fluidos elevados.

— Quero levá-la ao centro que frequento. É uma casa espírita muito pequena e bastante simples. Poucas pessoas a frequentam, embora o número tenha aumentado nos últimos anos. É presidida pela própria dona da casa, uma senhora tão simpática que faz com que tenhamos vontade de abraçá-la. Você vai adorar conversar com ela.

— Eu quero ir — Fernanda repentinamente se decidiu. — Quero aprender mais sobre espiritualidade, quero estudar, ler sobre o assunto, me inteirar das leis da vida. Como mãe, isso é muito importante para mim. Você me ajudaria?

— Mas é claro, Fernanda. Farei isso com muito gosto. Vê-la com esse sorriso no rosto já valeu minha visita.

— Menina, onde você estava que eu não a conheci antes? — brincou Fernanda, tornando a abraçar Andressa.

— Eu estava por aí — ela riu. — Na próxima quinta teremos uma palestra muito bonita, que é justamente sobre renúncia. Acho que lhe faria bem assisti-la. Depois, se quiser, eu a levo para conversar com os médiuns da casa e com a própria dona Cassandra, a dirigente do centro — dizendo isso Andressa abriu a bolsa que estava sobre seu colo e apanhou uma sacola plástica da qual tirou cinco livros. — Se você estiver com tempo para leitura, indico estes livros.

Eram os cinco livros da codificação básica do espiritismo, de autoria de Allan Kardec: *A Gênese*, *Céu e Inferno*, *O Livro dos Espíritos*, *O Livro dos Médiuns* e o *Evangelho Segundo o Espiritismo*.

— Tenho certeza de que neles você encontrará muito mais explicações do que eu possa ter dado nesses poucos minutos de conversa. Este aqui — ela indicou *O Livro dos*

Espíritos — é um dos meus preferidos. É bem gostoso de ler, porque se compõe basicamente de perguntas e respostas sobre tudo o que você quiser saber. Allan Kardec perguntava e os espíritos lhe respondiam. Explica inclusive o que ou quem é Deus.

— Para essa pergunta, eu sempre quis a resposta. Saber quem é Deus. Puxa vida, agora fiquei curiosa — Fernanda sorriu, lendo as contracapas das obras. — Estou com tempo agora porque ninguém mais me põe para dormir — vendo que Andressa não tinha entendido, ela sorriu de novo. — Outra hora eu lhe conto essa história. Garanto que irei a essa reunião do centro, sim. E o doutor Fabrício disse que vai comigo.

— Como é? — espantou-se Andressa. — Você está dizendo que o Fabrício vai ao centro espírita? Estamos falando do mesmo Fabrício? O que trabalha com meu marido?

— Sim, pelo menos ele me disse que iria.

— E como você o convenceu? Colocou uma arma sob o queixo dele?

— Não foi preciso tanto — divertiu-se Fernanda. — Talvez por termos histórias parecidas, pois ambos perdemos pessoas amadas, ele esteja querendo saber um pouco mais sobre os verdadeiros valores da vida. Como você mesma falou, as coisas acontecem a seu tempo.

— É verdade. Fiquei surpresa com essa notícia. De qualquer forma, eu a parabenizo por ter conseguido esse feito.

As duas riram, e Fernanda continuou:

— Bem, Andressa, falemos de negócios agora. Quanto lhe devo?

— Como assim?

— Ora, quanto lhe devo por ter vindo até aqui e ainda ter me emprestado os seus livros?

— Os livros são seus.

— Por isso mesmo. Tenho que pagá-la por isso, não?

— Não. De forma alguma cobraria apenas por ter vindo esclarecer suas dúvidas.

— Ora, mas ninguém trabalha de graça, sabia? — Fernanda rapidamente abriu a bolsa e sacou algumas cédulas.

— Eu não vim aqui a trabalho e sim por uma amizade que eu acabei de conquistar. E se não guardar esse dinheiro, quem vai colocar uma arma sob seu queixo serei eu.

Fernanda sorriu descontraída, sem se lembrar da última vez em que se sentira tão bem. Por fim, beijou Andressa com carinho no rosto e a acompanhou até a porta.

— Eu ligo para você na quinta-feira para combinarmos os detalhes. Adriano nem vai acreditar quando eu lhe contar sobre Fabrício — divertiu-se Andressa, acenando em despedida.

Pouco depois, Fernanda, ainda sorrindo, deitou-se. Douglas continuava imóvel num canto, choroso pelas palavras de Andressa. Então pensou em Deus, no mesmo Deus do qual ela falara, aquele que era justo e bondoso.

— Meu Deus, eu sei que nunca fui de rezar nem de orar, mas agora estou fazendo este simples pedido de coração. O Senhor sabe como amo minha mãe e como gostaria de ficar ao lado dela até que ficássemos bem velhinhos. Só que eu morri e isso não vai mais ser possível. A vida da minha mãe tem que continuar de algum jeito e a minha também, só que longe daqui. Perdoe-me por ter sido desobediente e achado que poderia vencer essa barra sozinho. Invisível e ignorado, eu não posso fazer nada. Já devia ter me tocado antes, mas sabe como brasileiro é, deixa tudo para a última hora — Douglas sorriu em silêncio pelo próprio comentário. — Se o Senhor ainda puder me perdoar, então me leve de volta para aquele lugar de paz em que estive.

Douglas mal ouviu que o telefone estava tocando, porque uma luz pareceu brotar do centro do quarto de Fernanda. Dela, um vulto tomou forma e finalmente o rapaz reconheceu Eduardo. A luz era tão brilhante que Douglas apertou os olhos.

— Demorou, mas chegou sua vez, meu filho — ele sorriu. — Estou muito feliz por você ter se conscientizado do que é melhor para você.

— Eu pedi ajuda para Deus e não para você. Ou vai me dizer que você...

— Não, sou muitíssimo inferior para ser comparado a Deus. Mas como Ele dispõe de muitos emissários que trabalham em Seu nome, estou aqui para atender ao seu chamado.

— Então você ouviu minha oração? Puxa vida, que enxerido! — ao dizer isso, os dois sorriram. — Nesse caso, eu vou com você. E quero ir volitando.

— Pedido atendido. A essa hora você terá o privilégio de acompanhar a beleza das estrelas no firmamento enquanto nos elevamos rumo à sua nova morada.

— Depois vocês precisam ir atrás do outro carinha, o Jamilton.

— Graças a Deus, ele também reconheceu que já era tempo de dar início a um novo modo de viver — Eduardo esticou a mão, da mesma forma que Joselina fizera com Jamilton. — Vamos?

— Sim, já que sou o último da fila — mas, antes de segurar a mão de Eduardo, Douglas se aproximou de Fernanda, que estava se erguendo para atender o telefone. Então, inesperadamente, se atirou sobre ela, apertando-a num forte abraço. Para seu espanto, desta vez suas mãos não atravessaram o corpo da mãe. Então finalmente afrouxou os braços e, quando se voltou para Eduardo, estava chorando. — Acho que agora já posso ir.

— Não se preocupe, meu amigo. Você irá rever sua mãe.

Instantes depois, eles entraram no meio da luz brilhante e se elevaram rumo ao céu estrelado.

Capítulo 42

Fernanda, no momento em que foi abraçada pelo filho, lembrou-se dele com uma ternura tão profunda que ela mesma ficou espantada. Percebeu então que só vinha pensando em Douglas com tristeza. Agora que deixara seu carinho materno extravasar, embora não soubesse, mas sentisse, o ambiente do quarto ficara muito mais leve sem as energias confusas e pesadas de um espírito sofredor, ainda que fosse seu próprio filho.

O telefone já devia estar em seu oitavo toque quando Fernanda finalmente atendeu a ligação. A voz de Artur trovejou em seus ouvidos:

— Fernanda, quero uma explicação urgente e bem clara do que você fez.

— Do que está falando? Enlouqueceu de vez?

— Louca está você. Onde já se viu mandar um advogado me ligar para dizer que quer o divórcio.

— Como você me achou aqui no flat?

— Foi muito fácil. Você sempre me disse que considerava este o melhor flat de São Paulo. Imaginei que você estivesse hospedada nele. Mas não fuja do assunto. Por que mandou seu advogado entrar em contato comigo?

— Porque eu não poderia mandar uma freira tratar desse assunto com você — debochou Fernanda, sentindo-se leve como uma pluma.

— E o que a faz pensar que lhe darei o divórcio?

— Artur, você está parecendo aquelas vilãs de novelas mexicanas. Sabe que o nosso casamento acabou no momento em que você entrou no quarto da sua amante e quem estava lá era eu. Ou talvez já tivesse acabado bem antes disso. Fui eu que banquei a cega.

— Fernanda, não posso crer no que estou ouvindo. Eu e você tínhamos um filho juntos.

— E ainda temos — a voz de Fernanda saiu firme e seca. — Não trate Douglas como se ele estivesse morto.

— Agora eu entendi o que aconteceu com você. Está realmente pirada. Você não pode ficar tão perturbada com a morte do nosso filho a ponto de achar que ele ainda está vivo. Pensei que já tivesse superado essa fase.

— Eu podia muito bem ter ido à polícia denunciar a vadia da sua amante. E ainda solicitar um exame toxicológico para que eles encontrassem os resíduos dos soníferos em minha corrente sanguínea. Por fim, podia me submeter a uma consulta com um neurologista ou mesmo um psiquiatra para atestar minha sanidade. E sabe por que não fiz nada disso? Porque você é digno de pena. Você e a sua querida senhora Haruo são tão decadentes que quase me fazem cair na risada. E digo mais, Artur: que falta de gosto em levar aquela mulher para a cama, hein?

Fernanda sorriu tentando imaginar se Artur estava vermelho de raiva do outro lado. E ele estava.

— Não assino o divórcio porque sei que você ainda me ama.

— Pode sonhar com isso. Aproveite e tome uns chás com sonífero para que seus sonhos sejam mais criativos.

— Isso é um absurdo! Concordar com tanta loucura...

Fernanda não perdeu tempo ouvindo as reclamações do marido e bateu o telefone. Em menos de três minutos o aparelho tornou a tocar. Ela atendeu pronta para alfinetá-lo:

— Você também tomava tranquilizantes para levá-la para a cama? — perguntou Fernanda, disfarçando o riso.

— Como disse? Fernanda, aqui é o doutor Angelino — a voz do advogado soava confusa e atordoada.

— Oh, mil perdões, Angelino. É que por alguns instantes achei que fosse meu marido novamente. Ele tinha me ligado minutos antes de eu receber a sua ligação.

— Você comentou algo sobre tranquilizantes?

— Ah, esquece. Artur estava me dizendo que não pretende me dar o divórcio. Coisa de marido abandonado. Mas, me conte, já tem alguma novidade?

Enquanto o advogado punha Fernanda a par das novidades, ela ria disfarçadamente como uma menina travessa. Quando encerrou a ligação, atirou-se na cama com um dos livros de Andressa nas mãos e caiu numa gostosa gargalhada, lembrando-se de como era boa a sensação de um sorriso.

***

Nos dias que se seguiram, Fabrício levou Lucinéia para jantar fora todas as noites, mesmo sabendo que encontraria o filho emburrado e enfurecido à sua espera. Fabrício não estava interessado em Lucinéia, ou pelo menos não ousava admitir isso. Jurara nunca mais amar outra mulher depois de Simone, mas havia algo naquela moça, quinze anos mais jovem que ele, que parecia se ajustar perfeitamente à sua personalidade. Era como se Lucinéia tivesse uma peça do quebra-cabeça que se encaixava na peça dele.

Fabrício enquanto ouvia a moça narrar se sentia bem com Lucinéia, e divertia-se com seu modo de falar "arretado", algumas proezas acontecidas em Icó. Ele já tinha ouvido tanto sobre essa cidade em tão poucos dias que até estava curioso para conhecê-la.

Fabrício falava sobre Bruno com orgulho e Lucinéia fazia perguntas sobre o garoto. Numa noite, ele decidiu levá-la para jantar em seu apartamento. Assim, ela teria oportunidade de conhecer Bruno.

Lucinéia ficou admirada quando saltaram do automóvel e Fabrício cruzou a portaria com ela. Enquanto seguiam para o elegante hall de entrada, ele avistou as costas largas de Dóris, a vizinha fofoqueira, que estava esperando o elevador.

Assim que se aproximaram, Dóris se virou sorridente e seu sorriso se ampliou quando viu Fabrício acompanhado.

— Fabrício, meu querido, como vai? Espero que bem. E seu filhinho? Ele escuta umas músicas altas, né? O casal Roxette já reclamou para o síndico. Mas a mim as músicas não incomodam muito porque moro bem mais acima — era incrível a capacidade de Dóris de falar tantas coisas ao mesmo tempo. — Fazia tempo que eu não o encontrava. Soube que você não saía do seu apartamento e que permanecia trancado lá como um ermitão — completou, sem parar de falar.

— Você sabe demais das coisas, Dóris. Por que não aposta na loteria? Poderia ganhar milhões com seu palpite — sugeriu Fabrício.

— Ah, eu não tenho sorte para... — ela parou de falar, parecendo só agora se dar conta da presença de Lucinéia. Definitivamente sua capacidade de percepção estava ficando fraca. — Quem é ela? — perguntou.

— Uma amiga — respondeu Fabrício, puxando a porta do elevador e cedendo passagem às mulheres. Dóris foi a primeira a entrar, toda empolgada.

— Uma amiga, Fabrício? E desde quando um homem solteiro leva amigas a seu apartamento? A não ser que ele seja gay.

— Pois ela é minha amiga, sim — respondeu Fabrício, incomodado com a curiosidade da vizinha. Ele apertou o botão do quinto andar e Dóris pressionou o botão do andar dela com seu dedo indicador gorducho e curvo. — Aposto que você também traz seus amigos a seu apartamento, já que mora sozinha.

— Eu não faço isso. Você é bem rápido, Fabrício. Faz só quatro meses que sua esposa morreu e você já está tentando encomendar um irmãozinho para o Bruno?

O comentário deixou Fabrício muito irritado, mas antes que ele respondesse, Lucinéia interveio:

— A senhora devia cuidar da tua vida. É feio falar dos outros.

— Olha só, ela é nordestina — troçou Dóris. — Está tentando aprender a falar como os paulistas, querida?

— A senhora é uma chata da bexiga — rebateu Lucinéia. — É por isso que ficou caritó.

O elevador parou no andar de Fabrício e ele saltou com Lucinéia, levemente satisfeito pela expressão atônita de Dóris, tentando entender o que significaria ser caritó.

— O que quer dizer caritó? — perguntou Fabrício, enquanto destrancava a porta do seu apartamento.

— Uma mulher que não consegue casar.

— Aqui dizemos que a mulher ficou para titia quando ela fica solteirona — Fabrício riu dando passagem para Lucinéia entrar.

A jovem ficou boquiaberta quando entrou no apartamento. Nunca estivera em uma residência tão grande, que parecia seguir para todas as direções. Vendo o olhar aparvalhado de Lucinéia, Fabrício se apressou a explicar:

— Você deve estar estranhando um apartamento tão grande, né? Na verdade temos dois apartamentos juntos aqui. Um meu e outro da minha esposa. Nós os juntamos e acabou virando um só.

— Tô abestada. É lindo que só — admirou-se Lucinéia.

Dimas surgiu correndo quando ouviu uma voz estranha. Parou ao ver Lucinéia, olhou-a meio desconfiado, e pôs-se a latir, dando-lhe boas-vindas.

— Que cachorro bonito! — exclamou Lucinéia, agachando-se para afagar a cabeça de Dimas, que era pura alegria com a visitante. — Eu tenho um gatinho, sabia? Ele ia adorar te conhecer.

Dimas latiu em agradecimento e lambeu a mão de Lucinéia. Nesse momento, Bruno surgiu atrás do cachorro e estacou, olhando do pai para Lucinéia. Seus olhos dardejavam fúria.

Quando Lucinéia ergueu a cabeça e o encarou, o olhar que Bruno lhe lançou foi tão enfurecido que o sorriso que ela mantinha nos lábios quase esmoreceu.

— Bem, Lucinéia, esse é meu filho, Bruno — apresentou Fabrício.

Lucinéia se ergueu e se aproximou para beijá-lo, mas Bruno recuou dois passos. Não hesitou ao dizer:

— Não quero você com meu pai — dizendo isso, ele se virou e voltou correndo para o quarto.

Lucinéia olhou para Fabrício com uma expressão confusa:

— Tô abestada de novo — concluiu ela.

— Peço que desculpe a atitude do meu filho. De uns tempos para cá ele anda muito estranho. Parece que tenta me atacar de todas as formas. Não sei o que fazer com ele. Sei lidar com um monte de gente, atendo a várias pessoas todos os dias, mas não sei como agir com meu filho — tornou impotente.

— Ele sabia de eu?

— Eu contei por alto, mas ele não gostou. Só que não achei que Bruno fosse tratá-la com tanto desprezo. Depois vou conversar com ele mais uma vez.

— Posso falar com ele?

— Ah, é melhor não. Ele pode destratá-la e ofendê-la.

— Tô acostumada que me botem pra correr — riu Lucinéia. — Não custa tentar.

— Bem, você é quem sabe. Vamos fazer o seguinte: eu vou para a cozinha preparar o jantar e você conversa com ele no quarto. Você vai ter sorte se ele abrir a porta.

Enquanto Fabrício seguia para a cozinha, Lucinéia bateu na porta do quarto de Bruno. Ouviu um "entre" mal-humorado e entrou.

— Oi de novo — cumprimentou ela sorridente.

— O que você quer aqui no meu quarto? Cai fora — ele disse, sentado na cama, dando início a uma partida no videogame.

— Tu não gosta de mim, né?

— Olha, vê se não enche — resmungou Bruno, concentrando-se na televisão onde um personagem se preparava para subir num skate.

— Teu pai foi fazer a janta.

— Porque você deve estar morrendo de fome. Tem cara de quem lambe até o prato — agrediu-a Bruno, sem olhar para Lucinéia.

— Lá em Icó tinha gente que passava fome.

Bruno não se deu ao trabalho de perguntar onde ficava Icó.

— Você já foi lá? Em Icó?

— Quer calar a boca? Você está tirando minha concentração justo quando entrei para a fase nova — gritou Bruno, apontando para a televisão.

Lucinéia entrou um pouco mais no quarto e se postou ao lado da cama, acompanhando a movimentação do personagem do videogame. Ela nunca tinha visto nada parecido e ficou admirada:

— Que coisa mais engraçada da bexiga é essa? — riu Lucinéia. — O "hominho" anda e tu aperta esses botão?

— Você não conhece os jogos do Tony Hawk? — ironizou Bruno propositadamente, sabendo que Lucinéia ficaria perdida.

— Não... como é mesmo o nome?

— Ah, deixa pra lá. Vá ver se a comida está pronta e me deixe em paz.

Lucinéia não se moveu. Acompanhava atentamente os saltos acrobáticos do homem sobre o skate e, quando ele pulou sobre um carro em movimento, a jovem não conteve um grito:

— Eita, diabo! O carro quase pegou ele.

Bruno, que pulara com o grito emitido por Lucinéia, olhou para ela com cara feia e pausou o jogo:

— Olha, não venha aqui me atrapalhar, não. Já mandei você dar o fora. Você não é minha amiga e eu não gosto de você. Agora, se não é surda, vaza daqui.

A mágoa se estampou no rosto de Lucinéia, mas ela se esforçou para não deixar transparecer. Lentamente foi saindo do quarto, de ré, e então se virou e seguiu na direção da cozinha, com Dimas pulando em suas pernas.

— Conseguiu alguma coisa com a fera? — perguntou Fabrício, sorrindo.

Lucinéia se sentou numa cadeira e caiu num pranto profundo. Fabrício colocou a colher de pau que segurava sobre a pia e a abraçou delicadamente. Estava mais do que claro que Bruno a ofendera.

— Meu Deus, o que ele fez? O que ele lhe disse? Vou mandá-lo vir aqui imediatamente se desculpar com você. Não é justo que ele a destrate.

— Não, deixa pra lá. Ele tava quieto e eu fui lá pra perturbar. Ele só queria ficar vendo um "hominho" correndo em cima de uma "tauba".

Fabrício permaneceu alguns minutos consolando Lucinéia sem saber que Bruno os observava, enciumado. Revoltado, o menino voltou para o quarto, desligou o jogo e se atirou sobre a cama, chorando a plenos pulmões, com o rosto enterrado no travesseiro.

Na manhã seguinte, Fabrício pediu que Bruno fosse à padaria comprar pães para o café. Era um sábado e ele não iria para o consultório. O menino pegou o dinheiro com má vontade, mas não discutiu. A padaria era bem ao lado do prédio e Fabrício não via perigo em pedir que o filho fosse até lá.

Fabrício estava bastante dividido quanto ao que havia feito. Lucinéia dormira no apartamento dele, mas não com ele. Foi-lhe oferecido um quarto de hóspedes que nunca era usado por ninguém e ela dormiu como uma princesa. Quando se encontrou com Fabrício na manhã seguinte, parecia descansada e revigorada. Ele achava que tinha agido certo em convidá-la para ficar e pensava que ainda era muito cedo para se envolver sexualmente com outra mulher. A imagem de Simone em sua mente ainda era muito forte.

Enquanto esperava o elevador, Bruno ruminava seu ódio. Detestara a namorada do pai e vinha detestando o pai a cada dia que passava. Será que Fabrício não enxergava o quanto ele precisava dele, de sua companhia, de seu afeto, de seu carinho? A mãe o amara e se dedicara totalmente a ele, mas Fabrício era muito alheio. Preferira sofrer sozinho e o mandara para a casa dos avós. Isso mostrava que o pai era covarde e que arrumara outra mulher para não ter que chorar mais.

O elevador chegou e Bruno entrou. Dentro dele estava Dóris, com os lábios pintados de vermelho e os cabelos impecavelmente ajeitados. Usava um conjuntinho preto que a fazia parecer mais magra, e justamente por isso era um dos preferidos dela.

— Bom dia, Bruno, como está? — ela perguntou, curiosa e atrevida.

— Estou bem.

— E seu pai? Ontem eu o vi chegando com a namorada dele.

— Ela não é namorada do meu pai.

— Ah, não? Então o que é? Noiva? Amante? — Dóris interrogava o menino como um general questionando um subordinado. — Conte-me tudo, Bruno. Eles dormiram juntos?

— Eu não sei, tá legal?

— Como não sabe? Você tem idade suficiente para saber o que é sexo, não é mesmo? — Dóris riu maliciosamente quando viu o rosto do menino corar. — Se você me disser que eles dormiram no mesmo quarto, digo a você se eles fizeram sexo ou não.

— Cada um dormiu num quarto. Eu vi — confessou Bruno.

— Hum, que pena! — a empolgação de Dóris diminuiu um pouco. — O que você achou dela? Eu não gostei muito, não.

O elevador já havia chegado ao térreo, mas como nenhum dos dois se dera ao trabalho de abrir a porta, alguém o chamou e o elevador tornou a subir. Bruno e Dóris pareceram nem se dar conta.

— Eu também não gostei. Não quero que meu pai namore outra mulher. Ninguém é como a minha mãe.

— Eu concordo. Se você deixar seu pai namorar essa moça, ela vai pegar o lugar da sua mãe e você vai sobrar — envenenou Dóris, coçando a papada.

— Isso nunca. Não vou deixar.

— Não deve deixar mesmo, ainda mais por ela ser uma baianinha qualquer.

— Como assim, baianinha?

— Costumamos chamar de baianinhos qualquer pessoa vinda do Nordeste que queira dar uma de gostosa. Não precisa ter nascido na Bahia não, basta ser nordestino — explicou a preconceituosa Dóris, sem saber que o racismo acarreta o inevitável senso de reconhecimento da falta de amor-próprio.

— Ela é nordestina, né? Ela fala meio estranho.

— Sim, é verdade. Ontem me encontrei com eles aqui mesmo, no elevador...

A porta do elevador se abriu no sexto andar e uma mulher negra, elegante e bonita entrou. Seu perfume de lavanda encheu o ambiente. Cumprimentou-os e apertou o térreo.

— Nem vi que o elevador subiu de novo — comentou Bruno. — A senhora diz cada coisa interessante, dona Dóris.

— Pense no que eu disse, garoto. Se você quiser ter seu pai só para você, o que eu acho um direito seu, expulse essa mulher da sua vida. Seu pai vai preferir você a ela — dizendo isso, Dóris olhou para as costas da mulher e perguntou: — Iara, e a sua filha, como está? Ela ainda está saindo com aquele homem casado?

Iara se virou como se tivesse levado um tapa na cabeça.

— Dóris, que falta de discrição! Desde quando lhe dou liberdade para falar da vida da minha família em público?

— Ora, querida, a vida de sua filha é pública. Por que eu deixaria de saber?

O elevador retornou ao térreo e Bruno foi o primeiro a sair, já que a conversa não era mais com ele. Antes de sair do hall do condomínio, ouviu a mulher negra dizer:

— Sua vida deve ser tão sem graça que você tem que coçar a sarna dos outros. Vá procurar o que fazer.

— Desculpe, Iara, mas aceitar a realidade nos torna mais humanos.

— E aceitar fazer um regime nos torna mais magros — rebateu Iara, olhando Dóris do alto a baixo. — Antes de cuidar da vida dos outros, Dóris, cuide de sua vida.

Enquanto as duas mulheres engrossavam a discussão, Bruno saiu rapidamente na direção da padaria.

Capítulo 43

Só agora Fernanda parecia se dar conta da diferença entre despertar de um sono provocado por remédios e acordar naturalmente, descansada e tranquila. A conversa com Andressa no dia anterior a deixara bastante animada, e as verdades que dissera a Artur fecharam a noite com chave de ouro.

Antes de se deitar, começara a ler *O Livro dos Espíritos* e se surpreendera com muitas das questões. Para ela, que nunca lera nada relacionado à espiritualidade e que queria se inteirar um pouco do assunto, o livro lhe atendia em todos os requisitos. Quando terminasse de ler, escolheria outra obra de Allan Kardec, pois, segundo Andressa, os livros da codificação não necessitavam serem lidos em sequência.

Fernanda tomou um banho que pareceu deixá-la ainda mais bem-disposta. Em seguida se trocou para descer ao restaurante do flat que servia um saboroso café da manhã.

Enquanto cruzava a recepção, seguindo para o restaurante, viu um homem parado ali que não lhe pareceu estranho. Era moreno e forte, e Fernanda estava certa de tê-lo visto antes. O homem, embora nervoso, dizia educadamente:

— Eu sei que Tanya está hospedada aqui. Quero apenas que me deixe falar com ela.

— Lamento, senhor — justificava-se o recepcionista —, mas não estamos autorizados a dar nenhum tipo de informação sobre nossos hóspedes.

O homem bufou irritado e se afastou do balcão. Quando olhou para Fernanda, ela se lembrou de onde o conhecia. Ele estava saindo do consultório de Fabrício quando ela estava chegando.

— Já nos vimos antes? — ele perguntou, provavelmente tendo a mesma impressão que Fernanda.

— Sim. O senhor estava na mesma clínica de psicologia que eu, alguns dias atrás, lembra-se?

— É verdade. Eu ainda tenho boa memória — ele riu. — Desculpe minha expressão de desagrado. É que hoje estou muito nervoso.

— Não fique assim. Eu já entendi que o nervosismo não nos ajuda em nada — Fernanda o olhou compreensiva e sugeriu: — Eu estava indo tomar café. Não quer me acompanhar?

— Não e nem posso. Não sou hóspede.

— Aqui eles também servem refeições para quem não é hóspede. Por favor, venha comigo.

Os dois seguiram lado a lado e escolheram uma mesa encostada na parede. O restaurante era fino e requintado e a comida parecia ser muito apetitosa.

Depois de se servirem, ele se apresentou:

— Meu nome é Jorge. Você me viu nervoso porque eu estava querendo saber em que quarto minha esposa está hospedada. Quer dizer... ex-esposa — ele informou em tom de lamento.

— Vocês se separaram? — perguntou Fernanda como se já tivesse intimidade com o desconhecido.

— Tanya trabalha em uma revista de celebridades. Conheceu um rapaz muitos anos mais novo que eu, apaixonou-se por ele e estão juntos por aí. Ela me pediu o divórcio.

Fernanda pensou nela e em Artur, mas não disse nada.

— Você queria conversar com ela em particular?

— A verdade é que eu ainda amo Tanya. Temos três filhos adultos e casados. Mas mesmo assim não me sinto tão independente a ponto de viver como divorciado. Eu nunca a traí, nem em pensamento — admitiu. — Aliás, meu nome é Jorge — apresentou-se novamente.

— Sim, você já disse — ela riu. — Eu me chamo Fernanda.

Ela chegou à conclusão de que nem todos os homens eram traidores como Artur. Este valorizara a esposa, e fora ela quem o deixara. O mundo parecia nunca estar perfeito.

Eles estavam conversando quando uma loira aparentando quarenta e poucos anos, de mãos dadas com um rapaz atlético e bonitão, entrou no restaurante. Antes mesmo que Jorge olhasse para eles, Fernanda soube, intimamente, que se tratava de Tanya e seu amante.

— Lá estão eles — apontou Jorge. — Veja como Tanya está toda derretida por esse cara. Está se achando uma mocinha.

— Acho que já vi esse rapaz na televisão — percebeu Fernanda. — Talvez ele seja um ator de novelas.

— Sim, ele é o ator principal da novela das sete que está no ar atualmente. Tanya me disse que estava morando com ele e uns contatos meus me disseram que eles estavam aqui.

De repente, Tanya ergueu o rosto e fixou o olhar em Jorge. Aproximou a boca do ouvido do namorado e sussurrou alguma coisa. Ele olhou para Jorge, respondeu alguma coisa em cochicho e ela riu de volta.

— Se eles estiverem rindo de mim, vou lá agora e enfio a cabeça daquele cara no bolo de brigadeiro.

— Coitado do bolo — brincou Fernanda. — Ignore-os. Mostre que você é melhor que eles.

— Dá licença, mas você me deixa fazer isso? — antes de Fernanda responder, Jorge lhe tomou ambas as mãos por cima da mesa. — Assim ela vai ver que eu superei o problema e que nem penso mais nela.

Embora achasse aquela atitude tipicamente infantil, Fernanda não protestou. E talvez aquela atitude tenha tido efeito, pois o risinho debochado de Tanya desapareceu do seu rosto.

Fernanda ainda ria quando outro casal entrou no restaurante. Dessa vez foi ela quem empalideceu. Jorge sentiu quando as mãos dela ficaram tensas. Fernanda olhava fixamente para a porta, e Jorge acompanhou seu olhar para ver um senhor mulato e uma japonesa que também não era muito nova.

— Você os conhece? — perguntou Jorge.

"Meu Deus, será que aqui é o restaurante dos encontros?", pensou Fernanda. Não fazia a menor ideia do motivo que levara Artur e a senhora Haruo até lá.

— Eu os conheço, sim — afirmou Fernanda. — Aquele é meu marido e a japonesa é sua amante. Bem parecida com a sua história, não acha?

Diferentemente de Tanya e do ator, que foram se sentar em outra mesa, Artur foi diretamente na direção de Fernanda assim que a viu sentada ali. A senhora Haruo foi atrás dele, com passinhos miúdos feito uma gueixa. Artur lançou um olhar invocado para Jorge e partiu logo para o ataque:

— Quem é ele? Por causa dele você me pediu o divórcio, não é mesmo?

— Artur, nós estamos em um restaurante, dentro de um flat luxuoso, com muitas pessoas em volta. Será que você pode repetir sua pergunta só um pouquinho mais alto? — indignou-se Fernanda.

— Eu devia saber que você tinha outro. E ainda é mais novo que eu. Não tem vergonha, Fernanda?

— Desculpe, meu amigo, mas você quer deixar a moça em paz? — interferiu Jorge, revoltado. — Trate-a com mais respeito.

— E você cale a sua boca. Não sabe do que eu sou capaz — ameaçou Artur, elevando o tom de voz.

— Ui, que medo de você — provocou Jorge.

As pessoas já começavam a olhar. Tanya e seu amante mantinham os olhos fixos na mesa de Fernanda.

— Artur, se você não sair, vou chamar a segurança.

— Pode chamar, Fernanda, pode chamar. Pelo menos eu vou ser expulso daqui por um bom motivo — dizendo isso, Artur fechou o punho e acertou um murro no queixo de Jorge.

Foi o suficiente para uma briga começar. Jorge se levantou e esmurrou o rosto de Artur, jogando-o sobre a mesa de trás, que por sorte estava vaga. Aproveitando-se que Tanya estava perto o suficiente para ouvi-lo, Jorge acrescentou em voz alta:

— Afaste-se de Fernanda porque eu a amo. E vou encher sua cara de porrada se vier se meter com ela outra vez.

Dois homens usando ternos escuros se aproximaram e cada um pegou um dos homens pelo braço. Fernanda, que estava em pé, olhava para a cena totalmente atônita. Quando viu a senhora Haruo parada ao lado dela, pensou que seria engraçado se ela desse uma bofetada no rosto da governanta só para dar início a outra briga e causar tumulto.

Em vez disso, apenas cutucou a ex-babá de Douglas no ombro e comentou:

— Você está muito contente por ter provocado tudo isso, não? Mais contente ainda deve ter ficado por levar meu marido para a cama enquanto me enchia de drogas. Eu devia ter mandado você para a cadeia, sabia?

— Oh, dona Fernanda, por favor — os olhos da senhora Haruo se encheram de lágrimas. — Tive meus motivos.

— Quais?

Antes que a senhora Haruo respondesse, um terceiro segurança surgiu e disse que Fernanda estava sendo chamada. Ela o acompanhou até o lado de fora do flat, onde os dois homens ainda trocavam insultos.

— Quem é este homem? — perguntou a senhora Haruo.

— Não lhe interessa — respondeu Fernanda, ríspida. — E, pensando bem, não quero saber os seus motivos. Quero apenas que você procure outra trouxa que caia na sua lábia. Comigo não funciona mais.

Sem esperar por resposta, Fernanda foi tentar apartar a discussão.

***

— O único problema é que, por sua causa, fui convidada a me retirar do flat — sorriu Fernanda, momentos depois, sentada no táxi ao lado de Jorge. — Eu que gostava tanto de me hospedar lá. Eles não aceitam hóspedes que causam incômodo às demais pessoas. Mas tudo bem, deixaram minhas coisas no depósito e vão guardar no meu carro. Amanhã eu passo e pego tudo. Inclusive meu carro.

— Por favor, Fernanda, me perdoe por ter reagido. Eu precisava socar alguém e o seu marido pareceu ser o alvo perfeito naquele momento. Desculpa mesmo.

— Sem problemas. Você o deixou machucado.

— Agora você está sem teto... Posso levá-la para minha casa?

— Não, não pode. Ainda é meio cedo para isso, não?

Jorge não respondeu e se pôs a olhá-la fixamente, ambos sentados no banco traseiro do carro. Então, subitamente, ele a beijou.

O beijo foi tão profundo e sensual, que Fernanda, por instantes, se perguntou se aquilo seria apenas carência de ambos. Porém, quando o beijo se intensificou, ela percebeu que não era apenas falta de afeto. Era também uma súbita vontade de se entregar ao amor.

Fernanda não se lembrava de quando Artur a beijara daquela maneira pela última vez. Talvez nunca o tivesse feito. Quando o beijo terminou, ela estava com outra ideia na cabeça:

— Onde fica seu apartamento mesmo?

***

Os dias se passaram depressa. No astral, Simone caminhava tranquilamente em meio a uma plantação de lindas flores brancas e miudinhas. Estava no intervalo do curso que vinha fazendo. Eduardo surgiu de repente e a brindou com um maravilhoso sorriso:

— Tenho uma notícia da qual você vai gostar muito.

— Qual? — os olhos de Simone brilharam.

— Você recebeu autorização para fazer uma breve visita à Terra em minha companhia.

Simone gritou de alegria e partiu para cima de Eduardo, enchendo-o de beijos.

— Espere, espere — ele pediu, ainda sorrindo. — A visita será muito breve em virtude da energia dos encarnados e de suas próprias emoções.

— Isso não importa.

— Hoje à noite haverá uma reunião muito importante em uma casa espírita na Terra. Se tudo der certo, Fabrício irá participar da reunião. Claro que ele ainda não decidiu, mas nossa querida irmã Joselina está na Terra, trabalhando para motivá-lo a ir. Tomara que ele queira participar da reunião de hoje. Será muito rica.

— Acho difícil alguém conseguir convencer Fabrício a ir a um centro, mas todas as tentativas são válidas.

Nesse momento, Douglas e Jamilton apareceram caminhando lado a lado, conversando animadamente. Um contava ao outro a sensação estranha de ter sido ignorado pelos encarnados.

Simone, quando olhava para Jamilton, agora o via apenas como o conde James de Saint-Marne, que tanto a ajudou quando fora Alana. Devido a suas lembranças, ela se esforçava ao máximo para não ser rude com Douglas, tentando não ver nele a imagem de Donato, um dos médicos que assassinaram seu bebê.

— Conde James, que saudade! — brincou Simone, abraçando Jamilton.

— Essa mulher pirou, foi? — confundiu-se Jamilton. — Sempre que me vê agora me chama de conde James — ele sorriu, embora o nome não fosse tão estranho assim.

— Você e Douglas em breve conhecerão sua vida passada e aprenderão muitas coisas. Na vida tudo se encaixa no tempo e no prazo certos. Vamos aguardar os acontecimentos.

— Quanto a hoje... — tentou dizer Simone.

— Oremos para que tudo dê certo. A presença de Fabrício no centro é um passo muito importante para ele, como o primeiro passo para a descoberta da espiritualidade. Que Deus o ajude e que ele não se recuse a ir!

***

Artur andava de um lado para outro no centro de sua sala de estar e parecia enfurecido. E realmente estava. O tal doutor Angelino, o advogado de Fernanda, lhe telefonara mais uma vez e praticamente o intimara a ir a seu escritório para se inteirar do andamento do processo de divórcio.

Como se não bastasse tamanha amolação, suas costelas estavam doloridas e seus olhos arroxeados e inchados por causa da briga com o desconhecido que estava com Fernanda. Artur estava certo de que a esposa usara o caso dele com a senhora Haruo apenas como pretexto para pedir a separação. Nada lhe tirava da cabeça que Fernanda também já tinha dado seus pulinhos de cerca muito antes de toda aquela sujeira vir à tona.

O que mais surpreendera Artur foi que ele perdera o interesse pela senhora Haruo de tal forma que a mulher quase lhe causava nojo. Era como se somente agora ele tivesse se dado conta do quanto tinha perdido deixando que Fernanda saísse de sua vida.

Após ter recebido a ligação do advogado, Artur começou a andar para lá e para cá como uma fera enjaulada. Nem percebeu quando a senhora Haruo se aproximou lentamente pelas costas dele e tentou abraçá-lo por trás.

— Você está tenso. Posso lhe fazer uma massagem?

— Que tensão, Nadir? Que massagem? Você é maluca? — ele afastou as mãos dela. — Estou com um advogado no meu pescoço trabalhando para Fernanda e disposto a usar todas as cartas para seguir em frente com o divórcio. E como se não bastasse, meu corpo dói como se eu tivesse lutado num ringue. Eu devia ter sido mais cruel e socado aquele homem com mais força.

— Você bem que tentou fazer isso, mas só conseguiu apanhar ainda mais — lembrou a senhora Haruo, soando zombeteira.

— Você está achando engraçado, não? Ria, pode rir. E eu vou rir de você quando for procurar emprego e falarem um não na sua cara.

— Procurar emprego? Como assim?

— Todo japonês é inteligente e imagino que você não fuja das regras, Nadir. Creio que você tenha compreendido que eu não necessito mais dos seus serviços.

A senhora Haruo empalideceu. Seus lábios tremeram e ela conseguiu balbuciar:

— Está me despedindo? Não pode fazer isso comigo, Artur.

— Não posso por quê? Seus serviços não são mais necessários nesta casa. Sei que você tem muitos anos comigo, mas pode ficar despreocupada porque pretendo lhe pagar até o último centavo a que você tem direito.

— Por que você está dizendo essas coisas para mim? Não gosta mais de mim? Esqueceu-se das coisas que fazíamos na cama?

— Não, não me esqueci, assim como não me esqueci dos soníferos que você colocava nos chás de Fernanda.

— Com o seu consentimento — ela gritou, furiosa.

— Você fazia porque queria, e nem tente me colocar na fogueira. Não tente arranjar confusão comigo ou será pior para você.

— Isso é uma ameaça? Posso processá-lo por isso.

— E eu a coloco na cadeia. Se Fernanda foi tola de não denunciá-la por tê-la drogado, eu tenho coragem de fazer isso. Brinque comigo, Nadir, e mando você ver o sol nascer quadrado. É uma opção sua.

Claro que não era uma questão de escolha. Ofendida, humilhada e furiosa, a senhora Haruo foi para seu quarto e começou a arrumar seus pertences. Não tinha muitas coisas, que foram acomodadas em duas malas e uma valise. Quando reencontrou Artur, ele estava no mesmo lugar na sala, ainda em pé.

— Aqui estão as minhas coisas. Vai querer revistar minhas malas?

— Se você não estiver levando os soníferos que estavam na gaveta da cozinha, vou revistar sim.

— Sabe que desde que dona Fernanda saiu desta casa, aqueles soníferos deixaram de existir — era verdade. Ela fizera questão de esvaziar aquela gaveta para evitar problemas. — Quase morri quando tomei o meu próprio chá com o tranquilizante.

— Bem feito! Isso é pra deixar de ser burra. Agora, se já pegou todas as suas coisas, faça a gentileza de sair. Deixei um envelope com dinheiro sobre a televisão. Depois disso, o problema é seu. O valor que você vai encontrar ali permitirá que viva bem por um mês. Vou pedir a um contador que faça suas contas para depositar sua indenização em sua conta bancária.

A senhora Haruo apanhou o envelope, mas não abriu para ver o conteúdo. Guardou-o num bolsinho da valise, agarrou as alças das malas, lançou um último olhar para Artur e saiu sem dizer nenhuma palavra.

Quando o vento cortante da rua a atingiu, ela sentiu-se totalmente perdida, como uma ave fora do ninho. Vivera naquela casa desde que Douglas era um bebê. Vira o menino crescer e o vira sendo sepultado. Muitas lembranças a acompanhariam para sempre. Embora tivesse certeza de que jamais seria perdoada por Fernanda pela traição gravíssima que cometera, a senhora Haruo ainda pretendia procurá-la para apresentar seus sinceros pedidos de desculpas. Só depois disso se sentiria mais tranquila para dar continuidade à sua vida.

Capítulo 44

No centro, as primeiras pessoas que assistiriam à palestra daquela noite começaram a aparecer. Fernanda foi uma delas. Desceu do táxi em companhia de Jorge. Eles nunca haviam ido a um centro espírita antes e descobriram juntos como era o interior de uma casa espírita simples, modesta e confortadora como aquela. Fernanda havia confirmado o endereço com Andressa e a encontraria lá dentro.

Fazia alguns dias que Fernanda se mudara para o apartamento de Jorge. Ela achava que em toda a sua vida nunca cometera loucura maior: mudar-se para o apartamento de um homem praticamente desconhecido. Mas Fernanda descobriu, mais tarde, que os dois tinham tantas coisas em comum que tinham a impressão de se conhecerem a vida inteira.

Fernanda pensava que nunca mais se sentiria tão viva. Se sua luz havia apagado com a morte de Douglas, agora voltara a brilhar. Momentos antes de eles adentrarem o centro, Jorge lhe confessou que estava totalmente apaixonado por ela e que também já estava deixando de pensar em Tanya.

Conforme Andressa dissera, a casinha era realmente simples e humilde, mas detentora de uma energia tão leve que Fernanda imediatamente se sentiu em paz. Ela sentia como se estivesse sendo conduzida por um mundo de coisas boas. Parecia que os problemas externos não tinham acesso ao interior daquele lugar.

Olhando ao redor, Fernanda viu Andressa se aproximar acompanhada de um rapaz. A moça o apresentou como sendo seu marido Adriano, e Fernanda compreendeu que era com ele que ela se consultaria na primeira vez em que esteve na clínica. De qualquer forma, acabara se identificando com Fabrício, mantivera contato com ele e agora aguardava ansiosamente sua chegada.

Fernanda apresentou Jorge, mas ficou meio confusa:

— Este é Jorge. Ele é meu... meu...

— Seu companheiro — completou Adriano de forma inteligente, e os quatro riram.

— Tem certeza de que Fabrício virá? — perguntou Andressa.

— Bem, ontem ele me disse que viria. E ainda me contou que apresentaria uma nova amiga — confidenciou Fernanda.

— O quê? Fabrício com uma nova amiga? — riu Adriano, olhando para a esposa com carinho. — Começou assim com Simone, lembra-se?

— É verdade. Eu desejo sinceramente que Fabrício se ajeite com alguém. Ele é jovem, bonito, estudado e não é justo passar o resto da vida solitário — comentou Andressa. — Me diga, Fernanda. Tem lido os livros?

Fernanda sorriu e respondeu:

— Tenho, sim. Fiquei tão curiosa e interessada que comecei a ler todos ao mesmo tempo. Cada dia leio um pedacinho de um deles. Nossa, como aqueles livros são ricos em ensinamentos, não? Estou aprendendo bastante com eles. Acreditam que depois de lê-los, já não penso em Douglas com tanta tristeza?

Jorge olhou para ela e a abraçou com carinho. Ele já sabia do ocorrido com o único filho de Fernanda e ficara abalado com o sofrimento dela, mas feliz com a esperança que ela redescobrira mais tarde.

— A espiritualidade abre a nossa mente para o novo — explicou Andressa. — Mostra com clareza como a vida funciona, revela que a morte é apenas uma mudança de plano, uma nova forma de viver, uma busca incessante pelo progresso interior. Consola o coração, tranquiliza a nossa alma. Se todos acreditassem nessa verdade, o mundo seria muito melhor, não é mesmo?

— Em se tratando de um ente querido, realmente é fundamental termos a certeza de que ele continua vivendo em outro lugar — sorriu Fernanda. — Mas que isso não sirva para alguém que tenha morrido com raiva de nós. Já pensou? Credo...

Todos riram do comentário, e Andressa os levou para apresentá-los à dirigente da casa. Para surpresa e certo espanto de Fernanda e de Jorge, viram que Cassandra, uma senhora mulata com sorriso simpático, vinha em uma cadeira de rodas, o que fez Fernanda se recordar de Franciele, a ex-namorada de Douglas. Embora o corpo físico de Cassandra estivesse parcialmente debilitado, seu espírito era uma fortaleza.

— Sejam bem-vindos, meus queridos — ela disse estendendo ambas as mãos. Fernanda segurou em uma e Jorge na outra. — Fico muito feliz por saber que vocês vieram aprender mais sobre a própria vida. Há momentos em que necessitamos preencher um vazio interior. Esse preenchimento é a busca pelo saber espiritual. Todos nós passamos por essa fase, mais cedo ou mais tarde.

"É verdade", pensou Fernanda, "e essa é a minha fase."

— Estamos esperando outros amigos — tornou Andressa.

— A que horas a palestra vai começar? — perguntou Jorge.

— Daqui a pouco — respondeu Adriano. — Espero que Fabrício chegue logo — desejou ele, olhando para o relógio de pulso.

Fernanda calculou que devia haver umas trinta pessoas no salão bem arejado. Quase todas as cadeiras estavam ocupadas. As pessoas eram sorridentes e amáveis, e muitas a cumprimentaram gentilmente. No palco, uma mesa fora colocada e, em sua superfície, um vaso com flores roxas, parecendo violetas, dividia espaço com uma jarra de água e copos descartáveis.

Fernanda estava se sentando quando ouviu Adriano sussurrar em tom de brincadeira:

— Veja quem está chegando. Vocês trouxeram guarda-chuva? Porque vem uma tempestade por aí.

De fato Fabrício estava entrando ao lado de uma mulher jovem e de um menino carrancudo. Todos se levantaram novamente para recebê-lo. Fabrício sorriu quando viu os amigos e Fernanda logo o apresentou para Jorge.

— Este é meu filho, Bruno — ele indicou o mal-humorado menino. — E esta é minha namorada Lucinéia.

Fabrício havia pedido Lucinéia em namoro naquela manhã. Nem por um momento achou que estivesse fazendo algo errado. Gostava da simplicidade e da personalidade dela. Claro que ela não se parecia com Simone e ele sabia que não haveria outra mulher no mundo como ela. Entretanto, Lucinéia o deixava feliz e, se era de felicidade que ele precisava, então achava que a tinha encontrado.

Quando deu as boas-novas a Bruno, o garoto ficou enfurecido e gritou:

— Não quero você namorando essa baianinha.

Fabrício ficou tão nervoso que perdeu o controle pela primeira vez na vida e esbofeteou Bruno no rosto. O tapa só serviu para deixá-lo ainda mais revoltado:

— Ainda me bate por causa dela, pai? Quero que você e essa baianinha desgraçada apodreçam no inferno.

Depois disso, Bruno e Lucinéia caíram no choro, cada um por seus motivos. Fabrício colocou o filho de castigo pela malcriação, mas Lucinéia, embora estivesse muito ofendida com os xingamentos, ainda tentou defender o garoto:

— O castigo vai deixar Bruno virado no cão. Vai ser pior.

E foi pior mesmo. O menino se recusou a aceitar o pedido de desculpas de Fabrício e quase esganou Lucinéia quando a viu entrar em seu quarto seguida do pai. O que acontecia era que Bruno não conseguia se esquecer da fofoca que Dóris fizera, enchendo sua cabeça de ideias negativas e discriminatórias.

Como o humor de Bruno não melhorava, Fabrício fez questão de provocá-lo ainda mais:

— Lucinéia virá morar aqui em casa a partir de sábado.

Fabrício já vinha pensando em convidá-la, e quando lhe contou o que pretendia fazer, Lucinéia mal acreditou que deixaria de morar no depósito. Tornou a chorar e a pular no pescoço de Fabrício. Cenas como esta deixavam Bruno nauseado.

No fim da tarde, Fabrício comunicou que iriam assistir a uma palestra em um centro espírita. Lucinéia demonstrou curiosidade e interesse em ir, mas Bruno se recusou categoricamente a participar. Lucinéia tentou convencê-lo:

— Quando a gente chegar, eu faço um bolo de chocolate pra você.

— Não quero comer seus bolos.

— Então eu faço um doce muito bom que tem lá no Ceará.

— Não quero comer doces, entendeu?

— Que tal um salgado?

Bruno tornou a ofendê-la com um nome obsceno e Fabrício quase bateu nele de novo. Não queria perder a paciência, estando quase de saída para ir ao centro. Teria uma conversa definitiva com o filho quando voltassem para casa.

Sem dar opção de escolha ao filho, os três chegaram ao centro minutos antes de a palestra começar. Fabrício sentiu uma afeição imediata por Jorge. Lucinéia e Fernanda se avaliavam, e ambas tinham a sensação de que se conheciam. Nunca haviam se visto antes, mas tinham a impressão de que se conheciam de algum lugar.

Instantes depois, Andressa os chamou dizendo que a palestra teria início. Todos se acomodaram em seus lugares e aguardaram.

No astral, uma equipe de trabalhadores abnegados aplicava passes nos encarnados ao mesmo tempo que higienizava o ambiente, fluidificando e renovando as energias.

Eduardo chegou neste exato momento com Simone a seu lado. Ele pediu que ela aguardasse o final da palestra, quando então a levaria para ver Bruno e Fabrício. Simone olhava para a plateia, mas da posição em que estavam não conseguia uma visão privilegiada. Embora estivesse ansiosa para revê-los, ela decidiu aguardar o término da palestra.

E qual não foi a surpresa e a emoção de muitas pessoas quando viram a cadeira de rodas de Cassandra se deslocando para o palco. Um microfone foi ajustado para a altura de seus lábios. Ela seria a expositora da noite.

— Boa noite a todos. Antes de começarmos nossa palestra, eu gostaria de convidar a todos vocês para uma oração de abertura, e os amigos espirituais aqui presentes para que possam nos assistir no momento mais importante de nossa reunião. O momento em que estamos mais receptivos para receber os fluidos positivos emanados pelos nossos mentores. Essa receptividade acontece quando nos desligamos dos problemas do mundo e abrimos nossa mente para Jesus, permitindo que o Pai Maior nos banhe em sua luz divina.

Cassandra moveu sua cadeira, aproximou-se da mesa, fechou os olhos e deu início à sua oração:

— Deus de amor, paz e bênçãos, que o Senhor, que conhece os pensamentos e atitudes de cada um de nós, nos prepare para captar a verdadeira mensagem que nos será transmitida hoje. Que o Senhor possa suavizar nossos corações, nos ajudando a nos desligar dos problemas, das dificuldades, dos sofrimentos, das mazelas, das doenças e de outras situações que possam nos distrair. Que a luz divina nos envolva em todos os momentos e que possamos sair daqui com a sensação de termos aprendido um pouco mais sobre as lições deixadas pelos espíritos do astral superior. Que assim seja! Graças a Deus.

Cassandra tomou um pouco de água, moveu a cadeira mais para a frente, segurou o microfone e começou a falar com voz levemente modificada:

— Bem, o tema de nossa palestra de hoje é a renúncia. O que podemos entender como renúncia? É o ato de nos libertarmos de algo, de nos desprendermos daquilo de que gostamos. Renunciar é abrir mão daquilo que nos é muito importante, seja um objeto, um animal ou, principalmente, um ser humano. Sob a visão da espiritualidade, a renúncia é sinônimo de conceder liberdade. Vamos nos basear, por exemplo, na morte de uma pessoa querida.

Ao ouvirem isso, Fernanda, Fabrício e Lucinéia estremeceram involuntariamente.

— O que sentimos quando uma pessoa querida desencarna? Tristeza, dor, angústia, desilusão, sofrimento, revolta, desespero, depressão, pânico, mágoa, saudade.

Ficamos atordoados, entorpecidos, nos sentindo fracassados e abandonados. E tudo porque queríamos essa pessoa conosco apenas mais um pouquinho. Pelo menos por mais um ano, que se estenderia por cinco anos, por uma década e logo todos seríamos imortais. Sabemos que a vida trabalha de outra forma. Cedo ou tarde, todos nós morreremos. Uns vão na frente, outros depois, mas todos irão. É a lei natural das coisas.

Cassandra pausou, estudou alguns rostos dos espectadores e prosseguiu:

— No entanto, essa não aceitação, esse apego à pessoa que partiu, acarreta duplo sofrimento: sofre o encarnado e sofre o desencarnado. Sim, pois, apesar de muitas pessoas não saberem disso, a pessoa que desencarna também passa por todos esses sentimentos que eu citei: sente revolta por ter morrido, sente-se triste e abandonada, alega que ainda tinha muito para viver. A morte é vista como algo desconhecido e o medo daquilo que não conhecemos nos torna frágeis, assustados e amedrontados. Então temos a família encarnada sofrendo e o desencarnado sofrendo também. Nada podia ter mudado, pois a mudança também é vista como algo ameaçador. Não queremos continuar a viver sem ter a pessoa que amamos ao nosso lado. E a motivação? E a vontade de seguir em frente? Para que acordar no dia seguinte se a pessoa que eu amo não está mais aqui?

Cassandra levou a plateia à reflexão com essas palavras. Para Lucinéia, e principalmente para Fabrício e Fernanda, o que Cassandra estava dizendo era a pura realidade do que eles viveram. Cada um, em situações diferentes, havia perdido uma pessoa amada. Fabrício se recusando a encarar a viuvez; Fernanda querendo se entregar à depressão, sem vontade de viver; e Lucinéia sentindo a falta do irmão a tal ponto que chegou a atentar contra a própria vida.

— Eu cito a mim mesma como exemplo — continuou Cassandra. — Após ter sofrido um acidente de carro, perdi meu marido e minhas duas filhas. Eu fui a única a sobreviver, mas fiquei nestas condições.

Mais uma vez Fernanda se lembrou de Franciele e, enquanto chorava, não soube dizer exatamente por quem estava chorando.

— Eu não queria continuar vivendo. Para quê, se as pessoas que eu amava não estavam mais ao meu lado e eu ainda teria que viver o resto dos meus dias presa a esta cadeira de rodas? Porém, assim como estou tentando mostrar para vocês, alguém me apresentou a espiritualidade. Li, estudei, perguntei e esclareci minhas dúvidas. No começo surgia a desconfiança: "Será que isso é mesmo verdade? Onde estão as provas da existência da vida após a morte? Não seria apenas uma ferramenta bem-intencionada para consolar aquela pessoa que perdeu quem amava?"

Fabrício franziu a testa ao ouvir as últimas palavras de Cassandra. A forma como ele pensava era exatamente aquela.

— Com o passar do tempo, essas questões foram todas respondidas e minha alegria foi voltando aos poucos. Descobri e provei que os espíritos existem sim, que agem conosco, seja auxiliando seja atrapalhando, e que a morte nos dá acesso a outro lugar. Jesus deixou claro que no reino de Deus existem muitas moradas. São para esses locais, superiores ou inferiores, que os espíritos vão após se despirem da vestimenta carnal. Vivendo como espíritos, não existe tempo. Ali, temos toda a eternidade pela frente, por isso normalmente costumo dizer que nossos companheiros de jornada terrena, aqueles que deixaram sua marca aqui conosco, estão em um lugar na eternidade. Se é bom ou ruim, não nos cabe julgar.

Devemos apenas confiar em Deus e em sua justiça infinita, pois na natureza nada é perdido e sim transformado.

Cassandra fez uma nova pausa, bebeu mais um pouco de água e prosseguiu:

— Eu fui compreendendo tudo isso. Descobri que se eu continuava viva era porque minha hora ainda não havia chegado. Descobri e provei que meu marido e minha filha vivem agora no plano espiritual, trabalhando em prol dos irmãos encarnados. Aqui mesmo, na nossa casa espírita, recebi, por intermédio de uma querida irmã encarnada, que é médium, uma carta psicografada do meu marido e duas outras, uma de cada filha minha. Ali eles diziam que eu não devia sofrer, porque eles sofriam junto. Que se eu realmente os amasse, deveria pensar neles com amor, orando e desejando que eles estivessem sob a luz, o amor, a proteção e a fraternidade no nosso Mestre Jesus. Não sabem como aquelas cartas me caíram como um bálsamo! Apenas lendo as primeiras linhas eu me emocionei de tal forma que comecei a tremer. As letras nas cartas eram iguaizinhas às deles. Minha filha Juliana costumava colocar um coraçãozinho no final de cada parágrafo. Na carta que ela mandou para mim, os coraçõezinhos estavam lá. A médium não sabia desse detalhe, então que outra explicação haveria para aquilo?

"Depois disso fui presenciando outros fatos tão evidentes da espiritualidade que eu nunca mais duvidei. Saibam vocês que neste momento uma grande equipe de irmãos do bem, no astral, está auxiliando vocês como podem, aplicando-lhes um passe benéfico de acordo com a necessidade de cada um. Vocês devem estar perguntando o que isso tudo tem a ver com o tema da nossa palestra, que é a renúncia, não é verdade? Lembram-se do que eu falei no início do meu discurso? Renunciar é libertar. Renunciar é permitir que aquela pessoa que partiu siga seu caminho do outro lado para que sigamos o nosso.

Nunca se esqueçam de uma frase: a vida continua para aquele que morreu, em um lugar na eternidade."

A bela palestra de Cassandra continuou, emocionando os espectadores. Ao final, ela convidou a todos para fazerem uma oração de agradecimento. Quando Cassandra terminou de falar, foi aplaudida de pé, e várias pessoas, que não conheciam sua história de vida, estavam chorando.

Eduardo olhou para Simone, que parecia inquieta. Algumas pessoas se despediam de outras, e ela aproveitou o momento para tentar localizar Fabrício e Bruno. Eduardo a tocou levemente no braço e apontou para a esquerda. Simone se desligou de todo o resto.

Lá estavam Fabrício e Bruno. Exatamente como ela os vira pela última vez. Aproximou-se correndo e parou a poucos passos deles. Fabrício ainda conservava profundas olheiras e o filho Bruno parecia mal-humorado e cansado. Simone olhou sorridente para Eduardo, perguntando com o olhar se poderia abraçá-los. Mas nem esperou pela resposta quando viu uma jovem parar ao lado de Fabrício e segurar sua mão com firmeza, como se precisasse daquele contato. O sorriso de Simone foi morrendo aos poucos. Não por ter visto que Fabrício estava acompanhado de outra mulher, já que, antes de morrer, ela pedira a ele que não continuasse sozinho. O problema estava *naquela mulher*. Simone não teve nenhum segundo de hesitação em reconhecer na figura frágil de Lucinéia a imagem da condessa Felicienne de Saint-Marne.

Capítulo 45

Simone mal havia se recuperado do choque quando Fernanda se aproximou do casal e ela ficou ainda mais abalada: aquela era a médica que abortara sua criança quando ela vivera na pele de Alana. O que todos eles estavam fazendo juntos? Por que as pessoas que a traíram e a enganaram no passado continuavam vivas, enquanto ela tinha apenas que observá-los como espírito?

— Venha, Simone. Noto que suas energias se tornaram mais densas, pois se deixou entregar às emoções do passado. Peço que me acompanhe de volta à nossa colônia.

Mecanicamente, Simone estendeu a mão para Eduardo, incapaz de acreditar no que via. Nem sentiu quando volitou com ele rumo à Colônia das Flores. Somente depois de ele acomodá-la em um banco, próximo do Departamento de Orientação, foi que Simone conseguiu se acalmar.

— O que foi aquilo, Eduardo? O que eu vi ali?

— Você viu pessoas que estão tentando desprender-se das últimas amarras causadas pelas ilusões e pelas paixões desenfreadas da existência anterior para seguirem juntas rumo ao amor e à abnegação. Você já aprendeu bastante para entender o motivo de eles estarem ali. A eles está sendo concedida uma nova oportunidade de aprendizado e conscientização das atitudes.

— Não posso aceitar isso, Eduardo. Não posso... — subitamente Simone caiu num pranto profundo e Eduardo a abraçou carinhosamente. — Não é justo.

— Simone, vou repetir mais uma vez que não há nada que aconteça na Terra que Deus desconheça. Tudo está dentro do planejamento divino, por pior ou mais difícil que possa parecer.

— O que está certo, Eduardo? — ela queria gritar, mas Eduardo não merecia ouvir seus gritos. — Ver o mal vencer sempre? Ela planejou a morte do meu filho e a minha ruína. Ela tomou meu noivo. Mentiu pra mim, me iludiu. Como dizer que o que a condessa Felicienne fez no passado não é crueldade?

Simone enxugou as lágrimas e, vendo que Eduardo estava esperando que ela concluisse sua explanação, prosseguiu:

— Você viu só quem estava lá? A médica Francisca, que era cúmplice de Felicienne. Fabrício não devia estar naquele meio. Roy foi corrompido pela condessa e ele também pode ser corrompido por essa mulher. O que ela é agora? A namorada dele? Onde está a justiça, Eduardo? Onde está Deus que não vê isso? — Simone chorava. — Eu morri com câncer e sofri o diabo com a doença. Tive que deixar tudo para trás, ou, como disse a palestrante do centro, tive que renunciar à minha vida, ainda que obrigada. Isso eu posso aceitar. O que eu não posso aceitar é ver a condessa sair vencedora novamente. Não é justo.

Eduardo passou o braço pelas costas de Simone e aguardou pacientemente que ela contivesse os soluços. Quando Simone se calou e parou de chorar, ele apenas perguntou:

— O que seria justo para você?

Simone não hesitou em responder:

— Justo seria que desta vez eu tivesse outra oportunidade ao lado de Roy... ou Fabrício. Nós nos amamos, essa é a verdade. Deus não quer amor entre Seus filhos? Então por que me separou de Fabrício outra vez? Por que colocou essa mulher em nosso caminho novamente? Se ela tivesse reencarnado em outro lugar, sem se aproximar de nenhum de nós, e eu não tivesse morrido, aí sim eu acreditaria em justiça.

— Entendo seu ponto de vista, Simone, mas lamentavelmente tenho que discordar dele.

— Por quê? Vai se colocar contra mim também?

— Simone, não estamos em uma disputa e sim em uma escola. Todos nós estamos aprendendo, seja num ritmo lento ou mais rápido. Não deve ver Lucinéia como uma concorrente sua e muito menos relacioná-la à imagem da condessa Felicienne.

— Como não? Elas não são a mesma pessoa, o mesmo espírito? Se você disser que não, então não sei mais no que acreditar.

— O espírito é o mesmo sim, mas elas não são a mesma pessoa. A condessa Felicienne nasceu no luxo, cercada das coisas boas da vida. Frequentava a alta sociedade parisiense da época. Podia controlar as pessoas a seu bel-prazer. Lucinéia nasceu no sertão nordestino, em meio à pobreza e às dificuldades. Lutou para conquistar sua independência e só o fez com a ajuda do irmão. Quando se viu sozinha, ela batalhou muito. Vagou pelas ruas, passou fome, frio, medo. Foi humilhada, escorraçada, como se não fosse humana. Imagine o sofrimento de uma mulher jovem, completamente analfabeta, perdida nas ruas de São Paulo.

Simone não respondeu. Ainda não estava conformada. Eduardo continuou:

— Tenho certeza de que você, Simone, se estivesse encarnada, não negaria um prato de comida se visse

Lucinéia pedindo nas ruas, reconhecendo-a ou não como a condessa. Em seu coração brilha o amor e você jamais agiria dessa forma. Lucinéia e Felicienne são o mesmo espírito, é verdade, mas com vidas distintas, personalidades opostas e principalmente com objetivos diferentes.

Simone continuou calada, prestando atenção no que ouvia. Por mais que estivesse furiosa, Eduardo parecia lhe oferecer um elixir da tranquilidade.

— Um dos grandes problemas do ser humano é achar que somente os outros são errados. Costumamos apontar os erros alheios com o dedo em riste, mas não prestamos atenção aos erros que cometemos. Isso acontece porque tememos a verdade. Assumir a própria culpa nos causa dor e constrangimento, nos ridiculariza e nos envergonha. Você está acusando Lucinéia pelas maldades e crimes cometidos por ela numa encarnação passada, da qual ela não se lembra e da qual nem você mesma se lembraria se estivesse encarnada. Ficou mais fácil acusá-la, mas e você? Onde está sua coragem em reconhecer os seus próprios defeitos? Não está no direito de julgar Felicienne uma assassina. Quem conspirou juntamente com o cocheiro Breno, tramando a morte de duas pessoas? Quem assassinou a condessa e seu marido Roy?

— Foi o Breno — respondeu Simone com a cabeça baixa.

— Sim, foi o Breno, mas tudo estava combinado com você. Se Roy foi corrompido por Felicienne, como você disse, então o quê ou quem corrompeu a jovem Alana? O ciúme? A raiva pela traição? O ódio pelo aborto de sua criança? A vingança por ter sido abandonada e enganada? Diga-me, Simone, quem corrompeu Alana? Por que só você, que também cometeu seus deslizes, tem que ser vista como vítima e os outros como algozes?

Simone continuou chorando, calada.

— A vida é justa, jamais erra e sempre trabalha pelo melhor de cada um. A médica que abortou seu filho descobriu que, ao contrário do que ela imaginava, a vida continua após a morte. Para o seu próprio crescimento interior, ela sentiu a necessidade de perder um filho. Poderia ter sido diferente, contudo, foi a melhor maneira que o espírito dela encontrou para reconquistar o equilíbrio e ficar em paz.

Eduardo usava um tom firme para falar, do qual não gostava. Mas era necessário que Simone compreendesse as coisas daquela forma. Só assim ela aprenderia a diferenciar os fatos ocorridos na encarnação passada dos da vida atual.

— Você havia me perguntado se Fabrício está namorando Lucinéia? Sim, eles estão juntos. Só que o romance entre eles está muito atribulado porque Bruno, seu filho, não aceita Lucinéia. Ele acha que ela está tentando roubar o seu lugar. Sabe o que há por trás dessa rejeição? É que Breno sempre odiou a condessa e a matou por isso. Breno não quer ver a condessa com Roy, porque este seria seu lugar. Ainda que não saiba disso, seu filho Bruno não quer Lucinéia como mãe adotiva. Consegue entender a dimensão e a complexidade de certas situações? Consegue entender que cabe a Bruno e a Lucinéia se perdoarem mutuamente e serem felizes?

— Pare, Eduardo, não continue brigando comigo, por favor — pediu Simone com a cabeça enterrada entre as mãos. — Por favor.

— Não estou brigando com você, minha querida. Apenas estou tentando fazer com que você esqueça as mágoas passadas. O dia de ontem não volta, o hoje está passando, então se prepare para o amanhã. Você consegue compreender onde está a justiça de que você me perguntou? Deus sabe o que faz, Simone. Confie Nele e você vai entender tudo direitinho.

Simone continuou chorando por muito tempo. Quando finalmente se recompôs, abraçou Eduardo com carinho. Então, ainda com voz triste, ela falou:

— Me perdoe por tudo o que eu disse. Eu merecia ouvir esse sermão.

— Você deve perdoar a si mesma. E isso não foi um sermão, embora eu tenha certo direito de fazer isso — riu Eduardo.

Então Simone se desprendeu dele e tomou um susto quando o viu. Ali estava o mesmo Eduardo, só que com o rosto um pouco diferente. Estava usando roupas antigas e simples.

— Oh, Deus! — exclamou ela, cobrindo a boca com as duas mãos. — Como pode ser isso? Você era o meu avô.

— Sim, eu fui seu avô enquanto você viveu como Alana. Cuidei de você após a morte do seu pai na Revolução Francesa. E você cuidava de mim enquanto eu estive enfermo. É por isso que estamos aqui de novo. Caminhando juntos rumo ao futuro e buscando a felicidade.

— E por que você não me contou? Como eu não percebi?

— Talvez eu estivesse esperando por esse momento — brincou Eduardo. — Acreditar na existência do amor nos torna mais felizes. Conseguiu enxergar onde está a justiça de Deus?

Simone balançou a cabeça positivamente. Sim, ela tinha entendido, ainda que do modo mais difícil. Havia muito aceitara sua morte e agora seria preciso aceitar que Fabrício pudesse ser feliz ao lado de Lucinéia. Como Eduardo dissera, a ela não cabia julgar o que era certo e o que era errado. Esperava que, para aqueles que continuassem na Terra, o futuro pudesse ser muito promissor. A vida dela continuaria ali, assim como a de Jamilton e a de Douglas. Mas para eles, os encarnados, que ainda se demorariam por mais alguns anos, Simone desejou toda a felicidade, inclusive para aqueles que haviam sido seus inimigos em outra época.

***

Fabrício não teve chance de conversar com Bruno na noite anterior, mas não pretendia deixá-lo escapar impune. Ele teria que encontrar uma forma de fazer o filho respeitar sua nova namorada.

Esperou que Bruno se juntasse a eles na mesa para o café da manhã. O menino parecia não ter dormido muito bem. Talvez tivesse ficado no videogame ou no computador até tarde da noite. Ele iria para a escola à tarde e poderia ter seus rendimentos prejudicados se aquilo continuasse.

— O que achou da palestra de ontem, Bruno? — perguntou Fabrício só para arrumar assunto.

— Boa. Pena que a mulher falava muito.

— Tu entendeu todas as palavras? — perguntou Lucinéia para Bruno. — Eu não entendi quase nenhuma.

— É claro que eu entendi. Não sou burro que nem você.

— Bruno, onde está o respeito? Que linguajar é este à mesa? — repreendeu-o Fabrício.

— Qual o problema? A baianinha acabou de falar que não entende nada.

Fabrício usou todo o seu controle de psicólogo para não bater no filho. A situação naquela casa estava se tornando insustentável.

— O que você tem contra Lucinéia?

— Essa raça de nordestinos tinha que ficar lá, na terrinha.

Lucinéia sentiu o rosto arder e Fabrício ficou rubro. Bruno continuou sua chuva de ataques:

— Pai, ela só está com você por causa do dinheiro. De onde ela vem só tem pão seco e duro. A Dóris disse que... — de repente, sem querer, Bruno tapou a boca ao perceber que falara demais.

— A Dóris? A vizinha aí de cima? Então é ela quem anda enchendo sua cabeça de abobrinhas? — furioso, Fabrício se levantou. Bruno e Lucinéia se levantaram também, mas ele ordenou que os dois voltassem a se sentar. — Fiquem aí. Acho que hoje teremos uma vizinha morta — sem esperar resposta, Fabrício saiu no corredor. Não aguardou pela chegada do elevador. Subiu as escadas pulando os degraus de dois em dois.

— A culpa disso tudo é sua, idiota — recriminou Bruno. — Além de tudo, ainda trouxe um gato mais idiota para morar aqui. O Dimas já mora neste apartamento e ele não gosta do seu gato feioso.

— Eles nem se viram. O teu pai falou para deixar o Hermes preso na área de serviço para o Dimas não estranhar — fazia dois dias que Lucinéia havia terminado de trazer seus pertences que estavam no depósito e, desde então, o gatinho preto e branco ficava preso na área de serviço. Ela achava uma tremenda injustiça, mas, afinal, o apartamento não era dela.

— Ah, é? Pois se hoje vamos ter uma vizinha morta, vamos ver seu gato pulguento morrer também — Bruno ficou em pé e chamou Dimas. O velho labrador atendeu ao seu chamado prontamente e ambos seguiram correndo na direção da área de serviço.

Lucinéia, ao ver o que o garoto pretendia fazer, se levantou e correu atrás dele. Bruno parou diante da porta que dava passagem para a área de serviço e Lucinéia usou o corpo para tentar impedi-lo.

— Tu é doido? Não vai machucar o Hermes.

— Vou sim. Vou mandar o Dimas comê-lo. Saia da minha frente.

Bruno tentou agarrar a maçaneta da porta e Lucinéia o segurou pelo punho. Os dois ficaram agarrados, balançando-se para a frente e para trás. Dimas, achando a cena terrivelmente engraçada, saltava sobre as pernas dos dois, enquanto latia animadamente, pronto para entrar naquela brincadeira divertida.

Por fim, Bruno venceu a disputa. Abriu a porta com violência bem a tempo de ver o gato se afastando do pratinho de comida. Sem perder tempo, o garoto indicou o gato e ordenou secamente:

— Dimas, pega. Dimas, pega agora.

Dimas avançou, e Lucinéia gritou. Tentou se abaixar para impedir a passagem do labrador, mas tropeçou nos próprios pés e foi ao chão, para satisfação mordaz de Bruno.

Hermes pulou sobre um tamborete de madeira e expôs as garras afiadas, desafiando o imenso inimigo. Dimas parou diante dele e começou a latir ruidosamente. O gato rosnou e o cachorro retrucou. De repente, o gatinho saltou do banco na direção do cachorro. Lucinéia tornou a gritar enquanto tentava se colocar em pé.

A cena seguinte nunca mais seria esquecida por Lucinéia ou por Bruno. Hermes pulou sobre a cabeça de Dimas, que fez um movimento de esquiva, derrubando o gato no chão. Então Hermes se aproximou das grandes patas do cachorro e pôs-se a lambê-las. Dimas, como se conhecesse Hermes há duzentos anos, deitou-se no chão e deu uma lambida molhada nas costas do gato.

Lucinéia, ao ver que os dois animais estavam se tratando carinhosamente, virou-se para encarar Bruno, que olhava a cena, aturdido.

— Dimas pegou o Hermes, como tu mandou.

Se Bruno não detestasse tanto a presença de Lucinéia, teria achado graça. Em vez disso, fechou a cara e não respondeu. Apenas olhou para Dimas e resmungou:

— Cachorro traíra. Bobão.

Enquanto Bruno marchava de volta para a mesa do café, Lucinéia mal conseguia disfarçar a gargalhada.

***

— Já vai, já vai — disse Dóris do outro lado da porta. — Parece até que o prédio está queimando.

Abriu a porta e se deparou com o rosto rubro de fúria de Fabrício, que não hesitou em responder:

— É o seu cérebro que está queimando, sua cretina.

Dóris levou a mão ao peito. Usava anéis coloridos nos dedos gordos e brincos do tamanho de bolas de gudes nas orelhas.

— Que grosseria é essa, Fabrício? Acordou com o pé esquerdo?

— Vim saber o que você anda dizendo para o meu filho. Por que o está incentivando a se colocar contra Lucinéia?

— E quem é Lucinéia? A sua namorada?

— Responda o que eu perguntei, Dóris. Se não me der uma explicação coerente vou dar queixa na polícia de você.

— Sob que acusação?

— Molestamento de um menor de idade — inventou Fabrício. — Você está conduzindo meu filho para o mau caminho.

— Por Deus, quanto drama! Vai entrar ou quer conversar aqui mesmo no corredor?

— Não vou entrar. Vim ordenar que você fique longe do meu filho, ouviu? Se quiser fofocas, procure saber da vida de outras pessoas, mas da minha família você vai esquecer.

— Tudo isso por causa da baianinha? — perguntou Dóris propositadamente debochada.

— Sabia que isso é preconceito étnico e que dá cadeia? Quer ser presa, Dóris? Já pensou no que as presidiárias fariam com seu lindo corpo gordo quando soubessem o motivo da prisão?

Um frio correu pelas costas de Dóris, mas ela fingiu não notar. Nunca vira Fabrício tão bravo.

— Está bem, não é preciso ficar tão nervoso. Não falo mais com seu filho, se o problema é esse.

— Tente viver sua vida e esqueça a dos outros. Reduza um pouco o tamanho da sua língua antes que alguém lhe corte um pedaço — sem mais, Fabrício virou as costas e foi em direção às escadas. Antes de descer, concluiu: — Você está avisada. Mais uma pisada na bola, sugerindo ideias desagradáveis para o meu filho ou qualquer tentativa de ofensa contra Lucinéia, será punida pela justiça. Eu não estou brincando.

Depois que Fabrício desceu, Dóris fechou a porta lentamente e respirou fundo. Não duvidava de que ele fosse capaz de cumprir o que prometera. A esposa dele sempre fora muito encrenqueira e agora Fabrício estava indo pelo mesmo caminho. Ela teria que se afastar de Bruno agora, de um jeito ou de outro, apesar de as fofocas estarem tão divertidas e interessantes.

Capítulo 46

Fernanda não sabia qual macete fora utilizado pelo doutor Angelino, mas mal pudera acreditar quando o advogado lhe telefonou para contar as novidades. Artur havia concordado com o divórcio. Ela chegou à conclusão de que não fora o doutor Angelino quem apavorara Artur, e sim os murros que Jorge desferira no rosto do marido.

Ela estava muito bem com Jorge. Com ele, sentia-se dez anos mais jovem e Jorge também dizia a mesma coisa. Diferentemente de Artur, que era onze anos mais velho que Fernanda, Jorge e ela eram quase da mesma idade e se davam muito bem. Para ele, que pensava que nunca mais encontraria sua cara-metade depois da traição de Tanya, descobrir que estava apaixonado por Fernanda era o melhor acontecimento do ano.

Depois de ter feito amor com Jorge, Fernanda rolou na cama enquanto ele tomava banho para ir ao trabalho. Ela também estava decidida a reassumir sua profissão de designer de interiores. Muitos dos seus principais clientes sempre lhe telefonavam, convidando-a para assumir um novo trabalho.

Fernanda e Jorge continuavam frequentando o centro de Cassandra e participavam das reuniões com os médiuns. Uma vez a cada quinze dias, eles tinham uma reunião especial voltada à psicografia. Fernanda comparecia a todas elas, esperançosa em receber uma carta de Douglas, mas nada lhe chegava. Fabrício também ia algumas vezes, ansioso por notícias de Simone, mas quando, ao final de três visitas, ele nada recebeu, caiu na descrença de novo.

— Nem sei por que perco meu tempo vindo a um centro espírita. Isso não funciona. Essas pessoas que estão recebendo as cartas devem ser contratadas. Nós, que somos de fora, só recebemos uma mensagem de esperança e amor. Sinceramente, isso qualquer um pode fazer.

— As coisas não funcionam assim na espiritualidade, Fabrício. Nem sempre os espíritos têm autorização para estarem aqui conosco — explicou Andressa. — Basta ter um pouco mais de paciência. Eu garanto a você que aqui ninguém está combinado com ninguém. Acha mesmo que essas lágrimas nos rostos das pessoas que reconheceram uma mensagem deixada por aquele que partiu é uma farsa? Não julgue. Apenas creia na bondade infinita de Deus. Confie.

Fabrício não queria mais confiar. Estava cansado e desiludido de ir ao centro. O comportamento de Bruno, embora tivesse melhorado razoavelmente com o afastamento de Dóris, ainda era bastante agressivo. Lucinéia se esforçava ao máximo para se mostrar amiga do menino, mas com ele não havia acordo.

Fora por isso que Fabrício comprara as passagens para a viagem. Conversou discretamente com Adriano, que seguraria as pontas no consultório na semana em que ele estivesse ausente. Lucinéia ficaria muito feliz com a viagem quando soubesse, e Bruno poderia se distrair com coisas novas, embora fosse perder alguns dias de aula.

Fabrício decidiu que o comunicado da novidade seria regado à pizza. Enquanto todos saboreavam a deliciosa pizza portuguesa, Fabrício disparou:

— Nós vamos para Icó.

Lucinéia continuou comendo tranquilamente, parecendo nem se dar conta do que Fabrício dissera. Então ele repetiu e finalmente ela parou de mastigar.

— Tu disse o quê? — ela perguntou toda alegre.

— O que você ouviu. De tanto você me falar de Icó, comprei passagens para irmos até lá. Você vai poder rever seus pais, matar a saudade do lugar em que nasceu e nos apresentar à cidade. Iremos de avião até Fortaleza e de lá seguiremos de ônibus até a sua cidade. O que acha?

Lucinéia não se conteve de tanta emoção e pulou no pescoço de Fabrício, beijando-o carinhosamente. Bruno fez uma careta de nojo, embora, intimamente, estivesse satisfeito com a viagem. Nunca viajara de avião e aquela seria sua oportunidade.

Malas feitas, eles seguiram para o aeroporto dois dias depois. Andressa havia ficado com as chaves do apartamento de Fabrício para que pudesse alimentar e cuidar de Dimas e de Hermes. O cachorro labrador e o gato vira-lata haviam se tornado tão amigos que um sentia ciúmes se alguém estivesse brincando com o outro. Agora Hermes não tinha mais necessidade de ficar trancado na área de serviço. Depois de solto, dominara a casa de tal forma que fizera Dimas parecer o invasor.

Lucinéia saltitava como uma criança no aeroporto. Bruno olhava a cena espantado, e o único comentário que fez foi:

— Ela só me faz passar vergonha.

Lucinéia não estava nem aí para a opinião dos outros:

— Eita, bexiga! Nós vamos tudinho lá pro céu? E como é que esse avião arriba?

— Arribar é subir, né? — riu Fabrício. — Estou aprendendo o seu jeito de falar. Mas não sei como o avião se mantém no ar.

No banheiro do aeroporto, Lucinéia testou todas as torneiras, reclamando a falta de água. Uma mulher explicou que era necessário apenas colocar as mãos sob a torneira para que o jato d'água surgisse.

— Oh, danado! — exclamou, admirada. — Isso é moderno que só.

Dentro do avião, Lucinéia divertiu toda a tripulação e os demais passageiros com seu jeito simples e extrovertido. Ela havia disputado a janela com Bruno quase a tapas, mas por fim ele venceu. A moça foi sentada na poltrona do meio, espremendo Bruno para poder ver o que tinha lá fora. Quando o avião decolou, ela armou o maior berreiro, mas quando uma comissária se aproximou, viu que Lucinéia não estava com medo e sim empolgada.

— É a moléstia, é? O bicho sobe que só o diabo.

Ela foi falando o tempo todo e, quando o avião pousou em Fortaleza, Fabrício sentiu uma nostalgia invadir seu ser. Ele estivera pela última vez naquele aeroporto em companhia de Simone, quando eles fizeram um tour pelo nordeste brasileiro. Agora retornava sem a esposa. Em vez dela, levava uma garota animada, de quem ele gostava bastante, e o filho que ele amava, herança deixada por Simone.

Fabrício passou a primeira noite numa pousada em Fortaleza, porque Bruno insistiu em tomar banho de mar. Não escondeu a satisfação quando ouviu o filho perguntar para Lucinéia:

— Você sabe nadar? Corre na direção da areia. Se eu te pegar, você vai ter que nadar.

Lucinéia, de biquíni, saiu correndo na direção da areia com Bruno em seu encalço. Fabrício pensou que ela parecia uma garota crescida ou uma mulher com mentalidade infantil. Sabia que ela não tivera uma infância decente, pois desde cedo fora obrigada a trabalhar.

Por outro lado, ver Bruno convidando-a para suas brincadeiras era um avanço muito grande. Após Fabrício ter proibido a aproximação de Dóris, o comportamento do menino estava melhorando.

Ele estava degustando uma deliciosa ostra, sentado num quiosque, quando viu Lucinéia sair da água e se sentar na areia. Bruno estava parado diante dela, gesticulando. Quando Fabrício viu Lucinéia enterrar a cabeça entre os joelhos, soube que ela estava chorando.

— Pensei cedo demais que Bruno tivesse melhorado. Ele a ofendeu de novo — disse Fabrício em voz baixa, falando consigo mesmo enquanto se aproximava.

De fato, Lucinéia estava chorando. Bruno olhava para ela com ar de espanto. Fabrício se aproximou e quis saber:

— Por que ela está chorando, Bruno? O que você fez pra ela?

— Eu, nada. Ela estava na água e de repente voltou para a areia, sentou aí e começou a chorar.

Fabrício sentou-se na areia ao lado de Lucinéia e a abraçou. Ela estava trêmula e parecia muito nervosa.

— O que houve, minha querida? O que o Bruno fez?

— Não foi ele — respondeu Lucinéia levantando a cabeça.

— Então quem foi?

— É que eu me lembrei de uma coisa — ela fungou e soluçou.

— E eu posso saber que coisa é essa?

— Foi bem aqui — ela tocou na areia com as duas mãos — que eu e meu irmão Jamilton fizemos uma promessa. A gente ia para São Paulo ganhar muito dinheiro. O pobrezinho não viveu pra isso.

— Não chore, meu bem. Lembra-se da palestra do centro? Renunciar é libertar aquela pessoa que morreu. Eu também tenho lembranças tristes de Fortaleza. Passeei por aqui em companhia de Simone. Volto cerca de dez anos depois e estou sem ela. Também está sendo muito difícil aceitar que ela não está mais comigo.

Lucinéia não respondeu. Encostou a cabeça no ombro de Fabrício e os dois choraram juntos. Bruno, pela primeira vez desde que Lucinéia entrara em sua vida, não ficou revoltado em ver seu pai junto dela. Ele já ouvira algumas histórias sobre o passado da moça. Chegou a sentir pena, mas, mesmo assim, ainda estava temeroso de abrir seu coração e aceitar outra pessoa no lugar que um dia pertencera à sua mãe.

A viagem de Fortaleza para Icó levou mais de quatro horas. Lucinéia estava fazendo o caminho inverso de quando seguira por ali no caminhão pau de arara. Lembrou-se de como fora difícil e árdua a viagem naquele veículo. As pessoas passavam mal, se irritavam com facilidade e a água tinha acabado. Graças a Deus aquele era um passado distante, embora ainda não fizesse nem um ano que tudo acontecera.

Quando a estrada de asfalto se transformou num caminho de terra, Lucinéia pressentiu que estava chegando. O ar tornou-se mais seco e pesado. Os pneus do ônibus levantavam tanta poeira que mal dava para enxergar a paisagem do lado de fora.

Fabrício não conseguiu disfarçar o alívio quando percebeu que tinham chegado à rodoviária. Todos desceram e, quando ele olhou para Lucinéia, viu que ela estava se controlando para não chorar de novo.

— Não fique assim, querida. Daqui a pouco você reencontrará seus pais e poderá matar a saudade.

— Você não sabe, Fabrício. Painho e mainha não querem me ver. Eles ficaram virados no cão comigo e com Jamilton.

Fabrício já ouvira tanto falar no irmão da moça que desejou poder tê-lo conhecido um dia. Por tudo o que Lucinéia falava dele, Jamilton devia ter sido um rapaz forte, disposto, corajoso e ousado, que enfrentara todos os desafios com o objetivo de chegar a São Paulo. Embora Lucinéia falasse muito bem do irmão, ela nunca mencionava os pais. No início, Fabrício chegou a pensar que ela não tivesse pais vivos, mas depois a moça explicou que eles viviam sim, naquela cidade. E só agora estava lhe contando tudo.

Contou que seu pai Inocêncio dissera que não consideraria Lucinéia e Jamilton filhos se eles fossem embora. "Vai e nunca mais voltem", dissera ele. Ela mal sabia o que faria quando revisse os pais.

— Acho que você tem que enfrentá-los, Lucinéia. Seus pais disseram tudo isso porque estavam com raiva, com medo de perdê-los, o que de fato aconteceu com seu irmão. Mas ainda restou você. Vamos até lá, vou lhe dar todo o apoio necessário para que se mantenha firme. Confie em mim.

Lucinéia se virou para Fabrício e confessou com voz fraca:

— Eu te amo, Fabrício. Obrigada por ser tão bom pra eu.

Ele se emocionou com a declaração espontânea da namorada e nem percebeu quando respondeu:

— Eu também amo você, Lu. Obrigado por estar comigo.

Bruno olhava de um para outro com ar de perplexidade. Contudo, sem saber o motivo, ele não sentiu raiva deles. Talvez Lucinéia estivesse mostrando que não era tão má quanto ele pensava.

Eles seguiram caminhando pelas estradas de terra, segurando as malas. Bruno engoliu em seco quando viu umas crianças magras e queimadas de sol correndo atrás de uma bola de capotão. Ele tinha tudo e aquelas crianças não tinham quase nada. Lembrou-se então das palavras duras de Dóris: "Os baianinhos vêm para São Paulo..."

"Deveriam ficar em sua terra..." "Não a deixe tomar o lugar da sua mãe".

Agora, enquanto olhava para a figura frágil de Lucinéia, sentiu o arrependimento brotar dentro de si. Tinha idade suficiente para compreender que ser "baianinho" não era algo vergonhoso ou abominável. Os nordestinos eram, em sua maioria, pessoas trabalhadoras, com coragem para batalhar pelos desejos mais íntimos. Eram pessoas que tinham a habilidade de saber viver com pouco e conseguiam trazer para dentro de seus lares muita felicidade, sempre que possível.

Com esses pensamentos, Bruno apertou o passo, acercou-se de Lucinéia e a abraçou efusivamente.

— Ei, Bruno, o que está fazendo? Tentando derrubá-la? — perguntou Fabrício nervoso.

— Pode ser... — ele respondeu, largando de Lucinéia.

Quando o filho virou de costas, Fabrício e Lucinéia trocaram um olhar de cumplicidade. Bruno estava mudando. E para melhor.

Capítulo 47

Lucinéia sentia as mãos tremerem quando bateu na portinha de madeira envelhecida da casa dos pais, a mesma casa em que crescera e brincara em companhia de Jamilton. Ali vivera momentos de fraqueza e expectativas, alegrias e sonhos. Fora ali que surgira seu sonho de aprender a ler e a escrever. Um dia ainda se tornaria letrada, tinha certeza disso.

Ava abriu a porta e olhou com estranheza para os visitantes. Lucinéia sentiu os olhos marejarem ao ver que a mãe mudara muito pouco. Apesar do bronzeado natural da pele, estava mais magra e sem viço, como se a ausência dos filhos e a falta de notícias deles estivessem deixando-a debilitada.

De repente, como um clarão, Ava reconheceu o rosto da filha. Um nó de emoção se formou em sua garganta e, sem dizer nenhuma palavra, ela se atirou nos braços de Lucinéia e as duas choraram abertamente. Fabrício pigarreou emocionado e até mesmo Bruno tentou disfarçar as lágrimas.

— É tu mesmo, Lucinéia? Inocêncio, venha ver quem tá aqui, homem de Deus — gritou Ava, beijando a filha no rosto e nos cabelos. Só então reparou nos companheiros de Lucinéia e perguntou: — E eles dois?

— Ele é meu namorado, Fabrício — Lucinéia os apresentou à mãe, achando engraçado dizer que tinha um namorado. — E esse rapazinho é o filho dele. Chama-se Bruno.

— Eita... — fez Ava avaliando os dois com um sorriso. Virou o rosto para trás, enquanto abria espaço para os visitantes entrarem e gritou de novo: — Inocêncio, onde tu tá, homem? Tem visita aqui. Corre já pra ver.

— Que berraria é essa, Ava? Quem é que tu viu? — perguntou uma voz vinda do quartinho dos fundos.

Lucinéia tornou a se emocionar ao ouvir a voz do pai. Quando ele apareceu no seu campo de visão, ambos não contiveram a surpresa. Ela, por vê-lo abatido e com o semblante exausto. Ele, por rever diante de si a filha a quem rejeitara por ter partido.

— Lucinéia? — ele perguntou o óbvio.

— Painho? Posso te abraçar? — perguntou Lucinéia chorando.

Inocêncio recuou alguns passos como se tivesse sido empurrado.

— Tu não é mais minha filha — sentenciou ele.

Embora, de certa forma, Lucinéia já esperasse aquela reação, ainda insistiu:

— Mas, painho, agora eu tô de volta. Não vai mesmo me abraçar?

— Já falei e não repito. Tu e teu irmão morreram quando viraram as costas pra esta casa, pra ela — apontou Ava — e pra eu.

— Desculpe interromper, senhor, mas Lucinéia tinha seus motivos — interferiu Fabrício.

— E quem é o senhor? Não pode dar pitacos na minha casa.

— Sua filha e eu estamos namorando. A gente se conheceu em São Paulo.

— Então tu chegou mesmo em São Paulo, hein? — embora estivesse irritado pelo aparecimento de Lucinéia, o coração paternal de Inocêncio estava transbordando de amor. Ele mal resistia à vontade de tomar a filha nos braços e beijá-la até se cansar. Por outro lado, pensava que se fizesse isso demonstraria fraqueza. Tinha que se manter duro e firme em suas opiniões. Mesmo assim não conseguiu segurar a pergunta seguinte: — E teu irmão, não veio por quê?

— Jamilton... — a voz dela falhou e Fabrício pôs uma mão em seu ombro para lhe transmitir confiança. — Jamilton morreu.

— Ai, virgem santa! — exclamou Ava recomeçando a chorar. — Não fale isso, Lucinéia.

Em poucas palavras, ela contou tudo o que tinha acontecido depois que deixaram a casa dos pais. Finalizou narrando o assalto, cujo bandido atirara em Jamilton pelas costas. Contou ainda que o irmão fora enterrado em alguma cidade no interior da Bahia. Não disse uma só palavra do que acontecera com ela após sua chegada a São Paulo.

Quando acabou de falar, Ava abraçou-a de novo, chorando profundamente. Sempre alimentara esperanças de que um dia os filhos voltariam. Nunca poderia imaginar que Jamilton tivesse morrido, ainda mais sendo tão jovem, aos vinte e dois anos. Se antes havia chances de que Jamilton voltasse com Lucinéia, agora não existia mais nenhuma possibilidade.

De repente a voz de Inocêncio trovejou:

— Lucinéia, um dia tu mais Jamilton deixou a gente pra trás. Não são mais meus filhos. Vai-te embora daqui! Você cuspiu no prato em que comeu porque ficou rica depois de ter ido para São Paulo. Ava e eu não damos mais valor pra tu.

Fabrício ia responder, mas Lucinéia esticou a mão. Ela daria a resposta ao pai. Nem que depois disso virasse as costas e nunca mais voltasse.

Caminhou lentamente até poder encarar os olhos de Inocêncio. Naquele olhar, ele viu que ela perdera toda a ingenuidade. Transformara-se em uma mulher, parecendo ter a mesma experiência de vida de uma pessoa com sessenta anos.

— Painho... eu vou embora sim. Meu namorado quis conhecer minha cidade e me trouxe mais ele. Eu queria ver o senhor e mainha. Contar o que tinha acontecido. Serviu pra aliviar o coração de mainha por saber que eu tô bem, mas saber que Jamilton morreu machucou muito o coração dela. Eu não cuspi em prato nenhum e sabe por quê? Porque o senhor nunca me deixou aprender as letras. Eu só queria ir para o colégio e o senhor botou barreira. Dizia que mulher não precisava ter estudo. Então fui mais Jamilton realizar meu sonho.

Ela sentiu um nó na garganta e decidiu impedir que a emoção contivesse suas palavras:

— São Paulo não é o que Jamilton pensava. Depois que ele morreu, tive que chegar lá sozinha, sem saber de nada. Vi muita coisa ruim, conheci gente muito ruim. Mas fui em frente. Passei muita fome e frio, porque lá faz frio. Fui roubada e fiquei sem nada. Tia Zefinha mentiu pra mim. Queria me botar para virar quenga na rua. Ela também tirou meu dinheiro. Eu tinha que pagar pelos pratos de comida. Se Jamilton tivesse ido comigo, tudo bem. Ele era corajoso e forte, eu era medrosa e fraca. E sabe no que Jamilton falava até antes de morrer? Em juntar dinheiro, ficar rico e voltar pra Icó pra tirar vocês dois da pobreza. Ele pensou nas pessoas que amava e eu também, por isso tô aqui. Fique sabendo, painho, que quando eu passar por aquela porta vai ser pra sempre. O senhor disse que Jamilton tinha morrido para o senhor e ele morreu mesmo. Fale isso de mim também. Aí o senhor vai ficar sem nenhum filho de verdade.

Sem esperar resposta, Lucinéia fez um gesto para Bruno e para Fabrício e seguiu para a porta. Abraçou a mãe com força, mas Ava se mantinha calada, com medo de irritar Inocêncio. Quando Lucinéia colocou a mão na maçaneta da porta, achou que o pai fosse dizer alguma coisa, mas ele estava fechado em seu mutismo mal-humorado. Não diria nada para não se comprometer. Inocêncio sempre fora assim mesmo.

Fabrício e Bruno se despediram de Ava e acenaram para Inocêncio, que continuou imóvel. Fecharam a porta e Lucinéia, embora chorasse muito, caminhou sem olhar pra trás. Se ela estava morta para o pai, nada mais justo do que ele também estar morto para ela.

Continuaram caminhando lentamente debaixo do sol forte de volta para a rodoviária. Então escutaram:

— Lucinéia! Espere, Lucinéia.

Ela se virou pra trás e sentiu o coração sacudir quando viu o pai correndo atrás dela, seguido por Ava. Fabrício sorriu e apertou os ombros de Lucinéia, cujas lágrimas haviam se intensificado.

Quando chegaram perto, Inocêncio foi logo dizendo:

— Lucinéia, perdoa o pai? Por favor... — Inocêncio montara rapidamente um pequeno discurso para falar depois da saída dela, mas a voz embaralhou na garganta e ele perdeu a fala.

— Painho, eu amo o senhor — Lucinéia se atirou nos braços do pai, pensando que Jamilton também deveria estar ali naquele momento. — Não pude cumprir a promessa de Jamilton, que era tirar o senhor e mainha daqui porque eu não posso fazer isso ainda. Mas quando eu estudar e estiver trabalhando, vou voltar aqui, podem ter certeza.

— Sim, eu sempre soube que o lugar de tu e de Jamilton não era aqui, nesse fim de mundo. Só não queria dizer isso pra não perder meus filhos. Acabei perdendo do mesmo jeito, não é?

— Não, painho, porque Jamilton morreu, mas deve estar vivendo em outro lugar lá para as bandas do céu.

Todos riram do comentário dela. Uma vizinha de Ava e Inocêncio se aproximou e gritou quando viu Lucinéia ali. Abraçou-a e beijou-a, matando a saudade. Cumprimentou Fabrício e Bruno com um sorriso amável e, após ter feito muitas perguntas sobre Lucinéia e sua nova vida em São Paulo, indagou:

— E para onde foi Jamilton?

— Ah, Lindeusa, o Jamilton se foi.

— Como se foi? De longe eu vi ele aqui conversando com vocês — contou Lindeusa com espanto.

— Agora? — replicou Lucinéia. O espanto também tomou conta dos presentes. — Tu viu Jamilton hoje aqui com a gente?

— Oxente, e eu sou cega, é? Ele tava bem aqui, abraçando Inocêncio junto com você. Só não entendo como ele sumiu tão rápido.

Lucinéia olhou para Fabrício e depois para os pais. Lágrimas de emoção brotaram dos olhos dela. A vizinha não sabia o que tinha acontecido com Jamilton, então que outra explicação poderia haver? Por mais que parecesse confuso, Jamilton tinha mesmo que estar vivo. Estivera ali.

— Acho que isso quer dizer — refletiu Lucinéia — que Jamilton, de algum jeito, realizou seu sonho e hoje veio comigo ver vocês.

Era verdade. Em espírito, ali estava Jamilton, em sua primeira visita à Terra em companhia de Eduardo e de Joselina. Ele chorava muito e, quando Eduardo deu o consentimento, abraçou o pai junto com a irmã.

— Lindeusa provavelmente é médium, pois ela pôde ver você — explicou Eduardo. — A vida aqui na Terra vai continuar para eles e a sua vai continuar...

— Em um lugar na eternidade — completou Jamilton, sorrindo levemente. Quando viu Joselina e Eduardo confirmarem com um sorriso, ele olhou mais uma vez para a família amada e para a cidade em que nascera e crescera, e depois partiu com os espíritos dali.

***

Andressa informou Fernanda e Fabrício de que haveria uma reunião na casa espírita de Cassandra em que os médiuns se preparariam para incorporar os espíritos. Em vez das cartas psicografadas, os desencarnados poderiam se comunicar com seus entes queridos por meio daquelas pessoas, cujo dom da mediunidade era mais aguçado e desenvolvido.

Fabrício brigou, teimou, discutiu, mas, por fim, Adriano, com a ajuda de Fernanda, o convenceu a ir. Ele retornara da viagem ao Ceará no início da semana anterior e Adriano brincara dizendo que ele já tinha que estar bastante descansado. A reunião seria na sexta-feira à noite. Como era domingo, teriam alguns dias pela frente para Fabrício confirmar sua presença.

Fernanda vinha tendo uma ideia que tomava formas cada vez mais concretas em sua mente. Discutira o assunto com Jorge e ele achara a sugestão genial.

— Poucas pessoas pensam nisso dessa forma, meu amor. Acho que você deveria tentar.

— Sim, vou pedir a ajuda de dona Cassandra e de Andressa. Se elas acharem que não haverá problemas, então vou compartilhar esse projeto com o Fabrício, pois vou precisar muito da participação dele, como psicólogo e como viúvo.

Fernanda foi à casa espírita duas vezes antes daquela sexta-feira. Na primeira vez, não conseguiu falar com Cassandra, pois ela estava muito atarefada auxiliando as equipes que fariam as distribuições de cestas básicas para as famílias necessitadas. Na segunda tentativa, encontrou a senhora disponível e, reunindo Andressa, Fernanda expôs sua ideia.

— E então? O que acha? — perguntou ao final da explicação.

— Vamos ver se eu entendi — recapitulou Cassandra. — Vocês querem montar uma ONG, é isso?

— Não sei bem se seria uma ONG. Penso em uma instituição que funcionaria como um centro espírita, mas não seria um. Algo como os Alcóolatras Anônimos, em que as pessoas frequentam as reuniões para tentarem se curar dos vícios. A nossa instituição seria mais ou menos assim, porém tratando de assuntos ligados à espiritualidade e à vida após a morte — Fernanda estava tão animada com sua ideia que falava sem parar. — Seriam feitas palestras como aquela sobre renúncia que a senhora fez, dona Cassandra, para que as pessoas se conscientizem de que a vida realmente continua. Fabrício, a namorada dele, a senhora e eu poderemos dar nossos depoimentos. Todos nós passamos por uma fase escura, de pesar e de sofrimento. Mas depois da chuva o arco-íris surgiu. Estou vivendo relativamente melhor depois que obtive provas aqui de que as pessoas não morrem de verdade, apenas se transferem de lugar.

— No entanto, você ainda não teve nenhuma confirmação do seu filho Douglas, não é, querida? — comentou Jorge, pensativo.

— Sim, mas eu não penso como o Fabrício, que desistiu logo de cara. Sou paciente e sei esperar. Tenho certeza de que um dia Douglas vai reaparecer para mim dizendo que está vivo. E nesse dia eu vou conquistar a paz completamente. Enquanto isso, nós poderíamos ajudar outras pessoas que estão passando pelo mesmo que nós passamos. A senhora que está nessa cadeira de rodas, dona Cassandra, pode ser uma poderosa ajuda para a menina que se acidentou junto com meu filho e que teve uma perna amputada. Mostre que a vida como cadeirante, embora seja mais difícil, continua para aqueles que têm vontade de viver e de lutar como a senhora. Quem sabe neste momento Franciele não esteja precisando ouvir isso? Quem sabe não tenhamos outras mães como eu e como a senhora, que tiveram que enterrar os próprios filhos e que agora precisam de um consolo, um ombro amigo, uma palavra amiga, uma prova de que a vida nunca acaba?

Fernanda sorriu, cada mais estimulada com seus projetos, e continuou:

— Palestras de incentivo podem mudar a vida de muita gente, se forem realizadas por pessoas que entendem do assunto, como a senhora e Andressa. Para mim teria feito um bem enorme descobrir a fé logo após a morte de Douglas. Nos momentos de desilusão, poder ter a certeza de que a luz ainda existe e que seu brilho depende de nós é um mérito indescritível. Por favor, dona Cassandra, eu preciso do seu apoio.

Quando Fernanda terminou de falar, Cassandra moveu as rodas de sua cadeira e tomou as mãos de Fernanda. Depois, indagou:

— E qual seria a diferença entre essa sua instituição e um centro espírita?

— Noto que as pessoas, de modo geral, ainda têm receio quando alguém sugere que conheçam o espiritismo. Andressa me explicou que, para alguns, o espiritismo ainda é associado a trabalhos espirituais, terreiros, despachos e mesa branca. Quem conhece o espiritismo como eu estou conhecendo, percebe que nada disso é verdade. Trata-se de uma doutrina que ensina, instrui e consola ao mesmo tempo, longe de ser apenas uma religião. Aqui não há preconceito de nenhuma espécie. São aceitos ricos e pobres, negros e brancos, estrangeiros e brasileiros, héteros e homossexuais.

Cassandra concordou com a cabeça. Fernanda disse mais:

— Apesar de tudo isso, é inegável certa aversão quando se fala em espíritos. As pessoas têm medo e sentem-se, ainda que inicialmente, desconfortáveis e amedrontadas. Uma ONG funcionaria de forma diferente, pois, embora os temas fossem os mesmos, isto é, reencarnação, vida após a morte e sobrevivência da alma, o processo transcorreria por meio de reuniões em grupos e palestras. Seria uma forma de conseguir ajudar o maior número de pessoas em busca de uma mão amiga e de uma palavra de conforto — Fernanda fez uma pausa, sorriu e perguntou: — Quando eu começo a falar não paro mais, não é verdade?

Eles sorriram, e Cassandra apertou as mãos de Fernanda, que retinha entre as suas.

— Só tenho uma coisa a dizer — vendo que Fernanda a olhava com expectativa, Cassandra perguntou: — Quando montaremos a sua ONG?

Fernanda sentiu os olhos marejarem, curvou-se e beijou a senhora repetidas vezes na bochecha. Acrescentou:

— Por se tratar de uma instituição que terá atendimento gratuito, eu bancarei todas as despesas.

— Isso não seria justo — cortou Cassandra. — Todos nós podemos...

— Não, dona Cassandra. Vivi toda a minha vida em meio à fortuna e ao status social. Quando o meu filho morreu, vi que o dinheiro não compra as coisas mais importantes. Quero investir tudo o que tenho nessa ONG desde que, com isso, eu esteja fazendo o bem às pessoas.

— Isso mesmo, Fernanda — aprovou Andressa. — Fazer o bem sem olhar a quem, como nos ensinou Jesus.

— Eu só não pensei em um nome para a nossa instituição. Alguém tem alguma sugestão?

— Não tem nem o que pensar — considerou Cassandra, sorrindo. — Como a ideia foi sua e você cobrirá as despesas, nada melhor do que chamá-la de *A Casa de Douglas*. Que tal? Você ajudaria nossos irmãos de coração e ainda homenagearia a excelente pessoa que deve ter sido seu filho.

Fernanda se emocionou mais uma vez. *A Casa de Douglas*. O nome era forte e convidativo. Ela iria mantê-lo. Tinha certeza de que o filho ficaria muito feliz com aquilo.

Capítulo 48

Lucinéia tinha ido ao mercado e, quando voltou para o apartamento, encontrou Fabrício ao lado de um homem estranho, mas com olhar meigo e simpático.

— Veio mais cedo, Fabrício?

— Não... — ele sorriu misteriosamente. — Vim apresentar o meu amigo Igor — ele apontou para o homem a seu lado. — Sabe quem ele é?

Lucinéia fez que não com a cabeça.

— Ele será seu professor particular, meu amor. A partir de amanhã, você vai aprender as letras. Saberá ler e escrever tão bem quanto eu.

Lucinéia continuou olhando para Fabrício com espanto. Embora estivesse certa do que ouvira, achava que só poderia estar sonhando. Porém, quando o professor Igor mostrou as apostilas que trabalharia com Lucinéia, ela não se conteve e desabou a chorar.

Sonhos construídos por seu irmão haviam sido destruídos. Mas para Lucinéia a vida começava a brilhar. Seria o início do seu viver, a realização do seu próprio sonho. Enquanto pensava nisso, tinha a certeza, intimamente, de que Jamilton estaria muito feliz por ela.

Como comemoração, ela disse que queria dar uma volta com Dimas na calçada para poder sorrir para as pessoas na rua. Queria que todos vissem que ela havia superado a tempestade e que estava feliz. Bruno pediu para acompanhá-la e os dois seguiram juntos.

Assim que cruzaram o portão do condomínio, começaram a brigar. Bruno queria levar Dimas, mas Lucinéia retinha a coleira nas mãos com firmeza. Dimas parecia estar adorando ser o motivo da disputa. De repente, o menino olhou para frente e viu Dóris caminhando com algumas sacolas nas mãos, voltando do mercado. Ela apenas fez uma careta quase imperceptível na direção de Lucinéia, que nem a viu passar. Imediatamente Bruno sentiu sua antiga raiva de Lucinéia se acender. Deu um puxão violento na coleira, o que machucou os dedos de Lucinéia.

— Ai, seu bruto! — ela reclamou.

— O cachorro é meu, sua imbecil. Aliás, tudo naquele apartamento é meu e do meu pai. Você invadiu e nunca mais saiu.

Lucinéia empalideceu. Bruno continuou atacando:

— Eu não gosto de você. Devia ir embora levando junto o seu gato comilão. Até que a cidade de Icó não é tão ruim. Você devia ir embora pra lá ficar com mainha e com painho.

Lucinéia, embora estivesse petrificada com a reação grosseira e violenta de Bruno, não encontrou palavras para se defender.

Sem que ninguém percebesse, uma mulher passou com uma cadelinha do outro lado da avenida. Pela forma como Dimas se alvoroçou, o outro animal provavelmente estaria no cio.

Tudo aconteceu em questão de segundos. Da mesma forma que Bruno fizera com a coleira, tomando-a de Lucinéia, o cachorro deu um tranco e se soltou das mãos do garoto. Depois, saiu correndo pelo meio da rua para encontrar a cadela do outro lado.

O ônibus pareceu surgir do nada. Lucinéia gritou quando viu o veículo praticamente em cima de Dimas. Ela nem saberia dizer o que aconteceu depois. Apenas pulou de qualquer jeito na avenida e tentou se abaixar para empurrar o cachorro. Então sentiu a fortíssima pancada que pareceu quebrar todos os seus ossos. Seu corpo voou, arremessado por uma força incrível, até aterrissar no meio-fio. Uma poça vermelha de sangue se formou em volta de sua cabeça no instante em que ela caiu.

Fabrício entrou em pânico quando recebeu a notícia. Largou tudo o que estava fazendo e correu para a Santa Casa de Misericórdia, hospital para onde Lucinéia fora levada. Bruno não conseguia falar. Apenas chorava sem parar, parecendo estar traumatizado. Testemunhas haviam informado à equipe de resgate e aos policiais que Lucinéia correra para o meio da avenida para evitar que o cachorro fosse atropelado. Ela conseguira realizar seu objetivo, pois Dimas escapara sem nenhum arranhão. No entanto, não pudera salvar a si mesma.

Dentro do veículo do resgate, com Lucinéia e os paramédicos, seguia Bruno. O menino tremia e soluçava, sem conseguir articular nenhum som. Não sabia dizer o que fora feito de Dimas. Só o que sabia era que Lucinéia fora atropelada por sua causa. Se ele não tivesse discutido com a moça, ambos estariam mais atentos, segurando a coleira do cão para que ele não escapasse.

Lucinéia fora levada para a UTI. Mais tarde, os médicos informaram a Fabrício que o estado dela era bastante grave. Seu crânio havia sofrido uma séria fratura e vários membros tinham sido quebrados na queda. O motorista que a atropelou também precisou ser socorrido, pois entrou em estado de choque após se dar conta de que tinha atropelado uma pessoa.

Por mais que Fabrício insistisse com Bruno, ele não respondia. Tudo o que conseguia fazer era chorar.

Chorava porque o remorso o feria como flechas. Somente agora ele percebia que não quisera ofender Lucinéia como fizera. Nem sabia dizer por que, de repente, ele sentira tanta raiva dela.

Fabrício também chorava, inconformado com o acidente. Intimamente temia pelo destino de Lucinéia. Se ela morresse, ele não suportaria. Não aguentaria perder outra mulher. Meses atrás ele estivera em um hospital orando por Simone. E mesmo assim ela partira. Agora se pegou pedindo a Deus pela saúde da namorada. Não conseguia imaginar o que faria se ela também o deixasse.

Lucinéia passou por duas cirurgias, sendo uma delas de alto risco, segundo os médicos. Um coágulo se formara em seu cérebro. Já haviam localizado duas fraturas nas costelas. O fêmur esquerdo também se trincara, assim como o braço esquerdo. O médico responsável por Lucinéia comentou que fora um verdadeiro milagre ela não ter morrido no momento do acidente.

Adriano e Andressa, assim que souberam do ocorrido, foram até o hospital dar apoio ao amigo. Josias e Eloá também foram informados e ficaram surpresos ao saber que o filho estava namorando e que a moça se acidentara.

— Você nem tinha comentado que estava namorando — afirmou Eloá, intrigada com o fato. Fabrício nunca fora de esconder nada dos pais. Além disso, Eloá achava que era muito cedo para ele já estar com outra pessoa, sendo que nem havia completado um ano do falecimento de Simone.

— Eu ia apresentá-la a vocês — garantiu Fabrício entristecido. — Lucinéia é uma pessoa maravilhosa.

— Lucinéia? Que nome... — atalhou Josias.

— Ela é nordestina — explicou Bruno, mas desta vez sua voz não soava acusadora e sim enfraquecida.

— Ah... — fizeram Eloá e Josias em uníssono. Tudo o que queriam era ver o filho feliz, mas uma nora nordestina não era exatamente o que eles sonhavam para Fabrício. Porém, dada a situação, resolveram se calar. Por ora.

Finalmente uma enfermeira chamou Fabrício, dizendo que o médico desejava lhe falar. Ele sentiu um terror profundo o acometer só de olhar para o rosto impassível da enfermeira. Ela o guiou por um corredor com cheiro forte de algo que parecia álcool ou formol. Fabrício entrou na UTI e passou por alguns leitos que ficavam em cabines de vidro individuais. O médico, aparentando ser muito jovem, aguardava-o.

"Meu Deus", pensou Fabrício. "Isso é um médico ou um adolescente?"

— Senhor Fabrício? — ele perguntou.

— Sim, sou eu. Lucinéia...?

— Ela ainda está no centro cirúrgico e voltará para cá — ele apontou um leito vazio. — Pedi para chamá-lo para lhe comunicar que a paciente perdeu totalmente a consciência e entrou em estado de coma. Faremos o que for necessário para que ela se recupere, mas não posso lhe dar falsas esperanças.

— Doutor, faça alguma coisa, por Deus do céu.

— Faremos o que pudermos. Só quis preveni-lo quanto ao quadro clínico atual dela.

Fabrício voltou para a sala de espera e contou a novidade. Adriano o abraçou para lhe transmitir conforto, mas ele não conseguia conter o pranto. Pela forma como o filho chorava, Josias e Eloá chegaram à conclusão de que ele devia realmente amar sua nova namorada. Ou, talvez, estivesse temendo uma possível segunda perda. Era impossível saber.

Nos dois dias seguintes, a situação de Lucinéia não sofreu nenhuma alteração. Fabrício foi o único autorizado a visitá-la. Não segurou as lágrimas quando olhou para sua doce namorada deitada sobre o leito, os olhos fechados, a pele de uma palidez impressionante. Parecia até mesmo que ela já estava...

Recusando-se a pensar na palavra, ele pediu gentilmente que Lucinéia abrisse os olhos e que voltasse para casa.

— Não quero que continue dormindo, Lu. Acorde e deixe de ser preguiçosa. Vai ficar aí deitada até quando?

Não houve resposta. Ele segurou a mão da jovem e pediu que ela apertasse, se estivesse ouvindo-o, mas a mão dela permaneceu inerte e gelada.

Na quarta-feira, Bruno pediu que o pai o deixasse entrar para ver Lucinéia. A enfermeira barrou sua entrada, pois ele ainda não tinha catorze anos, idade mínima para a visita na UTI. Fabrício conversou com a diretoria do hospital, que encaminhou Bruno a uma entrevista com o psicólogo responsável pela UTI, para que o menino fosse orientado e preparado para o que veria lá dentro. Autorizado, Bruno seguiu com Fabrício até o leito de Lucinéia.

Ao vê-la ali, semimorta, Bruno voltou a chorar. Olhou para o pai, que também estava entristecido e chamou baixinho:

— Lucinéia, acorde, por favor. Acorde.

Não houve nenhuma reação. Bruno começou a falar, mesmo sabendo que seria severamente castigado pelo pai mais tarde.

— Lucinéia, desculpe pelo que eu falei pra você. Eu não queria que você fosse embora de verdade. Só falei aquilo porque estava com raiva e nem sei o motivo. No começo, eu não queria você junto do meu pai. Eu achava que você queria pegar o lugar da minha mãe. Mas depois eu vi que você era legal. Agora eu gosto de você, só não tive coragem para te falar isso — Bruno fez uma pausa e enxugou as lágrimas. — Não morre não. Meu pai não pode ficar sozinho de novo e eu... — nova pausa — e eu preciso de uma mãe. Por favor, Lucinéia, fique viva para você ser a minha mãe.

Bruno evitava olhar para o pai, pois sabia que ele devia estar furioso com aquela confissão. Fabrício ia repreender o filho, quando olhou para o rosto de Lucinéia e a viu piscar. Sua cabeça estava envolvida por ataduras, assim como os braços e as pernas. Fabrício teve certeza do que tinha visto.

— Você viu, Bruno? Ela piscou?

Antes de Bruno responder, Lucinéia piscou de novo e apertou levemente a mão de Fabrício.

— Agora eu vi, pai, agora eu vi — animou-se Bruno.

— O médico — gritou Fabrício agitado, e quando se deu conta do lugar em que estava, baixou o tom de voz. — Enfermeira, onde está o médico? Acho que a minha namorada está acordando do coma.

A enfermeira conferiu a situação de Lucinéia e o médico foi chamado e prontamente examinou a paciente. Antes de ele passar uma posição para Fabrício, os olhos de Lucinéia abriram-se devagar.

— Veja os olhos dela — apontou Bruno. — Estão se abrindo.

Lucinéia piscou várias vezes e abriu os olhos totalmente, olhando fixamente para o teto. Então seu olhar se desviou na direção de Fabrício e um esboço de sorriso surgiu em seus lábios.

— Lucinéia, meu amor, pode me ouvir?

— Sim... que dor do cancro é essa? — ela gemeu.

— Vou medicá-la para amenizar suas dores — prometeu o médico.

Ela sorriu novamente e adormeceu. Quando Fabrício se viu a sós com Bruno, exigiu saber sobre o que ele falava.

— A culpa de Lucinéia ter sido atropelada foi minha — confessou Bruno, apavorado diante do que o pai poderia fazer com ele. — Eu briguei com ela, quando não queria brigar. Desculpa, pai.

— Seu desejo era que ela morresse?

— Não. Antes eu só queria que você gostasse um pouco mais de mim, mas quando ela apareceu, seu amor ficou dividido entre ela e eu. Sei que você gosta mais dela, mas agora já não ligo tanto.

— De onde você tirou essa ideia, Bruno? Eu amo você, meu filho. O amor que sinto por Lucinéia é diferente e não se parece com o amor que eu sentia por sua mãe. São pessoas diferentes, situações diferentes, amores diferentes.

— Você não vai brigar comigo? Não vai me mandar embora para a casa do vô Josias?

— É claro que não. Só quero que me prometa que nunca mais vai brigar com Lucinéia. Ela não sabe ainda, mas quando ela sair deste hospital eu pretendo pedi-la em casamento. O que você acha?

Bruno demorou alguns segundos pensando e então respondeu:

— Oxente, eu concordo.

***

Fernanda sempre achou que os cemitérios eram locais de sossego e paz. Também representavam tristeza e dor para muitas pessoas. Ali eram deixados os restos mortais daqueles que foram queridos e amados. Depois do enterro, todos viravam as costas e iam embora, como se tivessem cumprido uma tarefa. E o morto lá ficava, sozinho e abandonado.

Ela tinha feito isso no enterro de Douglas. Não poderia viver para sempre ali, mas deixar o filho para trás, na época, lhe parecera uma traição. Soava como se o estivesse abandonando. Mas agora, depois de ter acalmado o coração e descoberto a espiritualidade, retornar ao cemitério lhe trazia uma sensação diferente, de nostalgia e de saudade.

Nunca tivera nenhuma prova de que Douglas estava vivendo como espírito. Nunca recebera uma carta psicografada por ele. Nenhum médium o recebera para comunicação e Fernanda nunca sonhara com Douglas. Seu coração doía ao pensar que ele havia simplesmente desaparecido, evaporado. Preferia acreditar que ele realmente vivia, mas que ainda não tinha sido possível sua visita à matéria. Sempre haveria esperanças.

Quando se aproximou do túmulo de Douglas, viu uma pessoa sentada em uma cadeira de rodas, colocando um buquê de flores na lápide. Fernanda não teve dificuldade para reconhecer Franciele.

— Boa tarde, Franciele — cumprimentou, quando se aproximou da jovem que um dia namorara seu filho. — Teve a mesma ideia que eu?

— Boa tarde, Fernanda — quando ela virou o rosto, revelou o quanto seus olhos pareciam carregados e tristes.

Fernanda se perguntou por que Franciele não quisera colocar uma prótese na perna amputada. Tinha condições financeiras para isso.

— Não sei o motivo, mas hoje eu senti uma saudade bem grande do nosso Douglas — disse Franciele.

— Eu também. Na verdade todos os dias sinto saudade dele — confessou Fernanda, olhando a moça à sua frente. Houve um dia em que as duas disputaram a atenção de Douglas e, no final, ele não ficou com nenhuma delas. — E você, como tem passado?

— Bem. Você soube do Marcelo?

— Marcelo não é o motorista que estava com vocês no dia do acidente? — vendo Franciele confirmar com a cabeça, Fernanda continuou: — Que novidade é essa?

— Então você não acompanha os noticiários. Você não soube da briga que houve numa boate semana passada?

— Não. O que aconteceu?

— Os frequentadores tumultuaram o lugar. Os vizinhos haviam reclamado do barulho, que estava muito alto, e pediram para que o som fosse abaixado. O grupo que estava dançando lá dentro ficou revoltado e começou um quebra-pau. Os seguranças intervieram, houve muitas pessoas feridas e três mortos.

— Que horror! Eu não sabia. Você conhecia alguém que estava lá?

— O Marcelo estava entre os mortos — contou Franciele.

Fernanda não respondeu e por mais de um minuto ficou remoendo a informação. Logo após o filho ter morrido, ela sentira vontade de procurar esse Marcelo e gritar que ele era um assassino. Não sabia dizer o que a impedira de fazer isso. O que antes era ódio se transformara em mágoa. Agora, sabendo que o jovem rapaz, que chegara a se formar em medicina, estava morto, Fernanda sentiu pena, tanto dele quanto da família. Se Marcelo tivesse mãe, ela devia estar passando pela mesma situação que Fernanda passara.

— Eu realmente não sabia. Não sei o que dizer.

— Não diga. Perdoe. Eu já o perdoei pela forma como ele me deixou. Quem sabe eu precisava ficar nesta cadeira por algum motivo.

— Franciele... — Fernanda nem sabia como dizer. — Eu gostaria de aproveitar este nosso reencontro para lhe fazer um convite.

— Convite? Para quê?

— Olha, você tem todo o direito de se negar a ir, claro. Mas eu ficaria muito feliz com a sua presença.

— Se você disser do que se trata, eu digo se vou ou não.

— Claro, desculpe — Fernanda abriu a bolsa e estendeu um cartão de visitas para ela. — No dia quinze deste mês vamos inaugurar *A Casa de Douglas*. Trata-se de uma espécie de ONG com o objetivo de auxiliar e consolar pessoas que sofreram perdas irreparáveis. Sei que você não perdeu nenhum parente, mas mesmo assim gostaria que fosse.

— É uma boa ideia boa. Só não garanto minha presença, Fernanda. Tenho bastante dificuldade de locomoção agora.

— Eu entendo. Bem, pense nisso. Se puder ir, ficarei feliz.

Fernanda conseguira alugar um salão onde instalaria *A Casa de Douglas*. Ficava a quatro quadras do centro de Cassandra. Jorge estava providenciando todos os equipamentos necessários para completar o mobiliário, melhorar a infraestrutura e acomodar muitas pessoas.

— Bem, eu vou embora agora — Fernanda avisou, olhando para a lápide onde havia uma foto de Douglas sorridente.

— Eu vou ficar mais um pouco. Douglas e eu temos muito que conversar.

Fernanda assentiu com a cabeça e foi se afastando lentamente. Logo Franciele e as lápides ficaram para trás.

Capítulo 49

Lucinéia recebeu alta quase um mês após o acidente. Conseguia caminhar graças à ajuda de uma muleta. Seu braço e sua perna esquerda continuavam enfaixados, assim como sua cabeça. Ela fizera todos rirem ao comentar:

— Estou parecendo uma munha.

— Múmia — corrigiu Bruno, fazendo os risos se intensificarem.

Josias e Eloá sentiram uma grande afeição por Lucinéia e sua simplicidade. Seu jeito doce e tranquilo conquistava todas as pessoas ao redor. Achavam que Fabrício seria muito feliz se se casasse com ela.

No dia do atropelamento, um morador do condomínio onde Fabrício morava presenciara o acidente. Fora ele quem levara Dimas de volta para o prédio. O cachorro parecia abatido, como se soubesse que tinha uma parcela de culpa pelo acidente. O gatinho Hermes quase não comia mais e só voltou a se alimentar corretamente quando Lucinéia voltou para casa.

Na sexta-feira daquela semana haveria outra reunião no centro espírita em que os médiuns receberiam os espíritos. Fabrício não pudera comparecer antes em virtude dos cuidados com a namorada, mas, por causa da insistência de Fernanda, ele confirmou que dessa vez iria participar do encontro, embora não acreditasse na espiritualidade.

Fernanda havia contado a ele sobre *A Casa de Douglas* e Fabrício aprovou a ideia. Disse que daria todo o apoio a ela e que faria alguns atendimentos gratuitos quando necessário.

***

Após a oração, os médiuns da casa se prepararam para receber os espíritos que desejavam se comunicar. Fernanda torcia pela visita de Douglas, e Lucinéia esperava que Jamilton também comparecesse. No entanto, eles não vieram, para decepção das duas. Mas Simone estava lá. Eduardo a ajudaria no que fosse necessário para que ela conseguisse mandar uma mensagem a Fabrício.

Ela se aproximou da médium. Quando começou a falar, achou engraçado ver que a médium repetia exatamente as palavras que ela dizia. Então, olhando ternamente para Fabrício, ela começou:

— Olá, Fabrício. Até que enfim pude falar com você.

Fabrício olhou com desconfiança para a médium, mas sentiu um arrepio lhe percorrer o corpo. Então entendeu a razão. A médium falava com uma voz muito parecida com a de Simone.

— Vim lhe agradecer por tudo o que fez por mim. Quero dizer que o amo muito e que vou ser muito feliz sabendo que você também será. Que seu futuro ao lado de Lucinéia seja repleto de luz, de amor, de paz e de prosperidade. E diga ao Bruno que sempre vou amá-lo.

— Você é a Simone mesmo? — perguntou Fabrício, incrédulo.

— Sim, sou eu. Já tinha vindo à Terra antes, mas nunca tinha conseguido me comunicar com você. Hoje eu ganhei esta oportunidade.

Seu coração queria acreditar que era verdade, que Simone vivia mesmo em espírito, mas Fabrício ainda estava em dúvida. A médium poderia estar falando o que qualquer outra pessoa poderia falar. Contudo, havia algo que ela não sabia. Algo que ninguém sabia, nem mesmo Bruno. Sempre quando estavam em seus momentos de intimidade, Fabrício dizia para Simone que a amava, mas ela nunca correspondia dizendo que o amava também. Em vez disso, ela respondia outra coisa.

— Simone, eu amo você — Fabrício declarou. Respirou fundo e perguntou: — E você, também me ama?

Houve um instante de silêncio. Ele sorriu amargamente e comentou para a própria médium:

— A senhora não vai dizer nada, né? Ninguém sabe. Infelizmente, tudo isso é uma farsa — e, dizendo isso, ele começou a se virar.

Foi quando Fabrício ouviu nitidamente a voz macia de Simone dizer:

— Você sabe a resposta, Fabrício.

Por alguns segundos o mundo parou para ele. Simone sempre falara aquilo, "você sabe a resposta". E agora a médium repetia exatamente as mesmas palavras. Como era possível?

— Deus, então é verdade? A morte é ilusão?

— A morte é que é uma farsa, meu querido. Eu estou viva, como sempre estive. E, mesmo vivendo como espírito, quero que se lembre de que sempre vou estar com você e com Bruno, porque os amo muito. Nunca deixe de acreditar nisso. Adeus, meu amor.

Pouco depois, a médium estremeceu. Fabrício compreendeu duas verdades: que Simone se fora e que a vida após a morte era uma realidade.

Fernanda não recebeu nenhuma comunicação de Douglas. Lucinéia havia contado para ela o fato ocorrido em Icó, quando a vizinha dissera ter visto Jamilton abraçando os pais.

— A vida continua mesmo — comentou Lucinéia.

— Sim — concordou Fernanda. — Todos estão tendo provas definitivas da sobrevivência da alma. "Menos eu", pensou com tristeza.

***

O dia da inauguração de *A Casa de Douglas* foi emocionante. Fernanda não sabia como tantas pessoas foram informadas do evento. Sabia que Cassandra tinha muitos contatos, mas ela não esperava que na primeira noite de encontros haveria quase cem pessoas. Faltaram cadeiras e foi preciso buscar algumas no centro espírita às pressas.

Fernanda subiu no palco e começou a contar sobre sua vida. Depois passou o microfone para Fabrício. A terceira a falar foi Cassandra e, a essa altura, toda a plateia tinha lágrimas nos olhos. Só houve um pouco de descontração e algumas risadas quando Lucinéia pegou o microfone para contar sua história.

— Oxente, menino! Nunca peguei num troço desses. Olha como a voz da gente fica engraçada. Uh, danado...

No final, Fernanda retomou a palavra e, com a ajuda de Cassandra, fez muitos comentários sobre a continuação da vida após a morte e deu ênfase à questão do incentivo às pessoas que continuam vivas, que devem seguir com seus sonhos e conquistas, pensando com amor, carinho e muita fé na pessoa que partiu.

Quando estava terminando de falar, Fernanda avistou Franciele entre os espectadores e sorriu. Ela tinha comparecido ao encontro. Aquele também era um excelente começo.

***

Em comemoração ao sucesso que tinha sido a abertura de *A Casa de Douglas*, Fernanda organizou um baile beneficente no sábado à noite. Mais uma vez todos compareceram. Fabrício cuidava de Lucinéia com zelo e carinho, pois ela ainda se locomovia com a ajuda de muletas. As ataduras haviam sido removidas da sua cabeça, mas ainda se via algumas gazes entre seus cabelos.

Ela nem havia se dado conta do olhar de cumplicidade que Fabrício e Bruno estavam trocando. Ambos se aproximaram dela, sorrindo matreiros.

— Que sorrisos são esses? — ela perguntou alegre.

— Leia isso, por favor — Fabrício lhe estendeu um pedaço de papel.

Desde que voltara ao apartamento, Lucinéia estava tendo aulas com o professor particular e estava progredindo muito rapidamente. Já conseguia, inclusive, escrever o próprio nome, e chorara por horas quando fizera isso pela primeira vez.

— Me deixa ver.

Ela leu com certa dificuldade em voz alta:

— Quer ca... sa comigo? — ergueu a cabeça e olhou para Fabrício. — Casa? Que casa?

— Leia com calma, meu anjo.

— Ca... sar... casar. Quer casar comigo? — de repente ela ergueu a cabeça e fitou Fabrício nos olhos. — Tu tá me pedindo em casamento?

— O que você acha? — ele confirmou sorrindo.

Então Lucinéia se lembrou de Bruno. Olhou para ele, mas o garoto sorria. Nunca mais voltara a insultar Lucinéia e pedira desculpas para ela pelo que fizera. Ele sabia que não veria Dóris tão cedo. A vizinha faladeira se metera em fofocas com um homem bêbado que morava no último andar do prédio. Quando soubera que Dóris andara falando dele e de sua esposa, ele ficou muito revoltado com ela e foi procurá-la. Dóris já estava procurando um bom dentista para implantar novos dentes.

— Bruno, o que tu acha? — quis saber Lucinéia.

Como resposta ele também lhe entregou um papel. Dessa vez Lucinéia conseguiu ler sem engasgar:

— Quer ser minha mãe?

Quando tornou a olhar para Bruno, o viu sorrir. Então Lucinéia abraçou o garoto com força. Fabrício se juntou ao abraço. Após tantos percalços, uma nova família seria construída. Depois da tempestade, o sol finalmente estava brilhando para eles.

Em espírito, parados próximos a eles, estavam Joselina, Eduardo, Simone e Jamilton. Todos assistiam à cena com emoção. Simone estava muito feliz em ver que Fabrício seguiria em frente com sua vida. Todo o seu rancor por Lucinéia havia desaparecido. Ela só esperava que eles fossem muito felizes juntos e que Bruno se transformasse em um homem de bem.

Jamilton também olhava com emoção para Lucinéia. Nem de longe ela se parecia com a irmãzinha tímida que viajara ao lado dele no caminhão pau-de-arara. Aquela Lucinéia era uma mulher forte, destemida, batalhadora e que soubera vencer. Jamilton, intimamente, sabia que, no final das contas, Lucinéia realizara o sonho dele. Ela chegara a São Paulo e enriquecera sim, não com dinheiro, mas com amor, carinho e a bênção de ter uma família. Poderia haver tesouro maior que esse?

***

Jorge pediu licença para Fernanda, pois uma velhinha com ar de assanhada queria dançar com ele. Jorge revirou os olhos, mas Fernanda apenas ria divertida. Ela estava apaixonada por ele e sabia que era correspondida. Soubera que a senhora Haruo fora demitida e nunca mais tivera notícias dela. Soubera também que Artur voltara a beber. O divórcio estava chegando ao fim e em breve Fernanda estaria livre. Jorge a tinha pedido em casamento e ela aceitara.

Enquanto olhava em volta, vendo as pessoas dançando no baile beneficente, sentiu que tinha cumprido uma tarefa. Já sabia que *A Casa de Douglas* ajudaria muitas pessoas necessitadas. Essa era sua intenção: ver as pessoas felizes, seguras da sobrevivência da alma. Isso fazia com que tudo valesse a pena.

Jorge olhava para Fernanda com expressão angustiada, tentando se livrar da velhinha que o agarrava como um carrapato enquanto dançavam. Ela piscou, achando graça, e depois riu gostoso.

Então, quando virou o rosto para o lado, Fernanda o viu. Ele estava ali, a poucos passos dela. Exatamente como ela o vira antes de morrer.

Fernanda sentiu o coração bater mais forte vendo nitidamente o espírito de Douglas se aproximar. Ele se vestia todo de branco e estava sorrindo. Então curvou o corpo e estendeu a mão para a frente, convidando-a para dançar, como ele dissera que faria no dia de sua formatura. Douglas, afinal, cumpria sua promessa.

Quando ele levantou o rosto, olhou diretamente para os olhos da mãe e ela pôde ler seus lábios:

— Nanda, eu te amo. Sempre vou te amar.

Ele foi desaparecendo aos poucos, deixando um rastro de energia positiva no ambiente que contagiava a todos. Fernanda meneou a cabeça e sorriu. Sabia que não tinha imaginado aquela cena. Era realidade. Douglas estivera ali, cumprindo uma promessa, mostrando que estava vivo e que a amava. Ela compreendeu a beleza da vida, o real sentido da eternidade e teve a certeza de que o amor de Douglas viveria para sempre em seu coração.

Fim

Romances

Amadeu Ribeiro

A visita da verdade
Juntos na eternidade
O amor não tem limites
O amor nunca diz adeus

Zibia Gasparetto

pelo espírito Lucius

A verdade de cada um *(nova edição)*
A vida sabe o que faz
Entre o amor e a guerra
Esmeralda *(nova edição)*
Espinhos do tempo
Laços eternos
Nada é por acaso
Ninguém é de ninguém
O advogado de Deus
O amanhã a Deus pertence
O amor venceu
O encontro inesperado
O fio do destino
O matuto
O morro das ilusões
O poder da escolha
Onde está Teresa?
Pelas portas do coração *(nova edição)*
Quando a vida escolhe
Quando chega a hora
Quando é preciso voltar
Se abrindo pra vida
Sem medo de viver
Só o amor consegue
Somos todos inocentes
Tudo tem seu preço
Tudo valeu a pena
Um amor de verdade
Vencendo o passado

Mônica de Castro

pelo espírito Leonel

A atriz *(edição revista e atualizada)*

Apesar de tudo...

Até que a vida os separe

Com o amor não se brinca

De frente com a verdade

Desejo – Até onde ele pode te levar? *(pelos espíritos Daniela e Leonel)*

De todo o meu ser

Gêmeas

Giselle – A amante do inquisidor *(nova edição)*

Greta *(nova edição)*

Jurema das matas

Lembranças que o vento traz

O preço de ser diferente

Segredos da alma

Sentindo na própria pele

Só por amor

Uma história de ontem *(nova edição)*

Virando o jogo

Marcelo Cezar

pelo espírito Marco Aurélio

A última chance

A vida sempre vence *(nova edição)*

Ela só queria casar...

Medo de amar *(nova edição)*

Nada é como parece

Nunca estamos sós

O amor é para os fortes

O preço da paz

O próximo passo

O que importa é o amor

Para sempre comigo

Só Deus sabe

Treze almas

Um sopro de ternura

Você faz o amanhã

Ana Cristina Vargas

pelos espíritos Layla e José Antonio

A morte é uma farsa

Em busca de uma nova vida

Em tempos de liberdade

Encontrando a paz

Intensa como o mar

O bispo *(nova edição)*

Sergio Chimatti

pelo espírito Anele

Apesar de parecer... Ele não está só

Ecos do passado

Lado a lado

Eduardo França

A escolha

A força do perdão

Enfim, a felicidade

Leonardo Rásica

Celeste – No caminho da verdade

Luzes do passado

Lucimara Gallicia

pelo espírito Moacyr

O que faço de mim?

Sem medo do amanhã

Floriano Serra

Nunca é tarde

O mistério do reencontro

Flavio Lopes

A vida em duas cores

Uma outra história de amor

Rose Elizabeth Mello

Desafiando o destino

Lúcio Morigi

O cientista de hoje

André Ariel Filho

Surpresas da vida

Evaldo Ribeiro

Eu creio em mim

Marcio Fiorillo

Em nome da lei